야만시대의 기록

2

―

일제시대에서 박정희 정권까지

야만시대의 기록 — 고문의 한국현대사

2 | 일제시대에서 박정희 정권까지

1판 3쇄 발행 2014년 10월 8일
1판 1쇄 발행 2006년 10월 20일

지은이 · 박원순
펴낸이 · 정순구
책임 편집 · 김수영 김은미
디자인 · 이파얼
기획 편집 · 조원식 정윤경 조수정
마케팅 · 황주영

출력 · 한국커뮤니케이션
용지 · 한서지업사
인쇄 제본 · 한영문화사

펴낸곳 · (주)역사비평사 출판등록 300-2007-139호(2007. 9. 20)
주소 · 110-260 서울시 종로구 가회동 173번지 3층
전화 · 02-741-6123~5 팩스 02-741-6126
홈페이지 · www.yukbi.com 전자우편 · yukbi@chol.com

ⓒ 박원순, 2006
ISBN 89-7696-520-5 03910
    89-7696-522-1 03910(세트)

이 도서의 국립중앙도서관 출판시도서목록(CIP)은 e-CIP 홈페이지(http://www.nl.go.kr/cip.php)에서
이용하실 수 있습니다.(CIP제어번호:CIP2006002157)

야만시대의 기록

박원순 지음

2

일제시대에서 박정희 정권까지

역사비평사

제4장 | 박정희 정권과 고문

차례 | **1** 아무도 기록하지 않는 역사 |

차례 | **3** 전두환에서 노무현 정권까지 |

| 일러두기 |

1. 이 책에 나오는 단체명과 모임명, 그리고 법률명은 모두 붙여 썼다.
   예: 민주사회를위한변호사모임, 최종길교수고문치사진상규명및명예회복추진위원회, 폭력행위등처벌에관한
   법률
2. 단행본·잡지·신문은 『 』로, 논문·신문기사는 「 」로, 성명서나 법률안은 ' '로 통일했다.
3. 외래어는 외래어표기법에 따라 표기했다. 특히 일제시대 신문·잡지 등의 자료에는 일본 인명과 지명이 한자음
   으로 표기되어 있었으나 이 책에서는 외래어표기법을 따라 모두 수정했다.
4. 1989년 이전 인용 자료들의 경우, 한글맞춤법과 표준어 규정을 적용하여 표기했다. 단, 당시 시대 분위기를 전
   해주는 단어나 고문의 상황을 전달해주는 일부 은어와 속어 등은 한글맞춤법과 외래어표기법에 맞지 않더라
   도 원문 그대로 표기했다.
5. 인용문에서 필자 또는 편집자가 부연 설명을 위해 삽입한 내용은 괄호 안에 넣었으며, 인용문과 동일한 글자
   크기로 표시했다.
6. 각주에 나오는 신문기사의 출처 표기는 '기사명, 게재 일자, 신문명'의 순서로 통일했다. 최대한 상세하게 출처
   를 밝히고자 했으나, 기사 제목을 삽입하지 못한 경우도 일부 있다.
7. 인터넷 사이트에서 찾은 자료는 2004년 시점을 기준으로 출처를 밝힌 것이다. 그중에는 현재 사이트가 개편되
   거나 폐쇄되어 접근이 용이하지 못한 경우도 있지만, 이 책에서는 고문의 진실과 상황을 이해하는 데 도움을
   준다고 판단하여 그대로 인용했다.

머리말 —내 두 친구 이야기

:: 사람들이 지옥을 생각해낸 것은 고문에 대한 체험에서였을 거라고 나는 믿고 있다. 극심한 고문은 죽음이 희망으로 나타나는, 그치지 않는 고통의 현존이다. 죽음에 이르는 고통을 주되 죽음이라는 영원한 휴식을 주지 않는 것이 고문자의 직업정신이다. 지옥이 지옥인 것은 그곳에는 죽음마저 허용되지 않기 때문이다. 단테의 『신곡(神曲)』은 '지옥의 입구'를 "여기 들어오는 너희, 온갖 희망을 버릴진저"라고 새기고 있다. (황지우, 「나의 작품 나의 얘기」, 1990년 10월 11일자 『동아일보』)

죽음조차도 허용하지 않는, 모든 희망이 사라진 고통의 현장—그것이 바로 지옥이다. 지옥 같은 고문이 이 땅에서도 일상화된 시대가 있었다. 어느 날 갑자기 자신의 집에서, 직장에서, 길거리에서 납치되고 연행되어 가족과 친구조차 소재를 알 수 없는 어느 지하실에서 홀로 생사를 넘나드는 고통을 당하는 일이 비일비재했다. 더러는 그 고통으로 시신이 되어 나오기도 했고, 더러는 나온 뒤에도 고문의 후유증으로 남은 생을 폐인으로 살기도 했다.

그것이 우리가 살아온 박정희의 '경제개발 5개년계획' 시대, 전두환의 '정의로

운 사회' 시대, 노태우의 '보통사람들' 시대였다. 그것은 그 이후 '문민정부' 또
는 '국민의 정부' 때에도 그치지 않았다. 우리의 무관심 속에서 여전히 그곳은
절대 고립의 상태였고, 세상의 절망이 닻을 내린 곳이었다. 허울 좋은 캐치프레
이즈가 외쳐질 때도 고문장에서 끝없는 고통으로 몸부림치는 사람들이 있었다.
그때에도 우리는 종로 네거리를 걷고, 식당에서 밥을 먹고, 전철을 타고, 그리고
멀쩡하게 살아가고 있었다. 마치 그런 일이 없는 것처럼, 아니 그런 사람이 없는
것처럼, 우리는 그렇게 살아왔다. 아니 지금도 우리는 잊고 산다.

그러나 우리 주변에는 의외로 고문의 악몽을 잊지 못하고 사는 사람들이 많다.
인간의 영혼은 차돌같이 강하기도 하지만 때로는 질그릇처럼 약하다. 적지 않은
사람들이 고문의 후유증에 시달리고 있다. 자신은 물론이고 그 가족들은 정말 죽
음에서조차 자유롭지 않은 고통을 매일매일 매시간시간 겪어야 한다. 사람들은
잊고 지내지만 그들에겐 잊을 수 없는 현실이다. 우리가 그들을 잊는다면 그것은
또 하나의 범죄이다.

내 고등학교 동창 중에는 두 명의 구씨 성을 가진 친구가 있다. 구(具)씨 성을 가
진 한 친구는 민청학련사건 당시 고등학교 조직을 책임진 이른바 '고교책(責)'으
로 활동하다가 매우 심한 고문을 받고 15년형을 선고받았다. 그후에도 오랫동안
멀쩡하게 우리 주변을 오가던 그 친구가 어느 날 갑자기 사라졌다. 오랜 세월이
지난 후 우리는 그가 어느 시골 정신병원에 있다는 사실을 알게 되었다. 친구들
의 도움으로 십시일반 돈을 모아 정신병원 치료비도 대고, 또 어느 땐가는 출판
사에 취직시켜 잠시 일하게도 했지만 그의 병은 영원히 완치가 불가능한 듯하다.
구(丘)씨 성을 가진 또 다른 친구는 고등학교 때인 1972년 무렵 유신 반대 유인물
을 뿌리다가 발각되어 포고령 위반으로 재판을 받았다. 너무 어린 나이에 군 수
사기관의 폭력과 위협 앞에 놓인 그의 여린 영혼은 일그러졌다. 대학을 나오고
고등학교 선생까지 하던 그는 결국 정신질환이 도져 사회생활을 접고 유폐생활

을 보내야만 했다. 두 사람 모두 똑똑하고 리더십 있는 친구들이었다.

어쩌다 보니 내 주변에는 이런 사람들이, 이런 소식들이 많다. 1980년대 이른바 인권변호사 시절에 내가 변론했던 사람들 중에도 고문피해자들이 적지 않았다. 그리고 그들 가운데 지금까지 그 후유증으로 고통받는 사람들도 있다. 이들의 고통을 미리 막지 못하고 지금도 함께하지 못한다는 죄책감이 크다. 이번에 이 책을 정리하면서 수많은 고문사건과 피해자들의 이야기를 들으며 다시 내 마음에 사그라졌던 분노가 일렁여 내내 잠을 잘 이룰 수가 없었다. 매일 악몽도 꾸었다.

군사독재시대의 고문 체계와 관행은 구조적으로 이승만 정권에 그대로 연결되었고, 그것은 또한 일제의 간악한 고문 통치와 이어졌다. 바로 일제의 경찰 체제와 고문제도가 우리 사회 고문 유산의 시원이 되는 것이다. 가능하다면 남미 군사정권의 고문과 국제적인 비교도 하고, 우리의 왕조시대나 세계사에서의 고문을 함께 비교·서술하고 싶었지만 너무 분량이 많아져서 영국의 노던아일랜드, 아프가니스탄과 이라크에서 자행된 미국의 고문 사례, 고문방지협약을 비롯한 고문에 대응하는 국제적 사례들을 정리하는 것으로 마무리했다.

2004년 12월에 이른바 이철우 의원 사건이 터졌다. 한나라당 국회의원 주성영 의원이 열린우리당 소속 이철우 의원에 대해 "지금도 조선노동당 간첩이 국회에서 암약하고 있다"라고 발언한 것이다. 이 의원은 1992년 민족해방애국전선사건이 고문에 의해 조작된 것이라고 주장했다. 우리의 정치문화가 아직 이 정도인 것에 대해서도 실망했지만, 진정한 민주주의와 인권이 이 땅에 뿌리내리기 위해서는 과거의 올바른 청산과 정의의 복원이 필요하다는 사실을 절감하게 만든 사건이었다. 고문과 용공조작으로 간첩을 만들어놓고, 그 범죄를 처벌하고 고문피해자를 복권하는 대신 지금에 와서 그 피해자를 간첩으로 몰아붙이는 것은 역사적인 적반하장이다. 과연 우리 사회에 고문과 조작의 현실이 어떠했는지 정확히 살펴보는 일, 그 억울한 희생자들을 보듬는 문제는 결코 과거가 아닌 현실의 문제일 수밖에 없다.

국가보안법에 이어 고문에 관한 이야기들을 정리해보겠다고 결심한 것은 오래전의 일이었다. 나름대로 신문 스크랩도 하고 외국에 있으면서 자료를 모아두기도 했으나 막상 집필은 엄두도 못 내고 있었다. 세 권의 『국가보안법 연구』가 처음 나온 지 16년이 되었으니, 그동안 그 결심을 이행하지 못하고 있었던 것이다. 지난 2004년 12월 미국 스텐포드대학에 강의를 맡게 되면서 수개월을 일상사에서 도망칠 수 있었다. 나는 그동안 모아둔 자료를 여행가방에 모두 쑤셔넣으면서 그 결심을 이행하기로 했다. 강의를 준비하는 최소한의 시간 외에는 2005년 1월에서 3월까지 석 달을 밤낮없이 이 책의 집필에 쏟았다. 밥 먹고 화장실 가는 것 말고는 이 책을 정리하는 데 모든 것을 쏟았다. 되도록 고문피해자의 목소리를 직접 전하기 위해 노력했다. 그런데 고문피해자의 목소리는 많이 남아 있지 않아 때로는 일간신문, 인권하루소식, 한국기독교교회협의회 인권보고서, 앰네스티 인터내셔널(Amnesty International)의 자료 등 광범한 간접 자료를 찾아 인용했다. 여러 자료들을 인용했던 인터넷 사이트가 수개월, 수년이 지난 지금에는 폐쇄되어 다시 접근하기 어려운 경우도 몇몇 있었다. 그럼에도 고문의 진실과 상황을 이해하는 데 큰 도움이 되는 것들은 그대로 인용했다. 이 책의 원고가 전달된 2005년 8월부터 근 1년간 교정과 출처 대조 등으로 땀방울을 흘린 역사비평사의 김수영, 김은미 씨에게 특별히 이 자리를 빌려 감사를 드리고 싶다.

이 책을 다 쓴 지금도 개운하지 못하다. 우선 여기에 수록되지 못한 고문 사례도 적지 않을 것이다. 사실 참혹한 고문을 당하고도 언론에 보도되지 않았거나 자신이 체험 기록을 남기지 않은 사건은 내가 알 도리가 없다. 그런 사건이 비일비재할 것이다. 그뿐만 아니라 내가 기록을 찾고 기사를 찾는 데도 한계가 있었다. 그렇게 해서도 놓친 사건이 있을 터다. 무엇보다 이 책이 실질적으로 그 시대의 고통을 온전히 드러내는 데 미진하다는 생각과 더불어 지금도 고통받고 있는 그 사람들에게 현실적인 도움이 되기에 불충분하다는 생각 때문이다. 내 스스로의 부채감과 죄의식을 없애는 데 조금의 도움이 되었을 뿐이다.

이 땅 어느 곳에서 그들과 가족들은 여전히 한숨짓고 고통의 나날을 보내고 있는데 내가 한 일이라곤 그것을 이렇게 한 번 정리해본 것일 뿐이니, 뭔가 그들의 고통을 현실적으로 해소할 수 있도록 힘을 보탰으면 하는 생각이 간절하다. 이 책으로 말미암아 그들을 함께 생각하고 돌아보는 작은 계기라도 만들어졌으면 좋겠다.

2006년 8월
희망제작소에서 새로운 희망을 꿈꾸며
박원순

15

불귀(不歸)　　김지하

못 돌아가리
한번 디뎌 여기 잠들면
육신 깊이 내린 잠
저 잠의 저 하얀 방, 저 밑모를 어지러움

못 돌아가리
일어섰다도
벽 위의 붉은 피 옛 비명들처럼
소스라쳐 소스라쳐 일어섰다도 한 번
잠들고 나면 끝끝내
아아 거친 길
나그네로 두 번 다시는

굽 높은 발자국 소리 밤새워
천장 위를 거니는 곳
보이지 않는 얼굴들 손들 몸짓들

소리쳐 웃어대는 저 방
저 하얀 방 저 밑모를 어지러움

뽑혀나가는 손톱의 아픔으로 눈을 흡뜨고
찢어지는 살덩이로나 외쳐 행여는
여윈 넋 홀로 살아
길 위에 설까

덧없이
덧없이 스러져간 벗들
잠들어 수치에 덮여 잠들어서 덧없이
매질 아래 발길 아래 비웃음 아래 덧없이
스러져간 벗들
한때는 미소짓던
한때는 울부짖던
좋았던 벗들

아아 못 돌아가리 못 돌아가리
저 방에 잠이 들면
시퍼렇게 시퍼렇게
미쳐 몸부림치지 않으면 다시는
바람 부는 거친 길
내 형제와
나그네로 두 번 다시는

비녀꽂이   김남주

한 사내가 와서
지하의 세계에 와서
나에게 와서
명령했다 무릎을 꿇으라고
선 채로 나는 대꾸했다
내 무릎을 꺾으라고

무릎을 꺾어놓고
시멘트 바닥에 내 무릎을 꺾어놓고
그 사내는 비녀꽂이를 하기 시작했다
비명소리로 세상은 조용했고
단 냄새로 내 목청은 뜨거웠다

비녀꽂이가 끝나고
나는 말했다 지하의 사내에게
아픔을 주더라도 남에게

굴욕의 상처를 남기는 그런 아픔은 주지 말라고
육체적인 고통은 쉽게 잊혀지지만

인격이 수모를 당하면
인간은 그것을 영원히 기억하게 된다고

고문 고은

고문을 당해보면
인간이 인간이 아님을 알게 된다
고문하는 자도
고문당하는 자도
깊은 밤 지하 2층 그 방에서

나를 두렵게 하는 것은

할프단 라스무센(Halfdan Rasmussen)

나를 두렵게 하는 것은 고문가해자도
다시 일어설 수 없는 몸도 아니다

죽음을 가져오는 라이플의 총신도
벽에 드리운 그림자도
땅거미 지는 저녁도 아니다

희미하게 빛나는
고통의 별들이 무수히 달려들 때

나를 두렵게 하는 것은
무자비하고 무감각한 세상 사람들의
눈먼 냉담함이다

제1장

일제시대의 불의한 유산, 고문

01
일제시대 고문의 특징과 배경

1. 식민지 지배의 수단이 된 고문

일본의 고문은 그 잔혹함으로 악명이 높다. 수세기 동안 일본의 사법 법정은 고문을 용의자의 자백과 증인의 증언을 확보하기 위한 합법적인 수단으로 인정해왔다. 1926년에 요셉 롱포드(Joseph Longford)는 제임스 머독(James Murdoch)의 『일본 역사』를 개정했는데 이 책에는 네 종류의 고문이 묘사되어 있다. 가장 보편적인 방법은 쪼갠 대나무로 묶은 특별한 몽둥이로 허벅지와 엉덩이를 150대까지 매질하는 것이었다. 1873년 공식적으로는 일본에서 고문이 사라졌지만 롱포드는 다음과 같이 쓰고 있다.

:: 고문은 여전히 그리고 자주 지역 경찰에서 사용되고 있다고 믿을 충분한 근거가 있다. 특히 한국이나 포모사(Formosa)에서 반란군 용의자에 대한 원시적이고

잔혹한 고문이 자유롭게 사용되었다. 나는 포모사에서 의문의 여지없는 고문이 사용된 많은 사례를 알고 있다.[1]

제3국인이 본 일본의 잔혹한 고문이 당시 식민지 한국에서 그대로 자행되었다. 일제시대의 고문은 많은 피해자들의 생생한 증언으로 남아 있다. 독립기념관에는 당시 고문의 장면이 다음과 같이 재현되어 있다.

::   …… 유독 일제 침략관에는 일본 헌병과 경찰의 독립운동가들에 대한 잔악한 고문 장면이 디오라마라는 재현기법에 의해 생생히 펼쳐져 있다. 특히 이 5개의 디오라마는 모두 실제 인물이 겪은 수난의 현장을 재현한 것이어서 더욱 실감이 난다. 대한애국부인회 이자경 여사가 겪은 주리틀기 장면, 조선어학회사건 때의 소위 해전고문 장면, 또는 3·1운동 때 노영렬 여사의 인두지짐 고문 장면들은 눈뜨고 차마 보기 어려운 처참의 극을 보여주고 있다. 우리의 근세 100년사가 이처럼 이민족의 잔혹의 먹이가 됐었고 피로 물들인 저항의 역사였음을 새삼 확인케 해주는 뜻 깊은 장면이다.[2]

식민지에서 광범하고도 체계적으로 고문을 자행한 나라가 단지 일본만은 아니다. 식민지인들의 저항과 독립운동을 억압하고 식민통치를 용이하게 하기 위해 고문을 통한 억압과 공포정치를 필요악으로 사용한다. 영국령 인도에서도 세금 징수과정이나 피의자에게 자백을 받아내기 위해 다양한 방법의 고문을 자행했다. 동인도회사는 인도의 전통적인 고문방식에 자신들의 독자적인 방식까지 더해서 적용했다. 그런데 영국 런던에 본부를 둔 양심적 영국인들 중심의 인도개

---

1. Brian Innes, *The History of Torture*, St. Martin's Press, New York, 1998, p. 151.
2. 「일제 잔혹사의 되새김」, 1992년 1월 12일자 「동아일보」 사설.

혁회의(India Reform Society)에서 1854년에 인도 마두라스에 위원회를 설치하고 동인도회사와 지방정부들이 벌이는 고문 행태를 조사하기 시작했다. 그뿐만 아니라 영국의 현지 판사들도 양심적인 판결을 선고하기 시작했는데, 비만(Beaman) 판사는 고문을 직접 사용하지 않았다고 주장하는 경찰에 대해 이렇게 판결했다.

> :: 격렬한 범죄를 제외하고 모든 자백은 직접 또는 간접적으로 부적절한 방식에 의해 이루어졌다고 말해도 괜찮다는 것이 내 의견이다. 비록 실제 고문은 이루어지지 않았다 하더라도 수많은 피의자들이 그들에게 가해올 무서운 고문에 대한 예견에 의하여 그러지 않았으면 자백하지 않았을 상황에서 자백한 경우들이다.[3]

프랑스가 지배했던 알제리 역시 1954년에서 1962년 완전한 독립을 이룰 때까지 프랑스군이 발전시켜온 전기고문 등의 지독한 고문을 당해야 했다. 1954년, 무슬림이 중심이 된 알제리 민중은 민족해방전선(Front de Libération Nationale, FLN)을 중심으로 전면적인 저항에 나섰다. 1957년, 프랑스군은 알제리를 점령하고 수많은 용의자들을 고문해 결국 민족해방전선의 지도자 음히디(M'Hidi)를 체포하는 데 성공했다. 9일 후 프랑스군은 그가 감방에서 목을 매달아 자결했다고 발표했다. 그러나 수많은 소문이 나돌았고 마침내 고문 도중 사망한 것이 밝혀졌다. 프랑스의 장 폴 사르트르(Jean Paul Sartre)는 "고문은 민간인이든 군대이든 허용될 수 없다. …… 고문은 우리시대를 병들게 하는 전염병이다"라고 말해 당시 프랑스 국민들에게 큰 충격을 주었다.[4]

일제가 인도를 지배한 영국이나 알제리를 지배한 프랑스와 달랐던 것은 이런 양심적인 지식인과 판사가 없었다는 사실이다. 식민지 '조선'에서 사용된 광

---

3. Brian Innes, 앞의 책, p. 159.
4. Brian Innes, 앞의 책, p. 168.

범한 고문에 대해 항의하는 지식인과 그것을 법정에서 비난한 판사가 일제에는 없었다. 그런데도 고문치사 등의 사건이 빈발해 민심의 이반현상이 생기자 식민지 경찰 내부에서도 알력과 충돌이 일어났다.

:: 경찰관의 여러 가지 독직사건은 최근에 자주 일어나는 경향이 있어 일반 사회의 비상한 주목을 끌고 있는 동시에, 경찰 당국 내부에서는 경찰의 위신에 관계되며 민심에 동요를 주는 문제라 하여 경찰계의 강기숙청과 경찰방면 인사행정의 개혁 등 여러 가지 쇄신문제가 일어나고 있다. 3월 말에 함경남도에서 열렸던 사상경찰과 기타 고등경찰 사무협의회에서 사상반 형사의 피의자 고문치사사건 문제를 중심으로 경찰간부 측과 제일선 경관 사이에 재미없는 공기를 띠게 되어, 이 문제가 과연 어떻게 낙착을 지을지는 매우 주목된다.

문제는 경관이 사상 관계 피의자를 취조할 때에 고문을 하기 때문에 상해죄 또는 상해치사 기타의 독직죄 등으로 경찰 관리가 검찰 당국에 그 비행이 적발된 것이 최근 1년 동안에 함경남도에서만 7건이나 되는 상태라는데, 이것은 경찰간부 측에서 경찰의 위신을 확보하여 조그마한 일에 거리끼지 말고 검거의 성적을 나타내라고 함부로 격려하고 있으므로, 제일선에서 움직이고 있는 경관은 너무 공명심에 타올라 피의자를 고문하여 취조하는 일도 생겨 이럴 때마다 검찰 당국의 감찰이 심하면 소위 그 직무를 수행할 수 없다는 것이라고 말하여 문제는 분규를 일으키게 되었다 한다.

그러나 조선과 같은 사상 관계 검거가 많은 곳에 있어 그 취조를 할 때에 경찰간부와 하급 경찰관 사이에 이와 같은 '딜레마'가 생기는 것은 경찰이 사상 관계 피의자를 취조하는 방법에 중대한 결함이 있음을, 즉 비합법적 방법을 쓰고 있는 것을 반영하는 것으로 경찰계 상하 간에 취조방법에 큰 모순이 있는 것을 말하는 것이니만큼 경찰계의 깊은 반성을 촉진하는 중요한 문제라 한다.[5]

경찰 지휘부에서 검거 실적을 독려하고 치안 확보를 강조하는 마당에 하급 경찰관들은 고문을 포함한 강압적인 수사방법을 사용하지 않을 수 없었다. 위의 기사는 이런 딜레마를 지적하고 있다. 결국 고문은 강압적인 식민 지배의 한 체제로서 일상적으로 사용되었다. 그 당시 고문이 횡행하던 시대 분위기에 대해 한 신문의 기사는 다음과 같이 한 맺힌 절규를 하고 있다.

:: 세상의 이목을 놀라게 하고 가슴을 서늘케 하다가 마침내 참으려 하나 참을 수 없는 의분을 일으키게 한 희천서(熙川署) 고문사건이 아직도 끝이 나지 아니한 이때에 대구경찰의 고문사건이 또다시 '경북사건'의 공판정에서 세상에 알려지게 되었다.

고문의 정도가 어떠한지를 세상에 널리 알릴 자유를 가지지 못한 우리로서는 다만 가슴속에 파묻혀둘 뿐이거니와, 원래 고문이란 조선 경찰과 떠날 수 없는 관계를 가진 '경찰의 근본 정책'인 듯한 느낌을 주는 조선의 현재에 있어 항다반으로 하는 일이라. 우리는 구태여 귀중한 시간과 노력을 허비하여 새삼스럽게 논란하고자 아니하노니, 소위 '경찰사건'과 '고문'이란 떨어져본 때가 드물었다는 전례 아래에서 '경북사건'이란 소식을 듣고 이미 그 당시에 가슴을 아파하였던 까닭이다.

조선의 경찰아! 마음대로 하여라. 무슨 짓이든지 그대들의 천부한 능력대로 재주대로 마음껏 하여라. 그리하여 약한 몸에서 나오는 신음소리를 마음껏 들어보아라. 이렇다 하더라도 사람 이상의 권능을 가지지 아니한 우리는 그대들에게 죄를 주지 아니할 터이다. 다만 아무것도 없는 듯한 푸른 하늘의 권능이 파사(破邪)의 칼보다 날카로운 줄을 믿을 뿐이다.[6]

5. 「사상범 취조방식과 검찰 당국의 '딜레마'」, 1934년 4월 13일자 『조선일보』 기사.
6. 「푸른 하늘이 파사(破邪)의 칼이 될 뿐」, 1924년 7월 11일자 『동아일보』 기사.

심지어 일제 경찰의 고문 행각을 비판하는 글을 써가지고 다니다가 검거되어 닷새 동안 구류를 산 사례도 있다. 일제는 사실을 적시해 자신들의 고문행위를 비판하는 것에도 인내할 수 없었던 것이다. 그러나 한 조선 젊은이의 분기 어린 말처럼 당시 경찰은 서울, 지방 할 것 없이 피의자들을 때리고 물 먹이고 거꾸로 매다는 일을 예삿일처럼 행하고 있었다.

    ::   평북 강계군 동부 최문하는 지난달 (1920년 8월) 27일 강계경찰서에 검거되어 엄중히 취조를 받고 1일에 방면되었는데 그 내용의 자세한 바를 들은즉, 전기(前記) 최문하는 요사이 강계 지방에서 모 중대사건으로 체포된 수십 명의 청년에 대하여 취조할 때마다 거꾸로 달고 코에 물을 몹시 붓는다는 말에 매우 분개하여 동 서장에게 보낼 목적으로 "죄인을 심문함에 무슨 방법이 없어 포악무도하고 차마 사람이 못할 악형을 취하여 이같이 코에 물을 부어 기절케 하느냐"며, 일본의 법률을 무시하는 행위를 한다고 흥분된 마음으로 과격한 문구를 기재한 글을 몸에 가지고 있다가 발각되어 그와 같이 구류를 당하였다더라.[7]

2. 일제시대 조선인 고문경관과 헌병

일제의 식민통치 기반은 경찰과 군대이다. 시민의 일상활동 규제와 치안 유지를 전적으로 경찰에 의존했기 때문에 경찰의 권능과 역할, 규모는 커질 수밖에 없었다. 경찰력이 과도하게 강대한 경찰국가였던 것이다. 그러나 문제는 경찰력

---

7. 「고문을 책(責)하여—편지를 써 가지고 다니다가 잡혀 닷새 동안을 구류」, 1920년 9월 8일자 「동아일보」 기사.

이 큰 것에 그치지 않고 치안 유지와 시민의 억압수단으로 고문을 즐겨 사용하고, 이에 따른 경찰에 대한 공포를 이용했다는 사실이다. 식민지시대 일제의 경찰 앞에서 고문의 금지나 인권을 논한다는 것은 이제 생각할 수도 없는 지경이었다.

:: 조선은 세계에 유례가 없는 전제정치의 행사다. 그중에도 경찰 만능의 조선이다. 경찰방면에 사용되는 금액으로 보아서나 인원수로 보아서나 그 실제상 권위가 위대한 것으로 보아서나 이것은 천하가 공인하는 사실이다. 그뿐만 아니라 경찰정치의 기능상으로 보아서도 이미 세상의 정평이 있는 것은 오인이 차에 노노(呶呶)할 필요가 없다. 이러한 경찰 측에서 다른 기능은 다 충분하면서도 법률로 제정되어 있는 인권만은 지키는 기능을 가지지 못하는 것을 의아하지 아니할 수가 없다. 무슨 까닭으로 다른 규율이나 명령에는 세계에 이름이 있으리만큼 영리하고 민활하게 그 직책을 다하는 사람들이 어찌하여 인권을 지키는 법률이나 명령에만 이다지 과실이 많고 고의가 많은 이유와 까닭을 알 수가 없다.

(1926년) 12월에 들어서 보도된 경찰의 고문치사사건이 3종이나 된다. 혹자는 사실이 판명된 것도 있고, 혹자는 사실 심사 중에 있는 것도 있어서 일언으로써 경찰당국자에게 그 전책을 지우기 어려우나 이미 보도된 내용에 의하면 대부분 경찰에게 그 책임이 있다 하여서 지나친 말이 아닌 줄 믿는다. 조선에 있어서 총독부 방침으로 고문을 금한 지 이미 오래이지만 종래 사실을 지적하여온 바와 같이 고문사건은 그 종적을 그치지 아니할 뿐 아니라, 이에 대하여 당국의 성의 있는 하등의 방침 또는 심하게 태도의 여하까지도 실제에 표시된 바가 없다. 고문사건으로 다소 세상의 이목을 끌게 되는 것은 치사에나 이르러서 비로소 문제가 되고 주목거리가 될 뿐이오. 여간한 고문사건은 세상에 별로 드러나지도 아니하고 암암리에 사라져버리는 것이 지금까지 내려온 숨기지 못할 사실이니, 오인은 당국자에게 다시 그 이유를 묻지 아니할 수가 없다.[8]

사람이 죽어나가는 고문치사사건이 되어야만 그나마 세상의 주목거리가 되고, 나머지 고문사건은 언론에 보도되지도 않을 정도로 흔한 일상사가 되었다는 것이다. 그런데도 경찰 당국이나 총독부에서 이에 대한 아무 언급이나 대책이 없음을 탓하고 있다. 식민지 당국은 고문을 금지하기는커녕 실제로는 이것을 악용하고 있었다.

일제시대에 있었던 수많은 고문사건 가운데 언론에 보도된 사례들을 보면, 거의 모든 경찰서와 주재소에서 고문이 일어나고 있음을 알 수 있다. 이른바 사상범을 다루는 고등계뿐만 아니라 일반 서민들과 접촉하는 전 경찰기관에서 고문이 자행되었다. 경찰서나 주재소 앞을 지나가다 붙잡혀 들어가 다음 날 고문치사로 시체가 되어 나오는 일이 흔한 시기였다.

그런데 이런 과정에서 일상적이고 체계적으로 고문을 행한 기관과 고문자들이 있었다. 특히 독립운동에 관련된 사람들을 취조하고 수사하던 고등계 형사들과 일제 헌병들 가운데 악질적인 고문자들이 생겨났다. 이들에게는 이른바 '고문왕'(김태석), '악질 3총사'(노덕술·김영호·이구범) 등의 악명이 붙여지기도 했다. 그런데 '3총사'만이 악질은 아니었다. 노주봉이라는 자는 마치 이근안처럼 고문기술자로 여기저기 전국으로 불려다니는 입장이었다고 한다.

:: 민족문제연구소가 이달의 친일파 인물로 고문기술자 이근안 씨의 원조격인 친일 경찰간부 노주봉을 선정했습니다. 20세기가 끝나기 전에 일제가 남긴 고문의 잔재를 청산하자는 의미입니다. …… 군사독재 시절 고문기술자 이근안 경감이 있었듯이 일제시대에는 노주봉이라는 친일 고문경찰이 악명을 떨쳤습니다. 조선인으로서는 가장 높은 경찰 직급인 경시까지 지낸 노주봉. 이근안 경감의 고문 출

---

8. 「고문치사와 경찰 당국」, 1926년 12월 20일자 「동아일보」 사설.

장이라는 것도 광주학생운동 관련자를 고문하기 위해 근무지를 옮겨다녔던 노주봉에게서 유례를 찾아볼 수 있습니다. 이근안 씨의 고문수법으로 알려진 관절 뽑기, 칠성판 같은 것들도 사실은 노주봉이 광주학생운동 관련자들을 취조하면서 사용했던 것들입니다.[9]

3. 일상적으로 이루어진 고문

:: "순사가 온다. 잡아간다!" 거리의 아이들이나 가정의 부녀들이 항상 그렇게 말한다. 이 말을 얻어들은 순사들은 싫다고 찡그리거나 혹은 고소(苦笑)해 하고 있다. "여보 순사! 이 애 좀 잡아가슈!" 이렇게 농담을 하면 순사는 화를 버럭 내며 "왜? 순사는 잡아만 가는 사람인가?"고 반문한다. 고소해 하는 순사와 화를 버럭 내는 순사는 어느 의미로 동정할 만하다.[10]

이렇게 '순사'가 '사람 잡아가는 사람'으로 인식되고, 우는 아이도 뚝 그칠 정도로 공포의 대상이 된 것은 바로 식민지 일제 경찰의 포악한 억압과 탄압, 고문과 행패에서 연유한 것이었다. 독립을 잃은 식민지 조선에서 일제 통치에 저항하는 사람은 물론이고, 불온한 모든 행동과 사상은 억압과 탄압의 대상이었다. 그런데 단지 불온한 사상을 가진 피의자에 한해 고문이 자행된 것은 아니다. 당시에는 선량한 시민이라도 음식점에서 술 마시다가 잡혀가고, 길을 가다가 연행되기도 했다. 이렇게 연행된 사람들은 고문을 당한 끝에 부상을 입거나 심지어

9. 1999년 11월 24일자 MBC 뉴스데스크 참조.
10. 「시평—고문치사」, 1932년 1월 24일자 『조선일보』 기사.

죽음을 당했다. 특별한 사람이 아니라 누구라도 그런 억울한 일을 당할 수 있었다. 당시의 한 신문은 다음과 같은 사설까지 게재하고 있다.

> :: 평남 대동군에서 일어난 한 부녀에 대한 관계 모 경찰의 고문사건은 제1심의 6년 구형에 대한 무죄 언도에 의하여 판명되었다.…… 이러한 무리한 고문에 못 이겨 무사실을 사실로 시인하였다가 사법의 손에 건너가 그 무사실이 판명되어 무죄로 방면된 예는 조선에 이미 무수한 전례를 보는 것으로서 이것도 능히 추단할 수 있다. 무리한 고문에 의하여 무사실을 사실로 시인하고, 일시의 생명의 위독을 피하려고 하는 심사가 그 얼마나 처참하며 이 처참무극한 비문명 사태가 그 얼마나 조선에 허다한가. 오인(吾人)은 이런 현실을 직관할 때 조선이 여하히 정의와 인도에 위반되고 법률상으로도 여하히 혜택을 입지 못함에 놀라지 않을 수 없나니, 이 악풍은 단연 근절치 않으면 안 되겠다 한다.[11]

일본 경찰에 잡혀가 매 맞고 고문당하는 일은 어쩌면 그 시대 식민지 백성들로서는 당연한 일이었는지도 모른다. 당시에는 나라 전체가 '하나의 감옥'이었다.

> :: '한국의 피카소', '재야 화가' 등으로 불렸던 김세용(72) 화백이 지난 (1992년 5월) 24일 서울 동작구 대방동 보라매병원 중환자실에서 쓸쓸히 영면했다.…… 천성이 대쪽 같고 다분히 반항아적 기질이었던 김 화백은 도쿄 유학생 시절 나라 없는 백성의 비애와 울분을 화폭에 담은 〈유랑하는 백의인〉이라는 그림을 그렸다가 일본 헌병대에 연행돼 모진 고문을 당하게 된다. 그리고 그 이후 그의 생

---

11. 「고문의 악습을 근절하라」, 1929년 7월 21일자 『동아일보』 사설.

애는 가시밭길의 연속이었지만 그것은 어쩌면 그의 자재로운 선택이기도 했다.[12]

이렇게 식민지인에게 일상이 된 고문과 투옥은 당시의 제한된 예술적 자유 속에서 영화와 연극의 주제가 되기도 했다.

:: "사람이 구름떼같이 모여들고 기마대 순사가 늘어서고, 우는 사람, 아리랑을 합창하는 사람, 조선독립만세를 외치는 사람도 있었습니다." 이 말은 15세의 어린 나이에 춘사 나운규가 만든 영화 〈아리랑〉 여주인공으로 출연했던 신일선의 회고 다. 1926년 10월 1일 단성사에서 첫 상연된 〈아리랑〉은 기미 독립만세운동으로 일경에 투옥, 혹독한 고문으로 정신이상이 된 주인공이 일경 앞잡이를 낫으로 찔 러 죽이고, 포승에 묶여 아리랑고개를 넘어가는 내용의 영화다.[13]

수많은 고문사건과 그로 인한 사망사건에서 유가족들은 비록 일제치하이지 만 용감하게 사체 인수를 거부하거나 경찰서 앞마당에 가서 일종의 시위를 하기 도 했고, 심지어 그 경찰관들을 상대로 위자료 청구소송까지 제기한 사례도 있었 다. 언론에서도 여러 차례 사설을 통해 고문에 대한 국민의 인식 제고와 당국의 고문 금지 노력을 촉구했다.

:: 살인죄로 몰려 15년 징역의 선고를 받고 복역 중에 있던 죄수가 피살자의 생 존 판명으로 무죄가 되는 고옥단(高玉丹)사건은 행형, 재판, 수사 등에 관한 많은 논평의 재료를 제공한다. 그중에서 가장 우리 조선인의 귀에 청천벽력 같고 동시 에 가장 평평범범하게 들리는 소식이 있으니, 그것은 피고 고옥단이 허위자백의

---

12. 「제도권 화단 거부한 '한국의 피카소' ─ 김세용 화백 행려병자로 타계」, 1992년 5월 30일자 『동아일보』 기사.
13. 「횡설수설」, 1993년 8월 13일자 『동아일보』 기사.

이유를 설명한 한마디다. 재판장에게 어찌해서 살인했노라고 거짓자백을 했느냐고 물음을 받고 대답하기를 고문의 고통에 이기지 못하여 그러했노라고 했다.

고문, 고문이야말로 금일 조선의 정치를 중세기적으로 정론(定論)하는 그 범주의 하나다. 왜 청천의 벽력이냐. 15년 징역과 무죄와의 상거(相距)를 봄이요, 악몽과 같은 허다의 풍설송청(風說送廳)을 다시 한번 우리의 기억에 새롭게 하기 때문이다. 웬 평평범범한고, 다름이 아니라 우리의 신경은 마비될 대로 되어서 이런 일은 거의 항다반 있을 일로 생각하기 때문이다.

우리는 중대한 형사사건이 공판정에 나타날 때마다 피고들의 입으로 고문의 사실을 호소함을 본다. 또 경찰서에서 중대한 혐의로서 취조를 받다가 '증거 불충분'으로 방면된 사람의 입으로도 고문의 사실을 말함을 흔히 본다. 그러나 이 모든 공식과 비공식의 규탄은 '증거 불충분'으로 묵살되어 인권의 유린이 공연의 비밀로 되는 듯한 감을 주고 있다. 고옥단의 경우에 있어서도 당국자는 예에 의하여 피고의 진술은 증거 없는 황설(荒說)로 일소에 돌려버리고 말았을 것이다.

고문의 진위를 판별할 의사가 있다고 하면 그 방법은 아주 간단하다. 경찰관서에서 중대 범인을 취조하는 기간에 감독관청에서 그 시기를 미리 알리지 말고 주간, 야간을 통하여 수차에 달하여 돌연 해당 관청을 시찰하면 그 유무를 판명할 수 있을 것이 아닌가. 그러나 이것은 쓸데없는 지상공화(紙上空話)다. 조선의 민중은 그 마비된 신경의 일단을 움직여 당연히 보장되어야 할 인권의 옹호를 위하여 부단히 모든 방법을 통하여 진상의 폭출(暴出)을 요구하고 그 규정(糾正)을 귀문(貴問)할 각오가 필요하다.[14]

흥미로운 사실은 이렇게 고문이 일상화되자 민간인 사이에서도 고문이 자행

---

14. 「밝은 정치는 경찰로부터—고문은 묵인되는가」, 1931년 7월 24일자 「동아일보」 사설.

되기 시작했다는 것이다. 심지어 부녀자들이 부녀자를 상대로 고문한 사건까지 터져 당시 사회를 충격으로 몰아넣었다.

:: 당시 전남산업주식회사의 서기로 있던 안석규의 처 김강진은 전남 강진군 강
진면 성저리에 원적을 두고, 당시 광주군 광주면 수기옥정 하인태의 집에 거주하
던 양안순이라는 여자가 자기에 대한 불명예의 말을 하였다는 혐의로 동 읍내 재
산가의 처와 며느리들과 공모하고 전기 양안순을 성저리 자기의 집으로 불러다놓
은 후, 그 불명예의 말을 한 것을 대라고 여러 여자와 협력하여 당시 양안순이가
아일 밴 지 6개월이나 된 몸임에도 불구하고 그를 결박한 후 무참한 폭행과 극단
의 혹형을 전후 세 차례나 하였다.
그때 그 여자는 눈과 코와 입과 하문으로 무수한 피를 쏟고도 또한 그 외에도 전신
에 끔찍스럽기 끝이 없는 다수한 상처를 당하여 그때에도 여러 번 죽었다 살아났
으며, 또한 그 결과로 낙태까지 되어…… 오늘날에도 그 여자는 오히려…… 반신
불수가 되었고…….[15]

4. 분노와 저항—고문에 대한 민중들의 자구적 저항행위

이렇게 수많은 고문사건이 보도되었지만 그것은 빙산의 일각이었다. 고문으
로 사람이 죽거나 특별히 보도가 되었을 때 비로소 여론도 형성되었던 것이고,
그렇지 못한 채 파묻히고 만 사건들도 무수했다. 전체주의적 경찰국가에서 감히

---

15. 「금력(金力)을 배경으로 5명의 부녀 임부에게 혹형 고문」, 1926년 7월 10일자 「동아일보」 기사.

민초들이 가해자인 경찰서와 경찰관에게 따지거나 항의하기도 어려웠고, 당시 경찰과 한통속이 된 검사국이 그런 항의를 받아 접수했더라도 공정한 수사를 할 리도 만무했다. 심지어 고문 여부나 고문으로 인한 사망 사실을 확인해줄 의사조차도 경찰의 눈치를 보는 형편이었다. 다음 사례는 의사가 얼마나 경찰의 눈치를 보며 엉터리로 진단했는지를 잘 보여준다.

:: 　 의주군 의주면 서보동 315번지에서 고물행상 업을 하는 최영철(44)이 작년(1926년) 12월 26일에 밀수입 혐의로 의주 구룡포세관출장소원 일본인 고다이라(小平)와 김승호 등 두 사람에게 취조를 받고 돌아가서 신음하다가 지난 14일에 사망하였다 함은 기보한 바이거니와, 이제 그 사실을 조사한 바에 의하면 최영철이가 그날 세관으로부터 돌아왔을 때에 동부동 최문삼 씨와 이양률 씨의 네 사람에게, "날더러 밀수입을 하였다고 하며 손가락에 막대기를 넣어 꺾으며 형벌을 하면서 발길로 하복부를 찰 뿐만 아니라 목침만한 얼음을 등에 올려놓아 그것이 다 녹도록 악형을 간신히 받고 돌아왔노라" 하며 상한 손과 얼음의 젖은 저고리 등을 보인 사실이 있고, 그러다가 나중에 다시 회생치 못하게 되었을 때에 동시(同市) 장통파출소 순사 장형호가 있을 때에 이같이 억울한 사정으로 유언까지 한 사실도 있으며, 그밖에 대동관 요리집 전명성(19)이가 돈 받으려 나갔다가 전기 최영철이가 유기를 옆에 놓고 앉아 있는 것을 전기 일본인 고다이라가 일본어로 나쁜 자식이라 하며 발길로 하복부를 무수히 찬 것을 보았다는 증인까지 경찰에 나타났다는데, 그 당시 폐렴으로 진단한 정산의원장 김지정 씨는 "글쎄올시다. 제가 진찰할 때엔 그같이 발로 채였다는 말을 듣지 못하였고, 또 피해 후 15일이나 경과되었으므로 책임상 상해진단은 못하였습니다. 폐렴만은 분명합니다"라고 말하더라.[16]

16. 「원통한 유언할 때에 ─ 순사까지 입증」, 1927년 1월 27일자 『동아일보』 기사.

이런 은폐와 억압 속에서도 우선 피해를 입은 당사자 본인과 가족 또는 동네 사람들이 자연발생적으로 모여 경찰에 항의하는 사례들이 생겨났다. 가족들이 한데 모여들어 울부짖고 항의하는 것은 기본이었다.

:: …… 의사 강태호 씨로 하여금 사체를 검안하려 할 때에 그 가족 수십 인이 경찰서에 쇄도하여 고함을 치며 어찌하여 그같이 사람을 죽도록 하였느냐 하며 경관을 만나는 대로 힐난을 하므로, 그곳 (김제) 경찰서에서는 그 가족의 대개를 문밖으로 몰아내고 7, 8인의 정복경관을 정문에 세워 엄중히 경계를 하고 사체를 검사하였다는바, 전기 사망자(조길남)의 처 박 씨(28)와 그의 아들 찬성(8), 딸 옥순(4)이며 그의 부친 철호 씨 등의 울음소리는 경찰서에 가득 차서 경찰서는 흡사 초상집으로 화한 것 같았다는바…….[17]

김제경찰서에서만 그런 것이 아니라 전국 어느 경찰서에서도 이런 항의와 울음이 그치질 않았다. 이렇게 경찰서나 주재소에 몰려가 항의하거나 포위하는 사례, 검사국에 고소를 제기하는 사례, 사회단체 간에 연락하고 공동행동을 결의하는 사례, 고문으로 사망한 사체 인수를 거부하거나 방치하는 사례, 심지어 대표단을 조직하고 일본에까지 파견해 여론을 일으키는 사례 등이 계속 일어났다.

:: 평남 선천군 영천면 Y파경찰관 주재소에 유치 중의 공갈취재범 오판국(27)이가 돌연 유치장에서 사망하였다 함은 기보한 바이거니와, 22일 오후 5시 반경에 평양지방법원 검사국 최 검사와 평남 경찰부 사노(佐野) 경부보(警部補)가 급거 현장에 출동하는 동시에, 28일은 동지 장날이므로 만일을 경계하기 위하여 경찰부

17. 「피해자 가족 살도(殺到) ― 경찰서에서 통곡」, 1927년 12월 5일자 『동아일보』 기사.

에서는 순사 다섯 명을 또한 파견하여 목하 경계를 하는 중이라는데······ 오판국의 유족들은 동 경찰관 주재소를 포위하고 단식을 시켜 죽였다고 떠들며 동 주재소의 경관 전부를 면직하라고 시위를 하는 중, 사망자의 몸에는 아비산이 들어 있는 것으로 보아 자실이 분명하나 그 동기는 아직 미상하여 조사 중이라······.[18]

5. 공산당사건 피고인들의 고문경관 고발사건

1927년 10월 16일, 식민지 조선에서 경천동지(驚天動地)할 일이 일어났다. 공산당사건 피고인 5명이 조직적으로 고문경찰관들을 고발한 것이다. 그것도 당시 쟁쟁한 변호사 7명을 대리인으로 한 것이다.

:: 재작 16일 공판 휴정시에 열린 변호사단의 비밀회의는 모 중대사건의 폭발될 전례인 듯하다 함은 작보(昨報)와 같거니와, 과연 작일 오후에 변호사 후루야(古屋) 씨가 대리가 되어 경관을 고소하는 공산당 피고의 고소장을 경성지방법원 검사국 숙직에게 제출하였는데, 그 고소의 내용은 방금 서대문형무소에 재감 중인 권오설·강달영·전정관·홍덕유·이준태 등 5명이 변호사 후세 다쓰지(布施辰治)·후루야 사다오(古屋貞雄)·김병로·이인·김태영·허헌·한국종 등 7명의 변호사를 대리인으로 하여, 종로경찰서 고등계 주임경부 미와 와사부로(三輪和三郞)·동 경부보 요시노 도조(吉野藤藏)·동 경부보 김면규·동 순사부장 오모리 히데오(大森秀雄)의 4명을 걸어 형법 제195조 폭행능학독직(暴行陵虐瀆職)죄로 고소한 것으로, 고소인(공

---

18. 「주재소를 포위 — 경관 면직을 강청(强請)」, 1927년 3월 25일자 「동아일보」 기사.

산당 피고) 등은 치안유지법 위반사건의 피의자로 종로경찰서에 검거되어 그 취조를 받은 다이쇼(大正) 15년 6월 14일부터 8월 10일경까지 종로경찰서 2층 신문실과 경찰부 신문실에서 전기 피고소인 외에 우메노(梅野)·류(劉)·한(韓) 형사 등과 같이 갖은 폭행을 당하여 권오설은 앞니 두 개가 부러지고 기타 피고도 중상을 당하였다는 것인데, 같이 수금되었던 다른 피고의 증인까지 세웠다고 한다. 이와 같이 경찰관의 주요한 자를 걸어 많은 변호사가 대리인이 되어 고소를 제출하는 것은 근래에 드문 중대사건으로, 그 사태가 어떻게 전개될는지 그 결과는 장차 큰 영향을 미치게 하리라더라.[19]

이 사건은 당시 식민지 조선의 최고 공안기관이며 식민통치 최전방이라 할 종로경찰서의 주요 일본인 경찰간부를 몽땅 고문죄로 고소한 것이기 때문에 세상에 엄청난 충격을 주었다. 물론 공산당사건 관련 피고인들과 그 변호인들의 법정투쟁 전략의 하나였지만, 억압받던 조선인들의 입장에서 보면 통쾌한 법률적 보복이었다.

:: 조선 경찰에서도 가장 중요한 위치를 차지하고 있는 종로경찰서의 가장 중요한 직분을 맡아보고 있는 고등계 주임 미와(三輪) 경부 등을 고문죄로 고소하였으리만큼, 또한 원고들이 공산당사건이라는 조선 역사상 중요한 페이지를 차지하는 대공판에 관련된 사람인 만큼, 종래에 있던 고문사건으로는 비길 수 없는 큰 주목을 받아 그 고소가 검사국에 제출되었다는 기사가 한 번 보도되자, 일반 민간은 물론 각 경찰 관계자 사이에서도 이것이 이야깃거리가 되어 아직 그 고소장이 검사국 숙직실에 쌓여 있던 벌써부터 그것이 어떻게 진행되겠는가 하는 물음이 자자한

---

19. 「공산당 피고 5인, 종로 경관을 고소」, 1927년 10월 17일자 「동아일보」 기사.

데, 과연 이 사건 원고의 고소 이유대로 고문 사실이 성립되어 고문하였다는 경찰이 죄를 입게 될는지, 혹은 사회가 지금보다 어둡던 옛날대로 어떻게 번복되는 진 현상을 나타낼지 이 문제의 진행은 매우 큰 주목을 받는 초점이 되었더라.

더구나 고문은 당시 일본 헌법과 법률이 엄격히 금지하고 있는 불법이었다.[20] 이제 헌법과 법률로 조선 민중을 억압하던 수단이 자신의 목을 겨누는 칼날이 된 것이다. 당시 고소장 제출의 주역이었던 일본인 변호사 후세 다쓰지와 수사책임자인 경성지방법원 검사정 나가오(長尾)의 이야기를 들어보자.

후세(布施): 관헌 횡포가 심한 조선에서 형무소의 피고로부터 그 피고를 형무소에 집어넣은 사법경찰관을 상대로 폭행능학독직죄로 고소를 한 것은 조선 공전의 큰 사실일는지 모른다. 그러나 법률은 결코 지배계급 관헌이 피지배계급 민중을 취체하거나 탄압하는 편의만을 위하여 존재하는 것은 아니다. 지배계급 관헌이나 피지배계급 민중이 법률의 앞에는 평등하고 공정한 보호를 받는 동시에 부정을 처리하지 않으면 아니 된다. 고로 지배계급 관헌이라 하나 법률 위반의 부정이 있으면 당연히 그 제재에 처하여야 된다. ……[21]

나가오(長尾): 그 고소장이 검사국에 제출되었다는 말은 들었소이다만 제출된 날과 오늘(17일)이 연하여 휴일이므로 아직 보지는 못하였소. …… 등청하는 즉시 한번 고소당한 경관을 취조하여볼 작정이외다. 보기 전인 지금, 어떻다고 말할 수

---

20. 당시 고소 대리인의 한 사람이었던 일본인 변호사 후루야 사다오(古屋貞雄)는 "종로경찰서 경관이 그와 같은 폭행을 피고에게 가하여 답변을 강요한 것은 헌법에 보장된 인권을 유린하고 형사소송법에 보호된 피의자의 변호권을 무시하고, 다시 사법 재판의 공평 진실을 그릇되게 하는 법률 파괴로 법률상이나 인도상으로 결단코 용서치 못할 중대한 범죄로 확신하여 이 고소를 제출하게 된 것이다"라고 했다. 「헌법과 법률로 보장된 인권을 유린」, 1927년 10월 17일자 『동아일보』 기사.

21. 「고문경관사건—고소 이유는 충분히 성립」, 1927년 10월 18일자 『동아일보』 기사.

가 없소이다만 법대로 처리할 것은 다시 말할 필요가 없지요.[22]

어쩔 수 없이 수사에 착수할 수밖에 없었던 검사국의 고충은 이만저만이 아니었으리라. 또한 이 고소사건은 사회 전체에 영향을 미쳐 이 문제에 대한 논의가 여러 차원에서 이루어졌다. 일본과 조선에서는 이 고소사건을 추진한 변호인들에 대한 격려와 위문이 계속되었으며, 검사국과 경찰부에는 항의가 이어졌다. 일본변호사협회도 이 고문사건의 진상조사에 나섰으며, 일본 정계에까지 파문이 미칠 지경이었다.[23]

:: 일본노동농민당에서는 25일 4시 반에 상임위원회를 열고 금번 조선공산당 사건 피고 고문문제에 대한 안건을 토의하여 아래와 같은 결의를 하였다는데, 이제 종로경찰서의 네 경관이 권오설 이하 조선공산당원에게 가하였다는 고문사건은 다시 일본 전국의 중대한 여론을 일으키게 되었음을 알 수 있는 동시에, 더욱이 그 운동선상에 있어서는 분립한 일본노동농민당과 일본노동당이 서로 제휴하여 이에 대한 공동성명서를 발표케 된 점은 한층 주목을 끌고 있다더라.[24]

그해 10월 20일 오후 5시, 조선농민총연맹이 재경중앙집행위원회를 열고, 그 고문사건을 토의코자 했으나 신경이 예민해진 종로경찰서는 이를 금지했다. 그뿐만 아니라 이 고소사건으로 인해 "일반 사회단체의 기세가 높아진다 하여 경찰 당국은 이전보다 고압적 태도를 취하여 어떤 집회든지 조금이라도 불온하다고 인정하면 금지"하고, 심지어 "금후로는 2인 이상 집회를 절대 금지한다"라고

22. 「등청하는 즉시로 피소 경관을 취조」, 1927년 10월 18일자 『동아일보』 기사.
23. 「일본변호사협회도 고문사건 진상조사」, 1927년 10월 27일자 『동아일보』 기사.
24. 「천하의 시청(視聽)을 집중한 고문경관 고소사건의 전개—노농·농민 양당 제휴, 고문사건 항의운동」, 1927년 10월 30일자 『동아일보』 기사.

할 정도였다.[25]

이런 가운데 고소인에 대한 고소보충 진술조서를 받았다. 변호인단은 검사의 고소인 조사 태도가 불만스러웠다고 비판했고,[26] 조선공산당사건의 연루자 100여 명이 종로경찰서에서 조사받으면서 받은 고문에 대해 2차, 3차의 고소를 준비하기도 했다.[27] 연일 언론의 대서특필[28]이 계속되는 가운데 연기를 거듭하던 피고소 경관들의 소환조사가 이루어졌다. 남을 조사하고 고문하던 이들이 이제 조사를 받는 입장이 된 것이다. 이때 이들의 심정을 보여주는 기사가 있다.

> ::   고소를 당한 경관 자신들도 적지 않게 염려들을 하는 중이라는바 어제 모 씨의 전하는 바에 의하면, 고소를 당한 경관 중 모 경관은 자기가 가장 친한 친구에게 향하여 "자기는 사법경찰관으로 장래 그 고소사건이 어떻게 결말날 것을 알고 별로 걱정하지 아니하나, 자기 아내는 고문을 하다가 고소를 만났다는 소리를 듣고 그 까닭으로 구인을 당하게 되면 섬약한 여자가 혼자서 어찌하느냐고 심려를 너무 하니 적지 아니한 걱정이라"고 하였다는 말을 들었다더라.[29]

변호인단은 검사를 연일 방문해 종로경찰서 취조실과 숙직실을 조사하고, 서내의 죽도(竹刀)·환의자(丸椅子)·양동이·약장·포승 등을 검증물로 조사할 것과, 검사 입회하에 고소인과 피고소인의 대질신문, 총독부 의사와 세브란스 의사의 고소인 신체 진찰 등을 요구했다.[30] 11월 9일에는 몇 사람의 증인이 소환되었다.

---

25. 「2인 이상 집회는 금후론 절대 금지」, 1927년 10월 23일자 『동아일보』 기사.
26. 이 사건을 맡은 경성지방법원 검사국 모토하시(元橋) 검사의 고소인에 대한 조사가 너무 거칠어 변호인들이 항의하면서 재조사를 요구하기도 했다. 「고소인 취조는 작일로 단락, 명일부터는 경관 취조」, 1927년 10월 23일자 『동아일보』 기사.
27. 이때 변호인단이 고소를 고려한 대상 중에는 경찰뿐만 아니라 예심 당시 고문을 했다는 고이(五井) 예심판사도 포함되어 있어 관심을 끌었다. 「변호사단 돌연 긴장, 제2차 고소 제기」, 1927년 11월 1일자 『동아일보』 기사.
28. 동아일보는 아예 2면 상단에 「천하의 시청을 집중한 고문경관 고소사건의 전개」라는 고정 제목으로 연일 사건의 전개과정을 몇 개의 꼭지로 보도했다.
29. 「취조 앞두고 불안 중의 경관」, 1927년 10월 26일자 『동아일보』 기사.

그중 강형순이라는 증인은 "고소인 중 홍덕유가 경찰에 잡혀 있을 때 그의 부인이 그의 의복을 취하했을 때 양말과 내복에 피가 많이 묻어 있던 것이 사실"이라고 말했다.[31] 피고소 경찰관들은 최후로 비밀리에 조사를 받았으나 이는 불기소의 수순에 불과했다. 결국 경성지법 검사국은 이 사건을 증거 없다는 이유로 불기소 처분을 하고 말았다.[32] 그후 변호인단에서 항고하는 등의 조치를 취했으나 실효를 거두기는 어려웠다. 그러나 이 사건은 고문문제를 정치적 문제로 전면에 내세워 사회 여론을 일으키고 고문경관들에게 경종이 되었음에 틀림이 없다.

30. 「고문 현장을 검사, 고소인과 피고소인 대질」, 1927년 11월 2일자 『동아일보』 기사.
31. 「천하의 시청을 집중한 고문경관 고소사건의 전개 ─ 취하받은 피고 의복 중 내의와 양말에 혈흔」, 1927년 11월 12일자 『동아일보』 기사.
32. 「불기소 처분을 했으면 반증거 표시가 필요」, 1927년 11월 17일자 『동아일보』 기사.

02
주요 시국사건의 고문 사례[1]

신민회사건 — 1911년

조선의 초대 총독 데라우치 마사타케(寺內正毅)는 애국지사들을 대대적으로 탄압하고 독립의 기를 꺾을 목적으로 이른바 '데라우치 암살음모사건'을 조작했다. 1911년 1월 1일, 이승훈 등 700여 명을 검거·투옥함으로써 한반도에서 최초의 대검거 선풍이 불었다. 이렇게 구금된 사람들은 엄청난 고문을 받았고 총 122명이 기소되어 1심에서 105명이 유죄 판결을 받았다. 그래서 이 사건을 '105인 사건'이라고 부른다. 먼저 곽임대의 증언이다.

    ::   엄동설한에 전신을 발가벗기고 한 팔은 뒤로 젖히고 다른 팔은 앞으로 올려

---

1. 여기에 제시한 사례는 일제시대에 있었던 수많은 고문 사례 중 일부분에 불과하다. 신문과 잡지 등에 기록된 것일 뿐 그 시기의 광범한 고문 사례를 일일이 정리한다는 것은 불가능한 일이다. 최근 국사편찬위원회가 미 국립문서기록관리청에서 입수한 미군 정보자료에 따르면, 일제는 시베리아 지역에서도 독립운동가들에 대해 고문 등 무자비한 탄압을 한 것으로 밝혀졌다. 「일본이 시베리아의 한국인들에게 가한 야만적 가혹행위」라는 부제의 이 문서는 일본군이 독립운동가들을 무단연행해 수주일간 감금, 폭행, 고문을 일삼았으며 노인과 여성까지 구타했다고 전하고 있다. 「'시베리아 항일운동' 미 문서 첫 공개」, 2005년 2월 28일자 『한국일보』 기사.

서 두 엄지손가락을 한데 비틀어 매어 의자에 올려 세운다. 그 뒤 내 손목을 천장에 달아매고 의자를 빼어낸다. 나는 벗은 몸으로 매달리게 되었다. 그들은 이제 채찍을 들고 좌우에 서서 나를 심히 난타했다. 나는 미리부터 각오했다. 전신에 신경이 죽으면 아무리 맞더라도 감각이 마비될 것이 아닌가. 과연 그러했다. 그 얼마 뒤에 나는 신경이 마비되어 일절 아픈 것도 알지 못하고 그저 매달려 매를 맞을 뿐이었다. 만일에 조금이라도 요동하면 내 팔과 손가락이 끊어질 듯이 아찔아찔하고, 어깻죽지가 뒤로 물러나는 것 같아서 숨도 제대로 못 쉬며 꼼짝달싹을 못했다. 경관들은 허공에 매달린 나를 더욱 매질하고 나서 다시 의자에 올라가 앉아 차를 마시면서 한담하는 것을 볼 수 있었다.

…… 시간이 흐름에 따라 내 얼굴 모양이 형편없이 일그러졌다. 아마도 시체의 목골이 되어갔던 모양인지 경관들은 "저놈의 상판이 보기 싫으니 얼굴을 가려" 하더니 물 축인 종이를 가져다가 내 얼굴에 붙였다. 그런 꼴로 나는 여러 시간 매달려 있었다. 그들은 내가 숨이 끊어지지나 않았나 해서 피우던 담뱃불을 내 배에 지져보는 것이었다. 물론 가사상태에 있더라도 불로 살을 지지는 데 있어서는 기절할 노릇이라 나는 남은 힘을 다해서 발길로 경관의 배를 찼다. ……

지금 와서 생각해보아도 소름이 끼친다. 그들이 심문 중에 행한 악형은 대체로 이러했다. 먼저 두 엄지손가락을 앞뒤로 묶어서 천장에 달아매는 것이요, 그 다음에는 거의 다 죽어가는 사람을 뉘어놓고 콧구멍에 양잿물을 쏟는 것이었으며, 혹은 두 손가락 사이에 막대기를 끼운 다음 손가락 끝을 비끌어 매어 좌우로 훑어 내려가 피부가 멍들고 근육이 떨어져나가게 했다. 뿐인가. 선반을 나직하게 매고 머리털을 선반에 비끌어 매어놓고 그 선반 아래 들어가 있게 한다. 그러면 선반이 낮아져서 앉지도 서지도 못하고 그대로 꾸부린 채 어정쩡하게 서 있게 하여 전신에 땀이 배고 다리와 허리와 목덜미의 근육이 팽창해져서 도저히 견디기 어려운 고문을 일삼았다. 때때로 의복을 벗겨놓고 철판 마루에 알몸뚱이로 굴리면서 구두 신은 흙발로 사람을 축구공 차듯 하기도 했다. 석탄불에 달군 철봉으로 뼈가 울리게 난타하는 고문방법은 사람 생죽음으로 모는 매질이었다. 이러한 갖은 야만적인 악형을 14일간이나 당한 끝에 심문조서라는 여러 장으로 된 서류를 만들어서 서명날인을 강요하여 검사국으로 넘기는 것이었다.

그러나 이러한 고문 중에는 웃지 못할 희극이 연출되었다. 아침에 내려가서 온종일 또는 밤이 늦도록 심문이라는 이름의 악형을 받다가 구치감에 올라가 보면 그동안 밀린 점심과 저녁밥이 나를 기다리고 있었다. 배는 고파 먹기는 해야겠으나 수갑 찬 손의 두 엄지손가락이 마치 계란같이 부어 있어 그 밥을 먹기는 매우 곤란한 형편이었다. 먹지 않으면 생명부지가 어려운 일이고 보면 어찌할 도리가 없었다. 밥사발에 입을 가져다대고 개와 같이 혀끝으로 핥아먹고는 했다. 사람을 이토록 개, 돼지 취급한 일본의 총독정치였다.[2]

이 사건의 피고인 중 한 사람이었던 선우훈의 체험수기이다.

:: 수감된 지 3개월 동안 아무런 취조도 없었지만 전해오는 소식은 놀랄 만하였다. 혹독한 고문으로 김근형 씨와 정희순 씨는 벌써 죽었고, 어떤 사람은 팔이 떨어지거나 눈이 빠져서 모두 빈사상태에서 피를 토하며 하루에도 몇 번씩 기절을 한다는 것이었다. 며칠 동안을 굶겨서 모두 광인이 되었고, 물도 주지 않고 잠도 재우지 않았으며, 혹한 냉방에서 의복마저 발가벗기어 놓았다는 것이다. 놈들은 떼지어 몰려다니며 구타를 가하고 온갖 형구(刑具)를 다 써서 죽지도 못하고 살지도 못하게 하는, 형언할 수 없는 무서운 상태로 만든다고 하였다. …… 취조는 처음부터 날카로웠다. 심문관의 말이 채 끝나기도 전에 놈들이 벼락같이 달려들어

---

2. 곽임대, 『못 잊어 화려강산 — 재미독립투쟁 반세기 비사』, 대성문화사, 1973, 69쪽 이하.

주먹으로, 곤봉으로 사정없이 온몸을 후려갈기는 것이었다. 또 양 손가락에 쇠막대기를 끼우고는 끝을 졸라맨 후, 문턱 위에 높이 달아매어놓고 때때로 줄을 잡아당겼다. 나는 전신이 저리고 쑤시고 사지가 녹아나는 것 같은 아픔에 오한이 계속 일어나고 몸은 엿가락처럼 뒤틀렸다. 1시가 지나고 또 2시가 지나니 가슴에는 불이 붙고 코에서는 불길이 확확 달아올랐다. 그러나 눈만 뜨면 만호장안이 눈 속에 들어왔다.[3]

3·1운동 관련 고문사건 — 1919년

::   독립만세운동의 중앙지도체를 구성했던 인사들이 모두 체포되어 재판이 끝나기까지는 일제의 온갖 악형을 다 받았다. 그중에서도 송진우는 더욱 모진 고문을 받았다. 옷을 갈기갈기 찢긴 채 어두컴컴한 지하실에 던져졌는가 하면, 사나운 개들이 달려들어 온몸을 물고 할퀴게 하였다. 그는 피투성이가 된 채 다시 취조실로 끌려가 일경의 야유와 비웃음 속에서 신문을 받아야 했다.[4]

일제 관헌에 의해 끌려간 단순 가담자들도 고문을 당하기는 마찬가지였다. 이들도 온갖 고문을 당한 뒤에야 훈계방면되었다. 당시 구금된 한 여학생은 고문자국으로 온몸이 멍들어 있었고, 어떤 사람은 반신불수가 되어 생산 능력마저 빼앗긴 사실도 확인되었다.[5] 다음은 3·1만세시위에 참여했다가 구금되어 고문을 당한 뒤 석방된 여학생들의 체험 내용이다.

::   ……3월 하순경 서울의 한 감옥에 갇혔던 여학생 31명이 출옥 후, 일제의

---

3. 선우훈, 「몸서리치는 악형의 그 낮과 밤을」, 최주영 편저, 『근대사의 증언』, 동광출판사, 1987, 36, 41쪽.
4. 김진봉, 『민족운동총서 제2집 — 3·1운동』, 민족문화협회, 1982, 170~171쪽.
5. 김진봉, 앞의 책, 173쪽.

야만적인 행위를 폭로하였다. 그녀들은 일경에 체포되어 가서 무수히 난타당하고, 즉시 옷을 벌거벗게 하고, 알몸뚱이의 손발을 묶되 잡으려는 돼지를 묶는 것과 같이 하여서는 마구간에 내동댕이쳐서 밤을 지내게 하되, 긴긴 밤 추위에 지푸라기조차 덮지 않은 채로 떨게 하였다. 그중에 얼굴이 이쁜 몇몇 여학생은 밤중에 왜놈들이 둘러메고 가서 밤새도록 돌아가며 강간한 뒤 동이 틀 때에야 질질 끌어오니 눈동자는 붉은 복숭아 같고, 손발에는 잡아 묶어맨 자국이 기득히 드러나 보였다. 신문받는 곳에는 십자가를 갖다놓고 너희들은 신자이니 십자가의 고난을 맛보라 하면서 십자가에 나체로 벌려 누인 후, 석탄 난로에 쇠꼬챙이를 벌겋게 달구어 가지고 젖꼭지를 3, 4회씩 찌르며, 포박을 풀 때에는 칼로 어지러이 끊어버리니, 유약한 여자의 손발이 그 묶은 밧줄과 함께 잘려서 핏방울이 빗방울같이 흘렀다. 또 잠시 후에는 다른 십자가에 옮겨 머리채까지 다섯 군데를 묶어 앞으로 벌려 노출시키고 공중에 세운 다음, 고약을 불에 녹였다가 머리와 음문 및 양쪽 겨드랑이에 붙였다가 식은 다음에 힘껏 잡아 떼어내니, 털과 살갗이 함께 뽑혀 떨어져나와 붉은 피가 땅바닥에 낭자히 떨어지면 일제 관헌들이 크게 웃어댔다. 그러고는 심문책임자가 묻기를 "감히 아직도 만세를 부를 터이냐?"고 하니, 여러 여학생이 한꺼번에 대답하는데 "독립을 이루지 못하면 죽음에 이르기까지 쉬지 않으리라"고 하였다. 이에 그들도 어쩔 수 없다는 듯이 감방에 돌려보내고, 며칠이 지나도록 음식을 주지 않다가 사흘째가 되는 날 다시 신문하였다.

이번에는 일병 2명이 좌우에 나누어 서서 여학생의 손을 단단히 잡고, 다른 1명은 가는 대나무 바늘(竹針)로 머리를 촘촘히 쪼아 찌르는데, 그 여학생은 다만 끝까지 굽히지 않고 울음소리조차 내지 않았다. 이 광경을 목격한 여러 여학생들이 분노해서 일본 관헌을 꾸짖어 항의하니, 그들이 더욱 화내어 차고 있던 칼로 입술을 찢고자 할 때, 그 책임자가 말리면서 "얼굴 모습은 상하게 하지 말라" 하고 옷을 도로 던져주며 훈계 책망하더니 석방하였다.[6]

정두은 씨 고문사건─1924년 1월

::   경북 모 중대사건에 (관련되어) 수감되어 있는 정두규를 경북경찰부에서 심문할 때에 갖은 악형을 다하였다 하여 친형 정두은 씨가 경찰부를 상대로 대구지방법원 검사국에 고발장을 제기하였다는 것은 이미 보도한 바이거니와, 그후 정두은 씨는 수일 전에 일본 제국의회에까지 거기에 대한 탄원서를 제출하고 검사국의 하회를 기다리는 오늘날, 지난 7일 오후 4시쯤 하여 경북경찰부에 돌연히 불리어 들어갔다는바⋯⋯.[7]

여기서 '중대사건'이라 함은 시국사건을 의미한다. 당연한 일이지만 경찰 측에서는 고문 사실을 절대로 부인하고 있다. 고발장을 제출한 형의 운명이 걱정되는 상황이다. 당시 각 당국자들의 말을 들어보자.

쓰카하라(塚原) **검사정** : 만일 사실 고문을 하였다 하면 그야말로 중대사건이지만 아직 조사 중이니까 진부를 단언하기 어려우되, 지금 이 시대에 고문 같은 것을 감히 할 리가 없을 줄 믿습니다만은 만일 그러한 불상사가 사실 있었다 하면 물론 단연한 처치를 취할 것이요. ⋯⋯ 하여간 그러한 일이 없도록 누누이 말을 하지만은 그런 일이 종종 발생되는 것은 실로 송구할 바이라.

도미나가(富永) **경찰부장** : 그 사건을 취급하기는 내가 직접 취급을 하였는데 고문이라니 당치도 않소이다. 더구나 정두규는 내용도 그다지 중하지 아니하였고, 또 사실대로 진작 고백을 잘하였기로 말하자면 우대를 하여 가며 취조를 하였는데 고문이란 터무니없는 말이요. 그 증거로는 지금 감옥에 있는 정두규를 될 수 있으면 여러 신문기자의 앞에 데려다라도 보이고 싶습니다. 만일 보아서 조그마한 흔적이

---

6. 김진봉, 「민족운동총서 제2집─3·1운동」, 민족문화협회, 1982, 171~173쪽.
7. 「고문 사실이 도화로, 정두은 씨 다시 구인」, 1924년 1월 10일자 「동아일보」 기사.

라도 있게 되면 내가 전 책임을 다 지겠소이다.[8]

취조를 받던 중 돌연 사망한 의용대원 — 1924년 3월

::   모처에 도달한 정보에 의하면, 본적을 개성군 동면 조문리에 두고 북간도에 있는 대한통의부(大韓統義府) 의용대의 대원으로 있는 류석정(32)은 지난 4일에 그 통의부 대징의 명령을 받아가지고 친일파로 유명한 봉천보민회(奉天保民會) 대리회장을 암살하려고 봉천을 갔던바, 필경은 사실이 탄로되어 그곳 일본영사관 경찰서에 체포되는 동시에 취조를 받던바 취조 중에 그만 무참히 사망하였다는 풍설이 있는데, 이것은 경찰의 고문으로 그와 같이 죽은 것이 아닌가 추측된다더라.[9]

기념만세 부른 두 명을 형무소에서 고문치사했다는 소문 — 1924년 4월

::   3월 1일 평양형무소 죄수 일부가 3·1운동 기념만세를 부르고 추운 날 냉수목욕의 중벌을 받은 풍설이 있다 함은 기보한 바이거니와, 이에 대하여 근일 그 감옥으로부터 새어나온 말을 듣건대, 3월 1일 오전 10시경에 제령 위반범 최 모·백 모 등 2명이 주모가 되어 형무소 안에 있는 제1공장으로부터 제6공장의 죄수 중에 약 10여 인이 대표로 솔선하여 만세를 높이 불렀으며, 그 공장의 죄수 중 약 백여 명은 단식을 하였다는데, 이에 크게 놀란 형무소에서는 그 이튿날부터 만세 부른 대표자 6명을 잡아내어 매일 한 차례씩 추운 아침에 옷을 벗기어 내세우고 뽐푸(펌프)로 찬물을 끼얹어주는 악형을 하여왔는데, 3월 7일에는 평양지방법원 진남포지청에서 절도죄로 징역 2년의 판결을 받고 복역 중이던 강서군 보림면 간성리 김숙(44)이라는 죄수와, 또한 평양지방법원에서 역시 절도죄로 징역 7년의 판결을 받고 작년 4월에 입감한 경기도 개성군 송도면 고우원 이동일(34)이라는 죄수 등

---

8. 「고문 사실이 도화로, 정두은 씨 다시 구인」, 1924년 1월 10일자 『동아일보』 기사.
9. 「대한통의부원, 취조 중에 돌연 사망」, 1924년 3월 14일자 『동아일보』 기사.

두 사람이 그 가혹한 형벌에 죽었다는 말이 있다.[10]

형무소 당국자는 그날 두 죄수가 죽은 것은 사실이나 뇌일혈, 신장염으로 죽은 것이지 고문 때문이 아니라고 부인했다. 그러나 진실을 조사할 아무 통로가 없는 마당에 소문과 당국의 부인 중에서 어느 것이 진실인지 알 수가 없는 노릇이다.[11]

김창숙 사건과 고문 ─ 1927년 5월 11일

∷   운명의 아침인 1927년 5월 11일, 드디어 나는 영·일 양국의 경찰관에 의해 병상에 누운 채 검거되어 곧 일본영사관으로 인도되었다. …… 부산항에 도착하자마자 미리 대기하고 있던 경북경찰부 형사 최석현, 남학봉, 고창덕 및 일본인 형사 오카다(岡田) 등이 나를 인수하였다. 상해에서 부산에 도착하기까지는 그냥 호송되어왔는데, 부산에 내리면서부터 나는 수갑에 손을 묶인 채 완전히 죄수 취급을 받게 되었다. 수감된 지 사흘째에 이르러 그들은 본격적으로 나를 심문하기 시작했는데, 심문하는 방법이 지극히 악랄하고 잔인하며 마치 피에 굶주린 아귀 같았으니 고문에 사용된 형구의 종류는 이루 다 헤아리지 못할 정도였다. 나는 고문의 한 고비를 넘긴 후 왜놈 경찰들을 향하여 "너희들의 하찮은 고문 수단으로 나의 모든 비밀을 캐내려고 드는가? 차라리 고문에 지쳐 죽을지언정 대장부의 기개를 지켜 난언(亂言)을 하지 않겠다" 하고 그냥 웃음만 지었다.[12]

---

10. 「기념만세 부른 자 2명을 형무소에서 악형 치사설」, 1924년 4월 6일자 『동아일보』 기사.
11. 『동아일보』는 원래의 기사에 이어 '죄수 악형 치사설'을 다시 제기하며, "만일 이것이 풍설이 아니고 정설이면 어찌할꼬, 이것이 만일 일반의 추측이 아니고 명명백백한 사실일진대 어찌할꼬. 진실로 이것이 사실이라 하면 비통한 원혼을 위하여서뿐만 아니라 자불농이하는 인류의 공분을 위하여 피가 끓고 살이 떨릴 것이나, 우리는 다행히 아직도 인류에게는 인류를 사랑하고 '생(生)'을 사랑하는 양심이 있음을 알고 아울러 평양형무소의 당국자들도 이 같은 인류의 일분자임을 믿고 어디까지든지 사실이 아니기를 바란다"라고 쓰고 있다. 「죄수 악형 치사설 ─ 하늘을 두려워 우리는 부인한다」, 1924년 4월 7일자 『동아일보』 기사.
12. 김창숙, 「내 비록 앉은뱅이가 되었을지라도」, 조일호 편저, 『항일투쟁 비밀기』, 동립문, 1986, 71쪽.

심산(心山) 김창숙(金昌淑) 선생은 이때의 고문으로 나중에 앉은뱅이가 되고 만다. 그러나 그의 호탕한 성품은 고문자들을 더욱 부끄럽고 위축되게 만들었다. 선생은 당시 고문을 가하던 형리들에게 다음과 같은 「불복고신시(不服拷訊詩)」라는 시를 지어 전해주었다.

:: 광복을 꾀한 지 십 년 동안에 / 자신과 가정마저 잊었거늘 / 공명정대한 일이 백일과 같은데 / 형신(刑訊)을 가해오는 그대들이 가엽다.

혁명기념일에 도쿄에서 검거된 조선 여학생들을 고문 — 1927년 11월
:: 도쿄 간다구(神田區) 메이지회관에서 지난 (1927년 11월) 7일 러시아혁명 기념에 불온하다는 사람 80명을 서신전경찰서에서 검속하였다는 사건은 그후 계속하여 동서에서 취조를 마치고 조선 남자 19명과 조선 여자 4명은 아직도 계속 유치 중이라는데, 경찰은 형용할 수 없는 고문을 하였다 하여 노동당에서는 당서기장을 경찰서로 보내어 사실을 조사하는 동시에 항의를 제출하였다 하며 도쿄 법조계의 물의를 사서 일반 여론이 높다는바, 내용은 검속한 조선 여자 중 몇 사람에게 옷을 벌거벗긴 후에 장나무로써 두 허벅지를 누르고, 남자에게는 곤봉 기타 닥치는 대로 얼굴을 함부로 때리는 한편으로 고통에 이기지 못하는 사람은 종이로 입을 틀어막았다는데 …….[13]

당시 고문을 당한 조선 여학생들은 곧바로 진단서를 갖고 고소를 제기했다.

:: 지난 11월 7일 밤에 방면되어 나온 김순실, 김정옥 양인은 니시간다(西神田)

---

13. 「혁명기념일에 검거된 조선 여학생을 고문」, 1927년 11월 12일자 「동아일보」 기사.

경찰서에서 고문을 당하여 전신이 뚱뚱 부었으며 팔다리에 멍이 나서 굴신을 임의로 못하며 입에다 손과 손수건으로 틀어넣었다고 즉시 진단서를 가지고 고소하리라더라.[14]

광주학생운동 관련자들의 수난 — 1927~1930년

광주학생운동 주도자들은 검거된 후 숱한 고문을 당하고도 몇 년씩이나 감옥살이를 했다. 그것은 또 다른 형벌의 시작이었다. 이들의 옥중 수난사를 살펴보면 우리의 잘못된 행형정책이 바로 일제의 그것에서 유래되었음을 알 수 있다.

:: (통방을 하다가 적발된) 두 사람은 징벌로 독방에 처박히게 되었다. 주당석(朱瑭錫)은 4사 독방이었다. 유치오(兪致五)는 3사 16호 독방이었다. 징벌방인 만큼 둘 다 독방 중에서도 특히 견디기 어려운 방이었다. 7월이 되자 독방은 숨이 턱턱 막혔고 피부병이 심해졌다. 환부에서는 진물이 나고 퉁퉁 부어 보행마저 옹색하게 되었다. 참다 못해 유(兪)는 간수장을 면회하고 제발 전방하여줄 것을 부탁하였다.…… 유는 피부병으로 퉁퉁 부은 불알을 옷을 제치고 보여주면서 계속 애걸하였다. 그러나 간수는 욕지거리를 하며 유의 멱살을 잡고 끌고 가려고 하였다. 그러자 유는 힘써 버티니 서로 줄다리기를 하게 되었다. 이때였다. 고토(五藤)란 일본인 간수가 불쑥 나타나더니 시비곡절을 따질 사이도 없이 유의 멱살을 추켜잡고 현관 밖으로 끌고 나갔다. 현관 밖 오른쪽에는 널찍한 콘크리트 바닥이 있었다. 그곳까지 끌고 와서는 숨 돌릴 사이도 없이 어깨치기로 유를 연거푸 몇 차례고 때려눕혔다. 오등은 유도 5단이었다. 유는 처음에는 비명도 질러봤지만 곧 쭉 뻗어버리고 말았다. 숨을 간신히 깔닥거리며 사지는 바르르 떨었다. 편지를 쓰고 있던 동

14. 「고문당한 여자 2명 경찰을 고소 준비」, 1927년 11월 23일자 『동아일보』 기사.

지들은 심상치 않은 비명소리에 놀라 와르르 현관 쪽으로 몰려나와 목불인견의 현장을 목격하고 말았다. 그들은 치를 떨었다.

"이 인간백정들아!" 유달리 목청이 높은 김민환(金旻煥)이 형무소가 떠나갈 듯이 큰소리로 외쳤다.…… 각 감방에서 함성이 터져나오기 시작하더니 삽시간에 5개 사 전 감방으로 퍼졌다.…… 형무소 간부회의에서는 이번에는 적극적 진압책을 쓰기로 하였다. 하오 2시부터 소위 진압작전이 개시된 것이다. 수십 명의 간수가 일제히 각 감방문을 열어제치고 학생 피고들을 가혹한 형벌로 짓눌렀다. 어깨총 수갑을 채우고 정의복(靜衣服)으로 가슴팍을 조여매기도 하였다. 정의복이란 가죽조끼 같은 것인데, 일단 물에 축인 다음 가슴팍을 조여 매어두면 물기가 마르면서 가죽이 오무라들기 때문에 갈비뼈가 우그러질 정도였고 호흡하기도 어려웠다. 감방 안으로 반은 의식불명인 채로 끌려온 유치오는 한참 있다가 깨어나 아픈 것도 모르고 고함을 질렀다. 그러자 감방 문이 덜커덕 열리더니 4, 5명의 간수들이 우르르 방 안으로 쳐들어와 다짜고짜 유의 손을 비틀어올려 어깨총 수갑을 채워버렸다. …… 옆에 있던 나머지 간수들이 미친개처럼 덤벼들어 주먹질 발길질을 퍼붓고, 정의복을 가슴팍에 둘러 조여매고 방성혁대로 입을 틀어막았다. 그리고 중금병방(重禁屏房)에 가두었다. 중금병방이란 간단히 말해서 깜깜한 먹방이다. 창문도 전등불도 없으며 빛을 완전히 차단한 방이다. 그러니까 유치오는 어깨총수갑을 차고 정의복으로 가슴팍을 조이고 방성혁대로 입에 재갈을 물리고, 이 칠흑의 방에 처넣어져 있게 된 것이다.…… 어깨총 수갑은 대체로 반나절이나 하루가 지나면 풀어주는 것이 상례였다. 그런데 이번에는 사흘이 지나고 나흘이 되어도 풀어주려고 하지 않았다. 유치오는 자기 어깻죽지에 팔이 붙어 있는지 어쩐지 자각할 수 없었다. 눈도 시력을 잃었는지 어쩐지 분간을 못하였다. 눈을 감으나 뜨나 칠흑 같은 세계였다. 이렇게 되니 죽었는지 살아 있는지조차 모를 지경이었다.[15]

의문에 쌓인 신현규의 죽음 — 1928년 8월

∷   시내 종로서 고등계에서 제령 위반사건으로 취조를 받던 신현규(42)가 12일 오전 4시경에 돌연 사망하였는데, 그는 11일 아침부터 돌연 병이 나서 신음하는 것을 동 오후 10시경에 반이나 죽은 것을 인사동 영제의원에 끌고 갔으나 불과 몇 시간 되지 못하여 마침내 죽어버렸다는 것으로, 그 죽은 원인에 대하여 경찰 의사는 '발진티푸스'라 하고 최종에 그를 진찰한 영제의원장 김두영 의사는 독약중독이라고 각각 주장이 구구하고, 또한 의혹이 중첩하여 경성지방법원 검사국으로부터 와타나베(渡部) 검사까지 출동하여 동 경찰서 유치장으로 옮겨다놓은 시체를 검시하고, 즉시 전중환(田中丸)의원으로 보내어 동 검사 입회 아래 해부까지 하였으나 아직 화학적 검사를 하기 전에는 죽은 원인을 밝힐 수 없다고 당국자들은 책임 있는 말을 피하는 중인데, 제일 일반의 의혹을 끄는 것은 해부를 구태여 전중환 의원에 붙인 것과 시체를 해부하는 대로 경성부에 맡기어 즉시 매장케 한 것뿐만 아니라, 경찰이 말하는 아편을 먹고 자살한 것이라 할지라도 그가 자살까지 하게 된 원인이 무엇인가가 제일 주목된다는 것인바, 사건은 검사의 손에서 금후 여하히 전개될 것이 자못 주목되는 문제라더라.[16]

조선반도를 뒤흔든 고문고소사건이 터졌던 종로경찰서에서 또다시 고문치사 의혹 사건이 발생했다. 신현규는 혼자 의병에 참여해 투옥된 경험도 있는 사람이었다. 반일전선의 선봉장이었던 그에게는 부인과 어린 아들딸, 73세의 노부가 있었고 집안도 빈한하여 서울까지 올 차비도, 시체를 찾아갈 비용도 없는 상태였다고 한다.[17]

---

15. 최성원, 「광주학생운동 옥중투쟁기」, 『신동아』, 1980년 6월, 349쪽 이하.
16. 「모 중대범 신현규의 의운(疑雲)에 싸인 사인(死因)」, 1928년 8월 14일자 『동아일보』 기사.
17. 「여비가 없어 시체 못 찾아」, 1928년 8월 17일자 『동아일보』 기사.

여기서도 사인 규명에 대한 의사의 판단이 지극히 중요한 상황이다. 그러나 의사들의 의견이 서로 달랐는데 경찰과의 친소 관계에 따라 차이가 있는 듯이 보인다. 경찰에서는 같은 유치장의 다른 죄수가 가진 아편을 먹어 죽었다고 하나 석연치 않은 점이 많다. 자살 동기도 없고, 치사량이 될 만큼의 아편이 어떻게 유치장 안에 들어갔는지, 또 그 아편의 소유자가 어떻게 자살을 방조하게 되었는지 설명하지 않는다. 결국 그의 죽음은 가족들의 원한을 뒤로 한 채 어둠 속에 묻힐 수밖에 없었다.

요코하마 유치장에서 사망한 서진문 씨 사건―1928년 10월

:: 　지난 (1928년) 10월 25일 미명에 요코하마(橫浜) 시 수서 형사 수십 명이 돌연 활동을 개시하여 가나가와(神奈川) 조선노동조합 요코하마지부를 습격하여 서진문·김천해·이성백 등 다수 조선 사람을 검속하였는데, 그중 서진문 군은 잡혀가기 전부터 심장각기(心腸脚氣)로 맥박이 105에 올라 거의 죽게 되었으므로 동지들은 그의 석방운동도 하였으나, 수서에서는 들어주지도 아니할 뿐만 아니라 경찰의를 불러 보이지도 아니하는 동안에 지난 11월 16일에 이르러 마침내 절명하고 만 사건이 있었다는바, 원인은 경찰서 유치장에서 죽었으므로 자세히 알 수 없으나 풍문으로 떠돌아다니는 말을 종합하면 가혹한 취조와 절식과 한기로 말미암아 죽은 것이라는데…….[18]

'간도사변' 피의자 차명길의 옥사―1930년 9월

다음은 차명길이라는 사람의 자살에 관한 보도 내용이다. 당장 고문의 의심이 가는 대목은 발견되지 않았으나 멀리 간도에서 경성까지 옮겨온 수감자가 갑

---

18. 「심장각기 중 피검(被檢), 유치장에서 필경 절명」, 1928년 12월 7일자 『동아일보』 기사.

자기 자살을 했고 그 이유가 제대로 설명되지 않아 의문이 제기되었다.

:: 금년(1930년) 5월 30일 간도 용정촌에서 관공서를 습격한 공산당사건의 관계로 지난 9일 경성으로 이송되어 그동안 서대문형무소에 수용되어 있던 사건 피의자 차명길(29)은 지난 17일 오후 2시경에 동 형무소에서 자살하였다고 전하는데, 동 형무소에서는 그가 죽은 것이 소위 패혈증으로 병사라고 하나 일설에 의하면 그가 간도에서 지난 9일 경성으로 이송되어 서대문형무소에 수용이 되던 날 밤에 자살할 목적으로 감방에 들어 있는 주전자의 손잡이를 떼어가지고 그것으로 목을 찔렀으나 곧 절명은 되지 않고 그동안 병감에 수용되어 있다가 마침내 죽어버렸다는 것으로, 그 자살의 원인은 그야말로 깊은 옥중의 소식이라 영원한 침묵의 비밀로 잠길 뿐이라 한다.[19]

:: …… 서대문형무소 와타나베(渡辺) 서무주임은 말하되, "그가 감방에 들여둔 주전자로 목을 찌른 것은 사실입니다만은 이번에 패혈증으로 죽은 데 대하여 그것이 꼭 죽은 원인이 되었는지는 의문이외다. 감방에 주전자를 들여준다는 것이 혹 불찰이라고 할는지 모르나 그는 감방에 있는 그들의 편리를 위해 함이요, 결코 다른 뜻이 없습니다" 하는데, 그의 시체는 그의 고향이 멀리 간도이므로 임시 가매장을 하였다고 한다.[20]

제주도 공산당사건 — 1933년 2월
:: 제주도 공산당 공판은 (1933년 2월) 17일 오후 1시에 목포지청 1호 법정에서 계속 공판을 개정하였는데, 개정 벽두에 신재홍이가 일어서 예심결정이 사실과

19. 「간도사변 피의자 차명길 옥중 자살」, 1930년 9월 21일자 「동아일보」 기사.
20. 「문경(勿顧)은 사실, 시체는 가매장」, 1930년 9월 21일자 「동아일보」 기사.

틀림을 말하고, 계속하여 이익우가 제주도 일반 정세를 장시간 설명하던 중 본건에 대하여 피고 자신에 하등 이익이 없는 설명을 하여 방청자들에게 주의선전을 한다 하여 방청을 금지하겠다 하고, 검사로부터 제재를 함에 피고석은 일시 소연하였다가 다시 김한정과 홍관아의 고문문제로 법정은 매우 긴장하여 장시간에 말썽이 되어, 담임변호사 윤명룡 씨로부터 제주경찰서에 근무하는 김옥현 형사를 고문 증인으로 신청하였으나 결국 기각이 되고 제(堤) 검사가 준열한 논고를 한 시간 이상을 하여 ······[21]

이 시기에도 법정투쟁이 이루어졌음을 보여주는 사례이다. 이때 피고인들의 고문 주장이 제기되었으나 법정에서는 고문한 경관에 대한 증인 신청이 기각되고 말았다. 일제 법정에서 고문 사실이 밝혀지는 것을 기대하는 것은 어려운 일이었을 터이다.

박휘병 고문치사사건과 경관 구속 — 1933년 3월

시국사범을 수사하던 중 고문치사한 사건에 대해 검사가 이들을 파면하고 구속한 사례가 있다. 아무리 일제시대라지만 수사 중 고문으로 사람을 죽인 경우까지 은폐하거나 가볍게 처리할 수는 없었던 것이다.

:: 원산경찰서에서는 (1933년 3월) 12일 '맑스' 50주년을 당하여 좌익분자의 불온 계획이 있는 것을 탐지하고, 원산부 외당하리 박휘병(25)을 예비검속하고 취조 중 돌연 13일 아침에 박휘병은 원인 모르게 사망하였다. 취조하던 경찰에서는 심장마비로 죽었다 하여 유해를 가족에게 인도하였던바, 가족과 친구들은 이것은

---

21. 「최고 8년 구형의 제주도 사건 공판」, 1933년 2월 20일자 『조선일보』 기사.

…… 죽은 것이라 하여 원산서에 쇄도하여 불온한 형세에까지 이르자, 원산 검사 분국에서는 사태의 용이치 않은 것을 탐지하고 곧 시체를 해부한 결과, 데라다(寺田) 검사는 14일에 지금까지 박을 취조하던 동 경찰서 고등계 형사 다카노(高野)·이와모토(岩本)·김창조 등 3명을 소환 취조한 후 즉석에서 구속수감하고 직을 파면하는 동시에 엄중한 취조를 계속 중이다. 사건 내용은 아직 발표하지 아니하나 내용은 퍽 중대하다 한다.[22]

그후 고문피해자에 대한 사체 부검이 이루어지고 구속된 경찰들은 함흥지방 법원 합의부에서 재판을 받았다.[23] 그럼에도 이 기사의 내용을 보면 여전히 일제 경찰은 고문치사한 사실을 은폐하고 피의자가 단지 심장마비로 죽었다고 발표했다가 가족의 항의로 비로소 검찰이 수사에 나선 것을 알 수 있다. 사건을 은폐하기 위한 노력은 그때나 오늘이나 마찬가지다. 한 신문의 사설은 경찰의 고문이 일반화되어 있던 당시의 현실을 개혁할 필요가 있다고 다음과 같이 강조하고 있다.

:: 덕원노동조합사건의 피의자 박휘병을 고문치사케 한 혐의로 전 원산경찰서원 다카노(高野)·이와모토(岩本)·김창조 등에 대한 피고사건의 공판은 조선에 있어서의 이러한 유의 사건의 가장 실증적인 전형을 제시한 점에서 특히 주목할 만하거니와, 이 공판에 있어 간여한 검찰관이 경찰관의 고문의 폐해를 통론하고 피의자의 취조는 반드시 증거 수집에 전력을 다함이 온당하다고 논고한 것은 당연한 일로써, 이러한 유의 비난할 행위를 감행한 일련의 피고에 대한 경고에 그칠 뿐 아니라 널리 조선에 있어서 혹시 있을 수 있는 과거의 또는 미래에 대한 주의로서 경청할 만하다 할 것이다.[24]

22. 「취조한 경관 3명을 검사가 파면하고 수감」, 1933년 3월 18일자 「조선일보」 기사.
23. 「고문 살인한 세 경관의 공판」, 1933년 6월 2일자 「조선일보」 기사.

이 사건의 또 다른 의미는 피해자 박휘병의 유족들이 가해 경찰관과 일본 총독을 상대로 민사소송을 제기한 것이다. 이것은 그야말로 당시 '사상사건'에서 처음 있는 일이었다.

   ::   모 사상사건의 혐의로 원산경찰서에 검속되었다가 검속된 지 사흘 만에 지난 3월 13일에 취조경관의 고문으로 말미암아 유치장 안에서 죽어버린 박휘병의 부친 박승진, 모친 홍보인, 아내 김병한 등 세 유족은 원택연 변호사를 소송 대리인으로 하여 '나라' 대표로 우가키(宇垣) 조선 총독을 걸어 위자료 합계 5천 원의 청구소송을 일으켰다. 소장의 내용은 원고들의 아들이고 또는 남편인 박휘병은……세 경관에게 고문을 당하여 머리와 가슴과 배우에 중상을 입어 결국 뇌출혈로…… 죽어버렸다. 그래서 원고는 전기 세 경관을 고소하여 그들은 지난 6월에 모두 함흥지방법원에서 각각 징역 2년의 판결을 받았다. 가해자인 그들은 모두 피고(나라)의 사용인으로서 사무집행 중에 그러한 불법행위를 한 것이다. 원고들은 사랑하는 아들 혹은 남편이 겨우 30세의 청년시대에 그러한 불상사로 죽은 것으로 말미암아 정신상 고통이 막대하니, 아버지와 어머니에게는 각각 1천5백 원, 아내에게는 2천 원으로 계산하여 합계 5천 원의 위자료를 내라는 것이었다. 이 소송사건은 조선 사회운동이 일어난 이후 처음으로 있는 희귀한 소송사건임으로 그 귀결은 자못 일반의 주목을 끌고 있다 한다.[25]

계속 이어지는 고문치사사건 — 북청 농조원(農組員) 사건(1933년 4월)

   ::   지난 (1933년) 4월 21일 새벽에 북청경찰서 고등계 형사가 총출동하여 북청군 덕성면 서강내리 조우(37) 외 북청적색농민조합원 50여 명을 총검거하고, 동

---

24. 「고문치사사건의 공판」, 1933년 6월 8일자 「조선일보」 사설.
25. 「우가키(宇垣) 총독 상대로 위자료(慰藉料) 5천 원 청구」, 1933년 9월 23일자 「조선일보」 기사.

경찰서 고등계 주임 도경부보 고토 니로쿠(後藤二六)·도순사 기타이 도시타미(北井俊民) 등이 전기 피의자 조우부터 심문취조하다가 잘 자백하지 않음으로 고문을 가하여 23일 오후 11시경에 죽게 한 사건의 공판이 (1933년 7월) 3일 오전 11시부터 함흥지방법원 형사 법정에서 후지모토(藤本) 재판장 주심과…… 으로 열렸는데, …… 마쓰마에(松前) 검사로부터 재작년 단천경찰서 고문치사사건과 금년 봄 원산경찰서 고문치사사건이 접종 발생하여 여러 번 그 취조의 주의를 전달하였는데도 불구하고 이와 같이 불법행위를 연출한 것은 함흥경찰계에 대불상사라고 통론하고, 고토에게 2년 징역과 기타이에게 6개월 징역을 구형하였는데 언도는 오는 10일이다.[26]

고문치사사건이 계속 이어진 것은 그만큼 고문이 경찰의 수사 관행으로 일반화되었음을 증명한다. 그런데도 검사는 '주의'를 주고 '통탄'만 할 뿐, 이에 대한 법제 개혁이나 엄중한 처벌을 하고 있지 않다. 당장 이 사건에서도 고문치사 가해 경찰관에게 겨우 2년과 6개월의 징역을 구형하고 있는 것이다.[27] 이런 상황에서 고문의 관행이 시정될 리 없었다.

취조 10분 만에 사망한 사건 — 원귀년 사건(1934년 2월)

:: 정평(定平)서에서 취조하다가 돌연 사망한 원귀년(元龜年) 사건은 그간 판명된 바에 의하면, 검거된 원인 사건이 발생한 그 전날인 즉 11일 밤에 모종 격문을 휴대한 청년이 전기 원귀년의 집에서 하룻밤을 지내고 간 일이 있어 이 사실이 탄로되어 원귀년 부처를 인치(引致) 취조한 것이라 하며, 원귀년은 본시 신체가 건강한

---

26. 「고문치사 경관 2년과 6월 구형」, 1933년 7월 7일자 『조선일보』 기사.
27. 재판부는 고등계 주임 고토에게는 2년 징역에 5년의 집행유예, 기타이에게는 6개월 징역에 2년의 집행유예를 선고했다. 「고문치사한 경관 집행유예의 판결」, 1933년 7월 12일자 『조선일보』 기사.

사람으로서 취조가 시작된 지 불과 10분밖에 지나지 아니하여 돌연 죽은 것으로 보아 고문치사 혐의가 농후하다 하며, 같이 검거되었던 그의 아내는 즉일 석방되었으며 해부 결과는 일체 비밀에 붙이고 발표치 아니한다고 한다.[28]

함흥지방법원 관내에서 계속 이런 고문치사사건이 일어나고 있는 것은 우연의 일치가 아니다. 경찰은 계속 부인과 은폐로 일관했고, 그나마 가족의 항의로 수사가 이루어져 진실이 밝혀졌다. 원귀년 사건에서도 경찰은 계속 부인했고, 그나마 변호사가 진실 발견의 역할을 하고 있다. 쌍방의 이야기를 들어보자.

경무국 당국자의 말 : 검거하였던 피의자가 경찰에서 사망하였다는 보고가 있었으나 그 이상 상세한 보고가 없는 이상 아직 무어라고 말할 수 없소. 그러나 경찰서에서 이런 일이 생기는 것은 매우 유감한 일로 생각합니다. 아무리 건강한 사람이라도 갑자기 심장마비 등을 일으켜 죽는 일이 없는 바도 아닌즉 보고가 있기 전에는 고문치사 여부는 모르겠소.

담당 변호사[29]의 말 : 의사 진단에 의하면 사망자 원귀년은 검거될 때까지 지극히 건강한 사람이었던 것이 사실인바, 이렇게 건강한 사람이 취조한 지 불과 10분 만에 그렇게 쉽사리 죽었을 리가 있습니까. 진단한 결과 고문치사가 확실한 것으로 믿게 된 이상 해부 결과 발표가 만일 이편 진단상 위되는 시는 재감정을 할 터입니다.[30]

누가 보아도 진실은 뻔한 것이었다. 결국 함흥검사국은 일본인 경찰관 두 명

---

28. 「취조 10분 만에 사망 — 고문치사한 혐의가 농후」, 1934년 2월 16일자 『조선일보』 기사.
29. "원귀년의 급사사건으로 그의 가족이 정평서 취조경관을 상대로 함흥법원에 고소를 제기하여 소송대리인으로서 현장에 출장하였던 변호사 원택연"이 바로 이 사건의 변호인이다.
30. 「고문치사로 확신」, 1934년 2월 16일자 『조선일보』 기사.

(大久保, 宋永)을 고문치사 혐의로 구속했고,[31] 이들은 각각 징역 1년 반씩을 선고받았다.[32]

전남적색농조 사건 — 1937년 7월

∷ 전남적색농민조합 사건의 제2회 공소공판은 (1937년 7월) 2일 오전 10시부터 대구복심법원 제3호 법정에서 요네다(米田) 재판장, 아키타(秋田)·나카가와(中川) 양 배석판사, 사토(佐藤) 검사 관여하에 개정하였다. 사실심리에 있어서는 전번에 빠진 최병휘(24)·왕재일(33) 2명에 대하여 취조를 하고 더욱 전 피고에 대하여는 재차 취조를 하였는데, 피고 전부는 고문으로 자백을 강요하였다고 진술하였으므로 오후 1시쯤 되어 합의한 끝에, 당시 전남경찰부 근무 노 경부보 외 1명을 증인으로 오는 12일에 소환하기로 결정하고 오후 1시 18분경에 폐정하였다.[33]

당시 취조 경찰관을 증인으로 불러보아야 그가 부인할 것임은 당연한 일이다. 그러나 피고인들의 진술로 보거나 당시 횡행했던 고문의 관행으로 보아 고문 사실은 부인하기 어려울 것이다.

조선어학회사건 — 형형색색의 고문방법(1942년 9~10월)

조선어학회사건은 1·2·3·4차의 검거 단계를 거친다. 한 여학생의 묵은 일기장에서 발견된 "국어(당시 일본어)를 상용하는 자를 처벌하였다"라는 한 줄의 기록 때문에 1942년 9월 5일 관련자들이 검거된 것이 1차 검거이다. 이때 검거된 정태진 씨는 경찰의 추궁과 고문으로 말미암아 "교단을 통하여 민족의식을 고취

---

31. 「고문치사 증거 금연(歷然) — 정평서원 2명 수감」, 1934년 2월 17일자 『조선일보』 기사.
32. 「고문독직 경관 징역 1년 반씩」, 1934년 5월 26일자 『조선일보』 기사.
33. 「취조 경관 소환 — 고문 유무를 조사」, 1937년 7월 4일자 『조선일보』 기사.

시켰다"는 점과 "조선어학회가 민족주의자들의 집합체"라는 진술을 했다.

이런 진술을 바탕으로 함경남도 경찰부와 홍원경찰서[34]는 1942년 10월 1일, 조선어학회 간부와 핵심 분자로 지목된 이중화·장지영·한징·이윤제·김윤경·최현배·이희승·정인승 등을 2차로 검거했고, 3차로 같은 해 10월 21일에 이병기·이만규·이강래·김선기·정열모·김법린·이유식 등을 구속했으며, 4차로 12월에 서승효·이인·김양수·이온상 등 8명을 구속했다. 그후에도 33명이 관련자로 발표되었고, 그중 29명이 구속되었다. 이들은 처음부터 온갖 종류의 고문을 당했는데, 이희승의 회고록을 통해 당시 고문의 실상을 정확히 살펴볼 수 있다. 당시의 고문 상황을 직접 경험한 대로 진술하고 있으므로 조금 길지만 그대로 인용해본다.

　::　지금 우리가 당하는 고문 중에서 가장 무섭고 견디기 어려운 것을 몇 가지 소개하여 보면 다음과 같다.

　① **비행기 태우기**：그들은 우리 동지 일행을 홍원경찰서 구내에 있는 무덕전(武德殿)에 모아놓고 문초하였다. 이 무덕전이란 것은 그들이 유도와 격검을 연습하던 장소로서 수백 장의 다다미가 깔려 있는 넓은 방이었다.…… 그런데 이 비행기를 탄다는 것은 사람의 두 팔을 등 뒤로 젖혀서 두 손목을 한데 묶어 허리와 함께 동여놓고 두 팔과 등허리 새로 목총(木銃)을 가로 질러서 꿰어놓은 다음, 목총의 양 끝에 밧줄을 매어 천장에 달아놓는 것이었다. 처음에는 짚토매(짚단) 같은 것을 발밑에 괴어놓고 사람을 천장에 매어 달아놓는다. 그리하여 발을 저며 드디게 한다. 이렇게 하여 놓으면 비록 발밑이 약간 괴어 있을지라도, 우리의 체중으로 인하여

---

34. 이 고문에 참여한 사람들 대부분은 한인 출신 형사들이었다. 홍원경찰서의 형사들로는 安田捻(본명 안정묵) 고등계 형사부장, 新原東哲(본명 박동철) 고등계 형사, 伊東煇元(본명 윤 모) 형사, 함경남도 경찰부의 형사로는 大原炳薰(본명 주병훈) 수색계 주임, 柴田健治(본명 김 모) 형사부장, 松山茂(본명 이 모) 형사 등이었다. 이희승, 「고문의 가지가지―조선어학회사건 회상록 ④」, 『사상계』 1959년 9월호, 248쪽.

등 뒤로 젖혀진 겨드랑이 아래 꿰어 있는 목총이 위로 바짝 치켜지기 때문에 두 어깨는 뒤로 뒤틀려서 뻐개질 지경으로 된다. 이러할 때의 그 고통이야 이루 형언할 수가 없을 정도였다.

이렇게 하여도 저희들이 요구하는 대로 순순히 불지 않으면 짚토매를 발밑에서 빼어버린다. 그러면 사람은 아주 공중에 떠서 매어 달리게 되고, 매어 달리는 중력 때문에 어깨는 어스러지는 것과 같이 고통의 도가 심하여간다. 시간이 지나면 지날수록 고통은 극도로 심하여져서 나중에는 마치 십자가에 못 박힌 것 모양으로 고개가 처지고 눈이 감기며 혀를 빼어 물게 된다. 이렇게 되면 정신까지 혼미하여지고 맥박과 호흡까지 점점 약해져버리게 된다. 이러한 때에는 고통이고 무엇이고를 느낄 수 없을 만큼 가사상태에 빠지게 되고 만다. 사람의 건강에 따라 다소 다르겠지마는 이렇게 되는 동안이 불과 10분이나 15분밖에 아니 된다. 만약 좀더 고통을 줄 의사가 있으면 처음에 매어 달아놓고는 그넷줄을 꼬아서 그네 탄 사람을 맴을 돌리듯이 천장에 달려 있는 줄을 꼬아서 맴을 돌리는 일도 있었다. 이렇게 하면, 어깨는 어깨대로 아프고 오장이 뒤집히어 들끓어 올라오는 듯하다. 인간치고는 참으로 견딜 수가 없다. 그리하여 얼굴이 샛노래지고 정신을 잃게 되면 달린 줄을 풀어서 내려놓는다. 그러나 내려놓아도 서지도 앉지도 못하고 아주 늘어져 동구라져버린다. 이렇게 되면, 문초는 일단 중지하고 떠메어다가 감방에다 틀어넣고 달아나버린다. 얼핏 소생이 안 될 경우에는 공의(公醫)를 불러다가 주사도 놓고 약도 먹이고 한다. 처음에는 관비로 치료하여 준다고 떵떵거리던 놈들이 나중에 보니 주사와 약값을 또박또박 계산하여 받아가곤 하였다. 이와 같이 비행기를 태우는 것을 그들의 상투어로는 '공중전(空中戰)'이라고 부르고 있었다.

② **물 먹이기**: 무덕전에 붙은 옆방에는 목욕실이 있었다. 이것은 저희들이 격검이나 유도를 한 다음 땀을 씻어버리려고 마련된 목욕실일는지는 알 수 없으나, 그들은 피의자를 문초할 때에 고문의 장소로도 이 목욕실을 곧잘 이용하는 것이었다.

욕설이나 따귀나 발길질로 기름을 짜다가 저희들의 비위에 틀리게 될라치면 목욕실로 끌고 들어간다. 그리하여 기다마한 걸상에다가 사람을 반듯이 젖혀 눕힌다. 마치 갓 죽은 시체를 칠성판 위에 누이듯이. 그러나 고개만은 걸상 끝에서 아래로 처지도록 하여놓는다. 그리고는 사람을 걸상과 함께 몇 맺기 단단히 묶어서 졸라매고 두 팔은 뒤로 젖혀서 걸상 밑에서 맞잡아 매어놓는다. 이렇게 하면 꼼짝달싹 운신을 할 수 없게 된다.

다음으로는 다른 녀석이 주전자나 빠께쓰에 물을 담아가지고 걸상 끝에서 처져서 거꾸로 매어 달린 얼굴에다 물을 붓는다. 물은 저절로 콧구멍을 통하여 기관으로 폐로 흘러들어가게 된다. 이렇게 기관으로 물이 흘러들어가면 자연 숨이 막히게 되니까, 그 물을 될 수 있는 대로 콧구멍으로 삼키려고 애를 쓰게 된다. 그러나 아무리 하여도 물이 숨통으로 들어가지 않을 수가 없다. 이와 같이 한참을 계속하면 목구멍은 목구멍대로 물을 먹어서 배가 뚱뚱하게 되고, 숨통으로는 역시 물이 들어가서 숨이 막히게 된다. 말하자면 기가 막힌다. 우리가 기막힌다는 말을 흔히 쓰지마는 그러한 기막힐 정도가 아니다. 문자 그대로 기가 막혀서 숨을 통할 수가 없게 된다. 숨을 쉬지 못하게 되니, 혈액의 순환도 정지되어 사람은 까무러치고 말게 된다. 이렇게 기절을 하면 그 무지한 놈들은 일단 물 먹이는 일을 중지하고 사람이 피어나기를 기다린다. 한동안 후에 피어나고 다소 정신이 들게 되면 자백하라고 다시 종지목(종주먹)을 닷는다. 그리하여도 여전히 할 말이 없다고 하면 물을 다시 먹이기 시작한다. 그리하여 사람을 다시 기절시켜놓는다. 이것은 물 먹이는 고문을 대충 이야기하는 것이므로 그 진상을 고대로 다 그릴 수가 없고, 따라서 이 글을 읽는 이에게 그다지 실감을 주지 못하겠지마는 이 형벌을 실제로 당하고 보면 형언할 수 없는 고통을 맛보게 된다. 이만저만한 고통이 아니다. 이것을 당하는 사람은 삼수갑산을 가게 된다 할지라도 징역이 아니라 사형 집행을 내일 당한다고 할지라도 아니 한 일도 하였다고 하고 없는 죄도 있다고 불어대면서 사람 살리라고 외치지 않을 수가 없다. 이 고문을 하다가 까무러치면 감방에 끌어다가 치료를 시키는 것은 앞의 경우와 마찬가지다. 이 물 먹이기를 그들의 상투어로는 '해전(海戰)'이라고 부르고 있었다. 해전을 몇 번 당하고 나면 그 사람의 폐는 아주 버리고 만다.

③ **난장(亂杖)질 하기**: 이것은 그들이 가장 많이 쓰는 방법으로서 저희들이 요구하는 대로 순순히 "네, 네. 그랬습니다. 그런 일도 있습니다. 아무개와 같이 하였습니다" 등등으로 되는 대로 대답을 하여서 죄를 스스로 짊어지고 들어가지 않는 경우에는 주먹질, 발길질은 물론 죽도나 목총이나 손에 잡히는 대로 들어서 후려갈기는 것이었다. 때로는 부서진 걸상이나 탁상의 다리라도 뽑아서 사매질을 하는 것이었다. 일례를 들면, 최현배 씨가 이와 같이 맞을 때에 목총이 뎅겅뎅겅 부러져 달아나는 것을 보았다. 이러한 고문을 그들은 흔히 '육전(陸戰)'이란 말로 표현하고 있었다.

이와 같이 공중전, 해전, 육전을 번갈아가며 사용할 때에 그 어느 것이 수월한 것이 없다. 그리고 자기가 당할 때보다 남이 당하는 것을 보게 되면, 더욱 몸서리가 쳐지며 소름이 끼쳐지는 것이었다. 이것은 동지애와 동정에서도 그러하려니와 자기가 당할 것을 예감하여서 더욱 그러하였다. 그자들은 '사디즘'에 중독된 놈들인지, 남이 고통하고 기절하는 것을 보고서는 매우 재미있어 하고 웃어대고 지껄떠벌리며 야단들이었다. 도대체 감정을 가진 인간이라고는 할 수 없고, 염라부(閻羅府)에서 온 우두(牛頭) 나찰(羅刹)이나 야차(夜叉) 같은 귀신의 무리였다.

이상 세 가지가 가장 유명한 대표적 고문이요, 소소한 것은 이밖에도 여러 가지가 있었다. 엄동설한인데도 불구하고 사람을 발가벗겨서 개처럼 팔다리 네 공상으로 엎드려 있게 하고, 이것만으로 5분, 10분이 견디기가 어려운데 회초리로 볼기나 등허리나 넓적다리를 가리지 않고 후려갈기는 위에 주전자로 얼음냉수를 떠다가 등골로부터 내려붓는 것도 곧잘 하였다. 필자가 목격한 것으로는 장지영(張志暎)

씨가 이런 봉욕을 당하였다.

육체적 고통을 주는 외에 정신적·모욕적 고통을 주는 일도 여러 가지를 하였다. 가령 얼굴의 반면을 먹칠을 하고 등에다가 "나는 허언자(虛言者)입니다"라는 일본 어의 문구를 써 붙이고, 같은 동지들 앞으로 돌아다니며, "나는 허언자니 용서하 십시오" 하면서 사과를 하라고 시키는 일이라든지, 매를 들고 같은 동지를 두드려 가며 문초를 받으라고 시키는 일 등등은 그들이 일쑤 우리에게 강요하였던 것이 다. 이러한 일은 피차간에 약약한 노릇이었다. 동지를 때릴 수도 없고, 혹은 욕할 수도 없고, 아니하면 자기가 형사들에게 맞겠고, 참으로 딱하고 안타까운 노릇이 었다. 한 번은 안재홍(安在鴻) 선생에게 김도연 씨의 뺨을 치라고 엄명을 내렸다. 안 선생이 한동안 생각하여본 후에 "모든 것을 하라는 대로 다하겠지만 동지의 뺨 만은 못 때리겠소. 우리가 아무리 중대한 사건의 피의자라 하지마는 동지 간의 우 정까지 몰각할 수야 있소. 그 점 양해해주시오" 하는 말을 들은 일이 있었다. 이러 한 것은 당연한 말이면서도 매우 하기 어려운 말이었다. 안 선생은 그 다음에 올 고문을 각오하면서 이러한 말을 하였던 것이다. 이상은 고문 중의 뚜렷한 수삼(數 三)의 예에 지나지 못하고, 이밖에도 형형색색의 방법을 다하여 고통과 모욕과 분 노를 주고 주고 하였다.[35]

조봉암의 고문체험

나중에 진보당사건 당수로 유명해진 조봉암은 일제 강점기에는 열정적인 독 립운동가였다. 3·1운동에 참여해 구금되기도 했고, 이른바 평양사건으로 고문을 당했다. 1931년 상해에서 체포되어 신의주에서 7년형을 선고받아 복역하기도 했 다. 공산당 활동에 참여했으나 나중에 전향했다. 다음은 평양사건으로 구속된 후

---

35. 이희승, 「고문의 가지가지 ― 조선어학회사건 회상록 ④」, 『사상계』 1959년 9월호, 248~251쪽.

당한 고문의 경험담이다.

:: 나는 그분들(학감 최 선생과 유도왕인 강낙원, 이제민 등)을 존경했고 친히 지냈을
뿐이지, 무슨 일을 구체적으로 의논해본 일은 없었다. 그런데 잡혀가던 날부터 가
지각색의 고문을 당하면서, 듣고 보니 우리들이 폭발물을 많이 만들어서 어디다
감추어두었고, ○일 ○일에 YMCA를 중심해서 거사를 하려고 했다는 것이다. 나는
정말 모르니까 모른다고 했다. 그때 평안도에서 제일간다는 형사 나카무라(中村)
라는 놈이 담당이 되어 날마다 고문을 하는데, "이 새끼 여기가 어디인 줄 아니 평
양경찰서다. 대동강 돌멩이도 여기에 들어오면 바들바들해진다. 취조받다가 뒈진
새끼가 얼만지 아니, 이 새끼!" 욕지거리도 어찌 그리 많은지, 한국인인 나도 모르
는 욕이 수두룩했다.

비행기를 태운다고 해서 두 팔을 뒤로 묶고서 그 묶인 두 손목을 끈으로 매어서 천
장으로 끌어올렸다 내렸다 하는 것이, 옛날 말로는 주릿대 방망이에 학춤을 춘다
는 것이고, 또 둥근 의자에 눕혀놓고 혁대 혹은 검도용 죽도로 마구 두들겨 패고
벌거벗겨진 궁둥이를 담뱃불로 바싹바싹 지지기도 했다. 견디다 못해 기절을 하면
냉수를 이마로부터 뒤집어씌운다. 그러면 4, 5분 뒤에는 소생한다. 기절했다가 냉
수를 뒤집어쓰고 다시 제정신이 돌아설 때처럼 서글픈 일은 없다. 웬만한 사람이
면 그때에 눈물짓지 않는 이가 없었다고 한다.

고문을 당해본 경험이 있는 사람은 누구나 같은 소감이었다. 별짓을 다 하던 나카
무라란 놈은 나중에는 나를 유도장으로 끌어가더니 다짜고짜로 수십 차례 매쳐 꽂
았다. 소위 '고시나게'라는 것이다. 하루 여러 번 똑같은 방법으로 둘러 매치니까
쓰러질 때에 좀 덜 상하고 덜 아프게 쓰러지려고 정신도 차리고 방법도 생각해보
았다. …… 만 15일을 이런 곤경을 치르고 나니 꽤 단단하다고 자부하던 나도 파
김치같이 되었으니 다른 분들은 말할 나위가 없다. 그중에도 최 선생님은 비행기

를 잘못 타셔서 왼팔이 부러진 것을 바로 맞추지 못하여 일생을 불구로 살다가 돌아가셨다.[36]

36. 조봉암, 「내가 걸어온 길」, 권대복 엮음, 『진보당 ― 당의 활동과 사건관계 자료집』, 지양사, 1985, 355∼356쪽.

03
일반사건의 고문 사례

13세 어린 소녀를 파출소에서 고문─1920년 5월

::   경성부 태평통 이명목 40번지 사는 고물상 박기선의 맏딸 금순(13)이가 불행히 절도 혐의를 받아 장곡천정(長谷川町) 경찰관 파출소 순사 이해종에게 억울한 매를 몹시 맞아서 목하 박기선은 의사에게 진단서를 얻어 법사에 고소코자 절차 중이라는데 이에 그 자세한 말을 보도하건대, 박기선과 동사하는 고물상으로 그 이웃 54번지 사는 정석면이가 사정이 있어서 상품과 가옥 전부 방매하고 그 돈을 받아서 대부분은 남의 빚을 갚은 후 나머지 170원을 자기 아내 되는 사람에게 맡겼더니, 정의 처는…… 그 이튿날 오후에 이르러 자리틈에 끼워두었던 170원이 간 곳이 없는지라 이에 정석면은 가슴이 내려앉아 매일 그 아내를 마땅치 못하게 여기어 화를 내어가며 시시로 꾸짖기로 일을 삼던 중 어느덧 닷새가 되어가자, 정의 처는 마침내 남편의 질책에 견대내지 못하여 즉시 이사할 때에 휴지를 나르던 석룡이(그 동리 이기영이라는 사람의 딸로 금년 7세 된)를 불러 돈 2전과 사탕 몇 개를 사주고 다정한 말로 오순히 달래여가며 이사할 때에 휴지를 들고 개천가를 지내가려

할 즈음에 박기선의 딸 금순이가 휴지 틈에 끼인 지전 뭉치를 가져갔다고 하라고 일러 가르친 후, 즉시 5월 22일에 이르러 장곡천정파출소에 근무하는 이해종이라는 순사와 친함을 호기로 하여 그 순사를 자기 집으로 청해다가 사정을 이야기하고, 즉시 금순이를 데려다가 꾸짖고 달래어가며 여러 가지로 물어본 결과 금순이는 종시일관으로 알지 못한다고 하는 대답뿐이라.

이에 그 자리에서는 그냥 돌려보내고 즉시 본정(本町)경찰서로 고발한 결과, 24일 아침에 이르러 본정경찰서에서는 두 사람의 형사가 출장하여 석룡이와 금순이를 그곳 경찰서로 데려다가 엄중 심문한 결과 무죄로 판명되어, 1명의 형사가 집까지 데려다주려고 태평통을 지내 장곡천정경찰관 파출소로 데려다두고 곧 집으로 돌려보내기를 의뢰하였더니, 그때 마침 출근하였던 이해종은 생각이 어찌 들었는지 마침 본 순사의 없는 틈을 타 금순이를 끌고 파출소 뒤 버드나무 밑으로 가서, 연약한 금순이를 포승으로 결박하여 나무 위에다 높이 매달고 버드나무 가지를 꺾어 무수히 난타하며 돈을 훔쳐갔다고 대답을 하라고 협박하나 마침내 듣지 아니하므로, 나중에는 그 고사리 같은 손가락을 꺾어도 보고 어리고 가벼운 몸을 매단 채로…… 보았으나 마침내 돈을 훔친 일도 없고 석룡이에게 받은 일도 없다 하는지라, 이에 이 순사는 그 길로 박기선을 다시 포승을 지어 파출소로 데려가서 뒷간에다 가두고 네 딸이 돈 170원을 주어다가 너를 주지 않았냐고 억울한 죄명과 기막히는 협박으로 심문하였으나, 박기선도 끝까지 돈 받은 일이 없다 하매 할 수 없이 박기선은 먼저 내놓고 다만 금순이는 두 시간 동안이나 나무에 매달고 약한 몸에 악형을 하여 가며 돈을 훔쳤다고 하라고 협박을 하다가, 하오 2시에 이르러 금순이는 그만 나무에 매달린 채로 기절하려 함에 그때에서야 비로소 내보냈는데, 지금까지 정강이와 어깨에는 무지하게 매 맞은 기념이 아직도 선명하고 머리와 두 볼은 그저 부은 것이 내리지 않고 오장이 울렁하여 기동도 못하고 지금 자리에 누워 어린 가슴에 억울한 한심과 아픈 눈물로 날을 보내고 있으니, 매우 주목할 사건

이라 하겠더라.[1]

미성년자에 불과한 어린 소녀를 데려다가 끔찍한 고문을 가한 사건이다. 경찰관이 다른 이해관계자와 짜고 상대를 골탕 먹이는 일은 흔히 있는 일이다. 이 사건 역시 그런 사적인 감정과 결부되어 끔찍한 일을 저지른 것이다.

고문을 둘러싼 법정 공방 — 1920년 8월

:: 　전라남도 남원경찰서 경부보 미야키 마사오(宮木正雄)와 순사 백정화 2명은 작년(1920년) 8월경에 간통 피고인 강양순 외 1명에 대하여 고문을 할 때, 몹쓸 형벌을 하여 타박상을 당하게 한 결과 기소되어 전주지청에서 심리 중이더니, 무죄 판결이 되었으나 입회하였던 검사가 항소하여 대구복심법원으로 송치하였더라.[2]

유치장에서 갑자기 사망한 사건 — 1921년 4월

:: 　평안남도 순천군 선소면 거암리 이경복 씨 셋째아들 이대일(21)은 지나간 4월 3일 무슨 죄의 혐의인지 개천경찰서에 피착되어 갔던바, 어찌된 일인지 이경복은 동 경찰서에서 취조를 받은 후 돌연히 사망하였다는데, 그의 시체를 8일 자기 집으로 가져온다 하며 너무 돌연히 죽었으므로 일반은 매우 의심한다더라.[3]

"일반은 매우 의심한다"는 기사가 지적하듯이 의문을 가질 수밖에 없는 사건이다. 흔히 이런 사건 뒤에 있는 진실은 경찰의 고문이 있었다는 것이다.

---

1. 「13세의 유녀를 파출소에서 고문」, 1920년 5월 30일자 『동아일보』 기사.
2. 「인민을 구타한 경관 2명 검사가 공소」, 1921년 4월 19일자 『동아일보』 기사.
3. 「유치장에서 사망」, 1921년 4월 11일자 『동아일보』 기사.

고문치사 끝에 고소당한 보성경찰서장 — 1921년 9월

::   보성군경찰서 관내 벌교주재소에서 육혈포 한 자루를 잃어버린 까닭에 그 부근의 주민 수십 명을 혐의자로 잡아들여 십여 일 혹은 60여 일간을 구류를 하고 형벌을 하여 그중에 한 사람은 유치장에서 사망하였다 하여, 사망자의 아우 되는 김창호 외 그의 가족 세 명이 보성경찰서장 이마나가 마사노리(今永政範) 외에 여러 명의 경관을 상대로 하여 살인·불법체포 등의 죄명으로 광주지방법원 순천지청 검사국에 고소를 제출하였다 함은 이미 보도하였거니와, 총독부 경무국에서도 사실이 자못 중대하여 의론이 분분한 중인데 이에 대하여 구니토모(國友) 경무과장은 말하되, "보성경찰서장이 고소를 당한 것은 사실이외다. 지금 경무 당국에서도 그 사건이 매우 중대한 까닭에 특별히 엄중한 취조를 하는 중이므로 지금 자세히 그 내용은 말할 수 없으나 여하간 서장이 고소를 당한 것은 사실인즉, …… 만일 그러한 악형을 하였다 하면 물론 당국에서는 증거가 확실히 있으면 경무국에서는 엄중한 처치를 할 작정이외다. ……" 하며 말하더라.[4]

위의 기록은 당시 언론의 보도 내용이고, 다음은 당시의 고소장과 증언들을 토대로 1970년대 한 언론사가 고문 사실을 재구성한 것이다.

::   조금 후 김희창(보성경찰서 순사부장)은 김창호(고문피해자)를 주재소 부엌바닥에 꿇어앉혔다. 그리고 굵기가 손가락 셋만 하고 길이가 두 자 반가량의 마디 있는 생대(生竹) 토막으로 어깨를 후려쳤다. 재우쳐 물었다. "너, 그날 벌교에 왔었지." "온 일 없소." 딱! 생대 토막이 불을 뿜었다. 번쩍! 김창호의 눈에 번갯불이 돌았다. "벌교에 왔지, 왔지, 왔지." "온 일 없소, 없소, 없소. ……" 생대 토막이 연거

---

4. 「사실이면 엄중 처벌 — 보성서장의 고소당한 사실 방금 경무국에서 조사 중」, 1921년 9월 2일자 『동아일보』 기사.

푸 날며 협박과 강요와 안간힘 같은 부정이 한동안 계속되었다. 푸른 생대 토막은 조각조각 부서져 피어지고 김창호는 녹초가 되었다.

…… 순사부장 김희창은 녹초가 된 김창호를 숙직실로 끌고 들어가 꿇어앉힌 후, 두 손으로 의자를 들고 있으라고 했다. 얻어맞은 한쪽 팔을 크게 다쳐 암만 들고 있으려 해도 의자는 자꾸 절로 내려왔다. 내려오기만 하면 구둣발길로 갈빗대 밑을 차고 또 찼다. …… 순사부장은 또다시 김창호를 부엌으로 끌고 들어가 생대토막으로 때렸다. 생대토막이 부서지자, 대조각을 김창호의 손가락 사이에 끼우고 주리를 틀었다. 손가락이 부러지고 뼈가 드러났다. 상처는 석 달이 지나도록 낫지 않았다. 이튿날(4월 12일) 오전 9시 순사부장 김희창은 김창호를 유치장에서 끌어내어 마구간에다 갖다 앉혔다. …… 팔목만한 장작개비로 두 어깨를 함부로 내리갈기며 신문을 시작했다. …… 김창호는 반생반사의 상태가 되었다가 마침내 아주 정신을 잃었고, 낱낱이 찢어진 옷은 피투성이가 된 채 유치장에 처넣어졌다. 오후 2시쯤 두 순사가 또 김창호를 끌어내어 이번에는 태형실(1920년 4월 태형제도는 없어졌으나 태형실은 남아 있었던 듯)로 들어갔다. 하나조노(花園) 형사는 댓 자가량의 길이에 손가락 셋만큼 굵은 밧줄의 양쪽 끝을 매듭지어 절반을 구부려 들고 오른편에, 유정규는 엄지손가락만한 매를 들고 왼편에 서서 때리고 묻고 하기를 두 시간이나 했다. 전신에 매가 안 닿은 곳이 없이 난장을 쳐 혼비백산이 된 김창호는 까무러쳤다가 깨어나곤 했다. ……[5]

온 가족이 끌려가 기기묘묘한 고문을 당했다. 여성도 예외가 아니었다. 이 처참한 고문을 다 정리하자면 한 권의 책으로나 가능할 것이다. 벌교주재소에서 잃어버린 육혈포는 그후 주재소 바로 앞마을인 장좌리 뒷산에서 나무꾼 아이가

---

5. 「현대사의 순간 24 ─ 육혈포 잃자 엉뚱한 혐의 … 대소가(大小家) 식구 족처, 가장은 감금 한 달 만에 옥사」, 1972년 7월 4일자 『조선일보』 기사.

발견해냈다. 그런데 경찰이 고문 사실을 부인하자, 피해자와 가족들은 억울함을 호소하기 위해 일본으로 가서 이를 여론화시킬 생각까지 하게 된다.

:: 전라남도 경찰부에서 조사하여본 후 그러한 일이 없다고 정오(正誤) 신청을 하였으므로 본사에서는 정오까지 내어주었거니와, 그후에 경찰서에서는 출장한 검사에게 사실을 부인하여 김창호의 형세가 불리하게 되었으므로 그 동네 조선인 일동은 크게 분개하여 조선 안에서는 도저히 설치를 할 수 없으니, 일본 내지로 가서 크게 여론을 일으킬 필요가 있다고 이선경·김동기 양 씨를 대표자로 선정하여 중앙정부로 교섭을 하기 위하여 15일 아침에 시모노세키(下關)에 도착한 관부연락선이 이등실로 시모노세키에 도착하여 말하되, "음력 2월에 보성경찰서에서 걸어 두었던 육혈포 한 자루를 잃어버리고 김창호 일가족을 고문한 결과 김창호의 형 김윤석이가 고문 중 사망하였으므로, 김창호가 경찰 당국을 걸어서 광주지방법원 순천지청에 고소를 제기하여 목하 계정 중인데, 경찰 당국에서 사실을 부인하여 피고에게 불리하게 되었으므로 중앙정부에 호소하여 여론을 일으킬 터이라" 함으로, 시모노세키 경찰서에서는 사실을 중요하게 보고 곧 형사를 미행시키고 이 사실을 도쿄 경시청에 전보를 노았다더라.[6]

이들의 이런 노력으로 경찰서장을 비롯한 경찰관들이 기소되었고, 피해자들은 손해배상청구소송까지 제기했으나 그 결과가 만족스러운 것은 아니었다.

:: (1921년) 10월 26일에 공판을 개정하고 사실 심문이 있은 후 11월 11일에 언도가 있었는데 …… 피고 이마나가(今永) 서장·후지타(藤田) 경부보·조규배·유

6. 「보성서 피소사건 — 중앙정부에 호소하기 위하여 인민 대표 2명이 도쿄로 가」, 1921년 9월 19일자 『동아일보』 기사.

정규 등은 무죄로, 피고 다케우라(竹內)·정종석은 8개월, 김희창·박형진은 6개월, 하나조노는 3개월 징역에 각각 처하여 모두 2년간 집행유예를 선고하였는데, 원피고는 다 같이 불복 공소를 주장하고 원고 김창호·최원애 등은 손해배상금 4천 원으로 부대사소(附帶私訴)를 제출하였으나 시간 경과의 관계로 각하를 당하였다더라.[7]

고문으로 얼룩진 '보합단사건'—1921년 11월

:: 보합단(普合團)사건의 공판은 (1921년 11월) 24일 오후에 계속 개정하고 김영율·이일화·이윤성·김병규 등을 차례로 심문하였는데 대개는 사실을 부인하였고, 심창업은 예심결정서에 쓰인 사실은 모두 경찰서 고문에 못 이겨 사실 없는 것을 진술하였다 말하고, 그 다음은 조기화에게 보합단에 가입한 여부를 물으매, 경찰서에서 너무 때리면서 묻기에 보합단원 중에 이광세·박충식 외 몇 사람을 안다 하였을 뿐이오, 단원으로 가입한 것은 아니라 대답하고, 그 다음 김득하는 박초식에게 독립단에 가입하라는 권유를 들었으나 참가치 아니하였다는 말을 하고 기타 사실은 전부 부인하였고……[8]

'보합단사건'의 경우에도 관련자 대부분이 고문을 받거나 구타를 당해 허위 사실을 자백했노라고 대답했다. 당시 대부분의 치안사건에서 고문이 횡행했음을 알 수 있다.

아들을 고문으로 잃은 노부부의 원한—1922년 5월

:: 지난 (1922년 5월) 1일 아침 9시경 평양재판소 검사정 앞에는 나이 65, 6세

---

7. 「살인·불법감금 등의 보성서 사건 판결」, 1921년 11월 15일자 『동아일보』 기사.
8. 「여출일구(如出一口)의 진술 — 보합회 제2회 공판 계속」, 1921년 11월 26일자 『동아일보』 기사.

되어 보이는 노인 남녀가 손길을 맞잡고 눈물을 뿌리며 경황없이 걸어나오는데, 두 노인은 안주군 안주면 건인리 곽정도·차정옥으로 당년 65세 된 부부이며, 자기 사랑하던 아들 곽성준이가 재작년 9월 26일 독립운동사건 혐의로 안주경찰서에 체포되어 악형을 당하고 불과 2시간 안에 무참히 죽어버린 일이 있었는데, 그때 안주 성야의원 호시노(星野) 공의와 평양 자혜의원 의사가 출장하여 심장마비로 죽었다고 진단을 하기 때문에, 평양지방법원 검사국과 복심법원 검사국 경성고등법원에까지 가서 불기소되고 말았다.

그러나 그때 안주 시내에 있는 조선인 의사 오인도 시체를 검사할 때에 전신에 불로 지지고 살이 점점이 떨어졌으며 푸른 핏빛이 가득한 광경을 목도한 일이 있었다는데, 도쿄 정부와 경무국 총독 정무총감에게까지 3, 4차 신원서를 제출하였으나 아무 효력이 없고 다만 그때 곽성준을 심문한 간노(管野) 순사는 전근을 명하고 김성일·이홍민 두 순사는 감봉 처분을 하고 말았으므로, 다시 총독부에 신원서를 제출하는 동시에 검사국에 김성일·이홍민 두 순사를 피고로 하여 고소장을 제출하였던바, 검사국에서는 벌써 불기소의 처분을 한 지가 오래고 또한 증거가 불충분하다고 퇴각하므로 억울한 한을 다시 호소할 곳이 없으므로 비감한 것을 이기지 못하여 울기를 마지아니함이라더라.[9]

자식을 고문으로 잃은 노부부의 안타까운 마음이 지금도 가슴에 저며오는 것 같다. 일제는 겨우 관련자들에 대한 전근과 감봉 처분으로 고문치사의 책임을 다하고 있다. 고문치사는 식민지를 살아가는 민중의 일상사가 되고 말았으니 참으로 애달프기만 하다.

---

9. 「원한철골의 노부부─아들이 고문에 죽은 까닭에 두 번째 고소를 하려는 부모」, 1922년 5월 4일자 「동아일보」 기사.

사람을 죽이고도 다만 면직뿐─1922년 5월

:: 　평안북도 영변군 남송면 천수리 경관주재소 순사 최계빈은 얼마 전에 그 관내 김성모를 주재소로 인치하여 동리 어떤 사람의 현금 13원을 절취한 일이 있느냐고 문초하며, 그런 일이 절대로 없다고 말할수록 때리고 또 때리며 무수한 악형을 하여 정신을 차리지 못하는 중에 사람을 시켜 들것에다 담아가지고 김 모의 본집으로 보내다가 중도에서 죽게 한 일이 있었는데, 이와 같은 사실을 탐지한 영변 경찰서에서는 도리어 피해자의 가족에 대하여 기왕 죽은 이상에는 별 문제를 일으킬 것이 아니요, 최계빈이라는 순사는 과실로 면직이나 시킬 수밖에 없다고 하며 사람을 함부로 구타살해한 자에게 면직 처분만 하고 말았으므로, 김 모의 가족을 위시하여 일반 인민의 불평은 날로 심하여 가고 세상에 비평이 더욱 맹렬하다더라.[10]

　온갖 고문을 가해 사람을 죽인 것을 단지 '과실'로 처리하고 그 고문자를 '면직' 처분하면 그만이라는 당시 일제 치안 당국의 안이한 인식과 조치가 고문을 내내 번성하게 만든 주요 원인이었다.

길 가다가 잡혀 고문당하고 구류당하고─1922년 9월

:: 　평남 개천경찰서에서 근무하는 경부 엄명섭은 지나간 달(1922년 8월) 중순에 평북 운산 북진 사는 김명빈(25)이라는 사람을 행색이 수상하다 하여 불심자(不審者)로 구인한 후 여러 가지 악형으로 전신에 유혈이 낭자하도록 구타하며 취조하였으나…… 일시 행객에 지나지 못하고 아무 범죄 사실이 없으므로 즉시 방면할 것이나 그대로 놓아주기가 서운하던지, 소위 경찰범처벌규칙이란 직권을 행사하

---

10. 「양민을 구타 치사케 한 영변군 천수리주재소 순사 폭행」, 1922년 5월 17일자 「동아일보」 기사.

여 일주일간 구류를 명한지라, 무죄한 김명빈은 불법한 악형을 당하고 다시 구류 명령에 복종할 수 없으므로 즉시 불복하고 정식 재판을 한 결과 무죄 방면되었으므로, 경부 엄명섭의 불법행동을 들어 상해죄로 안주검사국에 고소를 제기한바, 엄명섭은 8월 27일에 안주검사국에서 취조를 받고 범죄 사실과 증거를 조사 중이라는데, 사건의 낙착이 어찌 될는지 매우 주목할 가치가 있다더라.[11]

그야말로 "아닌 밤중에 홍두깨"라는 속담이 들어맞는 상황이다. 그냥 길을 가다가 붙잡혀 아무 죄도 없이 엄청난 고문을 당하고 "그대로 놓아주기가 서운하여" 구류까지 살리는 상황이다.

유치장에서 사망했지만 고문은 없었다? —1922년 9월

:: 평산군 보산면 남천리 전창민(32)은 지나간 수해 당시에 밀 닷 말을 도적질한 혐의로 지난 (1922년 8월) 30일에 남천경찰서에 체포되어 조사를 받던 중이던바, 지나간 2일 오후 7시경에 별안간 졸도하여 전기 유치장에서 죽었다는데 자기 친족들은 악형을 못 이겨 죽었다고 주장하나, 당국자의 말은 절대로 그러한 사실이 없다 하며, 서흥지청 검사가 출장하여 시체를 해부한 결과 뇌일혈로 죽은 것이 판명되었다고 한다더라.[12]

검사의 사체 해부결과가 고문의 유무를 결정하는 결정적인 단서가 되고 있다. 그러나 당시 검사와 경찰의 독립성이 근본적으로 의심되거니와 사체 해부에 참여한 의사의 독립성도 문제가 된다. 뇌일혈 역시 우발적으로 왔다기보다는 고문의 결과로도 볼 수 있으므로 고문 가해 사실을 별도로 조사해야 한다. 이것만

11. 「악형한 경부는 피소 —안주지청 검사국에서 취조 중」, 1922년 9월 10일자 『동아일보』 기사.
12. 「유치장에서 돌연 사망 —당국에서는 뇌일혈로 주장」, 1992년 9월 11일자 『동아일보』 기사.

으로 고문이 없었다고 단정하기는 어렵다. 그럼에도 하나의 사인만으로 고문이 없었다고 결론내리는 것은 사망자와 가족에게만 억울함을 남길 뿐이다.

또 유치장에서 사람이 죽어나가다 —1922년 9월

:: (1922년 9월) 21일 오후 5시 반에 용산경찰서 유치장에 갇혔던 본적 함경남도 갑산군 운홍면 김영규(27)라는 횡령 범인이 죽었는데, 김영규는 지난날 14, 15일경에 신용산 한강통 활동사진관인 경룡관 옆에서 국수장사 하는 일본사람 요시카와(吉川)의 집에서 힘부림하는 자기 친구 김 모에게 와서 김 모와 같이 그 집에서 힘부림을 하였었는데 …… 19일 오후 9시경에 김영규는 각기병에 걸리어 다시 전기 요시카와의 집에 온 것을 용산경찰서 형사가 체포하였으니, 각기로 걷지를 못하므로 수레에 태워 그 경찰서 유치장에 가두고 제1회 심문까지 하였는데, 유치장 안에서도 자꾸 아프다고 하므로 경찰 의사를 불러다 보였으나 별로 대단치 아니하다고 하더니, 20일 오후에 돌연히 병이 더하여 유치장 안에서 죽었으므로 그 경찰서에서는 즉시 경성지방법원 검사국으로 통지하여 …….[13]

경찰 의사조차 멀쩡하다고 하던 사람이 갑자기 죽는 것도 이상하고, 단지 각기병으로 그렇게 돌연사했다는 것도 의심스럽다. 또 자연사했다 하더라도 그런 징후가 있는 사람을 그대로 유치장에 넣어두는 것도 이상하다. 당시의 인명 경시 현상이 이 지경에 이르렀음을 알 수 있다.

여성을 나체로 벗기고 고문한 사건 —1922년 9월

어느 경찰관이 부녀자를 조사하는 과정에서 야만적이고 엽기적인 성추행과

---

13. 「유치장에서 사망 — 검사 결과 병사로」, 1922년 9월 22일자 『동아일보』 기사.

성고문을 자행하는 사건이 일어났다.

:: 　평남 맹산경찰서 관내 애창주재소에서 근무하는 도순사 한재평이가 부녀에
대하여 악형을 행한 일은 본보에서 기사로 세상에 발표되어 당국에서도 4, 5개월
동안 취조 중이었는데, 지난 26일에 평양지방법원에서 공판이 열렸던바 피해자
되는 김승복이란 여자의 공술을 들건대, 김승복은 아이를 배인 지 오륙 삭 된 여자
로서 금년(1922년) 음력 3월 26일 저녁에 그 남편 되는 박승제와 같이 애창주재
소에 불려갔다가 한재평에게 그 동리 박청근이란 사람의 집으로 끌려갔는데, 한재
평은 그 남편의 상투를 잡고 뺨을 무수히 때린 후 밖으로 끌고 나가고 자기 혼자
있는데, 조금 있다 한재평이가 다시 들어와 자기를 무고한 김관수가 어느 때 너의
집에 왔느냐 하므로, 김승복은 도무지 모르는 일이므로 모른다 대답한즉, 이년은
때리지 아니하면 안 되겠다 하고, 싸리나무 몽둥이로 무순히 때린 후 손목을 끌고
윗방으로 올라가서 몸을 벌거벗겨야 되겠다 하며 처음에는 저고리와 치마를 벗기
고, 그 다음 또 말을 대이지 않는다 하며 바지와 속옷까지 억지로 벗긴 후 속옷 끈
을 떼어 그 끈으로 결박을 잔뜩 지우고, 또한 빨랫줄로 두 발을 동여매어 뉘인 후
몽둥이를 두 발 사이로 넣고 주리를 틀며 종이를 손가락만큼 굵게 비벼 거기 성냥
을 그어 불을 붙여서 처음 음문에다 대어 불이 꺼지므로 다시 불을 붙여 음모를 전
부 태우고도 불을 붙여 허리와 배에 수십 곳을 데였는데, 이때 김승복은 소리를 지
르며 "사람 죽인다" 하고 고함을 지르다가 그만 기절하여 넘어졌는데, 그후 깨어
본즉 한재평은 없고 다른 순사가 풀어놓았는데, 자기 남편은 어디로 갔느냐 하고
묻는 중에 전신에 피투성이가 되어 상투를 풀어 헤친 자기 남편이 한재평에게 끌
리어 방으로 돌아오는데, 한재평은 "가만히 있거라 조금 있다가 다시 와서 죽이고
말 터이다" 하고 을러댄 후 나가버렸는데, 이때는 벌써 날이 거의 새게 되었다고
공술하였는바, 그후 며칠 있다가 한재평은 김승복의 부처를 다시 불러 악형한 모

든 일을 누구에게든지 말하지 말고 다만 치마와 저고리만 벗기었다 하라 한 후, 한 재평은 이래 전혀 사실을 부인하였는데 당일 법정에서도 역시 부인을 하였는바, 이에 대하여 검사 민병성 씨는 준엄한 태도로 "너와 같은 자가 있기에 경찰관이 세상의 악평을 받음은 당연한 일이라, 여자를 벌거벗김은 이왕시대에도 없던 야만의 행동이라 아무리 부인할지라도 증거가 충분한즉 1년간 징역에 처함이 상당하다"고 논고하였는데, 판사는 징역 8개월에 3년간 집행유예를 선고한바, 이와 같이 악행을 한 자에게 집행유예를 선고함은 불가타하여 검사가 도리어 공소할는지도 모른다더라.[14]

이런 끔찍한 성추행과 성고문에 대해 겨우 집행유예 판결을 선고했으니, 고문경관에 대해 일제 사법부가 얼마나 엄호하고 있었는지 잘 드러난다.

끊임없이 이어지는 고문의 행렬 ── 술 제조한 혐의로 남녀를 고문(1923년 3월)

::   얼마 전에 충청북도 옥천군 깊은 산골에서 일본인 경관 1명이 조선인 경관 1명과 함께 아무 분수 모르는 촌농민의 잔약한 부녀자를 불러다가 사람의 입으로는 말할 수 없는 폭행을 하고 또 불로 연약한 여자의 몸을 지졌다는 등 난폭한 행동이 있었다 하여, 그 관내인 대전지청 검사국에서는 가장 비밀리에 방금 그 사실을 엄중히 조사 중이라는데, 이제 모처로부터 탐문한 바에 의하면, 음력 작년(1922년) 11월경에 옥천군 안내면 월외리 김유삼은 자기의 둘째아들 갑용의 혼인에 사용할 술을 만들기 위하여 백미 두 말과 누룩 다섯 덩어리를 동면 도율리 김성녀에게 주어 한 말 닷 되는 술을 만들고 닷 되는 비용으로 공제하라 하였으나, 김성녀는 이웃 정분에 이해를 따질 수 없다 하여 거절한 일이 있다는바, 이것을 알게 된 옥천

---

14. 「부녀를 나체 악형한 순사에게 집행유예의 언도 ─ 검사가 공소할는지도 몰라」, 1922년 9월 29일자 『동아일보』 기사.

경찰서에서는 동월 30일 오후 8시경에 전기 두 사람을 호출하여 김성녀에게 "김유삼에게 술 만드는 삯으로 돈 3원을 받지 않았느냐"고 물음으로 사실이 없다고 대답함에, 사실 있는 것을 고백하지 않는다고 하면서 덮어놓고 화젓가락을 난로에 새빨갛게 달궈가지고 연약한 여자의 두부 같은 두 다리를 지져 견디지 못하여 "사람 죽인다"고 소리를 지르매, 경관은 휴지로 그녀의 입을 막아 소리를 지르지 못하게 하여놓고 대몽둥이로 무수히 난타하여 숨이 막혀 기절하여 엎드러지매 그제서야 "아무 말도 하지 말고 속히 집으로 돌아가라"고 하여 내보낸 후에 김유삼을 또 불러다가 역시 먼저와 같은 매질을 한 후에 내보냈다는데, 깊은 밤중이라 잔약한 여자는 경찰서 문턱을 베개 삼고 가무쳐 엎드러져 있어 인사불성인 것을 김유삼이가 간신히 업고 그 근처 여관에서 밤을 새우고 그 이튿날 자기 집으로 돌아가서 지금까지 여독으로 신음하는 중이라더라.[15]

이 고문을 가한 두 경관 노다 가메키치(野田龜吉)와 도광환은 공판에 회부되었는데 도광환은 기소유예, 가메키치는 6개월 징역에 집행유예 1년을 선고받았다.[16]

나체로 벗기고 고문한 순사 — 1923년 5월

∷   충남 홍주경찰서 모곡경찰관 주재소에 수석 순사로 있는 와타나베 센타로(渡邊仙太郎)가 지나간 1월 29일에 홍주군 서면 면사무소에 침입하는 이종석을 체포하여, 그의 범죄 사실을 자백케 하려고 그의 하반신을 벌거벗기고 심히 뜨거운 온돌 위에 앉게 한 후에 혹독히 고문하여 그의 두 다리에 대략 4주일 이상을 치료하여야 할 화상을 낸 독직사건에 대한 공판이 지나간 9일 오후에 경성지방법원에서

---

15. 「옥천에도 경관의 악행―술 제조한 혐의로 남녀를 악형」, 1923년 4월 7일자 『동아일보』 기사.
16. 「악형한 옥천 경관―문화경찰의 이면을 보라」, 1923년 5월 3일자 『동아일보』 기사.

가와시마(川島) 재판장의 손으로 징역 6개월에 5년 집행유예의 판결이 있었더라.[17]

경찰서도, 검사국도 한통속 —— 고소장 받고도 아무 응답이 없다(1923년 6월)

:: 　　황해도 안악경찰서에서는 신천경찰서원이 자기 관할 내의 무죄한 백성을 심문할 때에 불법고문을 한 까닭으로 두 경찰서는 싸움을 일으켜 아직 계정 중에 있다는데, 지금 그 내용을 알아본즉 수월 전에 신천경찰서 순사 채은철이가 아악읍 판팔리 박정곤을 절도 혐의로 체포하여가지고 가다가 중도에서 무수난타하여 정신을 잃게 하고 겨우 소생된 뒤에 신천경찰서로 데려가 악형을 하여 상처가 여러 곳에 났으나, 원래 무죄한 사람인즉 아무리 악형을 할지라도 없는 죄를 만들어낼 수는 없는 일이라 할 수 없이 놓아 보낸 고로, 박정곤이는 자기 집으로 돌아온 후 진찰을 한즉 4주일간의 치료를 받아야 한다는 진단을 받은지라, 그 가족은 이 사유를 들어 재령검사국에 고소를 하였던바, 재령검사국에서는 한 번 호출만 하여보고 다시 소식이 없다가 신천경찰서에서 호출하여 불법고문을 하던 채 순사가 백방으로 위로를 하고 돈 10원을 내주면서 참아달라고 하였으나, 박정곤은 듣지 않고 돌아왔는데 그후 지금까지 아무 소식이 없으며, 이번에 도지사가 이 사실을 알고도 아무 처치가 없다 하여 민원이 자자하더라.[18]

　　가해 경찰관이 스스로 잘못을 시인하고 위로금까지 주면서 고소를 취하해달라고 요청했던 사건이다. 그런데 나중에 검사국에서는 불기소 처분을 하고 말았다.[19] 그 경찰에 그 검사국인 것이다.

17. 「나체(裸體)로 고문한 순사 — 징역 6개월에 집행유예」, 1923년 5월 12일자 『동아일보』 기사.
18. 「신천서의 양민 고문 — 검사국은 고소장을 받고도 일언반사의 처결이 없다고」, 1923년 6월 4일자 『동아일보』 기사.
19. 「양민 고문경관 불기소됨」, 1923년 8월 2일자 『동아일보』 기사.

무고로 인해 고문당한 자의 손해배상청구 ─ 1923년 6월

고문이 하도 흔하다 보니 특별한 사연들도 많이 생겼다. 무고자로 인해 경찰서에 끌려가 고문을 당하고 그 상처 치유에 병원비가 상당히 들자 피해자가 무고자를 상대로 손해배상청구소송을 낸 것이다.

:: 고양군 한지면 신당리 248번지에 사는 정성녀는 시내 황금정 사정목에 사는 최천식을 걸어 며칠 전에 경성지방법원 민사부에 배상금 99원 청구소송을 제기하였는데, 이제 그 사실의 내용을 듣건대 원고 정성녀는 자기 집 방 한 칸을 피고에게 전세로 빌려주었던바, 지나간 5월 4일 아침에 피고는 자기 방에서 현금 38원의 도난을 당하고 그것은 원고가 도적한 것이라고 하여 그에게 배상을 청구하다가 필경 허위의 사실을 꾸며 왕십리주재소에 원고를 걸어 고소를 제기하였다. 이리하여 원고는 순사에게 취조를 받으며 자기가 도적한 사실이 없다고 사실을 절대로 부인하였으나, 순사는 무리하게 원고를 난타하여 전신에 10여 일간 치료하여야 전쾌될 중상을 당하였다. …… (그러나 그후) 전기 금액을 자기 방에서 찾게 되었으며 따라서 원고는 절도의 혐의가 없는 것이 판명되어 겨우 방면되었는데, 이로 인하여 원고는 시내 경운동에 있는 홍제병원에서 10여 일간 치료를 받으며 99원의 치료비를 썼으므로, 원고는 피고에 대하여 이러한 금원의 손해와 기타 곤욕을 본 것은 전혀 피고의 고의 혹은 과실로 인함이라고 하여 그와 같이 손해배상을 청구한 것이라더라.[20]

경부를 상대로 상해독직 고소 ─ 1923년 6월

빚을 갚지 않은 것은 잘못이지만 그렇다고 고문당할 이유가 되는 것은 아니

---

20. 「경관의 고문으로 입원치료한 손해를 무고자에게 청구」, 1923년 6월 14일자 『동아일보』 기사.

다. 경찰이 민사사건에 개입해 채무자를 심하게 고문해 오히려 고소를 당한 사건이 있다.

:: 평남 대동군 고평면 차리 최탄업은 지난 (1923년 6월) 8일 평양경찰서 경부 장계택을 피고인으로 하여 상해 및 독직에 대한 고소장을 평양검사국에 제출하였다는데, 내용 사실을 듣건대 전기 최탄업은 소외인(訴外人) 김수열에게 채무 400원을 판상치 아니하고 장구한 날짜를 끌어오다가 결국은 350원만 판상하였다고 하므로, 채권자 전기 김수열에게 고소를 당하고 지난 음력 4월 4일부터 평양경찰서에 인치되어 장경부의 손에 사실의 취조를 받는 때에 장경부는 너무나 지독한 형벌을 하여 많은 상처를 내었다는 것이며, 이와 같은 고소장을 접수한 평양검사국에서는 목하 전후 사실을 세밀히 조사 중이라 하며, 사건의 장래는 알 수 없다더라.[21]

폐병인가, 고문치사인가 — 1923년 9월
:: 철산군 정혜면 장송동 임대집에 대한 강간살인 미수사건은 이미 보도한 바이거니와, 그 범인은 잡힐 때에 그 면주재소 경관에게 많이 맞았던지 몹시 상한 것을 그 이튿날 본서로 데려갔는데, 지난 23일 오전 6시에 마침내 유치장에서 죽었는바 시체는 즉시 매장하지 아니하고 검사국의 처치를 기다리던 중, 24일에 검사가 출장하여 해부한 결과 폐병으로 죽었다고 판명되었다더라.[22]

설사 폐병이 지병이었다고 하더라도 과연 그것이 직접적인 사인인지 아니면 고문의 영향으로 죽었는지 좀더 꼼꼼히 조사해보았어야 한다. 이렇게 억울하게

---

21. 「경부를 걸어 상해독직소」, 1923년 6월 18일자 『동아일보』 기사.
22. 「살인미수범이 유치장에서 사망」, 1923년 9월 29일자 『동아일보』 기사.

죽음을 당한 사례가 얼마나 많을지 우리는 모른다.

덮어놓고 조선 사람을 잡아다 혹독한 형벌로 기절케 하고 — 1923년 10월

:: 전남 광양군 읍내 남외리에서는 지난 6월 10일 오전 2시경에 불이 나서 조선 사람의 집과 일본 사람의 집, 중국 사람의 집을 합하여 아홉 채가 전소되고 따라서 남문부까지 탔는데, 경찰서에서는 김정현의 집에서 불이 먼저 난 것이라고 김정현·한학수 두 사람을 체포하여 최재열이라는 순사가 하루 네 번씩 한학수를 어찌 몹시 때렸던지 기절함으로…… 김정현은 실화죄(失火罪)로 기소되어 불일간에 공판이 열릴 터인데, 전기 한학수는 자혜병원에서 2주일 동안 치료와 3일간 휴업의 진단서를 받아가지고 고소를 제기할 터이라는데, 깊은 밤에 불이 났음으로 뉘 집에서 난 줄을 알지 못할 뿐 아니라 조선 사람은 일본 사람의 집에서 났다 하고 일본 사람은 조선 사람의 집에서 난 것이라고 서로 미루는 것에 의하여도 불이 난 곳을 알 수가 없는 것은 사실인데, 덮어놓고 조선 사람을 잡아다가 혹독한 형벌로 기절을 당하게 하고, 또는 죄 없는데 죄를 만들어 기소까지 하는 것은 단순한 실화죄인을 검거코자 함이 아니라 민족적 편견으로 압박하는 것이라고 광양 지방의 인사들은 흥분이 극도에 달하였다더라.[23]

일본 사람과 조선 사람이 어울려 사는 동네에 불이 나 누구 집에서 발화가 되었는지 문제가 된 사건이다. 당연히 과학적 수사를 해야 함에도 일단 조선 사람을 불러다가 고문을 했으니, 그 지역에서 반일감정이 생긴 것은 당연한 일이다.

---

23. 「실화(失火) 혐의로 기절되도록 혹형」, 1923년 10월 3일자 『동아일보』 기사.

주재소 안에서 구타당해 사망한 피의자—1923년 10월 26일자

:: 평안북도 철산경찰서 정혜경찰관 주재소에서는 최근 관내 장동 임 모를 간통한 피고인을 취조하던 중에 돌연히 사망하여, 그곳 공의(公醫) 이익항 씨가 출장하여 시체를 해부하고 검사한 결과 병으로 죽은 것이 아니고 몹시 때려 죽은 것이 판명되었는데, 이에 일대 문제가 생기어 주재소 수석순사 외에 1명이 살인죄로 (1923년 10월) 22일 신의주검사국에 고발되었다더라.[24]

사람을 때려서 죽게 하는 일이 일제에서는 비일비재했다. 다만 이 사건에서 특이한 것은 경찰관이 독직사건이 아닌 살인사건으로 고발되었다는 점이다.

고문피해자가 경찰을 상대로 고소—1923년 11월

:: 전북 고창군 읍내리 오장균은 동군 경찰서 사법계 근무 다카기 구라지(高城藏治)를 걸어 고소를 제기한다는데, 그 원인을 들은즉 전기 오장균은 동군 무장면 무장리 김윤수에게 돈 130원을 보관하였다가 기한에 지불치 아니하므로 권리를 동군 읍내리 김완석에게 양도한지라 전기 김윤수를 걸어 지난 9월 20일에 횡령죄로 고소를 제기하였는데, 이 사건을 취급하던 다카기 순사는 지난 10월 30일 밤에 증인 오장균을 경찰서로 호출하여 사실을 심문하는 때에, 오장균을 유치장 앞 한구석에 몰아놓고 무고라는 이유로 격금대를 들어 무수 난타한 결과 닷새 동안의 치료를 받게 되었다. 이로 인하여 오장균은 다카기 순사를 걸어 고소를 제기하는 것이라더라.[25]

고문사건에 관한 고소가 많아졌음을 알 수 있다. 그러나 문제는 경찰 스스로

---

24. 「피고를 구타 살해—철산 정혜주재소 경관의 살인, 공의의 증명으로 진상이 판명」, 1923년 10월 26일자 「동아일보」 기사.
25. 「고창경찰서에 고문사건—피해자가 고소」, 1923년 11월 9일자 「동아일보」 기사.

시인하거나 조치한 적이 거의 없으며, 검사국 역시 이들에 대해 제대로 응징하고 처벌하거나 재발 방지를 위한 노력을 충분히 기울이지 않는다는 점이다.

매 맞고 버려지는 피의자 — 1924년 3월

::   전라남도 목포 죽동 사는 이동근(24)은 10여 일 전에 절도 혐의자로 군산경찰서에 잡혀 닷새를 갇히어 있다가 이달 14일에 방면되어, 군산 개복동 노동 공제회의 빈 방에 가만히 들어가 병으로 신음하다가 16일에 비로소 그 집 사람에게 발견된바, 허리와 다리를 쓰지 못하며 입이 벌어지지 아니하여 말을 잘 못하고 죽어가므로 군산부청에 교섭하여 행려병인으로 피(避)병원에 수용하였다가 18일에 죽었는데, 이동근은 죽기 전에 본사 지국 기자에게 대하여 묻는 말을 손짓과 고갯짓으로 겨우 대답하되, "나는 한 엿새 전에 경찰서에 갇히었는데 일 순사가 자백하라고 구둣발로 세 번 허리를 차서 다리는 도무지 쓰지 못하게 되었고, 또 다쳤을 때 밥을 주지 아니하므로 굶어서 입이 벌어지지 아니하여 말을 잘하지 못하며, 경찰서에서 나올 때에도 자기를 순사들이 끌어서 밖에 내놓았다"고 말하였다.

이에 대하여 군산서 사법계 주임 가가와(香川) 경부보는 말하되 "경찰서에서는 고문한 일은 전연 없었으며, 그 사람이 유치 중 병으로 있었으나 대단치 아니하여 방면될 때에 자기 발로 걸어나갔으며, 또 그 사람은 전과자로 지금 갇혀 있는 공모자들의 말을 들어도 죄상은 분명한 듯하나 특히 용서하여 방면한 것이라"고 변명에 힘쓰며, 피병원에 수용된 후에 이동근의 병을 치료하던 도쓰카(戶塚) 군산부 촉탁의는 말하되 "그 사람의 죽은 원인은 폐렴인데 허리를 못 쓰고 다리가 뻣뻣하게 된 것은 알 수 없는 일이며, 허리 부근에 매 맞은 흔적은 없으나 가슴 아래에 타박상 비슷한 상처가 있을 뿐입니다."[26]

---

26. 「군산경찰 고문 혐의 — 경찰서에 다녀온 후 5일 만에 죽게 된 괴변」, 1924년 3월 21일자 「동아일보」 기사.

경찰의 부인에도 불구하고 타박상 등이 있다는 촉탁의(嘱託醫)의 설명만으로도 고문이 가해진 것은 틀림없어 보인다. 더구나 경찰서 안에서는 병이 대단치 않았고 자기 발로 걸어나갔다는데, 왜 갑자기 건강이 악화되었다는 말인가. 경찰의 거짓이 이 짤막한 기사만으로도 확인이 된다.

무고한 노동자들에 대한 고문, '광언폭설(狂言暴說)'로 답한 서장 ─ 1924년 3월

:: 전라남도 광양군 옥룡면 추산리에 사는 노동자 김계수·차천석·송점룡·서병룡·최석일 외 여러 명이 그 고을 진상면에 품팔이 하러 갔다가 지난 16일에 그 면 주재소 순사에게 무수한 악형을 당하였다는데, 그 내용은 옥룡면 노동자 수십 인이 지난 16일에 진상면 어치리 백운산 연습림식목장에 가서 1~2일간 품팔이를 하던 중, 그 연습림 사무원 박대휴는 옥룡면 노동자는 사용할 수가 없다고 배척하여 노동자들은 여러 번 간청하였으나 종시 듣지 아니하므로 노동자들은 또 말하기를, 우리는 일급(日級) 노동자요, 그대는 월급(月給) 노동자라, 동일한 노동자로 이다지 배척을 하느냐 한즉, 박대휴는 불문곡직하고 욕을 하면서 이놈들은 법을 알려야 한다고, 김계수 외 4, 5인의 멱살을 끌고 진상면주재소로 가서 무슨 말을 하였는지 그 주재소 순사는 김계수 등에게 대하여 너희들은 박대휴를 구타한 일이 있느냐 물은즉, 김계수 등은 언쟁을 하였을 뿐이요 구타한 일은 없었다 한즉, 순사 3인이 일제히 나서서 다섯 사람을 소의 신(腎)으로 만든 매로 무수 난타하며 구둣발로 차고 밟고 하였으며, 그중에 김계수는 죽봉 위에 꿇어앉고, 차천석은 '기미하자미'로 귀를 찍어 한 시간 이상의 고통을 주었다 하며, 송점룡은 박승으로 상투를 걸어서 몰고 다녔다 하며, 서병룡은 박승으로 손가라을 묶어 화젓가락으로 손주리를 틀었으며 코를 퉁기었다 하고, 최석일이도 그와 같은 악형을 당하고 그날 밤 12시까지 고통을 당한 후 그 이튿날 29일에 전기 김계수·차천석·송점룡 세 사람을 광양경찰서에 압송하였는데, 경찰서에서는 박대휴와 화해하라는 말만 하

고 돌려보냈는바, 그 노동자들은 경관에게 악형을 당한 것을 분개하여 검사국에 고소를 하겠다고 부르짖는다더라.

옥룡면 노동회위원 변정섭 씨와 광양 노동회위원 정순화 씨는 지난 20일에 광양 경찰서장을 방문하여 경관이 노동자 악형한 데 대하여 질문한즉, 서장은 노기가 등등한 안색으로 말하되 "군 등이 이 일을 나에게 주의를 시키느냐, 질문을 하느냐, 노동자들이 일을 시켜주지 아니한다고 박대휴와 상치함이 노동자의 잘못한 일이라 하며, 군 등은 노동자가 악형을 당하였다고 하나 무슨 증거가 있느냐, 설혹 악형을 당하였을지라도 순사들이 부인만 하면 무슨 증거가 있느냐 하며, 종래에는 심문할 때 고문도 하고, 격구로 다리매기도 하고, 콧구멍에 물을 붓는 여러 가지 악형도 있었으나 근래에는 여간 손주리를 틀고, 상투를 끌고, 코를 퉁기는 것이 그 전에 비하면 그다지 가혹하다 할 수 없는 것이오. 이 일은 고소를 하든지 마음대로 할 일이오. 나에게는 말할 필요도 없다"고 답변하면서······ 노동회 간부들은 대단히 분개히 여기고 돌아왔다더라.[27]

노동자들에 대한 고문도 용서하지 못할 일이지만, 경찰서장이라는 자가 그것을 비호하고 나선 것은 더 심각하다. 그 정도의 고문은 고문도 아니라는 인식이 부하들의 고문을 더욱 조장하는 것이 아니고 무엇이겠는가.

칠십 노파를 고문한 주재소 — 1924년 4월

::   함경남도 단천군 이중면 답동리주재소에서는 지난 20일 그 면 화장리에 사는 김봉선(67)이란 노파를 아무 죄 없이 무수 난타하여 즉석에서 사경에 이르게 하여 다른 사람에게 몸을 실리어 겨우 집까지 갖다 뉘였다는데, 내용은 원적을 그

---

27. 「광양군 진상(津上)주재소에서 무고한 인민을 악형」, 1924년 3월 27일자 『동아일보』 기사.

면 화장리에 두고 현주소도 그 면 답동리에 둔 김하운(40)의 셋째아들 되는 이종
남(20)이란 자는, 다이쇼(大正) 11년에 화장리 사립화홍학교 기지공사 당시 그곳
여러 사람과 감정이 상하여 항상 미움을 받는 고로, 그곳에서 거주할 재미가 없다
하여 할 수 없이 그곳에서 십 리 되는 답동리에 이사하여 갔는데 이에…… (앙심을
품고) 답동리주재소에 가서 김관수는 아이가 난 후 몇 달 만에 죽었는데 출생신고
도 아니하였다는 억울한 고발을 한즉, 그 주재소에서 즉시 김관수를 호출하여 그
런 사실이 있느냐 물은즉, 그런 것이 아니라 출생신고·사망신고를 모두 한 것이니
화장리 구장에게 물어보라 한즉, 주재소에서는 이종남에게 증인을 말하라 하니,
화장리에 김봉선이란 노파에게서 들었다고 하니, 곧 김봉선을 호출하여 사실을 물
었으나 절대로 그런 일이 없다 하니까, 주재소에서 순사 3, 4명이 둘러서서 구둣
발로 차고 밟고 무수히 난타하여서 사경에 이르게 하였다더라.[28]

증인으로 부른 노파를 경찰관들이 둘러싸고 온갖 구타를 다해 거의 죽을 지
경으로 만든 사건이다. 당시 어느 경찰서나 주재소 할 것 없이 전국에 이런 일이
비일비재했다.

도깨비불보다 더 무서운 고문 — 1924년 5월

::   전라북도 고창군 성송면 하점리 구양사동에서는 (1924년) 5월 24일부터 동
30일까지 돌연히 일곱 차례의 이상스러운 화재가 있었는데, 불에 대하여 근처 사
람의 말을 들으면 틀림없는 도깨비불이라 하여 전부 그 동리에서는 가가호호 물을
준비하여놓고 지붕에 사다리를 받쳐놓고 주야로 지키며 밤마다 송아지와 개를 잡
아 도깨비에게 제를 정성스럽게 지내며 주야로 염려 중인데, 그 면주재소에서는

---

28. 「칠십 노파 악형, 단천리주재소에서」, 1924년 4월 4일자 『동아일보』 기사.

이를 부인하고 순사부장 아라타 산타로(荒田三太郎), 순사 은민기 두 명은 지난달 25일 그 동리 정용채·김재병·강정수·김영선·강한수 다섯 명을 주재소에 붙들어다 놓고 심문을 시작하여, 너희들이 처음에 실화를 하여 불을 내어놓고 그 죄를 숨겨두려고 도깨비불이라 이름을 지어놓고 서로 불을 고의로 지른 것이 확실한데 사실 직고 아니한다고 격금대로 치며 발길로 차며 어떻게 형벌이 심하였던지, 정용채는 참다 못하여 이렇게 무죄한 사람을 때리지 말라 함에, 어떤 순사는 "관청에 와서 무슨 말을 하느냐"고 달려들어 상투를 잡아 숙이고 뒷머리를 어찌 몹시 젖히던지 기절하여 거꾸러지며 두 눈알이 나왔다는데, 종내 증거가 없음으로 나가라 해서 기어 내보내고 김재병을 본서 사법계 경부보 미야가미 마사이치(宮上政一)에게 보내 손가락 사이에 무엇을 넣고 어찌 틀었던지 손가락이 깨지고, 당일에 고창 경찰서로 압송하여 네 사람을 유치시켜 1주일 이상을 조사하였으나 증거가 안 나오므로 지난 5일 오후 5시경에 방면하였는데, 지방 백성의 원성이 자자하다더라.[29]

의사의 진단이 신의 판단인가 ─ 1925년 1월

∷   황해도 곡산군 하도면 명탄리 575번지 윤상렴은 지난 1월 20일 당시 명탄주재소에 인치되었다가 병이 위중하여 업혀 나온 지 1주일 만에 죽어버리고 말았는데, 그 인치되었던 원인을 들으면 전기 윤상렴이가 엿방을 하던바, 그 방이 넓고 더워서 동리 사람들이 모여들어 엿내기 화투를 하였는데, 이 일이 그 이튿날 주재소원에게 발각이 되어 인치되어 주재소의 악독한 고문에 인하여 사망이 되었다고 일반이 분개하며 일시 공기가 매우 험악하던바, 해주지방법원 서흥지청 검사 당시 경찰서장 등이 현장에 출장하여 시체를 해부하고 진단한 결과, 의사의 진단이 병사라고 하였으므로 도리어 무고죄로 처벌한다는 바람에 그 가족들은 사죄를 하였

---

29. 「고창서도 고문 ─ 원인 모를 불을 놓았다고 고문」, 1924년 6월 9일자 『동아일보』 기사.

다더라.[30]

건강하던 사람이 주재소에 인치되었다가 방면되어 나온 지 1주일 만에 죽었다면 충분히 고문의 결과가 아닐까 의심할 만한 일이다. 그런데 의사가 병사라고 진단하고 더구나 무고죄로 처벌한다고 협박하니, 무지한 식민지 백성으로서는 더 이상 따지지 못하고 말 수밖에 없다.

고문으로 허위자백해 5년 징역을 살 뻔한 피고인들 — 1925년 2월

:: 죄도 없는 두 사람이 5년 징역을 살다가 복심 검사국에서 무죄 방면된 일이 있다. 강원도 김화군 통강면 도파리에 사는 간봉문(35)·이항재(29)·김현보(36) 3명은 작년 4월경에 그 동리에 사는 박창선이라는 자로부터 그 동리에 사는 김성삼의 딸이 선채금으로 백여 원을 받은 것이 있다는 말을 듣고, 5월 3일 오전 1시경에 그 집으로 찾아가 이항재는 망을 보고 간봉문·김현보는 방 안으로 들어가 김성삼을 밧줄로 동여매고 몽둥이로 난타한 후 현금 28전을 빼앗고, 그 이웃 정경옥 방에 다시 뛰어들어가 소를 판 돈 수십 원을 빼앗고자 다시 그 주인을 결박한 후 곤봉으로 때렸으나 돈 한 푼도 뺏지 못하고 간 일이 발각되어 금성경찰서에 잡혀 취조받고, 작년 11월 29일에 경성지방법원 나가시마(永島) 판사의 심리하에 각각 5년 징역의 선고를 받았으나 이를 불복하고 복심법원에 공소를 하였던바, 일전 복심 검사가 다시 심리를 한 결과 사실 간봉문과 이항재는 그날 밤에 초상집에 가 있었던 것이 판명되고, 김현보와 전기 박창선 두 명이 강도질을 한 것이 판명되어 재작일 복심 판사로부터 무죄 선고를 받고 나왔는데, 무죄한 두 사람이 지금까지 죄를 지고 온 것은 너무 경찰의 고문이 심하여 그저 했다고 대답을 하여온 까닭이었

---

30. 「석방 즉시 사망 — 가족은 고문이라고, 검사는 병사했다고」, 1925년 2월 3일자 『동아일보』 기사.

다 하며, 진범인 박창선은 어디로 달아나버렸다더라.[31]

소녀의 옷을 벗기고 고문─1925년 4월

:: 　인천의 부호로 손꼽는 구 씨의 선친 백골이 없어졌다고 함은 기보한 바이거니와, 경찰 당국은 그 범행자의 피의자로 묘지기 하복홍(67)과 그 가족을 소환하여 엄밀히 조사한다 함은 이미 보도한 바이거니와, 취조를 위하여 묘지기 집에 출장하였던 인천경찰서 형사 모는…… 데리고 오다가 중도에서 별안간 그 처녀를 포박하고 그 근처 왕내의라는 중국인의 집으로 끌고 들어가서, 여러 가지로 구 씨의 무덤 파간 일에 대하여 취조하다가 나중에는 발가벗기고 신문을 더 하였으나 성공을 못하고 돌아갔는데, 이와 같은 만행에 대해서…….[32]

위의 사건은 자질이 없는 경찰관이 공권력을 이용하고 수사를 빙자해 인권을 침해하고 상상할 수 없는 범행을 저지른 사례 중 하나이다. 수사에 목적이 있다기보다는 개인의 성적 욕구나 가학적 취미를 채우려 한 것이다.

나체로 눈 속에 세 시간을 세워둔 사건─1925년 2월

:: 　평북 위원경찰서에서는 밀산면 구읍동에서 여인숙 영업하는 정봉경을 지난(1925년) 2월 18일, 그 집에서 자던 손님의 현금 30여 원을 도적하였다고 잡아다가 사법계 주임 장(張) 경부보가 형사 김병혁을 시켜 난로 장작으로 난타하여 팔목과 전신 여러 곳에 중상을 내고, 또 2월 21일에는 영하 26도나 되는 추위에 옷을 벗기고 눈이 내리는 바깥에 내어놓고 김·송·야마모토(山本)의 세 형사가 입회하여 약 세 시간이나 세워두어 발가락이 전부 얼었다는데, 결국은 무죄로 판명되어 지

---

31. 「양민에게 5년 징역─고소하여 무죄」, 1925년 2월 8일자 「동아일보」 기사.
32. 「소녀를 탈의 고문─인천서 형사의 행」, 1925년 4월 13일자 「동아일보」 기사.

금까지 자택에서 치료 중인바, 지방 인민들은 위원서의 만행을 비난하며, 그곳에 사는 문장업 씨는 그 무리한 행동에 크게 분개하여 지난 3월 20일에 위원서 사법계 주임 장병완 이하 세 형사를 피고로 신의주지방법원 검사국에 고소를 제기하였다더라.[33]

없는 죄를 얼마든지 만들어내는 경찰 — 1925년 6월

:: 　경북 청송군 현서면 모후동 이중협의 처 김순이란 여자는 지금 대구형무소 미결감에 들어 있는 남편 이중협을 위하여 지난 15일부로 대구복심법원에 진정서를 제출하였다는데, 그 내용을 들으면 지난 3월 중 영천군 신촌면 인평리 김천란이란 자가 청송에 왔다가 돈 107원을 잃어버린 일이 있었는데, 그 돈을 중협의 아들 용구(17)가 주었다는 혐의로 화목주재소에서 잡아다 악형을 가하여 취조한 결과, 어린 용구는 모진 형을 견디지 못하여 사실은 없으나 그런 일이 있다 하고 그 돈은 자기 친모 순이를 주었다 하여, 주재소에서는 다시 순이를 잡아다 또한 고문으로 취조하여 어른인 순이도 여자의 몸이라 견디다 못해 돈을 자기 남편을 주었다는 터무니없는 거짓말을 하여 또다시 중협을 인치, 취조한 결과 중협은 죽어도 사실 없는 것은 없다 하였음에도 불구하고, 용구와 순이의 증언이 충분하다는 것으로 마침내 의성검사지국으로 넘기어 검사국에서 다시 공판에 붙여 용구는 미성년으로 처분이 없고, 남편인 중협과 아내 순이는 각각 징역 4개월에 4년간 집행유예의 선고가 있었으므로, 중협은 너무도 억울하다고 하여 대구 복심에 공소하고, 순이는 죄야 있건 없건 옥문을 속히 나오고저 판결대로 도장을 찍고 나와서는 주소로 억울한 누명을 벗기 위해 참사실의 여하를 조사하여본 결과, 그 돈은 같은 동리에 사는 권상기라는 공립보통학교 생도가 주어서 저의 친모에게 주어 친모는 또

---

33. 「위원서 혹독 고문 — 옷 벗겨 눈 속에서 3시간을 세워」, 1925년 4월 15일자 『동아일보』 기사.

다른 사람을 준 일이 확실하여 이 말을 권상기 집사람을 보고 말하였던바, 권상기 집에서는 그 말을 듣고 다른 변을 염려하여 주재소에 습득계를 하였으니, 이제는 우리의 무죄함을 밝혀달라는 것이 전기 진정서의 전후 내용의 대강이더라.[34]

무리한 매로 피투성이가 된 사연 — 1925년 8월

:: 성주군 임해면 원단동 석윤세는 그곳 자기 논에 제빙이 있고 또한 동리 면협 의원 임창선은 그 제방 옆에 5, 6두락 되는 논이 있는데, 지난 4, 5일 이래의 비로 인하여 석윤제의 제방이 무너져 침수가 됨으로 임창석은 그 영향이 자기 논에 미칠까 하여 쌍방이 동력하여 제방을 개축하자고 석에게 말하였더니, 그는 자기 제방이 무너져서도 결코 다른 논에 침수되지 않는 것을 말하고 요구에 불응하였더니, 임창선은 그 사유를 동 면주재소에 고발하여 석윤제는 지난 (1985년 8월) 6일에 호출을 받아갔다가, 그 주재소에 근무하는 순사 이 모에게 무리한 매를 맞아 전신에 피투성이가 된 중상을 당하였다는데, 석윤제는 곽산의원의 진단서를 가지고 전기 순사를 걸어 정주지청 검사국에 고소를 제기하리라더라.[35]

고문한 경관이 공판에 회부된 희귀한 사례 — 1925년 6월

:: 경기도 파주군 임진면 문산리 103번지 파주경찰서 근무 형사계 순사 시게타 구라지(茂田庫次, 29)는 지난 6월 24일 그곳 사는 김상만을 절도 혐의자로 취조하기 위하여 대칼(竹刀)과 화젓가락 등을 가지고 김상만을 따라가면서 고문하여, 둔부와 다리 등 수개소에 타박상을 당하였는데 결국 무죄로 방면되었는바, 피해자 김상만은 시게타 순사를 상해 피고로 경성지방법원 검사국에 고소를 제기하였으므로, 그간 사토미(里見) 검사의 손에 취조를 마치고 동 법원 공판에 부쳤으므로 불

---

34. 「지독한 경찰의 고문으로 친자 3명이 원죄수형」, 1925년 6월 20일자 『동아일보』 기사.
35. 「전신 피투성이 — 순사에게 매 맞고 검사국에 고소할 준비」, 1925년 8월 15일자 『동아일보』 기사.

원간 공판이 개정될 터이더라.[36]

시게타라는 경찰관은 여기 보도된 것 말고도 "붓을 손가락 사이에 넣어 주리를 트는 고문"도 했다. 이렇게 공판에 회부된 그는 나중에 6개월 징역형을 선고받았다.[37] 이 희귀한 사례와 관련해 당시 『동아일보』는 사설에서 이렇게 고문의 근절을 주장했다.

:: …… 경찰 관리나 사법관은 법인즉 법률의 한낱 사도이다. 법률을 등에 업고 다니며 그것이 부리는 대로 활동하는 것이다. 만일 경관이나 사법관으로서 법률, 그것이 시키는 일 외의 일을 행한다면 이는 법관으로서의 활동이 아니요, 보통 인민으로서의 활동이 되고 마는 것이다. 그러므로 법관이 법률에 벗어나는 일을 하거나 법 이상의 일을 행한다면 역시 보통 인민과 똑같이 법률의 제재를 받게 되는 것이다. 이 까닭으로 경찰관이나 사법관으로서 범죄인이나 피의자에 대하여 죄상을 자백케 하기 위하여 형벌을 하거나 때리며 고문하는 것은 물론이요, 어떠한 술책을 써서 고문하는 것은 그 행동이 법률, 그것을 떠난 다시 말하자면 보통 인민의 한 사람으로서의 행동으로 보는 까닭에, 법률은 그를 또한 처벌하게 되는 것이다. 파주군 김 모는 그곳 경찰에서 절도 혐의자로 취조를 받다가 상해를 당하고 검사국에 고소를 제기하여 그 공판이 불원간 개정되리라고 한다. 이것이 비로소 알은 것이 아니며 이와 같은 고소를 처음 보는 것이 아니건마는, 조선의 경찰은 여지없이 고문을 행하며 그를 당한 사람은 뒷일을 염려하거나 또는 알지 못하여 묵과하는 일이 있으나, 법률은 이를 절대로 용서치 않으며 더욱이 조선에는 이러한 폐단이 많이 있는 것을 거울삼아 이로부터 털끝만치라도 용서 없이 처벌하기로 되었다

---

36. 「무죄된 피의자, 고문 순사를 고소」, 1925년 10월 9일자 『동아일보』 기사.
37. 「고문 순사 징역 6개월」, 1925년 10월 23일자 『동아일보』 기사.

고 한다.[38]

경찰은 무소불위인가 ─ 영업장까지 와서 사람을 때려죽이다(1925년 10월)

:: 원산부 본정 오정목 45번지에서 술장사 하는 김두숙(45)이란 여자는 지난 25
일에 원산경찰서의 순사로 원산 역전파출소에 근무하는 김경택에게 아침저녁 두
차례를 무단히 맞고 나서, 그 이튿날(26일) 오후 3시부터 혼수상태에 빠져 마침내
27일 오전 3시경에 죽었다는데, 이제 그 원인을 들은즉, 죽은 김두숙의 집에 작부
로 있는 곽추월(22)이가 자기 옷고름에 넣어두었던 돈 10원이 없어졌다며 주인인
김두숙이가 도적했다⋯⋯ 시비를 하므로 김두숙은 몹시 분노하여 곽추월의 뺨을
두어 번 때렸는데, 곽추월은 그길로 어딘지 나갔다가 들어와서 자고 말았는데, 그
날 아침 7시경에 전기 김경택이란 순사가 와서 문을 열고 들어와 여러 번을 살펴
보던 중 작부 이금란의 자는 방 윗목에 있던 남자가 누워 자는 것을 보고, 전기 김
두숙을 불러 너의 집에서는 밀매음도 시킬 뿐 아니라 곽추월의 돈도 도적질해내고
는 도리어 남을 때리느냐 하며 난타하고 나갔다가, 다시 그날 오후 4시에 사복을
입고 와서 또 얼마간 때리고 갔었다는데, 매를 두 차례나 맞은 연약한 여자인 김두
숙은 26일 3시경부터 혼도하기를 마지않다가 27일 3시경에 드디어 죽은 것이라는
데, 이 보고를 접한 원산경찰서에서는⋯⋯ 두 일본인 의사를 보내어 원산재판소
의 판검사 입회하에 해부해본 결과, 맞아 죽은 것이 아니고 심장마비로 말미암아
죽은 것이라 하나 피해자 김두숙의 가족들은 억울하게 맞아 죽었다고 한다더라.[39]

법정에서 폭로된 구례경찰서의 고문 ─ 1925년 11월

스스로 강간범인 경찰관이 그것을 따지는 사람들을 고문하여 죄인으로 만들

---

38. 「고문에 대한 엄정한 처벌 ─ 우리는 이러한 것을 알아두자」, 1925년 10월 10일자 『동아일보』 사설.
39. 「순사에게 몹시 맞고 2일 만에 사망」, 1925년 10월 29일자 『동아일보』 기사.

어 법정에 세운 사건이 있다. 경찰의 무도함이 이 지경이면 거의 극한에 이른 것이다. 범죄자보다 더 악독한 사람이 경찰관의 권력을 앞세워 온갖 악폐를 저지르고 다닌 것이다.

:: 　지난 10일 오전 10시 광주지방법원 순천지청 제1호 법정에서 데라다(寺田) 검사, 이하라(井原) 판사 담임으로 불법체포상해죄로 검속되었던 형사 피고인 구례군 광의면 태전리 김광진·김창룡·이덕오 외 2인의 범죄 사실을 심문하는데, 피고인들로부터 서로 육박한 일은 있으나 불법체포한 일은 없다고 전부 부인의 답변을 함에, 판사는 구례경찰서의 심문조서를 본즉 자복한 사실이 분명한데 어찌 법정에서는 부인하느냐고 한즉, 피고들은 눈물 섞인 원통한 소리로 구례경찰서에서는 피고들을 수족을 결박하여 달아매고 무수히 난타할 뿐만 아니라 주전자에 물을 담아 코와 입에 함부로 부어 호흡을 통하지 못하게 하는 등 갖은 악형을 하는 고로 죽을 것이 무서워서 대답하라는 대로 한 것이오, 실상 사실은 그렇지 않다고 함에, 재판장은 다시 그 악형하던 순사가 누구냐 묻고 다시 상세한 것을 조사한 후에 공판하기로 연기하였다는데, 사건의 내용을 듣건대 구례경찰서에 근무하던 순사 김영준은 월전에 동군 광의면 연파리 김창룡 첩 신동애(21)를 강간하려다가 발각되어 가택침입죄로 고소를 당하여 면직까지 당한 자인데, 그후로 지난달 7일 밤에 대전리 이기재란 과부에게 달려들어 수욕을 채우려다가 전기 이 씨의 외치는 소리에 그만 달아난바, 이 소문을 탐지한 김창룡은 과부의 친척 되는 전기 피고들에게 소식을 전함에 따라 친족들은 일시 분개하여 지난달 12일 밤에 김영준을 만나 그의 불법 무례함을 책하는 동시에 서로 구타가 있었는데, 김영준은 이 일을 기화로 하여 새끼로 결박하고 뭇사람이 죽도록 구타하였다고 모함하여 전기 과부의 친척들을 불법체포상해죄로, 그때 다만 소식을 전하여준 김창룡을 교사(敎唆)죄로 함께 구례경찰서에 고소를 제기하였던바, 구례경찰서에서는 그와 같이 없는 사실을 자

복하라고 고문한 것이라는데, 일반은 경찰의 무리무도함을 타매하는 동시에 이 재판이 어찌 될지 매우 주목하는 중이라더라.[40]

상인들을 고문한 세관 — 1925년 12월

:: 의주에서 포목상을 하는 홍석기 외 36인의 연서로 평북도지사와 군수와 세관장과 경찰서장들에게 탄원서를 지난 21일에 제출하고, 그들은 지금 장래를 위하여 매우 염려하는 중이라는데 그 내용을 들은즉, 전기 17명의 포목상들은 그동안 의주군 의주면 동부동 김태경이란 사람의 물품을 사서 소매를 한 일이 있는바, 10여 일 전에 전기 김태경이가 불행히 주단 밀수입 혐의로 세관의 손에 체포되어 필경 문부를 검사하여 엄중히 취조한 결과, 전기 17명과 거래한 증거가 나타남에 세관출장소에서는 17명을 호출하여 혹독한 고문을 하며 밀수입의 여부를 알고 샀느냐고 취조를 하므로, 모진 매에 못 견디어 할 수 없이 알고 샀다고 시인을 한 후 자기들의 마음대로 작성한 청취서에 각각 날인을 하였는바, 전기 17명이 벌금에 처하게 되면 의주상업계는 아주 파멸될 뿐 아니라, 사실은 내용을 모르고 산 것이 분명한데 고문에 못 견디어 그들의 하라는 대로 한 것이 참을 수 없이 분하다고 전기 네 곳에 탄원서를 제출한 것이라는데, 사건이 장차 어떻게 될는지 일반이 매우 주목하는 중이라더라.[41]

고문치사 피해자 가족들이 주재소를 둘러싸다 — 1926년 2월

:: 경남 합천군 대양면주재소에서 지난 (1926년 2월) 25일 순사 김경희(23)는 동면 무곡리에 사는 양민 강태형(38)을 절도 혐의가 있다 하여 취조를 하면서, 곤봉과 구둣발길로 무수히 때리고 차서 그 이튿날 오후 2시에 더 때릴 여지없도록

40. 「구례경찰의 고문 — 법정에서 폭로」, 1925년 11월 14일자 『동아일보』 기사.
41. 「상인 17명을 세관에서 고문」, 1925년 12월 28일자 『동아일보』 기사.

정신을 혼도케 하고 생명이 위험하게 됨에, 순사 김경희는 강태형을 주재소에서 밖으로 나가라 하여, 강태형은 간신히 기어서 그 옆집인 음식점 이상록의 집에 들어가서 냉수 한 그릇을 먹은 후 피똥을 누다가 그만 죽어버렸는데, 그 가족과 친척은 이 급보를 듣고 수십 인이 모척동주재소를 둘러싸고 사람 때려죽인 순사 놈을 내어놓으라고 야단을 쳤으나, 벌써 합천경찰서로부터 정복순사 수십 명이 와서 경계하므로 부득이 그 가족과 친척들은 시체만 찾아갔다더라.[42]

그때나 지금이나 자식 잃은 부모나 친척들에게 경찰이 무서울 리가 없다. 억울한 친척들이 주재소를 포위하고 항의 시위하는 장면이 눈에 선하다.

육십 노인을 잡아다 참혹하게 고문 — 1926년 2월

:: 황해도 안악읍 모모 유지들이 지난달(1926년 2월) 20일에 읍내 비석리 국순필(61)의 집에서 도박한 사실이 있어 안악경찰서에서 집주인 국순필을 인치하고 엄중한 취조를 하는 중이라 함은 기보한 바이거니와, 동서에서는 집주인 국순필에게 사실을 조사하며 코에다 주전자로 물을 부어넣기도 하고 뭉치로 난타하는 등 갖은 고문을 당하여, 지난 음력 11일에 경찰서로부터 나온 국순필은 나오는 즉시로 몸이 몹시 아파서 병석에서 신음 중이라는데, 국순필의 처는 기자에게 눈물을 흘려가며 "지금 아무것도 못 먹고 심지어 정신까지 없는데 왼편은 전부 못 씁니다. 애초에 도박할 때 집을 빌려주지 않겠다고 했으나 억지로 달려들어 자기네 마음대로 도박을 하였습니다" 하고, 무리한 경찰과 아울러 그 도박한 사람들을 끝없이 원망하는데, 그 집은 몹시 빈한하여 약을 쓰려도 돈이 없고 아무것도 알지 못하여 어찌하면 좋을는지 정신을 못 차리고 근심이 가득하여 있는 중이더라.[43]

<hr>

42. 「순사가 고문치사 — 무죄한 사람을 잡아다가 절도 혐의로 때려죽여」, 1926년 3월 1일자 『동아일보』 기사.
43. 「육십 노인을 잡아다 참혹하게도 고문」, 1926년 3월 5일자 『동아일보』 기사.

강도살인사건의 수수께끼 — 고문에 의한 조작인가 (1926년 3월)

:: 인가를 떠난 십리 밖에서 일어난 수수께끼 같은 강도살인사건을 보았다는 사람이 있다고 경찰의 심문조서에 씌어 있다. 작년 3월 12일 오후에 음성군 맹동면 통동리와 내중리를 통하는 길 교차점(피해자 강수길이가 죽은 곳)을 음성군에 사는 김사돌이란 열세 살 먹은 어린아이가 서당에 갔다가 자기 집으로 돌아가는 중에, 전기 지점에서 흰옷 입은 2명이 한 사람은 누워 있고 또 한 사람은 그 누운 사람을 업으려 하는 모양을 먼빛으로 보고 어린 마음에도 술 취한 사람인가 보다 생각하여 가까이 가서 보고자 할 때, 그 업으려 하던 사람이 분명히는 기억이 나지 않으나 "빨리 가라"고 소리치는 것을 듣고 그만 무서운 생각이 나서 다른 길로 갔다고 경찰서의 김사돌 심문조서에 씌어 있다. 자기의 범행을 어린아이라도 보면 죄상이 탄로날까 하여 가까이 오지 못하게 하고 쫓아버린 것이라고 인정되는 모양이다. 그러나 이 증인의 증언에 대하여 피고 최암이는 "그때 어린아이를 쫓아버린 것이 아니라 사람이 죽게 되었으니 빨리 동리에 가서 어른들에게 말하여 이 사람을 구하게 해달라"고 소리를 쳤던 것이라고 변명한다.

그리고 경찰의 김사돌 심문조서에는 김사돌 말로 "자세히는 기억이 나지 아니하나 일어선 사람(최암이인 듯)이 누운 사람(강수길인 듯)에게 '업고 갈까 업고 갈까' 하는 말을 들었소" 하고 증언을 한 기록이 있다. 자기가 사람을 죽이고자 하다가 그 사람이 고민하는 것을 보고 업고 가고자 하는 사람은 없을 것이라 하여 이에 이 사건은 더욱 수수께끼로 들어가는데, 피고 최암이에게 가장 두통거리가 되는 것은 그가 경찰서 제6회 심문에서와 검사국 심문을 받을 때에 자기가 미리부터 돈 6원과 강수길의 생명을 빼앗고자 하여 독약을 준비하여가지고 집을 나섰다가 전기 장소에 이르러 그 독약을 떡에 넣어 강수길을 먹였더니, 강수길은 처음 한 개를 먹고 "이 떡맛이 어찌하여 이런고" 하고 얼굴을 찡그린 후 다시 한 개를 먹었다고 자백한 것이다. 그러나 피고 최암이는 이에 대하여 당시 경찰의 혹독한 악형에 못 견뎌

사실이 없는 것도 그와 같이 거짓말로 진술을 하였다고 부인한다.[44]

고문으로 조작된 것이라는 주장이 강도살인사건을 저지른 범인이 살기 위해 한 변명이란 말인가. 설사 그것이 진범의 억지 주장이라 할지라도 당시에 고문이 얼마나 일반화되어 있었기에 강도살인범도 그런 주장을 할 수 있었단 말인가. 당시 경찰 일반에 널리 퍼져 있던 고문의 관행에 비추어볼 때 피고인의 주장은 얼마든지 일리가 있는 것이다.

임부를 나체로 벗겨 고문 — 1926년 5월

가장 야만적이고 끔찍한 경찰 고문 사례 중의 하나이다. 경찰의 조치나 변명은 기가 막힐 지경이다.

:: 경북 영일군 홍해주재소 순사 이백원은 지난 16일 밤 11시경에 포항 상반정에서 술장사 하는 김주원 외 한 사람을 데리고 함북 경성군에 원적을 둔 후, 전기 홍해면 남성동 34번지에서 음식점을 차려놓고 아직 허가수속 중인 천국현의 집에 가서 술을 사오라 하여 천국현의 아내 최명순(22)을 데리고 밤새도록 술을 먹으며 놀다가 돌아간 일이 있었는데, 그후 전기 김주원은 또다시 천국현의 집을 찾아가서 최명순을 데리고 옆방으로 들어가 당치 않은 행동을 하는 것을 그 여자는 말을 듣지 않고 자기 방으로 돌아가 잤던바, 그 이튿날 아침에 전기 김주원은 돌연히 "자기 주머니 속에 현금 123원을 넣고 잤는데 아침에 깨어보니 그 돈이 다 없어졌다"고 야단을 하며 사실을 전기 주재소에 고발하여, 주재소에서는 내용을 조사한 후 그 피의자로 박 모를 검거한 후 주재소장으로부터 주인 최명순에게는 별로 혐

---

44. 「가혹한 경찰의 고문으로 없는 사실을 있다고 자백」, 1926년 3월 6일자 『동아일보』 기사.

의가 없다고까지 하였는데, 그후 주재소장은 어데 출장 가고 없는 사이에 지난 18일 오전 9시경 순사 이백원은 최명순을 그 주재소로 불러다놓고 "도적질한 돈을 내놓으라" 하며, 처음에는 머리채를 잡고 때리다가 다시 저고리를 벗긴 후 그 주재소에 같이 근무하는 방부곤이란 순사와 협력하여 포승으로 아이 가진 지 4개월이나 된 그 여자의 수족을 결박하고 맨 마룻바닥에 잡아 누힌 후, 순사 하나는 여자의 머리채를 감아쥐고 또 순사 하나는 잔약한 여자의 가슴을 타고 앉아 물을 세 통이나 길어다가 그 여자의 코에 쉴 새 없이 부어 필경 기절을 하였다가 다시 겨우 정신을 차림에, 그때는 옷을 전부 벗으라고 하여 속옷까지 벗기어 전 나체를 물이 질퍽거리는 마룻바닥에 그대로 눕혀놓고는 구둣발로 전신을 함부로 차며, 나중에는 그 돈을 국부 속에 넣어두지 않았느냐 하며 순사 2명이 번갈아서 여자의 음부에다 손을 넣어 휘둘러보고는 또다시 다른 방으로 끌고 다녀 전신에 차마 눈으로 볼 수 없는 무수한 상처를 내었는데, 그래도 그 여자는 절대로 도둑질을 한 일은 없노라고 자기의 결백함을 말하다가 잔약한 여자가 거의 숨이 넘어갈 듯한 상태에 이르렀으므로, 그 순사들도 겁이 났던지 그 여자의 피투성이가 된 옷을 손수 바로 입히어 그날 밤에 자기 집으로 돌려보내었다더라.

전기 최명순이가 그 순사들에게 그처럼 고문을 당할 때 가냘픈 목소리로 사람 살리라고 크게 비명을 하여 주재소 문 밖에는 일시 사람들이 백재일(白遮日) 치듯(흰 옷 입은 사람들이 많이 모인 모양) 하였으며, 그 가족들도 주재소 앞으로 달려가서 어쩔 줄을 모르고 발을 동동 구르며 울고만 있었는데, 그 여자는 주재소에서 나오는 길로 하룻밤 자기 집에서 치료를 하고 곧 포항 해오의원에 가서 치료 3주간을 요한다는 진단서를 내어가지고 이백원·방부곤 두 순사를 걸어 포항경찰서와 경주지청 검사국에 고소를 제기하였는데, 그 여자의 전신에는 끔찍스러운 상처가 열여섯 곳이요, 음부에도 상처를 당하여 차마 볼 수 없다 하며, 또한 복중의 아이는 이후의 증세를 보지 않고는 아직 알 수 없다는데, 이에 대하여 그 주재소장은

"수일 동안 입암 방면에 출장하였다 돌아와서 내가 없는 때에 된 일이므로 아직 사실 여하를 알 수가 없다"고 말하며, 또한 문제의 그 두 순사는 자기네가 때려서 그렇게 부상케 한 것이 아니고 그 여자가 몸부림을 하여 자기 스스로 그렇게 부상을 당하였다고 변명을 하는데, 장차 사건이 어떻게나 진척될는지 일반은 크게 주목을 하고 있다더라.[45]

도박 혐의자를 고문으로 치사 ─ 1926년 6월

:: ...... 하상우(47)란 사람은 지난 음력 3월 27일에 도박 장소를 빌렸다는 혐의로 김천경찰서 형사 이학천의 손에 체포되어 가혹한 고문을 당하였던지, 돌아온 뒤로 전신을 쓰지 못하고 20여 일 동안을 신음하다가 지난 6월 2일 오전 9시경에 무참히 세상을 떠났다는데, 자세한 전후 사정을 듣건대 전기 하상우는 가세가 빈한하여 금릉면 신음동(속끔이)에 조그만 셋집을 얻어 그의 처 박 씨(44)와 장남 갑진(19)과 젖 먹는 어린아이까지 네 식구가 살면서, 자기는 일본인 화장장(火葬場)에서 노동을 하여 약간의 임금을 얻어 그날그날의 생활을 근근이 계속하여오던바, 지난 음력 3월 중에 김천신사 도박단이 그의 집에 와서도 도박한 일이 있었는데, 그 도박단이 발각 체포되는 동시에 하상우도 도박장소를 빌렸다는 혐의로 이 형사의 손에 체포되어 그 같은 최후를 마친 것이라더라. ...... 망인의 친구인 김천 남산정 김성삼(48)이란 사람은 말하되 ...... 순사에게 맞던 이야기를 합디다. 이학천이란 형사가 상투를 잡고 머리를 마루에 박아 눕혀놓고 코에다 물을 붓고 발로 가슴을 차서 가슴과 머리가 몹시 상하여 귀로 고름이 나온다고 합디다.[46]

이 고문피해자는 자신의 장남에게 "원수를 갚으라"라고 유언했다고 한다.

---

45. 「임부를 인치하고 혹독한 나체 고문」, 1926년 5월 23일자 『동아일보』 기사.
46. 「도박 관련범 고문으로 치사」, 1926년 6월 6일자 『동아일보』 기사.

고문한 형사에게 얼마나 한이 맺혔으면 그런 유언을 남겼을까.

경찰관의 고문으로 취조 중 사망 — 1926년 6월 13일

:: 　원적을 경남 밀양군 밀양면 내이동에 두고 조선구극을 조직하여 …… 38명의 단원을 인솔하고 각 도로 돌아다니던 이팔십(43)은 지난 6일에 전남 고흥군 동강면 유둔리에 도착되었을 때에, 그 일행 중 김옥동·유경찬 두 사람이 술 사먹기로 10전씩 내어놓고 윷놀음을 할 때에 전기 이팔십이가 그 곁에서 구경을 하고 놀았는데, 이것을 본 그곳 주재소 순사 미타니 사카리(三谷盛, 31)가 모두 주재소로 호출을 하여서 취조를 하다가 이팔십을 몇 번 따귀를 때리던 중, 갑자기 이팔십은 현장에서 넘어지며 오줌을 싸고 기절이 되어 감으로 취조하던 순사는 그의 주인된 김윤숙의 집에 데려다 응급치료를 하였으나 드디어 죽어버렸는데 …… 순사 미타니는 순천지청으로 호송되어 목하 취조를 받는 중이라더라.[47]

고문치사한 피의자의 시체를 비밀리에 처리 — 1926년 7월

:: 　재작 8일 오후 4시경 시내 남대문 경관파출소 순사가 수원 사는 김인하(40)를 절도 혐의로 붙잡아놓고 신문을 한 결과 절도한 범죄 사실을 자백하였으므로, 동 경관은 범인을 유치장에 가두고 피해대로 실지 조사를 간 동안에 그는 옆에 놓였던 삼노로 목을 매어 자살을 하였는데, 이에 대하여 절도 피의자가 그와 같이 자살한 것은 매우 중대한 일로서 그것이 혹독한 고문으로 그리 된 것이 아닌가 하는 의심을 가지는 사람도 있다 하며, 동 파출소와 그 본서인 본정서에서는 사실 전부를 극비밀에 붙이고 일체 입을 열지 아니하며 더구나 시체도 비밀리에 처치하여버렸다더라.[48]

---

47. 「경찰 고문으로 …… 취조 중 참사」, 1926년 6월 13일자 『동아일보』 기사.
48. 「액사(縊死)한 유치인 — 시체를 비밀 처치」, 1926년 7월 10일자 『동아일보』 기사.

고문치사한 시체, 1년 반이나 시가에 방기 ─1926년 9월

::　　작년 2월 초순경 평북 정부군 곽산경찰관 주재소에서는 어떤 사람이 벼 두 섬을 잃어버렸다는 도난계를 받고 범인을 각 방면으로 수색하던 중…… 김룡수 (일명 김봉익, 22)가 팔십 당년 늙은 부모와 젊은 아내를 데리고 곽산 김옥찬의 집 한 방을 얻어가지고 올해에 농사를 지어오던 벼 두 섬을 가지고 왔던바, 이것을 증거로 김룡수를 잡아다가 취조를 하였던바, 그후부터 복부가 몹시 아파서 신음하는 것을 보고 그 주재소 소장은 김룡수를 곧 놓아주어 그 즉시로 그곳 동인병원에 가서 진찰을 하여본 결과, 며칠 후에는 토혈을 하여 병이 매우 중하리라 하더니 과연 병이 더욱 위독하여지며 피를 토하게 되었다.

…… 병세는 더욱 위중하므로 이래도 죽고 저래도 죽을 바에는 마음대로나 한 번 하여볼 생각으로 그곳 근처 사람들의 도움을 받아 교자(轎子)를 타고 곽산주재소로 가서 건강한 젊은 사람을 갑자기 폐인을 만들어주었으며, 방금 생명이 위태하니 이제는 늙은 부모를 같이 죽여주든지 그렇지 않으면 고쳐내라고 야단을 쳤던 바, 주재소장 고향(古鄕)이가 그곳 염호동 이동순의 집을 얻어주고 의사에게 치료까지 시켜주며 먹을 양식까지 당해주어서 얼마 동안은 지나갔으나, 마침내 작년 3월 9일 오후 5시경에 피를 많이 토하고 죽어버렸던 사실인데, 그 시체는 아직까지도 매장하지 않고 1년 반이나 지난 오늘까지 곽산 시가 부근에 그대로 놓아두었다더라.

김룡수의 불측한 죽음의 비보를 들은 친족들은 분개하여 친족회를 열고 김덕선·김이관 두 사람을 대표로 뽑아 끝까지 원수를 갚게 하였으며, 5대 독자를 잃어버린 늙은 부모는 먹을 것이 없어서 유리걸식을 하게 되었으며, 그의 아내는 믿을 곳 없고 생활할 길이 없어서 필경 다른 곳으로 시집을 가고 말았음으로 집안 전체가 아주 망하고 말았다더라.

…… 신의주지방법원 정주지청 검사국에 고소를 제기하였는데, 검사는…… 해부

한 결과도 일체 비밀을 지키며 죽은 원인도 알려주지 아니하고 검사는 곧 매장을 하라고 하였으나, 친족 측에서는 병의 원인도 모르고 어찌 매장 허가를 내어 장사를 할 수 있는가 하여 시체를 그냥 내버려두게 되었더라.[49]

고문과정도 문제이거니와 고문경관에 대한 수사와 사인 규명을 하지 않고 모두 비밀리에 붙이자 친족들이 저항하는 모습을 생생하게 볼 수 있다. 그러나 죽어서 묻히지도 못한 사람과 유리걸식하는 가족들의 운명만 처량하다. 나중에 이 유족들은 시체를 매장하지 않은 죄로 처벌까지 받게 된다.[50]

:: ······ 김봉익의 부친인 김은필이란 77세 된 노인은 신의주지방법원 정주치청 검사국으로부터 그 아들의 시체를 인수받아가지고 오래 문제가 되도록 그것을 처치하지 아니하고 길거리에 버려두었다 하여, 도리어 사체유기죄로 검거되어 정주지청에서 지난달 22일 징역 1년의 판결 언도를 받고 이에 불복하여 평양복심법정에 공소를 신립하였던바······ 백발이 성성한 전기 김은필은 무죄한 아들이 죽은 것도 하늘에 사무치는 한이거늘 도리어 내가 법정에 서서 죄를 입게 되니 이 원통한 말을 어느 하늘에 호소해야 할 것이냐고 통곡하여 보는 사람으로 하여금 눈물을 자아내게 하였다더라.[51]

형사가 병원까지 와서 강제로 청취서 받아 — 1926년 8월

:: 시내 종로 신명서림에 화재가 있었다 함은 기보한 바이거니와, 화재의 원인을 조사하기 위하여 종로서 사법계에서 동 서점의 점원 차봉렬(25)을 불러 취조를

---

49. 「고문치사된 시체를 1년 반이나 시가에 방기 — 곽산주재소 고문사건 진상」, 1926년 9월 7일자 『동아일보』 기사.
50. 심지어 그 시체를 매장할 비용도 없어 현지 평북 곽산의 『동아일보』, 『조선일보』 양 신문지국에서 "힘을 써서 매장케 하였다"라고 한다. 「고문받았다고 시체를 내버려」, 1926년 12월 26일자 『동아일보』 기사.
51. 「무죄한 자식 잃고 사체유기죄로 수형」, 1926년 12월 9일자 『동아일보』 기사.

하였는데, 차봉렬은 취조를 받다가 의식을 잃어버리도록 고문을 당하고 방금 시내 다옥정 지성내과의원에 입원하여 치료를 받는다는데, 이 소문에 대하여 종로서 사법계에서는 고문 사실의 전부를 부인하므로 기자는 그 피해자인 차봉렬을 지성내과의원으로 찾아가 사실의 전말을 물어보았는데, 그 문답의 요지는 다음과 같다.

문: 당신이 종로서에서 고문을 당하였소?

답: 네. 많은 고문을 당했소.

문: 종로경찰서에서는 당신에게 고문한 사실이 없다는 청취서를 받아가지고 사실을 부인하는데 어떻게 된 일이요?

답: 그런 것이 아니라 아흐렛날 밤에 형사 둘이 와서 "그렇게 거짓말을 하면 도로 붙잡아다가 감옥소로 보낸다"고 하기에, 이렇게 아픈 몸이 또 붙잡혀가면 죽을까 무서워 그렇게 대답을 하였소.

문: 그러면 정말로 그렇게 맞기는 맞았지요?

답: 네. 그리고 실화하였다고 부른 것도 매에 못 견디어 그러한 것이요.

……

다시 동 의원 정석태의 말을 들으면, 왼편 복부와 다리는 거의 나아가지만 허리가 상한 곳은 아무리 하여도 낙관할 수가 없는데, 형사가 다녀간 뒤에는 갑자기 맞지도 아니하였고 아프지도 않다고 하니 병원 측에서는 퍽 딱합니다.[52]

검사 출동으로 교통 막고 비밀리에 임검 — 1926년 12월

:: 황해도 은율군 장련경찰관 금복주재소에는 지난 6일 오전에 검사와 은율경찰서 경부 이하 수명의 경관이 공의를 대동하고 출동하여 모 중대사건을 비밀히 조사하는 중 부근 교통을 막고 일반 통신기자의 눈을 피하여 활동하는 중인데, 내

---

52. 「형사가 병원까지 와서 강제로 청취서(聽取書) 받아」, 1926년 8월 11일자 『동아일보』 기사.

용은 전기 주재소에서 얼마 전에 모 범인을 취조하다가 고문으로 죽은 사건인 듯
하다더라.[53]

언론의 추측은 진실로 드러났다. 고문치사사건이었던 것이다.

:: …… 지난 5일 오정에 전기 (금복)주재소에 근무하는 일 순사 사이토 도모키
치(齋藤友吉)가 절도 혐의로…… 이응상(55)을 잡아다 취조하던 중 그와 같이 돌
연히 죽은 것이라는데 가해순사는 검사국으로 호송했다더라.[54]

절도 혐의자를 고문으로 치사 — 1926년 12월

:: 지난달(1926년 11월) 2일 정오에 강원도 양구군 해안면 만대주재소에서
는…… 김흥권(32)을 절도 혐의자로 데려다가 취조하던 중 동일 오후에 전기 김
흥권이 그 주재소 안에서 죽은 것이 얼마 전에 발각되어, 이 소식을 접한 춘천검
사국에서는 시게마쓰(重松) 검사대리가 동 3일에 의사를 대동하고 현장에 출장하
여 전후 사실을 조사하는 동시에 시체를 해부하여본 결과 고문치사의 혐의가 있으
므로, 동 주재소 수석 순사부장 오카히코 이치로(岡彦一郎)와 순사 김일룡(26) 두
명을 동 6일에 춘천검사국에 압송하여 인치하고 극비밀히 취조 중이라는
데…….[55]

끊임없이 이어지는 고문치사사건에 진정한 대책은 없었다. 검사는 고문경찰
에 대한 조사를 시늉만 할 뿐 언제나 '비밀'에 붙이기 일쑤였고, 처벌은 솜방망

53. 「은율 금복주재소를 검사 출동 임검(臨檢)」, 1926년 12월 8일자 『동아일보』 기사.
54. 「검사 출동 내용은 과연 고문사건」, 1926년 12월 11일자 『동아일보』 기사.
55. 「절도 혐의자를 고문으로 치사」, 1926년 12월 18일자 『동아일보』 기사.

이에 그쳤다. 그러나 이번 사건은 언론에 보도됨으로써 검사가 예심 절차에 회부
되고 비교적 엄한 벌을 받았다.[56] 당시의 재판 소식이다.

::   피고 두 명은 예심 이후 보석 출소를 하여 불구속한 대로 출정을 하였고, 법
정에는 고문 당시에 사용하던 네모가 진 굵다란 몽둥이와 혁대를 증거품으로 내놓
아 보기에도 소름이 끼치었다. 피고 2명은 재판자의 묻는 말에 그리 심하게 고문
은 하지 않았으나 죽었다고 애매몽롱한 답변을 하였는데…….[57]

::   …… 순사 오카히코 이치로(32)와 김일룡 2명은 경성지방법원에서 각각 징
역 4년과 2년의 언도를 받고, 김일룡은 즉시 상소권을 포기하고 복역하였으나 오
카히코 이치로는 1심 판결을 불복 공소하였던바, 재작 5일 경성복심법원 스에히
로(末廣) 재판장으로부터 징역 3년의 판결을 언도하였다는데…….[58]

고문치사인가 살인인가? ─ 1926년 12월
::   재작 17일 오후 5시경 경기도 시흥군 군자면에서는 괴상한 살인사건이 일어
나 목하 경성지방법원 검사국에서는…… 현장에 출장하여 조사하는 중인데……
보고에 의하면, 당일 오후 영등포경찰서 군자면주재소에서 어떤 절도범인(주소와
성명은 미상) 한 명을 잡아다 취조하다가 여관으로 돌려보내는 중도에 그만 길 위에
서 거꾸러져 즉사하였다는 말도 있고, …… 그 책임이 주재소에 있는지 혹은 동민
에게 있는지 그 자세한 것은 아직 알 수가 없더라.[59]

56. 「고문 살인한 순사 2명을 모두 유죄로 결정」, 1927년 1월 12일자 『동아일보』 기사.
57. 「증거품과 증인 ─ 사각 곤봉과 서장」, 1927년 1월 30일자 『동아일보』 기사.
58. 「살인 순사에 3년형 언도」, 1927년 4월 17일자 『동아일보』 기사.
59. 「동민이 사형(私刑) 살해? 경찰이 고문치사?」, 1926년 12월 19일자 『동아일보』 기사.

고문한 경관 비밀리에 면직되다 — 1926년 12월

:: 경기도 양평경찰서에서는 수일 전에 강도 혐의자로 이 모를 체포하여다가 사법계 형사 요코야마 히코시로(橫山彦四郎) 외 2명의 형사가 고문을 심히 하여 생명이 위독하게 구타한 사실이 발각되어 경기도 경찰부에서는 극비밀리에 세 형사를 면직시켰는데, 경성지방법원 나가오(長尾) 검사정은 재작일에 구인장을 경기도경찰부를 경유하여 발각하였더라.[60]

이때 이들이 고문한 수법을 보면, "그 범인은 추운 겨울에 물속에 빠지었으므로 눈까지 얼어 정신을 잃고 있는 것을 그대로 연무장(演武場)에서 사정없이 고문하여 결국 죽게 하였다"는 것이다.[61]

어린이를 고문해 사회단체들이 들고일어나다 — 1926년 12월

:: 전북 고창경찰서에서는 지난 (1926년) 12월 29일에 그곳 보통학교 4학년생이오, 소년회 회원인 오춘택(12)을 유실물습득 혐의자로 인치하고 취조하는 동시에, 하등 사실될 만한 죄가 없음에도 불구하고 아침으로부터 깊은 밤에 이르도록 사지를 결박하여 거꾸로 매어달고 전신을 무수히 난타하여 여러 곳에 상처를 내어 혼도케 한 일이 있었다는데, 이 사실을 알게 된 그 부모는 목하 고소를 제기하려고 준비할 뿐 아니라, 그곳 보통학교를 위시하여 소년회에서는 크게 분기하여 대책을 강구하며, 청년회에서도 사실 진상을 탐사하는 한편으로 경찰 당국을 탄핵코저 위원회를 거듭하던 중, 지난 5일 오후 10시에는 동 회관에서 긴급 총회를 열고 조사위원의 철저한 보고가 있었고, 사실을 전 조선 각지의 단체에 선포함과 동시에 당국에 끝까지 항질할 것을 결의하여 문제는 점점 확대하여가는 터이라는데…….[62]

60. 「양평 형사 3명 고문죄로 구인」, 1926년 12월 28일자 『동아일보』 기사.
61. 「고문 순사 공판 — 명 3일에 개정」, 1927년 3월 2일자 『동아일보』 기사.

고문의 후유증인가 폐렴인가? — 1927년 2월

::   함북 성진군 학동면 방동주재소에서는 도박범인을 체포하여가지고 발길로 차고 또 무수히 난타하여 결국 그 범인은 병이 들어서 위중하다 하여 그곳 동민들은 여러 가지로 문제를 일으킨다고 한다는데, 그 내용을 듣건대 동면 하원동에 거주하는 강봉률(29)과 마졸남이 지난 (1927년 2월) 11일 오후 7시경에 '이천' 내기 화투를 하다가 그만 순사에게 발견되어 주재소에서 검속되었던 중 그와 같이 되었던 것이라는데, 성진경찰서에서는 김 경부가 의사 김영배 씨와 경관 수명을 데리고 16일에 현장으로 출장하여 진찰한 결과, 경찰의 고문으로 위중하게 된 것은 아니라 하며 일반 동민은 극력하게 고문으로 된 것이라고 떠든다는데, 낙착이 어떻게 될지는 모르나 전기 김 경부는 피해자라는 강봉률을 동 18일 도립의원에 입원을 시켜 가부를 결단한다고 하더라. …… 김 경부는…… (피해자들이) 냉방에서 있었으므로 급성폐렴에 걸린 것이라고 합니다.[63]

    의사 역시 "그날 몹시 추운 날이고 난로에 불이 다 꺼진데다가 3시간 동안이나 찬 방에 있은 후에 취조를 했다 하고, 또 그 밤을 찬 방에서 잤다 하니 이 여러 가지 증상을 보아서도 유행성 감기에 걸리어 급성폐렴으로 된 것"이라고 주장했다. 의사의 본분이 무엇인지도 잘 모르겠거니와, 이렇게 피의자를 조사하면서 냉방에 방치한 것은 또 다른 고문이 아니고 무엇이겠는가.

절도 피해 고발자를 고문하여 거짓자백 받아내다 — 1927년 3월

::   전북 김제군 김제면 검산리 문승교(43)가 다이쇼(大正) 14년 음력 12월 21일에 전북 고창군 읍내 강개동여관에서 숙박하다가 1,318원 71전을 어떤 자에게 절

---

62. 「고창서 괴문(怪聞)으로 사회단체 분기(奮起)」, 1927년 1월 8일자 『동아일보』 기사.
63. 「취조 중에 고문? 검속 중 돌연 위독」, 1927년 2월 21일자 『동아일보』 기사.

취를 당하고 곧 고창경찰서에 고발을 하였던바, 동 경찰서 사법계 형사 유영준은 허위 고발이라고 무수히 난타하므로 모진 매에 못 이겨 거짓자백을 하였던바, 그 후에 전기 금액을 절취하여 간 진범인을 김제경찰서의 수사로 전주군 이서면 이문리 송재후란 자가 검거되어 전주지방법원에서 형의 언도를 받고 전주형무소에서 재감 중인 바, 고문을 당한 문승교는 그 즉시 상해진단서를 의사에게 얻어가지고 곧 형사 유영준을 고소하려 하였으나 자기의 여러 가지 사정으로 지난 2월 25일에야 전주지방법원 정읍지청 검사분국에 고소를 제기하였다더라.[64]

어린이를 고문해 말썽이 났던 고창경찰서의 유영준 형사가 이번에는 절도당한 피해자를 허위 신고했다고 고문하고 거짓자백까지 받아냈다. 하지만 진짜 절도범이 잡히는 바람에 진실이 밝혀졌다. 얼마나 고문당했으면 자신의 돈을 잃고 자신이 허위 신고했다고, 말도 안 되는 자백을 했겠는가. 그런데도 이 사건은 불기소되어 피해자의 부친이 다시 항고까지 했다.[65]

자살인가 고문치사인가 — 1927년 3월

:: 　평남 성천군 성천경찰서 소속 모 주재소에 유치 중이던 공갈 피의자 고한국(47)이 20일 오후 2시경에 돌연히 동 유치장에서 죽어버려 소속 성천서에서는 김 사법주임이 현장에 출장하고, 평양지방법원 검사국에서도 시체를 그대로 두라고 언명하고 검사가 급거 출장 중이라는데, 그 원인에 대하여 동 주재소에서는 범인이 자살하였다고 주장하나 고문치사라는 말도 있어서 시체를 해부까지 해보기 전에는 자세히 알 수 없을 모양이라 하여, 평양 자혜병원에서도 검사국의 지휘를 받아 출동하였다더라.[66]

---

64. 「고창경찰서 유 형사 고문으로 또 피소」, 1927년 3월 2일자 『동아일보』 기사.
65. 「항고 제출 — 고창 고문사건」, 1927년 3월 10일자 『동아일보』 기사.

주재소에서 취조받던 농민이 2일 만에 시체로 나온 사건 ─ 1927년 11월

∷　함남 단천군 북두일면 대신리에 있는 대신경찰관 주재소에서는 수일 전부터 활동을 개시하여 있던 어떤 사건인지는 모르나 어떠한 농민 한 사람을 검속하여다가 취조를 하던 중 이틀 만에 시체가 되어 나왔다는 기괴한 사건이 있다는데, 그 지방에 있는 각 단체에서는 그 죽은 원인에 대하여 여러 가지 의심점을 품고 이를 철저하게 조사하고자, 단천기자단에서는 설운룡 외 한 사람과 단천신간지회에서는 최중집 씨와 청진신간회 지회에서는 김재수 씨와 성진청년회에서는 방규성 씨를 특파케 되어 지난 19일 성진을 떠나 대신리로 향하였다더라.[67]

　　신간회를 비롯한 지역 단체들의 공동대응이 이채롭다. 지금까지 고문피해자 본인이나 가족의 항의 외에 사회적 지원이 없었던 것에 비하면, 새로운 시도이며 지원이라고 할 수 있다.

취조받던 혐의자 의문의 급사 ─ 1927년 12월

∷　지난 (1927년 12월) 2일 오후 3시경 김제경찰서 유치장 안에서 강도 혐의자로 지난달 30일에 검거되어 최 사법계 주임의 손에 엄중한 취조를 받고 있던 김제군 김제면 백학리 조길남(25)은 무슨 까닭인지 돌연 죽어버렸다는데, 그는 몰핀 중독자로 군산형무소에서 3개월간이나 징역을 받고 나온 지가 10여 일이 넘지 못하여 가뜩이나 영양이 부족한데, 그같이 강도의 혐의로 경찰의 손에 붙들리어 지난 1일에 그는 최 사법계 주임 이하 다수 경관에게 끌리어 현장검증을 받았다는데, 그때의 광경을 본 동리 사람들의 말에 의하면 경관이 무수히 그를 구둣발길로 차고 손으로 때리고 하여서 그같이 쉽게 죽게 된 것이라는 말이 자자하더라.[68]

---

66. 「유치 범인이 사망 ─ 주재소에서는 자살로 주장」, 1927년 3월 23일자 『동아일보』 기사.
67. 「주재소에서 취조를 받은 농민 2일 만에 시체 되어 나와」, 1927년 11월 25일자 『동아일보』 기사.

이 사건에 대한 검시결과 "(마약) 중독자인 관계로 금단현상이 생겨 그같이 속히 죽은 것이라는바, 매 맞은 흔적도 여러 군데 있으므로 그 가족들도 어찌할 줄 모르고 경찰을 원망하며 시체를 붙들고 우는 모양은 차마 볼 수 없었다더라"라고 한다.[69]

양민을 고문해 기절시키다 — 1927년 12월

:: 작년(1927년) 12월 9일 선천군 남면 석화동 계근수의 집에 강도가 들어 현금 1,700원을 강탈하여간 사건에 대한 범인 김천명(22)과 배덕운(25) 2명이 잡혀 모든 범죄 행위를 자백하고 검사국으로 압송되었다 함은 기보한 바이거니와, 이 사건의 진범을 수탐코자 남면주재소에서는 사방으로 활동 중이던바 지난 (1928년) 1월 19일에 동 주재소 순사 강흥봉은 동 관내 석화동 672번지 이춘빈(44)을 혐의자로 인정하고 주재소로 잡아다가 여러 날을 두고 무수한 악형으로 고문하여 세 번이나 기절하였건만 사실 범행이 없는 전기 이춘빈은 끝까지 무죄함을 주장하다가 결국 방송되어 나오게 되고, 따라서 진범인을 체포하게 됨에 무죄함이 판명되었으나 원체 혹독한 악형에 수삼 차 정신을 잃고 상한 몸이 추운 유치장에서 여러 날 시달렸으므로 벌써 한 달이 지난 오늘날까지도 자리에 누워 일어나지 못하고 신음하는데, 본래 이춘빈은 친척도 없고 자녀도 없이 단 두 내외간 빈곤한 생활을 그날그날 하여오던 터이므로 별로 동정해줄 사람이 없어 약 한 푼어치 사다 먹지 못하고······ 외로운 신세를 혼자 탄식하며 채 끊기지 않은 목숨을 억지로 이어갈 뿐이라는데, 이 사실을 아는 일반 인사는 경찰의 무리한 고문에 대하여 비난이 자자하다더라.[70]

68. 「취조받던 강도범 의문의 급사」, 1927년 12월 5일자 『동아일보』 기사.
69. 「피해자 가족 살도(殺到) — 경찰서에서 통곡」, 1927년 12월 5일자 『동아일보』 기사.
70. 「양민을 고문, 3회나 기절 — 애매한 사람 잡아다가 악형」, 1928년 2월 18일자 『동아일보』 기사.

위증 혐의 피의자의 고문후유증 ― 신간회의 토의조차 막아(1928년 2월)

∷　함북 경흥경찰서에는 고문사건이었다 하여 그 사건을 조사코자 당지 신간지회에서는 김여근 씨를 조사위원으로 선정하여 파견하였는데, 동 씨의 진상보고를 들으면 경흥군 상하면 삼봉면 김규운·김충준 두 사람 사이에 민사 토지소송 관계가 있었는데, 동 주소지에 거주하는 김상흡은 전기 소송사건에 대한 증인으로 수차 웅기지방법원의 호출을 받아 증인신문을 거듭 받아왔다는바 얼마 동안은 아무 소식 없이 지내다가 사건 위증이라는 문제로 전기 김 씨에게 고소를 만나 지난 (1928년) 2월 중순경에 우연히 경흥경찰서로부터 호출을 당하여 동 경찰서 사법계에서 취조를 받는 중, 동 경찰서에 근무하는 사법계 형사 황봉손은 전기 김 씨에 대하여 사실을 자백치 않는다고 무한한 고통을 주면서 때리고 말 못할 악형을 한후, 그 이튿날 집으로 돌려보냈다는데 집에 돌아온 김 씨는 그날부터 병석에서 신음하는 몸이 되어 침식을 전폐하고 한 달 이상이나 치료를 받았으나 결국 아무런 효험을 보지 못하고 병세가 매우 위중하다는데, 사실 혐의가 미약함에도 불구하고 그와 같이 사람을 무리 구타하여 사경에까지 이르게 하였다 하여 경찰에 대한 일반의 비난이 자못 높다 하며, 당지 신간지회에서는 지난 3월 19일 오후 8시에 동 사무실에서 긴급 간사회의를 열고 그 처치 방침을 토의코자 하였으나 임석 경관으로부터 토의 금지를 당하였으며 …….[71]

주재소에 갔다 나온 지 하루도 안 되어 사망한 사건 ― 1928년 4월

∷　지난달 (1928년 4월) 14일 경북 영천군에 형평사원 변사사건이 있었다. 그 것은 동 영천군 영천면 창구동 형평사원 리마쓰 가조유키(李松牙之, 41)가 동군 북안면에 죽은 소(斃牛) 가죽 벗기고 고기 팔고 한 일로 이익을 분배하자던 자로부터

---

71. 「함북 경흥서에 고문사건 돌발 ― 피해자는 생명이 위독」, 1928년 4월 1일자 『동아일보』 기사.

리마쓰 가조유키가 이익을 좀 덜 주겠다 하는 데 분개하여 소관 주재소에 밀고함

으로 말미암아, 동 주재소 순경 김형달이 전기 리마쓰 가조유키를 주재소로 데려

갔다 나온 이후 하루는 더 견디지 못하고 15일 오후에 절명되고 만 일이라 한다.[72]

고문 때문에 면직된 경찰관들 — 1927년 9월

:: 평북 철산경찰서에 근무하던 경부보 이이지마(飯島) 부장, 최윤흘 형사, 이성

룡 등 3명은 지난달 30일부로 휴직 또는 사무 형편에 의하여 면직되었다는데, 그

내용을 탐문한즉 작년 9월경에 동군 부서면 정사종·정준관·박만복 3인이 모 고소

사건의 피의자로 검속되었을 때 전기 경관 3명에게 가혹한 고문을 받고 검사국까

지 송치되었다가 즉일 방송되는 동시 신의주도립의원 의사의 진단서를 첨부하여

고소를 제기하였던바, 그 사건은 신의주지방법원 예심계에서 조사 중이라 하며 고

문을 감행했던 전기 세 경관은 그와 같이 면직되었다는데 …….[73]

폐병환자의 의문의 죽음 — 1928년 5월

:: 함북 회령군 운두면 유화동에 현 주소를 둔 김장석(33)은 절도 혐의로 회령

경찰서에 검속되어 취조 중 지난 (1928년 4월) 30일 오후 5시경에 돌연히 사망하

였다는데, 동인은 원래 폐병환자이므로 병사인지 혹은 고문치사인지 알 수 없다

하며 여하튼 병사라 할지라도 유치장에서 사망토록 방임한 것은 책임이 없다 할

수 없으므로 일반은 사건의 장래를 주목 중이라더라.[74]

---

72. 「대구시화(時話) — 경관 사건」, 1928년 5월 3일자 『동아일보』 기사.
73. 「고문경관 3명 필경 면직 처분」, 1928년 5월 10일자 『동아일보』 기사.
74. 「고문? 급병? — 유치 중 사망」, 1928년 5월 10일자 『동아일보』 기사.

덮어놓고 고문 ──1928년 5월

::   평원군 숙천경찰서 순사 김경삼(28)은 최근에 피의자 1명을 밤중에 잡아다가 아무런 심문도 없이 덮어놓고 발길질을 하고 함부로 구타하여 치료 1개월 이상의 중상을 입혀 피해자로부터 평양검사국에 기소를 제기한 사건이 생겨 일반은 크게 주목 중이라는데, 그 내용을 들건대 평원군 동송면 부호 김기홍의 고소에 의지하여 숙천읍 내에 사는 이용숙(40)을 사기 혐의로 전기 숙천주재소에 근무하는 순사 김경삼은 지난 21일 밤중에 이용숙의 집에 가서 이용숙을 불러내어 포박을 하여가지고 주재소로 가던 중 주재소 근처 길에서 돌연히 김경삼은 이용숙에게 발길질을 하여 돌로(?) 몹시 때려 상처를 입힌 후, 주재소로 들어가서는 이용숙의 손을 묶은 포승을 마치 개 모양으로 테이블 다리에 매어놓은 후 한마디의 심문도 없이 …… 몽둥이로 잔등을 내려 패며 발길질을 한 시간 동안이나 하다 이용숙은 피투성이가 되고 거의 인사불성에 이름에 그대로 유치장에 집어넣었다가 이튿날에야 너는 고소인 김기홍의 돈을 사기하여 먹지 않았냐고 물어봄으로 이용숙은 그때에야 자기를 인치한 이유를 알고 사실이 그렇지 않은 것을 변명하였는데, 그러자 고소인으로부터 화해 신청이 들어와 즉시 이용숙은 방면되었다 한다. 그러나 그 전날 밤 그는 김경삼에게 매를 몹시 맞아서 머리와 복부만 남겨놓고 팔다리와 어깨로부터 넓적다리에까지 피가 맺히어 사람으로서는 알아볼 수 없는 끔찍한 상처를 입었고, 1개월 이상의 치료를 요하게 되었으므로 이용숙은 그 이튿날 즉시 평양으로 와서 치료 4주일간의 진단서를 첨부하여 검사국에 고소를 제기하였다는데, 당국에서는 과연 가해자 김경삼을 어떻게 처치할는지 일반은 크게 주목 중이라더라.[75]

---

75. 「취조도 않고 피의자 고형(拷刑)」, 1928년 5월 28일자 『동아일보』 기사.

그야말로 연행당한 피의자로서는 영문도 모른 채 얻어맞은 셈이다. 인근 부호의 고소로 인해 조사가 시작되었으니, 오늘날로 따지면 청탁수사의 가능성이 높다. 그런데 한밤중에 사람을 연행해, 그것도 주재소에 도착하기도 전에 돌로 때리기 시작했다니 전혀 인권의 기본이 안 된 경찰관이다. 그 경찰관에게 피해를 입은 사람이 어찌 이용숙 혼자뿐이겠는가.

파출소에 잡힌 청년, 포박된 채 돌연 사망 —1928년 11월

:: 지난 (1928년 11월) 6일 오후 8시경에 인천 우각리 순사파출소에는 주소 씨명도 모르는 사람의 변사사건이 생겨 모든 의운(疑雲)이 중첩한 중인데, 내용은 동일 오후 7시경에 인천 금곡리 15번지 김봉안의 음식점에 25, 6세가량 되어 보이는 조선 청년 한 사람이 술을 먹고 있던 차에 마침 인천 송림리 99번지 장지관(28)이가 술을 먹으러 갔던바, 전기 청년이 트집을 걸어 시비를 하던 중 주인이 즉시 전기 파출소에 고발하여 순사가 즉시 전기 싸움하던 두 사람을 데려다가 장지관은 그대로 세워두고 술이 몹시 취하여 술주정을 하던 청년만 포승으로 결박하고 그 포승으로 다시 목을 걸어 파출소 문고리에 걸어놓았는데, 그후 두 시간을 경과한 후에 죽은 사람으로 변하였다는 것인바 인천경찰서는 즉시 촉탁의 사토(佐藤) 씨를 시키어 진찰하고 시체는 가매장을 할 모양이며, 주소 씨명을 모르는 것은 물론 죽은 원인에 대하여 여러 가지 풍설이 많다 한다.[76]

경찰의 포승과 기괴한 모양의 고문이 이 보도만으로도 분명한데, 그 사인에 대한 풍설이 분분한 것은 당연한 일이다. 결국 검사가 출동해 공동묘지에 이미 묻힌 사체를 발굴해 부검하는 소동이 벌어졌다.[77] 그리하여 "포승에 목이 얽혀 숨

---

76. 「파출소에 잡힌 청년 포박된 채 돌연 절명」, 1928년 11월 8일자 『동아일보』 기사.
77. 「파출소 재근(在勤) 순사를 검사가 출동 취조 ─ 매장한 시체도 발굴 해부해」, 1928년 11월 9일자 『동아일보』 기사.

을 못 쉬게 되어 질식사한 것"으로 판명되었다.[78] 경찰이 어영부영 분명한 사인을 밝히지도 않은 채 매장해버린 것을 검사의 노력으로 그나마 사인이 밝혀진 경우이다.

그런데 검찰이 고문 사실을 밝혀내고 해당 고문경관을 찾아내어 구속하는 것까지는 좋았는데 예심과정에서 조사가 난관에 봉착했다. 경찰이 범죄 사실을 조직적으로 은폐한 데다가 심지어 증인 소환까지 방해했기 때문이다. 「증인 소환 난(難)에 예심 진행난(難), 범인이 순사인 관계로」라고 재미있게 제목을 붙인 아래의 기사는 이런 정황을 잘 보여준다.

> :: 작년 (1928년) 11월 6일 인천부 우각리경찰관 파출소에서 주정을 하다가 동 파출소로 끌려갔던 인천부 송림리 99번지 장지관(29)이가 포승을 진 채 그만 절명이 된 변사사건 관계 혐의자 민건식(동 파출소 근무 순사)에 대한 독직상해치사 사건은 기보한 바와 같이, 경성지방법원 검사국 모토하시(元橋) 검사의 손을 거쳐 동 법원 와키(脇) 예심판사의 손에 다시 취조를 받는 중, 동 사건의 범인이 경찰관인 만큼 동 사건에 대한 충분한 증거 수집상 예심판사도 머리를 앓고 있는 중이라는데 피해자의 죽음이 그야말로 어둑한 어둔 손에서 경찰권 내에 쌓이어 의운이 중첩한 터에 사건 관계자의 증인 소환도 경찰에 촉탁하지 아니하면 아니 될 관계상 증인의 주소가 불명하여 소환 불능의 상태에 빠지어 있는 까닭이라더라.[79]

더구나 경찰은 고문피해 사망자의 신원조차 파악하지 않은 채 "행려병 사망자로 취급해 사건을 유야무야 중에 파묻어버리려" 했던 것이 역력했다.[80] 아마도

---

78. 「의운(疑雲) 중첩하던 사인, 질식치사로 판명」, 1928년 11월 10일자 『동아일보』 기사.
79. 「증인 소환난(難)에 예심 진행난(難), 범인이 순사인 관계로」, 1929년 3월 9일자 『동아일보』 기사.
80. 「살인 순사 공판 결과론 인천서 실태 폭로?」, 1929년 4월 4일자 『동아일보』 기사.

언론과 통신이 취약하고, 경찰 등 공권력의 지위가 절대적인 일제시대에는 실제로 세상에 알려지지 않은 채 묻혀버린 이와 같은 고문치사사건이 적지 않을 것이다. 그런데도 이 사건에서는 부주의한 책임만 물어 겨우 벌금 100원의 구형으로 끝나고 말았다.

:: (피고에 대한 벌금 100원 구형의) 이유는 피고가 작년 11월 6일 오후 8시 50분경에 인천부 금곡리 김봉안의 음식점에서 자칭 형사 순사라고 폭행하는 술 취한 청년을 동 파출소로 잡아다가 포승을 지었던바, 그 포승줄이 목을 졸라서 마침내 죽게 한 것은 피고가 포승을 목에 걸지 아니하였다 할지라도 술 취한 그를 감시하지 아니한 것과 또는 그 외에도 주의를 게을리 하였다는 것인바, 당시 경찰은 그것을 감추기 위하여 그같이 죽은 것을 주소·성명도 알아보지 않고 행려 사망자로 취급한 것이 큰 실책이오, 직접 피고의 죄는 공판의 결과로 결정되리라 하여 아직 현직 순사대로 근무를 하는 중이라는데 오는 15일 동 사건의 판결은 자못 주목된다더라.[81]

절도 장물 취득 혐의자의 돌연한 죽음 — 1928년 11월

:: 함남 안변군 학성면 홍문리 김상일의 처 황용운(29)은 지나간 (1928년) 11월 18일 동면 문외리 가타야마 다마에(片山玉榮)의 집에 침입하여 금측완권시계 한 개 시가 3원에 상당한 물건 외에 금품 약간을 절취하였다는 혐의로 당지 경찰서 형사의 손에 검거되어 취조 중 절취 사실을 자백하고 그 장물은 시아우 되는 강원도 김화군 원복면 추리리 김상칠에게 주었다 함으로, 동월 15일에 지방 순시를 마치고 돌아온 사법주임은 당시 피의자가 월경 중에 있음으로 일시 귀택을 허하고

---

81. 「포승으로 질식(窒息) 치사케 해 행려 사망으로 보고」, 1929년 5월 10일자 『동아일보』 기사.

김화경찰서에 수배하여 구인한 김상칠과 동월 17일 오전 11시에 대질 취조까지 하였던바 황용운이가 오후 4시에 돌연 사망하였으므로 함흥지방법원 원산지청 마쓰모토(松本) 검사가 원산부립의원장과 서기를 대동하고 지난 25일 동차로 급거히 안변에 출장하여 시체를 해부하였다는데, 이 문제의 금후 전개가 자못 주목된다더라.[82]

한 여인에 대한 고문조작사건의 전말 — 1929년 4월

:: 지난 4월 22일에 김용걸에게 소작권을 빼앗기고 말썽이 되어 욕까지 본 일이 있으므로 이에 분함을 이기지 못하여 자가(自家)에 방화하고 범죄 사실을 전기 김용걸에게 지우려고 하였다는 대동군 용산면 시산리 940번지 이병용의 처 김월선 (23)에 대한 공판은 지난 6월 22일 오전 12시에 평양지방법원에서 다케오(竹尾) 재판장, 주심 나카무라(中村) 검사, 입회 박태성 변호사 열석 아래 개정되었는데, 검사로부터 6년 구형한 것을 재판장은 무죄를 판결하였다 함은 당시에 보도한 바이거니와 지금 평양 변호사단이 분기하게 된 문제의 초점은 다음과 같다.

별항 보도한 방화사건의 주인공 김월선이 사실 방화한 일이 없음이 1심 법정에서 명백하게 되었거니와 사실 방화하지 않은 것을 방화하였노라고 자백하도록 만든 그 이면에는 코에 물을 넣어 여자로서 견뎌내지 못할 고문과 무지한 촌 여자에게 자백치 않으면 약을 먹여서 죽이겠다고 위협하며 여자의 ○○○에 종이심지를 넣고 이에 불까지 붙인 사실이 있었으므로, 그 당시 담임 변호사의 말을 들어 보도한 바가 있었거니와 변호사가 범인인 김월선이를 평양형무소에 방문하였을 때 여자는 그때 악형을 받은 그 자취를 보이려고까지 하는 것을 간수가 만류한 일도 있었다 한다. 또한 변호사의 묘사에 의하면 김용걸이의 친척 되는 자가 ○○서에서 현

---

82. 「피의자가 돌연 사망, 검사가 출장 해부」, 1929년 1월 2일자 「동아일보」 기사.

재 근무하고 있으므로 혹은 자기 친척 되는 사람에게 관한 일이므로 그런 악형을
한 것이나 아닌가고 추측한다더라.[83]

가난한 시골 여자를 연행해 하지도 않은 방화를 했다고 고문조작한 사례이
다. 당시 일선 경찰서에서 일반적으로 자행했던 온갖 비인도적인 고문 행태를 보
여주고 있다. 더구나 여성으로서 말 못할 정도의 악질적인 고문을 행한 것으로
보이는데, 위의 신문기사조차 그것을 차마 온전히 표현하지 못하고 있다. 이런
사실이 밝혀지자 당시 평양 변호사단에서도 들고일어나 대책을 세우고 있다.

:: 김월선의 방화사건에 대하여 ○○서에서 차마 못할 악형과 사람으로서의 당
할 수 없는 고문을 감행한 사실이 있다 하여 지난 (1929년 7월) 17일 오전 11시
반 평양법원 변호사 공소에서 30~40명의 변호사들이 이 악형 고문사건에 대하
여 철저한 대책을 강구하기로 하여 비밀회의를 열고 장시간을 토의하였던바, 사건
이 중대하니만큼 이에 대한 충분한 조사를 하기 위하여 7인의 대표를 선정하여 일
임시켰다는데, 금후 사건의 진전은 매우 주목된다더라.[84]

이 사건에 대해 여론이 들끓고 평양 변호사단과 언론[85]이 떠들고 나서자 식
민지 사법 당국은 이에 대응할 필요를 느꼈다. 바로 복심재판에서 피고인 김월선
에 대한 원심의 무죄를 번복해 5년의 유죄를 선고한 것이다.

---

83. 「문제된 사건 내용—6년 구형에 무죄의 판결」, 1929년 7월 19일자 『동아일보』 기사.
84. 「인도상 용납 못할 고문—평양 변호사단 분기」, 1929년 7월 19일자 『동아일보』 기사. 평양 변호사단의 이런 움직임에
   따라 평양경찰부도 사건 관계자를 불러 조사하게 되었다. 「○○서 고문사건—평양경찰부도 조사」, 1929년 8월 1일자
   『동아일보』 기사.
85. 『동아일보』의 경우 두 차례에 걸친 사설을 통해 이 사건을 비롯한 경찰의 고문을 통박하고 있다. 「다시 경찰 고문에 대
   하여」, 1929년 10월 18일자 1면 사설 참조.

:: 김월선에 대한 방화 무고사건은 사건 자체보다도 여자에게 대하여 차마 못할 고문을 하였다는 것이 말썽이 되어 일시는 평양 변호사단에서까지 분기하여 사회적 주목을 끌던 사건으로서 지난 (1929년 9월) 26일 사실심리를 마치고 28일 오전 10시에 평양복심에서 나가시마(永島) 재판장 주심, …… 개정이 되었던바 재판장으로부터 방화한 사실이 증거 충분하다 하여 1심에는 무죄의 판결을 하였으나 복심 구형과 마찬가지로 5년의 판결을 내리자, 김월선은 재판장을 향하여 죄 없는 사람에게 5년이나 징역을 시키지 말고 곧 죽여달라고 고함을 치며 법정에서 뒹구르매 곁에 있던 간수들은 결박하여가지고 퇴정하였다더라.[86]

순사 아들의 고무신 분실이 가져온 억울한 죽음 — 1929년 7월

:: 안변군 안도면주재소 근무 순사 모(某)는 순사의 아들이 동리 박성녀의 뽕나무밭에서 '오디'를 따먹으러 이 나무 저 나무를 신을 벗어놓고 오르내리며 따먹다가 나중에는 자기가 벗어놓은 곳을 잊어버리고 그 많은 나무 가운데에서 신을 찾으나 찾을 수가 없으므로 그대로 돌아갔던바, 그 순사는 자기 아들의 신을 전기 박성녀가 절취한 것이라고 생각하고 박성녀를 잡아다가 가혹하게 취조를 하였던바 전기 박성녀는 그후 사흘 만에 그만 죽어버렸다는데, 이 급보를 접하고 지난 11일 함흥지방법원 원산지청 검사는 원산부립병원장과 함께 안변군 안도면 중평리로 출장하여 절도 피의로 취조를 받고 나온 지 3일 만에 불귀의 객이 된 전기 박성녀의 시체를 해부한 후 그 노수까지 가지고 돌아갔던바, 안변경찰서 당국자의 말에 의하면 피해자는 공수병(恐水病)으로 사망되었다고 주장한다더라.[87]

일제치하에서 '순사'의 권력과 위력이 어느 정도였는지를 잘 보여준다. 얼

---

86. 「문제의 김월선 사건 — 복심에서 5년 구형」, 1929년 9월 30일자 「동아일보」 기사.
87. 「안변서의 취조받고 석방된 부녀 급사 — 검사 출동 시체 해부」, 1929년 7월 18일자 「동아일보」 기사.

마나 고문했기에 멀쩡한 사람이 주재소에서 나온 지 사흘 만에 '불귀의 객'이 되고 말았는지 짐작이 가고도 남는다.

아들의 고문을 따지는 노모 — 1929년 9월

:: 　지난 (1929년 9월) 5일 아침 10시경에 부산 영주정 520번지 김재렬이라는 여사는 부산경찰서에 그 넷째아들 강개똥(姜開東, 13)을 들것에 메고 가서 오카모토(岡本) 서장에게 질문한 바 있었다는데, 그 이유는 탐문한 바에 의하면 지난달 14일 오후 3시경에 그의 아들 전기 개똥을 절도 혐의로 동서에서 잡아다가 모 형사가 지하실에서 구타 고문한 뒤에 3일간 검속하였다가 16일에 방석하였는데, 개똥은 하체 뼈가 부러져 곡정 모 의생에게 침구까지 하고 진찰한 결과 경계정충증(驚悸怔忡症)으로 판명되어 우황청심환을 많이 먹였으나 도무지 낫지 아니하고 지금 명재경각이므로 그같이 질문한 것이라더라.

나카오(中尾) 사법계 주임은 전기 사건에 대하여 말하되 "강개똥의 모 되는 김재렬의 질문을 받고 곧 스자쿠(朱雀) 공의(公醫)를 불러다가 진찰하여본즉, 그 질문의 사실은 전혀 부인하고 그 아이가 본시부터 불알이 부어서 걸음도 걷지 못하여 신음 중이라고 진단이 되었으니 전기 조선 의생이 한 진단과 매우 상위가 있습니다. 또 그러하고 고문한 사실이 전혀 없습니다고 운운.[88]

　경찰은 고문 사실과 상처 존재의 사실조차 완전히 부정하고 있으나 그 모친의 행동과 조선인 의사의 진단으로 미루어보면 고문을 부정하기는 어려울 듯하다. 당시에 어떤 모진 사람이 원래부터 걷지도 못하던 아들의 병을 경찰에서 고문당했다고 경찰서 앞마당에 신고 가서 항의할 수 있었겠는가.

---

88. 「고문 치병(致病)했다고 친모가 질문」, 1929년 9월 9일자 『동아일보』 기사.

전 면장을 담뱃불로 지진 일본인 경찰─1929년 8월

:: 　지난 (1929년 11월) 28일 평양지방법원 덕천검사분국에서는 어떤 정복 입은 일본인 순사가 형사 피고로 불려 취조를 받았는데 이제 그 자세한 내용을 알아보면, 전기 순사는 맹산경찰서에 근무하는 시마다(島田)로 음력 8월 14일 맹산읍내에 사는 전 면장 방임주를 동군 읍내 이관현과 함께 경찰서로 호출하여 취조 중 방임주를 난타하고 담뱃불로 뺨을 지지는 등 차마 못할 고문을 하고 돌려보냈는데, 피해자는 진단서를 첨부하여 고소를 제기한 것이라더라. 이 사건에 대하여 맹산경찰서 강 사법주임은 말하되, 천만 미안합니다. 내가 마침 출장 중에 된 일인 고로 알 수 없을 뿐 아니라 시마다 순사도 강경하게 부인을 하므로 나의 입장이 매우 곤란하지마는 무엇이라고 말할 수 없습니다 하더라.[89]

　고문을 한 경찰관이 순순히 자인하는 사례는 흔치 않은데 이 사건도 마찬가지다. 면장까지 지낸 사람이라면 지역의 유지이고 점잖은 사람일 것이다. 그런 사람에게 혹독한 고문을 한 것도 문제이거니와 고소한 사건에 대해 해당 경찰관이나 책임자가 일관되게 부인하고 있음은 더욱 문제이다.

교도소에서의 고문?─1930년 1월

:: 　충남 공주형무소에서는 목을 매어 참사한 죄수가 있다는바, 그는 징역 중에 있는 380호 박황룡(32)으로 절도죄로 5년 징역을 받고 잔형 8개월을 남기고 지난 7일 오후 4시 반경에 독감방 안에서 허리끈으로 목을 매고 죽었는데, 그 시체도 찾아갈 사람이 없어서 형무소에서 매장을 하였다는 그 죽은 원인을 듣건대, 죽던 며칠 전에 출감하는 사람과 출역 작업 장소에다 담배를 땅에 묻어두면 찾아 먹는

---

89. 「맹산 일(日) 순사 고문하고 피소」, 1929년 12월 4일자 『동아일보』 기사.

다고 약조하고 죄수 7, 8인이 그 장소에서 담배를 갖다 먹는 것을 알은 간수는 전기 박황룡 등을 어떻게 형벌을 가하였던지 이러한 참혹한 죽음의 길을 밟은 것이라 한다.[90]

잔형을 8개월밖에 남겨두지 않은 사람이 자살할 리는 만무하다. 더구나 시체를 형무소 당국에서 매장해버렸으니, 고문의 흔적조차 찾기 어렵다. 그러나 신문기사의 정황을 보면 간수의 고문이 있었고, 그것이 죽음의 원인이 되었음을 짐작할 수 있다.

무고한 고소장에 근거해 청년을 고문 — 1930년 10월

:: 지난 (1930년) 9월 26일 논산군 구자곡면경찰관 주재소 주임 주마 한지로(中馬半次郞)가 동면 동산리에 사는 청년 김윤중 씨를 유부녀를 유인하였다 하여 고문을 하여 4주일 치료를 요하는 중상을 주어 전기 김 씨는 방금 논산인제의원에서 치료 중이라는데, 어제 그 자세한 내용을 조사한바 김 씨의 집 근처에서 술장사하는 여자가 자기 남편 김종완이 너무 학대함으로 서로 갈리기로 하고 그곳을 떠나 용안으로 가는 길에 용안을 어디로 가느냐고 전기 김 씨에게 묻기에 그 길을 가르쳐주고 그 정경이 가련하여 노비에 보태 쓰라고 돈 1원을 준 일이 있은 며칠 후에 주재소에서 주마 순사가 김 씨를 불러 김종완이가 유부녀 유인죄로 고소하였다 하며 사과하라고 권하여 즉시 김종완을 만나 일일이 변명을 하고 즉석에서 고소장을 취소하였던 것인데, 그후 돌연 주마 순사가 주재소로 김 씨를 불러 취조하기에 자기는 절대로 유부녀를 유인한 사실이 없다 하였더니, 함부로 뺨을 치고 구둣발로 차고 손가락 사이에 철필대를 끼고 주리를 틀고 막대로 손가락 끝을 몹시

90. 「5년 징역의 절도수 형무소에서 액수(縊首) 자살—많지 않은 형기 8개월을 남기고」, 1930년 2월 12일자 『동아일보』 기사.

때리고 나중에 사구라 몽둥이로 난타까지 하고도 밧줄로 뒷결박을 지어놓고 곤봉으로 주리를 틀어 오전 10시부터 오후 5시경까지 당하다가 나중에는 청취서에 도장까지 찍었는데, 그길로 강경경찰서로 호송되어 10일간 유치당하고 있다가 무사히 석방되었다.[91]

당시 공주지방법원 강경지청 검사국에 고소장을 낸 피해자 김윤중과 가해자 주마(中馬) 순사, 그의 동료 경찰관들의 이야기를 차례로 들어본다. 담당 경찰관이 강하게 부인하지만 이 정도면 고문 사실을 인정하고도 남음이 있다.

피해자 김윤중의 말 : 이웃집에 어린 여자가 자기 남편의 학대에 못 견디어 용안으로 간다고 하면서 가는 길을 묻기에 그것을 가르쳐주면서 너무 가여워 돈 1원을 준 것이 도화선이겠습니다. 주재소 주마 순사의 말대로 사과를 하고 고소를 취소케 되었는데, 그후 무슨 까닭으로 이와 같이 중상을 당하도록 악형을 하였는지 모르겠습니다. 수없는 강제청취서에 도장은 찍고 강경경찰서로 업혀갔다가 사실 무죄한 것이 판명되었는지 무사히 놓아주었습니다. 지금도 정신이 몹시 흐릿합니다.[92]

가해자 주마 순사에 대한 문답

기자 : 당신이 구자곡면주재소 주임으로 근무할 때 김윤중이란 청년을 고문하였다니 사실이오.

주마 : 김윤중을 유부녀 유인죄로 취조한 일은 있어도 고문한 일은 없습니다. 거짓말을 하므로 큰소리로 엄품은 하였지만 한 번도 때린 일은 없소.

---

91. 「사실 없는 고소장받고 무고 청년 고문 중상」, 1930년 10월 25일자 『동아일보』 기사.
92. 「화해했는데 이렇게 때려 ― 피해자 김 씨 답」, 1930년 10월 25일자 『동아일보』 기사.

기자 : 김 씨는 고막파열 등 4주일 치료 진단서를 첨부하여 당신을 상대로 검사국에 고소 제기한다는 말을 들었는데, 그 대책은 어떠하오.

주마 : 나도 상당한 각오가 있으나 말할 수 없소.

기자 : 당신이 고문 안 한 증명을 할 수 있소.

주마 : 취조 당시에 조선인 순사와 김종완이가 보았소.[93]

동료 경찰관의 말 : 나로서는 직무상 또 동료 정리상 자세한 말씀하기 어렵습니다. 그러나 지금 김 씨의 손가락을 보더라도 1개월이 지난 오늘까지 오히려 상처가 현저하게 남아 있으며 고막파열된 의사 진단서가 있는 이상 어찌 한 번도 때리지 않았다고 할 수 있습니까. 일은 너무 심하게 되었지요.[94]

이 고문사건에 대해 기자들도 들고 나섰다. 호서(湖西)기자동맹 서구지부에서 진상보고회를 열고, 일반 국민에게 그 고문의 진상을 널리 알리는 활동을 하려 했다.[95] 그러나 강경경찰서에서 책임자를 불러 연설회를 금지시켰다.[96] 반일 감정의 확대를 우려한 것이다.

양덕주재소 유치장에서 사망한 사건 — 1931년 4월

:: 양덕군 화촌주재소에 유치하고 취조하던 중의 피의자 한 명이 돌연히 죽어버렸다 하여 그 죽은 원인을 조사하고자 평양검사국에서 나카무라(中村) 검사가 8일 아침 급거 출장하였다. 그 내용은 평남경찰부에서 절대 비밀에 붙임으로 자세히 알 수 없으나, 듣는 바에 의하면 그 주재소에서 수일 전 강도 혐의로 두 명을 잡아

93. 「가해 순사는 사실을 부인—자기는 각오한 바 있다고」, 1930년 10월 25일자 『동아일보』 기사.
94. 「폭력 순사를 피해자 고소—신임한 주임도 사화권고」, 1930년 10월 25일자 『동아일보』 기사.
95. 「순사 고문사건 진상보고 연설」, 1930년 10월 29일자 『동아일보』 기사.
96. 「순사 고문사건 보고 연설 금지」, 1930년 11월 1일자 『동아일보』 기사.

취조하던 중 그중 한 명이 지난 6일 아침에 돌연히 사망한 것이라는데, 여러 가지 사정으로 미루어보아 병으로 죽은 것 같지 않은 점이 있다 하여 그같이 검사까지 출장한 것이라 한다.[97]

그러나 평남경찰부 보안과에서는 다음과 같이 부인했다.

:: ……지난 2일 화촌주재소에서는 관내에서 황주군 귀락면에 있는 심원사 승려 정경득(42)과 곡산군 먹면에 있는 관적사 승려 조원오(37) 두 명을 강도 혐의로 인치하였는데, 그중 정경득이 심한 복통으로 고민하다가 결국 사망하였다. 공의의 진단에 의하면 사인은 '급성가다루'라 하며, 절대 경찰에서는 그 책임이 없는 것이다.[98]

한 화전민의 억울한 죽음 — 1931년 4월

:: 평남 순천에서 살다가 몇 해 전에 문천 운림면 방고개에서 화전민 생활을 하던 김용석 씨는 지난 (1931년 4월) 22일 오후 2시에 산림에 방화한 혐의로 문천 운림주재소에 잡히어 오노(小野)·김(金) 양 순사에게 취조를 받다가 불과 30~40분 만에 그만 인사불성이 되었으므로, 주재소에서는 그를 단간으로 옮기는 동시 오노 순사는 본서로 달려가는 등 야단을 했으나, 마침내 그는 익일 오전 4시에 주재소 유치장에서 그만 세상을 떠나고 말았다. 이 사건이 발생하자 문천 본서에서는 즉시 이 사법주임이 한 공의를 데리고 24일 하오 5시에, 동 8시에는 원산으로부터 함흥 지방법원 야다(谷田) 검사가 서기 최원규, 의사 야마다(山田)를 데리고 사건 발생지인 운림주재소에 당도하였는데, 신문기자의 출입까지 금하고 긴장한 속에서 하룻

---

97. 「양덕주재소 유치장에서 피의자 1명 급사」, 1931년 4월 9일자 『동아일보』 기사.
98. 「취조 중 피의자 급사사건 속보」, 1931년 4월 11일자 『동아일보』 기사.

밤을 새웠다.[99]

결국 구타로 죽게 된 것이 확실해져 가해 경찰관인 오노(小野)는 원산형무소에 수감되었다.[100] 그는 예심을 거쳐 유죄로 인정되어 함흥지방법원 합의부에 서류와 함께 회부되었다. 예심 종결서에 따르면 김용석을 주재소로 연행해 범죄 사실을 자백하지 않는다는 이유로 함부로 머리 등을 구타해 뇌막출혈로 사망케 했다는 것이다.[101] 이 사건으로 아들과 남편, 아버지를 잃은 가족들의 처참함은 눈시울을 뜨겁게 한다.

　∷　김용석의 가족은 귀먹은 칠십 노부와 젊은 아내며 철모르는 딸자식들이 있을 뿐으로 생활은 적빈하여 벌써 두 달 전부터 칡뿌리로 겨우 연명하며 오던 끝에 이 불의의 변을 당하였는데, 그의 칠십 노부는 아들의 죽음을 앞에 놓고 극도의 비분 끝에 나무에 목매러 산으로 달리고 물에 빠져 죽겠다고 강으로 내달리는 것을 곁의 사람들이 만류하여 자살도 하지 못하였다고 한다. 동시에 그 아내와 딸의 사람 살려내라고 뜰 앞에서 울며불며 하는 광경은 보는 사람의 동정을 끌었다 한다.[102]

경찰에 취조받고 귀가한 어업조합 간부의 급사 ─1931년 6월

　∷　황해도 은율군 어도면 문성리에 거주하는 홍윤섭 씨가 지난 (1931년 6월) 19일 장련경찰서 감정리주재소에서 취조를 받고 돌아와 당일로 급사한 의문의 사망사건이 발생하였다. 이제 그 자세한 내용을 듣건대 당지에 있는 어업조합을 중심으로 간부 측과 반간부 측에 알력이 계속하여오던바 간부 측인 감정리 김명규

---

99. 「취조받던 피의자 유치장에서 급사」, 1931년 4월 29일자 『동아일보』 기사.
100. 「오노(小野) 순사는 예심에 회부」, 1931년 5월 22일자 『동아일보』 기사.
101. 「고문치사로 판명─오노(小野) 순사 공판에 회부」, 1931년 6월 20일자 『동아일보』 기사.
102. 「칠십 노부는 자살을 도모─가족의 살아갈 길이 막연」, 1931년 4월 29일자 『동아일보』 기사.

외 동면 각리 구장 연명으로 반간부 측인 홍윤섭·정태운·박종상·조윤보 등 4인을 동 조합 대회석에서 폭언을 한 것이 공갈이라 하여 동 주재소에 고소를 제기하였으므로 전기 4인을 지난 18일, 19일 양일에 전부 호출하여 취조를 한 후 돌려보냈던 터인데, 홍 씨가 당일 밤에 그같이 급사한 것이라고 한다.[103]

그런데 이 사건을 두고 경찰은 여전히 고문 사실을 부인하고, 동료들은 고문 사실을 밝히라고 요구하고 나섰다.

다케마루(竹丸) 서장의 말: 검사의 출장 조사로 인하여 사실 무근으로 판명되었습니다. 선동자들은 엄중히 처벌할 생각입니다. 해부는 하지 않았습니다.

반간부 측 모 씨의 말: 해부도 하지 않고 사실 무근이라고 함은 불가합니다. 해부를 요구하는 운동은 계속될 터이니까, 사실 그대로 판명될 날이 오겠지요.[104]

양산경찰서에서의 고문 — 1931년 6월

:: 경남 양산군 하북면 지산리 배세중(53)은 형사 피고인으로 양산경찰서에서 취조를 받고 지난 21일에 부산형무소로 넘어갔는데, 형무소로 넘어간 지 3일 만인 23일 오후 5시 15분에 갑자기 죽어버렸다. 형무소에서는 사망자의 아들 근석과 동석에게 곧 죽었다는 통지를 하였던바, 그들은 일본에 가서 있었기 때문에 30일에야 부산에 와서 비로소 그 시체를 찾아낼 수속을 하였는데, 죽은 원인에 대하여는 경찰에서 넘어온 지 단 3일밖에 안 되고 병장을 보아 경찰에서 생긴 병 등인 듯하다 하며 금명간에 의사에게 해부를 시켜보기로 되었다는데, 그 해부 결과 여하에 따라 양산경찰서에 대한 책임 문제도 일어나게 될 모양이라 한다.[105]

---

103. 「경찰에 취조받고 귀가일에 급사」, 1931년 6월 28일자 『동아일보』 기사.
104. 「검사 조사 후, 또 2명 취조」, 1931년 7월 4일자 『동아일보』 기사.

15년 징역형 선고받은 피고인, 진범 잡혀 무죄 석방—1931년 7월

:: 살인죄로 몰리어 15년 징역의 선고를 받고 복역 중에 있던 죄수가 피살자의 생존 판명으로 무죄가 되는 고옥단(高玉丹)사건은 행형, 재판, 수사 등에 관한 많은 논평의 재료를 제공한다. 그중에서 가장 우리 조선인의 귀에 청천벽력 같고 동시에 가장 평평범범하게 들리는 소식이 있으니, 그것은 피고 고옥단이 허위자백의 이유를 설명한 한마디다. 재판장에게 어찌해서 살인했노라고 거짓자백을 했느냐고 물음을 받고 대답하기를 고문의 고통에 이기지 못하여 그러했노라고 했다.[106]

피살되었다는 사람이 살아 있다는 사실이 밝혀짐으로써, 살인 범죄 자체가 가공된 것임이 드러나 피고인의 억울함이 밝혀지게 되었다.

절도 혐의로 취조 중 사망—1931년 11월

:: 경찰이 절도 범인을 체포하여다가 엄중히 취조하던 중 피의자가 죽어버린 사건이 호남 송정리에서 생겼다. 지난 (1931년 11월) 3일 송정리경찰관 주재소에서 송정면 송정리에 사는 신순선을 절도 혐의자로 검거하여 2, 3명의 순사가 취조하던 중 지난 4일 오후에 이르러 죽어버렸다고 한다. 이 사실이 있은 후 세상에는 여러 가지 풍설이 있으나 당국에서는 절대 비밀에 붙임으로 그 자세한 내용은 알 수 없으나, 신순선을 취조하던 순사부장 1명과 순사 2명은 지난 6일에 광주경찰서의 손을 거쳐 광주지방법원 검사국으로 넘겼다는바, 검사국에서는 당일로 3명을 예심에 회부하였다.[107]

---

105. 「경찰서 감옥 간 지 3일에 급사」, 1931년 7월 2일자 『동아일보』 기사.
106. 「밝은 정치는 경찰로부터—고문은 묵인되는가」, 1931년 7월 24일자 『동아일보』 사설.
107. 「송정주재소의 취조하던 절도범 졸연(猝然) 사망」, 1931년 11월 9일자 『동아일보』 기사.

고문을 가한 경찰이 즉각 예심에 회부된 것은 바람직한 일이다. 그러나 그 모든 사실이 비밀에 붙여진 것은 이해할 수 없는 일이다. 일제하의 민심 이반을 우려한 경찰 당국의 조처였겠으나 결국 이런 비밀주의 때문에 계속 같은 고문사건이 일어났다.

농조원 1명, 취조 중 사망 — 1931년 11월

:: 　지난 (1931) 9월 19일 고원군 내면 공보교에서 시가 28원 가치의 등사판 도난사건이 생긴 지 7일 만인 9월 24일 고원서에 검거되어 수개월 동안 취조를 받던 영흥군 준령면 석북리 농민조합원 강희옥(22)은 지난 9일 오후 10시 20분경에 유치장에서 별안간 사망해버렸다. 이 급보를 접한 함흥으로부터 이와키(岩城) 검사가 윤 서기와 의학박사 김명학 씨를 대동하고 10일 오전 10시 42분착 열차로 고원에 급거 출장하였다.[108]

이런 갑작스런 고문치사사건이 가족에 줄 고통은 묻지 않아도 알 수 있다. 더구나 강희옥은 3대 독자였다. "3세대나 내려온 독자이고 그의 슬하에 역시 6세 되는 어린 독자 한 명과 3세 되는 여식이 있다 하며, 23세의 애젊은 아내가 있는데 그가 사망한 사실은 그 익일 아침에야 가족에게 통지했는데, 청천벽력과 같은 급보를 받은 가족들은 황망히 경찰서로 달려와서 야료하는 동시에 방성통곡하며 경찰서 내로 들이밀었으나 문에 지키고 있는 경관의 제지와 만류로 종일 문 앞에서 헤매고, 그 어머니와 아내만 경찰서 내에 들어갔는데 만일을 염려해서인지 경찰서 주위에는 처처에 경관들을 배치하고 경계가 삼엄"했던 것이다.[109] 가족들의 비탄과 분노를 들여다보자.

---

108. 「고원서에서 취조받던 농조원 1명 급사」, 1931년 11월 12일자 『동아일보』 기사.
109. 「사망자 강(姜)은 3대의 독자」, 1931년 11월 12일자 『동아일보』 기사.

:: 급보를 들은 가족들은 경찰서로 달려오고 집에는 노쇠한 그 조부모만 남아 있었는데, 노령에 이런 참혹한 변을 보게 되자 애통을 억제하지 못하여 집안이 조용한 틈을 타서 조모 되는 조 씨(79)와 조부모 되는 강세인(77)은 서슬을 다량으로 먹고 10일 12시경에 조 씨는 필경 절명하였고, 강세인 노인도 방금 생명이 위독하다고 한다.[110]

:: 강희옥 군이 유치장에서 사망하였다는 소문이 전파되자 현재 피검 중에 있는 농조원의 어머니들은 자기의 아들을 석방해달라고 경찰서에 쇄도한 일이 고원서에 있었다. 지난 12일 고원읍 장날 아침 10시경에 부인네들이 고원서 정문 앞으로 쇄도하여 피검 중에 있는 자기 아들을 석방해달라고 야로를 하면서 경찰서 내로 밀리었으나 경관들의 제지와 만류로 드디어 각각 헤어졌다 한다.[111]

순사에게 얻어맞아 죽은 청년 이야기 — 1931년 11월

:: 작년(1931년) 11월 4일 오후 5시경에 호남선 송정리경찰관 주재소 사법계 주임 이치무라 슈이치(一村秀一)와 스가야 도루(菅谷亨)와 박영철이라는 세 순사가 그곳 사는 신중선이라는 20세 된 청년을 잡아다가 취조하던 중에 고문치사한 사건은 그 당시에도 본보에 보도되었거니와 피살된 신중선이 과연 죄인이었는지 아니었는지, 또한 병인이었는지 아니었는지는 당자가 이미 죽어 변명할 길이 없으니 물어볼 곳 바이없으나 가해자이었던 세 순사는 그동안 기사키(木崎) 예심판사의 손에서 예심이 종결되어 23일에 광주지방법원에서 공판 개정케 되었다. 이제 예심 종결서에 나타난 대로 사실을 대강 보도하면 …… 송정역 부근을 순라 중이던 스가야 도루 순사가 일찍부터 불량자로 주목 중이던 신중선이라는 사람이 돌아

---

110. 「비보에 놀란 조부모 음독」, 1931년 11월 12일자 『동아일보』 기사.
111. 「자식 내놓으라고 경찰서에 살도(殺到)」, 1931년 11월 14일자 『동아일보』 기사.

다니는 것을 보고 누구냐고 물은즉 무슨 까닭인지 신중선은 그만 달아남으로 더욱 의심이 나서 송정역으로부터 3, 4정 되는 영암가도까지 추적하여 격투 끝에 체포하자, 스가야 도루 순사는 분김에 신중선이 가졌던 벤지를 뺏어서 신중선의 머릿박을 두세 번 구타한 후에 전기 주재소에다 검속해두었다.

그 이튿날에야 그곳 주재소 사법계 주임 이치무라 순사가 스가야 도루 순사의 입회로 신중선의 취조를 개시하여 송정리 부근에서의 절도 사실 31건을 자백케 한 후에 다시 절도 피의자로 고쳐 유치하였다가 그 이튿날······ 조사해보았으나 여러 곳 중에 한 곳도 자백한 내용과 부합하는 사실이 없으므로 동일 정오 전에 주재소로 다시 데리고 돌아왔다.

그리하여 그날 오후 1시부터······ 사법실 마루방에다 꿇어앉히고 삼방으로 포위하고 앉아서 번갈아가며 허위의 자백을 책망하고······ 피고 이치무라는 그 사법실에 있던 나뭇단 등으로 신중선의 두견갑을 수차 구타하고 박영철은 신중선의 왼손을 뒤로 비틀고 이치무라는 다시 구두 신은 발로 신중선의 두 어깨와 머리를 밟고 올라서서 고통을 주었으나, 의연히 세 명 순사가 만족할 만한 대답을 아니할 뿐 아니라 신중선도 비상히 피곤한 모양이었다.······ 머리에 길이 1.5센티의 매몰······ 왼쪽 눈의 피하일혈상과 좌우두견갑부에 피하일혈반의 상해를 입었고······ 두부에 약 25그램의 내출혈을 일으켜 그날 오후 5시경에 25세의 청춘을 일기로 그만 죽고 말았다.[112]

피해자 신중선의 몸에 난 상처를 보면 얼마나 심하게 얻어맞았는지를 알 수가 있다. 머리, 눈, 어깨 등 성한 곳이 없을 정도였다.

112. 「순사 3명이 합력─용의자를 고문치사」, 1932년 1월 23일자 『조선일보』 기사.

진남포경찰서의 고문사건 — 1933년 6월

::   전 진남포서 순사부장 김화정, 동 순사 이윤규 두 명에 관한 독직상해 피고사건 및 두 경관에게 횡령 용의자 심문에 대하여 증뢰한 진남포미곡상 김근량에 관한 증뢰피고사건의 제3회 속행공판은 (1933년 6월) 2일 오후 3시부터 평양지방법원 형사정에서 민 판사 심리, 하시모토(橋本) 검사 입회, 최정욱·주간흠·미쓰이(三井) 등 세 변호사 열식으로 개정되어 간단한 사실 심문을 마친 후 하시모토 검사는 피고 전 순사 이윤규에 징역 1년, 전 순사부장 김화정에 징역 10개월, 김근량에 징역 6개월을 구형하였는데 판결 기일은 5일이라 한다.[113]

무고한 행인을 구류하고 고문 취조 — 1933년 12월

::   지난 (1933년 12월) 4일 오후 0시 반경 본정경찰서 사법계에서는 형사대 다수가 시내 명치정(明治町) 부근에(지금의 명동) 출동하여 소외 '절치기꾼'이라는 도박꾼들 30여 명을 검거하였던 일이 있었다. 절치기란 것은 취인소장(場) 밖에서 1, 2원 돈을 가지고 도박을 하는 것이 되어 그 취체의 필요가 있었으나 그때 그들 절치기꾼을 한꺼번에 수십 명을 잡는 동시에 명치정 일정목(一丁目)으로 지나던 아무런 일도 없던 행인까지 붙들어다가 파출소에 끌고 가 포박하여가지고 경찰서에 가서는 함부로 두드리고 또 나흘 동안이나 구류하였던 일이 있다 하여 억울한 사정을 들어 검사국에 고소를 제기한 것이었다. 그는 시내 창신동 629번지의 94호에 사는 건축업자 김계명(42) 씨로 본정서 최홍간 형사를 상대로 경성지방법원에 11일 고소를 제기하였다. 고소 내용은 4일 오후 0시 반경 명치정 일정목 길로 지나던 중 돌연 전기 형사가 붙들고 파출소에 가서는 포박하여가지고 경찰서로 가서는 '절치기꾼'이라고 함부로 때리기에 그렇지 않은 것을 변명하였으나 그냥 구타

---

113. 「고문한 경관에 징역 1년과 10개월 구형」, 1933년 6월 5일자 『조선일보』 기사.

142   일제시대에서 박정희 정권까지

하고 나흘 동안이나 유치장에 넣어두었다는 것이다.[114]

억울한 고문피해자의 소송사건—1934년 10월

너무도 억울한 고문피해자 두 사람이 일본 경찰관들을 상대로 민사소송을 제기한 특이한 사례도 있다. 지금도 그러한데 하물며 일제 때에 경찰을 상대로 소송을 제기하는 일은 쉽지 않았을 것이다. 얼마나 억울했으면 그 무서운 경찰을 상대로 위자료 청구소송까지 제기했을까.

:: 무실의 죄인으로 붙들려 억울하게도 이유 없는 고문을 받고 벌금형에까지 처벌되었으나 공판의 결과 무죄로 되어 청천백일의 몸이 되자, 주위의 억압과 만류도 집어치우고 단연히 일어나 맹산경찰서장 히라이(平井) 외 4명의 경찰관을 상대로 5,000원의 위자료를 청구한 맹산군 옥천면 김학준, 2천5백 원의 위자료를 청구한 평양부 경상리 이경보 양 씨의 소송은 일반의 주시 중에서 (1934년 10월) 24일 평양지방법원 후지무라(藤村) 재판장 심리하에서 제2회 구두 변론이 개시되어 증인 심문이 있었는데 하나는 피고 측, 하나는 원고 측의 증인들로서 정반대되는 답변을 하여 인기를 집중하게 하고 폐정했는데, 다음 기일은 11월 7일로 결정되었다.

노경손(전 맹산서 순사부장): 그때 나는 맹산서의 사법계에서 일을 보고 있었는데 원고들에게 북창리주재소의 청취서를 읽어주었던바 도박 범행을 인정했으므로 히라이 서장에게 벌금의 의견을 물어서 백 원의 즉결을 하였다. 그때 원고 김학준만이 많다고 하다가 결국 복죄(服罪)했는데 내가 보기에는 구타된 것 같지도 않고 고문을 당하여 범행을 시인한 것 같지도 보이지 않았소.

---

114. 「무고한 행인을 구류하고 고문 취조」, 1933년 12월 13일자 『조선일보』 기사.

이종학 : 물론 직접 고문당하는 현장은 본 것이 아니지만은 북창주재소 울타리 밖에서 보고 듣고 있노라니까, 고문에 사용할 물을 길어가는 것을 보았고 원고들에게 물을 먹이는 소리가 들리었다. 또한 구타를 당하여 원고들이 울고 있는 소리를 들었습니다.[115]

이 기사를 보면 당시 고문이 본서뿐만 아니라 주재소에서도 광범하게 이루어졌고, 구타는 물론이고 물고문까지 자행되었다.

단순 채권 채무로 조사받던 노인이 고문치사 — 1935년 1월

::   황해도 송화군 율리면 세진리주재소의 순사부장 구마다 마사오(熊田正夫, 25)와 순사 강찬형(32)은 (1935년 1월) 24일 오전 7시경 동면 신촌리 654번지 조번제(61)를 불러다가 채권 채무에 관한 사건으로 취조 중 돌연 전기 조번제 노인이 혼수상태에 빠졌다. 이에 전기 순사부장과 순사는 당황하여 그의 조카 되는 조준래를 불러 그 노인을 인도하여 곧 부근 음식점 윤영신 방에 뉘이고 송화읍 내 공의 오두후 씨를 청하여 응급수당을 하였으나 동 오전 10시 반에 절명하여버렸다. 이 보고를 받은 송화경찰서에서는 고쿠부(國分) 서장 이하 사법주임 등이 출장하여 조사하는 한편 25일 오전 10시경에는 송화검사분국에서 나카니시(中西) 감독 서기가 공의를 대동하고 나와서 시체를 해부하였다.[116]

단지 채권 채무에 관계된 일을 조사하다가 노인을 고문해 치사케 한 일이 발생한 것이다. 일제 경찰의 만행이 얼마나 일반 국민들의 생활과 안전까지 침해했는지를 보여주는 사건이다. 유족들이 시체 인수를 강경하게 거부하는 바람에 그

---

115. 「맹산서 고문사건—서장 상대 위자료 청구」, 1934년 10월 27일자 『조선일보』 기사.
116. 「주재소서 취조받던 노인이 인사불성」, 1935년 1월 26일자 『조선일보』 기사.

종중이 인수하는 소동까지 벌어지자 검사국이 수사를 벌이기 시작했고, 결국 담당형사인 구마다(熊田)가 구속되었다. 그가 구타를 자백했을 뿐만 아니라 시체 해부감정서에도 고문의 흔적이 역력히 나타났던 것이다.[117] 그러나 징역 1년에 집행유예 2년을 선고받아 석방됨으로써 사건은 흐지부지되고 말았다.[118]

전매국에서 고문한 사례 ― 1935년 4월

이번에는 일반 경찰이 아닌 전매국(專賣局)에서 고문을 가해 사망에까지 이르게 한 사건이 발생했다. 당시 전매국 직원 역시 사법경찰관이 있었기 때문에 수사과정에서 이런 끔찍한 결과가 발생한 것이다.

:: 연초전매국령에 위반한 혐의자에게 고문을 하여 피해자가 마침내 사망케 한 전매국원에 대한 공판 ― 강원도 김화군 김성면 방중리 거주 전매국 소속 유희상(38)과 주명상(48)에 대한 독직상해치사죄의 공소공판이 (1935년 4월) 23일 오전 1시 경성복심법원에서 …… 개정되었다. 사건 내용은 전기 두 명이 …… 리영선(41)과 신범룡 양인이 연초전매국령을 위반하였다는 것으로 쇼와(昭和) 9년 2월 9일 동지에 출장하여 동군 평강면 동변리 주막 한봉운의 집에 전기 피해자 두 명을 호출하여다놓고 그중에도 이영선을 단장, 주먹으로 무수히 구타하면서 사실의 자백을 강요하였고, 이튿날 10일에는 복계읍에 있는 전매국출장소 연초판매소로 양인을 데리고 가서 역시 구타를 하였다. 그 뒤 이영선은 자기 집에 돌아와 이내 앓아누웠다가 동월 19일 오전 2시경에 결핵성뇌막염이라는 병으로 사망하였다. 이 사건은 작년 12월 7일 경성지방법원에서 피고 양인에 대하여 독직상해치사죄로 2년 징역에 3년간 집행유예의 판결이 내린 것을 피고들이 불복 공소한 것이었다.[119]

117. 「고문한 구마다(熊田) 부장 유죄 결정, 공판 회부」, 1935년 2월 6일자 『조선일보』 기사.
118. 「송화 고문치사사건 ― 구마다에 1년 징역 언도, 2년간 집행을 유예」, 1935년 4월 5일자 『조선일보』 기사.

아편 거래 혐의자를 데려다가 고문치사—1937년 1월

한 사람이 국경의 한 마을에서 차를 기다리다가 영문도 모른 채 잡혀가 고문당하고 마침내 죽기까지 한 사건이 발생했다. 이런 끔찍한 일이 끊임없이 일어나는 것을 단지 식민지에 살아가는 백성들의 운명이라고 치부해야 할 것인가.

:: 　작년(1936년) 10월 25일 상삼봉역에서 차 시간을 기다리고 있는 용정촌 사는 박봉욱을 아편 밀수 혐의로 상삼봉주재소에 데려다가 고문 취조하여 마침내 그를 죽게 한 전 상삼봉주재소 순사 함북 종성군 남산면 삼봉동 오쿠다 쓰네조(奧田恒三)와 김우길 두 명에 관한 독직상해치사 피고사건 복심공판은 (1937년 1월) 12일 오전 11시 반부터 경성복심법원에서…… 열리어 재판장의 사실심리가 끝난 다음…… 언도는 19일에 열리기로 하였다.[120]

---

119. 「고문치사한 전매국원 공판—2심에서 2년 징역 구형」, 1935년 4월 24일자 『조선일보』 기사.
120. 「고문치사사건 순사 2명 공판—1심대로 2년씩 구형」, 1937년 1월 13일자 『조선일보』 기사.

제2장

미군정 시기의 고문

01
고문에 대한 미군정의 인식과 고문근절정책

1. 미군정 시기의 현실

미군은 일제시대의 경험 있는 경찰관들을 대거 등용했다. 당연히 고문에 익숙해 있던 친일 경찰들이 해방된 나라에서도 과거의 습관을 버리지 못하고 그대로 고문 수사를 재연했다. 과연 수많은 고문과 가혹행위가 잇따라 일어났고, 이에 대한 민심의 이반과 항의가 빗발쳤다. 당시 수도청장 장택상이 한때 다음과 같은 사실을 시인하기도 했다.

:: 민주적이요 민중의 공복적인 경찰을 확립함에는 자아숙청이 무엇보다도 필요하다. 과거 2개 성상을 두고 주야불면하고 강기진작과 공복정신을 고취함에 노력해왔으나 아직도 이민족이 통치하던 잔재와 관습이 남아 있어 불문곡직하고, 신체 구속을 감행하려는 경찰관 또는 피의자와 결탁하여 금전과 향응을 받고, 고소

인인 부녀자를 밤을 이용하여 수도청 형사실에서 무수 구타하여 의상에 혈색이 점점하도록 만행을 감행한 형사도 있고, 또 공정한 입장에서 취조하라는 특명을 받고도 부녀자에 대한 공갈 협박 등 온갖 모욕적인 언사로 자발적 고소 취하를 하도록 공포심을 심어준 형사도 있다. 즉 문석항, 김진성, 김영완 등 경찰관 3명은 그러한 사건으로 현재 구속 취조하여 송치할 소속을 취하고 있다. 동일 민족의 경찰로서 추상열일(秋霜烈日) 같고 법을 따르는 시민에게는 춘일(春日)과 같은 온화한 경찰을 수립함에도 우리 보도계 동지와 시민의 적극적인 후원과 건설적 협력이 필요하며 …….[1]

심지어 경찰관들이 기자들을 폭행하거나 취재를 엄격히 제한함으로써 기자 사회의 큰 반발을 불러오기도 했다.

:: 인민의 공복이요 봉사와 질서를 표방하고 민주주의 경찰을 부르짖는 국립경찰로서 이즈음 인민을 구타하고 폭언을 하는 등 그 숭고한 임무에 배반하는 사태가 적지 않아, 민중과 경찰 사이에서 보도의 직책을 지닌 신문기자에게는 비밀주의를 지키고 있음에 (1946년 11월) 2일 수도경찰청 출입기자는 이러한 점을 지적하여 다음과 같은 항의서를 장(택상) 청장에게 제출하였다.
"……민주경찰이란 본분을 잊어버리고 이 선량한 민중의 검문 취재에 있어 함부로 구타와 폭언을 쓰고, 그나마 같은 민중이자 민중을 대변하는 역할을 지닌 신문기자에게까지 횡폭한 기색이 농후하여 앞서는 합동통신사 사원과 대동신문사 기자 삼 씨가 종로서원에게 애매한 구타를 당하였고, 근자에는 조선일보사 기자 모 씨가 영등포서원에게 불법한 타박상을 입어 급기야 진단고소까지 제소케 된 사태

---

1. 1948년 2월 15일자 『경향신문』 기사.

에 이르러서는 실로 언어도단 오히려 개구아연(開口啞然)한 바 있습니다.…… 무슨 비밀인들 있겠기에 근래에 와서는 마치 극단의 기밀정책이나 세운 듯이 수도청 사찰과를 비롯해서 시내 경찰서 중에서도 용산·마포 양서에는 일반 민중은 물론 공정한 보도의 사명을 띤 신문기자까지 출입을 엄금하였고……(이로 인하여) 경찰은 고문을 한다느니 비밀경찰이니 하여 민중으로 하여금 일말의 의혹을 갖게 하고 있음은 명랑해야 할 민주경찰을 위해 천만유감입니다.[2]

장택상은 기자들의 항의에 대해 1946년 11월 5일, 관할 경찰에 다음과 같이 고시했다.

:: 남중조선 일대에 폭동이 봉기한 이래로 경찰관의 신경이 날카로워진 것은 엄연한 사실이다. 그것은 우리가 제일선에 봉직한 까닭으로서 그 적체한 울분의 원인은 한두 가지가 아니다. 악질의 선전도 원인의 하나요, 민생도 그 하나이고, 모리배의 발호도 그 원인의 하나이다. 그러나 이도 또한 같은 민족이요 형제자매이다. 불찰하다고 칼로 칼을 갚으면 안 된다. 위정자는 관인하고도 엄정하여야 한다. 죄악을 서로 보복한다는 것은 미개민족의 원시적 법률사상이요, 독립과 자치를 희망하는 우리 문화민족으로는 몽상도 못할 일이다. 귀중한 민중의 생명과 재산을 거듭 빼앗는다는 것은 더욱 유감스럽다. 포용하고 관인하고 원한을 품지 말라.…… 구타치 말고 계몽하여라. 폭언치 말고 미소를 띠어라. 체포하기 전에 조사하여라. 피의자의 입장을 그대들과 자리를 바꾸어 생각하여라. 인도보다 더 뛰어난 미(美)는 없다. 과거 일본은 폭도로 종시하여 결국은 국가와 개인이 한몫에 손을 보았다. 우리는 인도 경찰의 설립을 목적으로 삼자. 그렇다고 법망을 해이케

---

2. 1946년 11월 3일자 『서울신문』 기사.

함은 아니다. 파법자에게는 추상열일 같고 민중에게는 간호부의 직할을 하여라.[3]

그리고 언론에 대하여는 "어떠한 민중에게든지 폭행, 폭언을 한 경찰관이 있으면 어디서 누가 그랬다는 사실을 민중이나 기자들이 자세히 알려주면 엄벌하겠다"라고 약속했다. 그러나 동시에 그는 "말단에 있어 4.5%의 고문이 있었고 다소간 폭행도 있었으나 이런 경관은 적발하는 대로 엄벌에 처했다. 더구나 물을 먹이는 등의 횡포한 경관은 도저히 용납할 수 없다"라고 말함으로써, 일선 경찰관의 상당수가 고문을 하고 있음을 인정했다. 왜 하필이면 '4.5%의 고문'이 있다고 표현했는지 알 수는 없지만 아무튼 고문이 광범하게 자행되고 있음을 경찰 최고책임자가 스스로 인정하면서도 특단의 대책 없이 미군정 3년을 보내게 되었다는 사실이 문제였다. 특히 미군정 3년 동안 기가 살아난 과거 친일 경찰이 이승만 정권의 수립과 더불어 더욱 기승을 부리며 세를 얻는 바람에 고문근절 역시 어렵게 되었다.

2. 미군정 고문근절정책의 한계

  :: (1946년 3월) 12일 러치 군정장관은 경찰의 악형, 고문을 경고하여 다음과 같은 성명서를 남조선 각 경찰서장에게 보냈다. 지난 6개월간에 경찰진은 비상한 노력을 경주해왔다. 그러나 악형, 고문은 민주주의 이상에 역행되므로 이는 인도상 용서치 못할 것이다. 경찰 제군의 분투를 축하하며 이상의 뜻을 이해하여 노력

---

3. 「폭행·폭언·고문 엄벌 '장 총감 거듭 강조'」, 1946년 11월 6일자 『조선일보』 기사. 당시 경찰이 얼마나 일반 시민을 구타하고 폭언하고 체포해 조사하고 피의자의 입장을 생각하지 않고 있는지 상징적으로 보여주는 고시이다.

하기를 바란다.[4]

실제로 경찰이 과거 일제 때의 버릇을 고치지 못한 채 고문과 가혹행위를 통해 수사를 하고, 그것 때문에 일반 민중의 불만이 높은데도 당장 경찰을 지휘하는 실무자는 전혀 그것을 부정하고 있다. 오히려 일반인의 출입 금지를 정당화하고 언론의 보도에 대해 자숙을 요구하고 있다.

:: 경찰의 고문이 민주주의 경찰 건설을 표방하고 매진하고 있는 오늘 아직도 남아 있다는 소문이 돌아 일반 국민에게 적지 않은 의심을 갖게 하고 있는데, 군정청 경무부 브롬 소좌는 (1946년 4월) 19일 기자단과의 회견석상에서 다음과 같은 담화를 발표하여 그런 사실이 없음을 변경했다.

"요즈음 항간에서 여러 가지로 허구한 낭설이 떠도는 것은 대단히 유감스러운 일이다. 내가 아는 한 경찰서에서 범죄자에게 고백시키기 위해 구타·고문 등의 비과학적 방법으로서 실행한 적이 없다. 만약 경찰서 측의 혹독한 구타·고문 등의 사실을 신문지상에 기재할 때에는 반드시 구타·고문 등의 증거품을 갖추어줄 수 있는 만큼의 사실이어야만 신문의 위엄도, 당국에 대한 면목도 있을 것이다. 동시에 경찰 당국에 부당한 검속과 악독한 고문의 사실이 있으면 서슴지 말고 군정청 당국에 통고하여주기를 바란다. 그리고 각 경찰서 취조실에는 일반 사람의 출입을 금지하는 것은 세계 어느 나라에서나 관습법적으로 행하여오는 일이며, 또한 범죄자 측도 외부 사람이 있을 때에는 마음 놓고 자기 범죄를 진술치 못하는 것이니 부득이 일반인의 출입까지 금지하고 있으니 잘 양해해주기를 바란다."[5]

4. 「악형, 고문에 경고─러시아 장관하에 각 경찰서장에게 발첩(發牒)」, 1946년 3월 13일자 『조선일보』 기사.
5. 1946년 4월 22일자 『조선일보』 기사.

당시 조병옥 경무부장은 한 술 더 떠서 더욱 엄중한 단속과 엄벌을 약속하기보다 면책과 변명으로 일관했다.

:: 　조선 국립경찰이 범인을 비인도적으로 잔인하게 비인도적으로 취급하는 것은 흔히 있는 일이라고 보도된 것은 사실이 아니라고 경무부장 조병옥은 (1946년 8월) 2일 다음과 같이 보도하였다. 미국 신문기자가 보도한 바와 같이 경찰관이 물을 먹여 고문하였다는 사건은 국립경찰관을 포함한 것은 아니다. 이와 같은 사건은 부산역에서 일어난 것인데, 이 사건에 관계된 경관은 조선철도에 소속된 특별 경찰관인 철도경찰의 경관이었으며, 이 경찰은 체포되었으므로 그 불법행위에 대해서는 조선 법정에 기소될 것이다. 조 부장은 계속해서 말하기를, 국립경찰이 위폐사건 공판 당시 폭도를 취급한 태도에 대해 조선 주둔 미군사령관 존 알 하지 중장으로부터 칭찬을 받은 것은 이번 주간의 일이었는데, 하지 장군은 부상자가 소수였다는 것은 이 곤란한 경우에 있어서 경찰이 인내와 관용으로써 선처한 까닭이라고 하였다. 국립경찰과 같은 큰 기관에 있어서는 물론 잔인한 고문이 있을 때도 있겠지만 그것은 결코 상례(常例)는 아니다. 범인의 고문에 관한 보고는 전부 신중히 조사 중이므로 만일 조사한 결과 그 보고가 사실이라면 고문을 범행한 자에 대하여는 엄중한 징벌이 있을 것이라고 조 부장은 말했다.[6]

게다가 군정의 최고책임자인 하지(Hodge) 중장조차도 당시의 고문 주장에 대해 대책을 세우기보다는 선동가들의 모략이고 음해라고 주장할 뿐이었다.

:: 　남조선의 선량한 국민 여러분, 지나간 며칠 동안에 나는 여러분 속에 섞여 있

---

6. 1946년 8월 4일자 「동아일보」 기사.

는 선동자가 여러분에게 말하고 있는 허언을 연구하고 분절하여보기 위하여 최근 파괴주의자 및 선동자가 연발하고 있는 선전문을 검토하여보았다. …… 경찰이 한 법률 파괴자나 또는 혐의자를 심문하기 위하여 검거하였을 때마다 마침 그 자가 조직적 선동단체의 일원이었을 때에는 강압이라는 등, 정치탄압이라는 등 또는 고문이라는 등의 소리가 높이 일어나게 된다. 이러한 자가 체포를 반항하고 또는 탈주를 도모함으로써 무력으로 이를 진압할 때마다 경찰 측이 잔인하다는 소리가 높다.[7]

1947년 5월 경찰행정권이 조선인에게 이관되는 조치가 취해졌다. 이에 따라 조병옥 경무부장은 조선 경찰의 책임과 관기(官紀)에 대해 각 관구 경찰청장에게 다음과 같은 통첩을 보냈다.

:: 일반 행정 이양에 따라 경찰행정권도 조선인에게 이양케 된 군정청의 방침이 지금 실행 중에 있으므로 조선인 경찰관은 그 권력과 책임이 더욱 중하여졌다. 이에 창의와 근면심을 발휘하여 경찰 재정의 운영, 자재 획득 배부, 경찰관 중요 인사 등에는 항상 미인 고문의 의견과 지도를 받으라는 것이다. 그리고 다음의 사항에 어그러지는 직원의 징계 처분에 부치어 민주경찰을 위한 관기를 확립한다는 것이다.
① 폭행, 고문 혹은 비인도적 처우와 같은 비민주주의적 경찰권 행사
② 정당한 이유, 근거 없이 무차별 검거하는 자
③ 수뢰 금품 강요
④ 현행 경찰지령 및 민주적 경찰 직무 규칙을 위반한 자[8]

7. 1946년 11월 12일자 『조선일보』 기사.
8. 1947년 5월 6일자 『조선일보』 기사.

그러나 미군정 3년 동안 경찰은 고삐 없는 망아지처럼 수많은 고문사건을 자행했고 고문의 시비가 내내 끊이지 않았다. 그것은 독립된 조국에 희망보다는 절망의 검은 그림자를 드리웠고, 마침내 이승만 정권 이후 역대 정권에 이어져 우리 현대사에 큰 재앙으로 등장했다.

3. 사설단체들의 고문 — 해방 직후부터 이승만 정권 초기까지

해방 직후부터 정부 수립 이후까지 사설 민간단체들이 혼란을 틈타 난립했다. 이 단체들은 정부의 수사기관이나 권력기관의 용인과 지원[9] 아래 마음대로 사람을 연행, 고문하는 일을 자행했다. 특히 '좌익 척결'이라는 이름 아래 무고한 사람들을 잡아 고문하고 사형을 가하는 일이 빈번하게 벌어졌다. 이들은 사무실이나 재정 지원을 받기도 했고, 심지어 군이나 검찰로부터 무기까지 지원받았다.[10] 그러나 이들의 권력남용이 심해지자 점차 정부기관에서도 이들을 통제하거나 해산하기에 이른다. 다음은 사설단체들의 고문 사례를 살펴본다.

---

9. "이런 사태(남한 단독선거를 앞두고 일어난 폭동·살해 등 치안 부재 사태)로 인해 치안 담당기관이나 단체들이 발호하게 되었으며……4월 16일 이후 미군정은 향토방위대 혹은 국토방위단 등 여러 이름으로 불리던 대규모 경찰 예비대를 창설했다. 이런 단체들의 대원이나 단원들을 모집하기 위하여 경찰은 거의 4년 전인 제2차 세계대전 중 일본이 여러 '애국' 단체를 만들며 갖가지 방위 노력을 하던 수법들을 부활시켰다. 경찰은 18세 이상 25세 이하의 모든 '충성스런' 젊은이들에게 무급으로 참가할 것을 호소했다. 몽둥이와 조그마한 손도끼로 무장한 대원이나 단원들이 마을들을 순찰하곤 했는데, 그들에 대한 정부의 '후원'에 자만해 일반 주민들의 생활에 간섭함으로써 주어진 지위를 과시했다. 경찰이나 이런 청년단체들의 구타·위협·강탈·갈취 및 선거권 미등록자들로부터 배급표를 빼앗는 사건들이 유엔임시위원단에 보고됐다." 그레고리 핸더슨 지음, 박행웅·이종삼 옮김, 『소용돌이의 한국정치』, 한울, 2000, 243~244쪽.
10. 정부 수립 이후까지 발호한 '민보단'의 경우, 대검찰청장과 치안국장이 회합해 대책을 논의하기도 했고, "고등검찰청 김달호 검사의 말에 따르면, 민보단원에게 무기는 절대 주지 않겠다"는 표현을 보면 그 이전에는 무기도 제공되었음을 알 수 있다. 1949년 2월 8일자 『서울신문』 기사.

돈암청년단의 악행 — 1946년 3월

::　시내 돈암정(敦岩町) 산11번지에 있는 돈암청년단은 8월 16일 단원 170여 명으로서 결성 조직하여 관내 치안을 유지한다는 것을 표방하고, 해방 후 질서 혼란기를 악용하여 불법접수·불법감금·고문 등 악독한 행동이 있어 일반의 원성이 자자한 소문이 성북서에 들어와, 동서에서는 지난 (1946년) 2월 16일 밤에 청년단 간부 수명을 취조한 결과…… (1945년) 8월 25일 숭인면 정릉리에 있는 중앙약품회사에서 수은 도난사건이 있자, 범인을 체포하고 물품을 회수케 되는 때에는 상당한 사례금이 있을 것을 예상하고 동 회사 고용인 강용신 부부를 불법체포했다. 11일 내지 16일 동안이나 불법감금하고 혹독한 고문을 한 사실과 이 수은 사건의 용의자로 시내…… 운반업 문덕모 집에 수은이 있음을 탐지하고 전기 회사의 도난품이라고 추측하여 문덕모와 그의 딸, 사위 3명을 불법감금하는 동시에 그 집에 있는 수은 559근…… 등 합 약 20만 원어치를 강탈한 다음, 일방 사람들을 이틀 내지 사흘 동안 불법감금과 고문하고, 또 문성운은 강간까지 당하여 분통한 나머지 1월 4일 음독자살까지 한 일이 있으며…….[11]

대한관찰부원이 독청원들을 납치·감금·폭행한 사건 — 1949년 1월

"인류 역사상 보지 못한 잔악무도한 야수적 만행으로 일일이 귀로 듣지 못할" 야만적 사건이 터졌다. 당시 '수원사건'이라고 알려진 이 사건의 내막은 다음과 같다.

::　지난 (1949년 1월) 16일 오후 3시부터 청년단체 통합으로 대한청년단 수원 군단부 결단식을 수원극장에서 정부 요로인사 다수 참석하에 진행 중, 돌연 정체

---

11. 1946년 3월 8일자 『조선일보』 기사.

모를 청년단체 7, 8명이 무장을 휘두르며 대통령 암살을 계획한 자라고 하며 전 독청(獨靑) 분단장 김만길 씨 외 37명의 단원을 극장 지하 화장실에 감금하였다가 동일 오후 7시경 수원경찰서 마당에 이송하고 약 두 시간 동안 취조한 다음, 동 10 시경 버스로 다시 부평에 이송하여 극악무도한 고문으로 심지어는 전기 취조라 하여 양손을 전기선으로 묶어놓고 전선에 전기를 통하게 하여 실신상태에 빠지게 하는 한편, 권총을 목에 대고 물을 먹이고 공중에 달아매어 소위 비행기 취조를 하는 등등 갖은 폭행을 당하여 전신에 중상을 가하는 혹심한 고문을 계속하였다 한다.

약 7, 8명으로 편성된 악당은 또다시 16일 밤 10시 반경 수원군 안용면 안녕리에 침입하여 독청원 14명(그중 여성 4명)을 동리의 대동청년단 사무실에 납치하고 처녀 4명에게 횡포 만행을 감행하였다. 병점지서에서 하룻밤을 새고 17일 오후 7시 경 트럭에 전원 14명을 싣고 어디론지 달리는 도중, 차 중에서 악당들은 남자들은 모두 머리를 숙이고 있으라고 호령한 다음, 여자들에게 대해 갖은 만행을 계속하며 영등포역에 도착하였다고 한다. …… 창고 같은 건물 속에 끌고 들어가서 처녀들은 별실에 감금하고 한 사람씩 분담하여 옷을 벗으라고 대성 호령을 하여 거부하는 처녀들에게는 무기로 협박하여 전 나체로 만든 후, 손을 뒤로 묶고 송판의자에 눕혀놓고 전신을 의자에 결박한 다음 체온기로 체온을 재어본 후에 물을 먹이기 시작하여 냉수를 한 사람에게 3, 4바케스씩 먹여 실신케 하였다 하며, …… 한 처녀는 이와 같은 고문을 당하는 동시 전 나체로 만든 후 무기를 목에 대고 정조 유린을 강요할 즈음, 헌병사령부의 군인들이 뛰어들어와…… 석방되었다 한다.[12]

나중에 밝혀진 사실에 따르면 수원사건의 주모자 중 일부는 국방부 정보국 부평파견대 정보원 김성열, 강순희, 이연종, 박시현 등이었다고 한다. 국방부 정

---

12. 1949년 1월 27일자 『한성일보』 기사.

보국의 권위를 빌려 이렇게 엄청난 권력남용과 고문을 자행했던 것이다.

민보단의 만행 — 1949년 2월

민보단(民保團)이라는 사설단체가 '좌익 척결'을 명분으로 월권과 횡포를 부려 사회적 말썽이 되었다. 당시는 좌익 척결만 내세우면 어떤 행동도 용인되던 시대였다. 그러나 지나친 발호가 정권으로서도 부담이 되었는지 다음과 같은 논의가 이루어지고 있다.

:: 민보단이 간혹 월권행위를 하여 말썽이 있거니와 이번에 또 민보단의 월권행위로 말미암아 대검찰청 및 경찰 수뇌부가 회합하여 이에 대한 대책을 강구하게까지 된 사실이 있다. 사건 내용은 시내 도동1가 민보단 간부 하경기, 동단 감찰차장 황영선은 지난달(1949년 1월) 28일 상오 9시경 같은 동에 거주하고 있는 『사명당(四溟堂)』의 작가 박노아·정인섭을 좌익이라는 혐의로 동단 사무실에 감금하여 고문한 사실이 있었는데 이로 말미암아 전기 박은 1개월의 중상을 입었고, 정은 좌익 혐의로 중부서에 구금된 사실이 있어, 전기 두 명의 민보단원은 고등검찰청 김달호 검사로부터 취조 중에 있다고 한다.[13]

애국단체로 가장한 반석근 일당의 살인극 — 1949년 6월

:: 세칭 반 대장으로 이름난 나주 애국청년동지회장 반석근(35) 외 동 부하 수명이 무기불법소지·테러·협박·공갈 등의 무시무시한 죄명으로 이미 광주지방검찰청에 검속되어 목하 준엄한 문초를 받고 있다 함은 기보한 바이거니와, 그 외의 동 회원 소위 고문 요인이라는 김경용·이한찬 외 일당 7명을 나주경찰서 형사대

---

13. 1949년 2월 8일자 『서울신문』 기사.

의 활동으로 일망타진하여 취조한 결과, 잔인한 살인사건 2건이 백일하에 폭로되어 참살당한 시체 2명도 발굴되었다 한다. 일당은 지난 4월경부터 전 대한청년단 감찰대원으로 있던 백정곤을 지난 1월 8일경 납치하여 반의 사설 유치장에 감금하고 혹독한 고문으로 치사케 한 후, 손과 발을 분질러서 가마니에 넣어 나주교 (橋)로부터 100미터 떨어진 상류 제방 밑 사장(沙場)에 암장하였고, 또 나주읍 석현리 나종승 씨는 3년 전에 반 일당에 납치된 후 행방불명이 된 아우 나종한을 찾고 있었는데, 이를 탐지한 나종승마저 타살하여 지난 1월 20일경 역시 나주교 하류 200미터쯤 떨어진 제방 사장에 암장한 바 있어, 지난 6월 3일 광주지방검찰청 기세훈 차장검사 입회로 참혹하게 타살된 전기 두 시체를 발굴하여 세밀한 검진을 마친 후 그 시체를 동일 유가족에게 인도하였다 하는데, 전율할 범행이 속속 탄로되는 반의 일당에 대한 사건이 앞으로 얼마나 확대될지 일반은 비장한 주목을 하고 있다 한다.[14]

사설 유치장까지 갖추고 고문과 구금, 살해를 서슴없이 행했다니 아무리 혼란스러운 해방정국이라 하더라도 이해하기 어렵다. 더구나 이들은 "저번에 압수된 각종 무기 수량 외에 많은 수량을 또 은닉하고 있는 혐의"를 받고 있었고, 동시에 "반석근 일당의 혹독한 고문과 불법감금의 만행을 받다가 구사일생의 사경을 겪고 그 무서운 지옥에서 탈출한 유력한 증인"도 있었다.[15] 그만큼 이런 사설 단체들이 난립하던 시기였다. 더구나 '애국'이란 이름을 붙이고 있으니 더욱 기가 차다.

14. 1949년 6월 7일자 「호남신문」 기사.
15. 1949년 6월 17일자 「호남신문」 기사.

육군본부 보도과의 담화와 가짜 정보원—1949년 9월

　육군본부 보도과는 "가짜 정보원이 횡행하며 위협, 공갈, 금품 강요 등의 추태를 연출해 군민 이탈의 우려가 막심한 데 비추어 대원을 총동원해 그들의 발본색원에 부심 중이니 협조해주기 바란다"는 내용의 담화를 발표했다.

　∷　최근 서울 장안에는 군민 이탈을 목적으로 가지각색의 가짜 정보원이 발호하여 그의 피해는 막대한 수에 달하고 있는데, 그들의 악질적인 행동은 일반 시민으로 하여금 공포와 전율에 사로잡혀 신경과민증을 일으키게 하는 것은 물론 불철주야 하고 방첩업무에 여념이 없는 군 정보원까지 의심하게 하는 경향이 농후하게 되므로, 육군본부 정보국에서는 그의 정체를 밝히는 동시에 이를 발본색원하고자 그 소굴로 인정되는 사설탐정사 기타 용의자 적발에 대한 총동원으로 활약하고 있다. 지금까지 검거된 건수는 한 달 동안에 무려 70건에 달하고 있으며, 계속 그를 박멸할 것이니 일반은 이에 속지 말고 군민 이탈의 폐가 없도록 하여주기 바란다. …… 시내 중구 북창동 DIS(大義社) 본부에 주소를 둔 대의사원 안병각은 정보국 방첩대 청량리파견대라는 간판을 붙이고, 선량한 시민을 불법감금하여 고문을 하며 금품 강요, 부녀자 강간 등 만행을 하다가 피검되었으며 …….[16]

---

16. 1949년 9월 21일자 『동아일보』 기사.

02
미군정 시기의 고문 사례

고문한 경관에게 체형 선고 — 1946년 4월

아직 대한민국 정부 수립 이전의 혼란한 시국에서도 고문 가해 경관에 대한 재판에서 유죄 선고가 내려졌다. 공회당에서, 그것도 천여 명의 군중이 모인 상황에서 이루어진 재판이라 얼마나 진지하고 공정한 재판이었을지는 알 수 없으나, 고문경관에 대한 실형이 선고되어 고문 금지의 의지를 드높였다는 점에서 의미가 있다.

:: 청주경찰서 신 형사와 이 외근주임은 절도범을 고문하였다는 이유로 군정 재판에 회부되어서 지난 23, 24일 양일 청주공회당에서 천여 명 군중이 모인 앞에서 신 형사는 6개월 체형(體刑)에 벌금 1만 원, 이 외근주임은 일단 무죄를 선고하였다가 다시 체형 6개월을 언도하였다고 한다.[1]

1. 「고문한 경관 체형」, 1946년 4월 28일자 『조선일보』 기사.

정판사 위폐사건 — 1946년 7월

　미군정 시기 최고의 공안사건이라고 할 정판사(精版社) 위폐사건은 당시 시정의 최고 관심사였다. 경찰은 조선공산당이 정판사에서 위조지폐를 찍어 경제를 혼란에 빠뜨리려고 했다는 내용을 발표했는데, 이 사건에서도 고문이 핵심적인 쟁점이었다. 양쪽 간에 치열한 법정 공방이 벌어졌다.

7월 29일 판사기피신청 : 현재 형무소에 수감 중인 정판사 관계 피고인 전부가 이구동성으로 사실 무근이라 하여 경찰서에서는 무수한 고문을 받아 허위의 고백을 하였으니, 공판정에서 사건의 진상을 만천하에 폭로하여달라고 애원하고 있다. ······[2]

8월 22일 제2회 공판 : 조(재천) 검사로부터 피고인들이 말한 취조 당시의 고문문제에 대하여 전연 고문한 사실이 없다는 것과 동 사건이 발생되어 기소에 이르기까지의 이유를 설명하고 ······.[3]

8월 23일 제3회 공판 : (정판사 평판과장 김창선) 피고가 기록에 남아 있는 범죄 사실을 처음부터 부인하게 되자, 재판장은 그 부인하는 이유를 들어 다음과 같은 심리를 진행하였다.

재 : 범죄 사실이 뚜렷한데도 불구하고 부인하는 이유가 무엇인가?

피 : 경찰의 고문에 못 이겨서 허위진술을 한 것이오.

재 : 피고가 취조 서류에 열두 번이나 사실을 시인하는 도장을 찍었는데?

피 : 그것도 고문 때문이오.

재 : 고문은 어떻게 하던가?

---

2. 1946년 7월 30일자 『서울신문』 기사.
3. 1946년 8월 23일자 『동아일보』 기사.

피: 묶어서 눕혀놓고 물을 먹이며 때리곤 하였소.

재: 고문한다고 허위진술을 해서 징역을 살아야 할까?

피: 고문도 너무 엄청나서,

이때 재판장은 피고가 말하는 고문했다는 경관의 이름을 피고에게 물어 기록한 후 다시 재판장은 고문했다는 경관을 불러 조사한즉, 고문한 사실이 없고 뺨을 때렸다는 검사국의 기록을 낭독하고 피고에게 고문당한 흔적을 보이라 하였는데, 피고는 넉 달 전 일이므로 흔적은 사라졌다고 답변하였다. 그리고 재판장은 피고에게 검사의 취조 경위를 묻는 데 대하여 피고는 경찰의 취조 방식과 전연 달라 온안(溫顔)적 태도로 취조하더란 것과 취조 중에서도 식사를 시켜 과자와 담배를 사서 주더란 사실을 진술하였다. 이때 재판장은 돌연 태도를 엄숙히 고친 후,

재: 피고의 말대로 경찰에서는 고문을 못 참아 진술을 했다고 하나 검사의 취조 기록도 경찰 취조와 별로 다를 것이 없는데, 그러면 검사는 그렇게 안온적 태도로 취조하는데 왜 그 취조 기록도 전부 부인하는가? 하고 질문함에 피고는 조금 어물어물하다가,

피: 검사는 신사적으로 또 온정적으로 취조하였으나 취조실 옆방에 형사들의 그림자가 보이므로 그후의 고문이 겁이 나서 경찰 취조대로 대답했소라고 진술하였다.

그 다음 재판장은 본정경찰서 서장실에서 피고를 취조하던 검사의 태도와 취조 광경 등을 종시 목격하였다는 서장실 급사를 심문한 기록을 낭독한 후 다시 신문의 화살을 피고에게 쏟았다.[4]

9월 3일 제8회 공판: 개정 벽두 피고 박낙종으로부터 조재천·김홍섭 양 검사에게 1

---

4. 1946년 8월 24일자 『동아일보』 기사.

시간에 걸쳐 본정서 지하실에서 고문받은 정경을 진술하고, "이 사건은 사실 무근으로 억울하니 깊이 생각하여 대국적으로 처리하되 특히 공소권을 취하하기를 눈물을 흘려가며 최후로 탄원하는 바이다. 조 검사께서 우리가 고문받은 것을 알지 못했다면 몰라도 뺨 두 대 때린 것 이외에는 모른다고 말하는 것은 매우 섭섭한 일이며, 위폐를 인쇄했다는 작년 10월 하순경에 나는 그달 24일 하필원과 함께 서울을 떠나서 충주·김천·거창을 거쳐 28일 진주에 있었으니, 이 사실은 철저히 조사하여주기를 바라며 오늘 비가 오지만 본정서 지하실에 취조받던 날도 날씨가 흐리었다. 그날 당하던 일을 생각하면 마치 도깨비 장난 같다. 역사가 있고 여러 혁명선열이 죽어간 이 4호 법정에서 그런 도깨비 장난을 재연할 필요가 어디 있는가? 최후로 다시 탄원하는 바이니 박낙종의 설움을 알아주시오" 하고 목이 메자, 옆에 앉아 있던 송언필은 큰소리로 억울하다고 울음을 내어놓자 다른 피고들의 눈에서도 눈물이 흘러내리었다.[5]

9월 7일 제9회 공판 : 공산당원 위폐사건 제9회 공판심리는 2시부터 시작되어 피고 정명환에 대한 사실심리가 개시되었는데, 피고 정은 처음부터 사실을 부인하기 시작하여 급기야 경찰 고문문제에 이르러 실로 3시간이란 장시간을 보내며 고문하였다는 경관을 비난함과 동시에 고문당할 때의 광경에 대한 진술이 있은 후 오후 7시 반에 폐정하였다.[6]

9월 9일 제11회 공판 : 이 사건에 대한 피고의 심경은 어떠한가라는 물음에 송언필은 "대단히 복잡하다. 나는 이 법정에서 두 번의 재판을 받는다. 처음에는 15년 전에 당 법정에서 치안유지법 위반이라는 허구 사실의 죄명으로 5년의 징역을 받았

---

5. 1946년 9월 4일자 『서울신문』 기사.
6. 1946년 9월 7일자 『동아일보』 기사.

다. 작년 8·15를 전후해서 나는 늙으신 어머니에게 이제는 징역은 다시 안 갈 것이라고 말하였다. 해방 후 여기서 또 나오게 되니 감개무량하고 그 분함은 말할 바 없다. 경찰에서 받은 모욕과 고문을 검사에게 호소하여 이 사건을 당신들이 잘 알아서 처리해달라고 하였으나, 기대에 어긋나는 그 태도에 나는 아무 말도 하지 않았으며 차라리 이곳에서 죽어버리자고까지 생각했다"고 백발의 흰머리를 쓰다듬으며 장시간에 걸쳐 진술하였다.

9월 17일 제14회 공판: 심리로 들어가기 전 피고 송언필은 재판장의 허락을 받아 비공식으로 변호사단을 향하여, "미군정이 애써 고문은 절대 하지 말라고 하였음에도 불구하고 2개월에 걸쳐 고문을 받고 끝내 허위자백을 하고 넘어왔다는 것은 이 땅 역사 위에 큰 오점을 던지는 것이니, 이에 대하여 선처해달라는 진정서 혹은 탄원서를 하지 장군과 러치 장관에게 보내도록 해주기 바란다"고 부탁을 하자, 신중히 고려한 뒤에 가부간 알려주겠다고 변호인 측이 대답한 후 정식 개정이 되어 고문을 당하여 상처를 입었다고 하는 피고에 대한 감정이 시작되었다. 이날 피고들의 상처의 감정인으로서 출두한 외과의 최고 권위인 백인제 박사와 안과의 권위인 공병우 박사로부터 각각 피고를 진찰·감정하였는데, 감정서는 추후 자세히 서면으로 제출하리라는바, 제출되는 그 감정결과 여하는 피고들이 이구동성으로 눈물을 머금고 외치는 고문의 진위와 상처의 경중이 판명될 것으로서 극히 주목되고 있다.[7]

9월 20일 제16회 공판: 증인으로서 출동한 윤경옥에 대한 증인 심문이 있었는데, "본정서에서 5월 20일경부터 피고 김창선과 한 감방에 있다가 7월 9일 동 사건 송

7. 1946년 9월 18일자 『서울신문』 기사.

국 당시 석방되었는데, 고문 광경은 보지 못하였으나 김창선의 입을 통하여 고문 당한 이야기를 들었고 또 정판사 사건은 전혀 없는 일이며……"라고 진술한 후…….[8]

10월 3일 감정서 결과 제출 : 양원일 재판장은 앞서 백인제·공병우 두 의사로 하여금 고문 사실 여부를 감정케 하였는데, 3일 제출된 전기 양 씨의 감정서에 의하면 아무런 고문을 하지 않았다는 사실이 명백히 되었다.[9]

10월 22일 결심 공판 : 그 담당검사인 조재천 검사는 장시간에 걸쳐 증거에 의해 상세한 논고를 하였는데 그 골자는 다음과 같다.…… ③ 경찰의 고문에 의하여 피고인들이 입었다는 부위를 의학계 권위자에 감정시켰는바 그것은 외상에 기인한 것이 아니라고 판명되었다.…… ⑫ 경찰서에서 검사국에 송국된 후에도 피고인 중의 수명은 범죄 사실을 의연 자백하였는데, 공판에 와서는 부인하면서 "송국된 후이지만 부인하면 다시 경찰서로 데리고 가 고문할까 염려되어 허위자백한 것"이라고 변명하였다. 그러나 송국 후 도로 경찰서로 보내서 고문하는 예는 절무(絕無)한 것이므로 피고인들은 송국 후에도 아직까지 양심적으로 말하여놓고 공판정에 와서야 죄를 면하려고 전술과 같은 궤변을 안출(案出)한 것이다.[10]

11월 1일 변호사 백석황의 변론 : 나는 피고들의 자백을 세 가지로 본다. 첫째 양심을 전제로 하고 자기의 과거를 개전하는 자백이 있고, 둘째로 아무리 부인해봤자 별 수 없으니 자백할 수밖에 없더라는 것과, 셋째는 고문에 의하여 고통을 참지 못한

---

8. 1946년 9월 21일자 「서울신문」 기사.
9. 피고인들의 주장대로 이미 고문당했다는 날로부터 4개월 이상이 지난 상태에서 고문의 흔적이 남아 있을 가능성은 적지 않았을까. 감정서 원문을 보기 어려운 상태에서 쉽게 판단하기는 어렵다. 1946년 10월 5일자 「동아일보」 기사.
10. 1946년 10월 22일자 「동아일보」 기사.

나머지 없는 사실을 자백하는 것인데, (이 사건) 피고인들의 자백은 결코 개전의 의미에서 한 자백은 아니라고 본다. 만약 피고인들이 이런 큰 범죄 사실에 대한 죄가 크다는 것을 안다면 양심을 바로 가질 리가 없다. …… 그러면 자백하지 않으려는 피고들을 자백시킨 것은 무서운 고문이 아니었을까?[11]

포천 학생사건 — 1947년 2월

포천에서 전단(삐라) 살포 혐의로 구금된 학생이 구금 조사 중 사망한 사건이 발생했다. 남조선노동당 허헌 위원장이 이에 대해 담화를 발표하고 경찰을 비난했다.

∷   포천에서 일어난 삐라 살포의 혐의로서 고문으로 학살하였다는 것은 남조선 경찰의 정체를 여실히 폭로한 것이다. 진정한 경찰의 민주화는 남조선에서 최대 급무의 하나일 것이다.[12]

고문경찰관 체형 선고에 항의하는 경찰 — 1947년 2월

1946년 가을 대구폭동(영남소요사건) 때 대구지방심리원 성주출장소장(등기소장)을 폭동의 선동자라고 고문한 사건이 일어났다. 당시 수사관이었던 수도청 특경대 김동순 경위가 이 사건으로 구속되어 1947년 2월 8일, 서울지방심리원에서 심동구 심판관으로부터 체형 8개월에 집행유예 3년을 선고받았다. 그런데 정작 문제는 그 다음이었다.

∷   수도경찰청 부청장 이익흥을 비롯하여 각 과장과 시내 10개 경찰서장 등 경

---

11. 1946년 11월 1일자 『동아일보』 기사.
12. 1947년 2월 11일자 『서울신문』 기사.

찰 수뇌부 10여 명은 (1947년 2월) 11일 상호 10시 대법원장 김용무를 방문하고 신성한 심판에 간섭함은 온당치 못하다고 강경히 항의하였다는데, 그 내용은 다음과 같다고 한다. …… (김동순 경위 구속) 사건에 있어 김 대법원장은 대구법원장으로부터 엄중 처벌하여달라는 요구보고를 하급관청에 공람시키며 당 심판관에게는 재판소 관계의 일이니 신중 고려하라는 명령이 있었다 하여, 경찰 측은 심판관이 판결한 죄의 경중은 고사하고 대법원장의 직능은 행정상 감독권은 있으나 설혹 부정한 판결이 있다 할지라도 간섭할 수 없다는 견해로서, 이와 같이 심판에 간섭하였음은 유감된 일이라 하여 이날 하오 2시에 이르기까지 토론하였다는데, 동 석상에서 김 대법원장은 상고심에서는 현장조사를 하여 정확을 기하겠다고 언명하였다 하며, 경찰 측은 강경한 태도로 금명간 이상 요지의 정식 항의문을 관계 당국과 김 대법원장에게 지시하리라 한다.[13]

그러나 경찰간부들의 대법원장 항의방문 사건은 즉각 일파만파의 반응을 야기했다. 이것은 일종의 '시위 행동'이었으며 "판결에 대한 이의를 상소의 수단을 통해 얼마든지 상급 재판소에서 주장할 수 있는데도 불구하고 불만의 뜻을 표했다는 태도는 중대한 문제로서 일반 사회의 물의가 비등"되었던 것이다.[14] 당시 관련 당사자들의 반응이다.

김병로 사법부장: 경찰이 항의하였다는 것은 수인의 경찰서장이 사건 내용에 대해 상의한 것이었으며 항의한 것은 아니다. 경찰이 그 내용에 대한 항의가 있을 수 없다.

김용무 대법원장: 이번 경찰의 행동에 대해서는 목하 신중 고려 중이다. 이 문제는

13. 1947년 2월 13일자 『서울신문』 기사.
14. 1947년 2월 16일자 『조선일보』 기사.

경무 당국에서 적당히 처리할 것이다. 그러나 앞으로 그 결과 여하에 따라서는 대법원으로서도 단호한 태도를 취하겠다.

변호사회 이홍종: 판결문에 대해서 경찰이 왈가왈부를 논의하며 이에 대하여 항의 또는 진정을 한다는 것은 천만부당한 일이다. 재야 법조인으로서도 이 문제의 중대성에 비추어 재야 법조를 연합한 회합을 열고 그 시정책을 강구하기로 목하 고려 중이다.[15]

경찰간부들의 대법원장 집단 방문과 항의 행동은 사법부에 대한 일종의 위협이 아닐 수 없었다. '재판 간섭'의 실체적 진실도 문제려니와, 고문 근절을 위해 대법원장이 대구고등법원장의 요청을 해당 재판부에 송부했다고 하더라도 그것이 개인적 압력이나 요구라고 보기는 어렵다. 더구나 그 재판 결과도 반드시 중한 것이 아니다. 집행유예를 선고받은 것이 아닌가. 그런데 경찰간부들이 집단적으로 대법원장을 찾아가 항의했다는 것은 경찰의 위세를 통해 사법부를 능욕한 것에 다름없었다. 그런데 당시 수도경찰의 총수인 장택상 수도청장은 다음과 같은 담화를 통해 경찰을 편들고 나섰다.

∷ 재판의 신성은 평인이나 관리나를 막론하고 절대 간섭치 못함은 근대 법률에 비추어 상식화되었다. 이번에 수도청 직원이 김 대법원장에게 항의한 것은 판결 자체에 대한 것이 아니라 김 대법원장 자신이 간섭했다는 이유에 원인이 된 것이다. 판결에 대한 불복이 있었다면 인민으로서 상고함이 당연하지 항의란 것은 천만부당하다. 김 대법원장 자신이 간섭하였다는 것을 경찰이 항의함은 마치 판결 자체에 대한 항의같이 세간에 유포함은 내 자신도 판단키 어려울 만큼 경찰의 태

---

15. 1947년 2월 16일자 『조선일보』 기사.

도를 왜곡한 것이다.[16]

장덕수 암살사건과 고문 — 1947년 12월

::   노덕술 과장은 이들이 체포되자, 범인의 배경을 알아내기 위해 아무리 달래고 얼러도 입을 열지 않았다. "너희들에게 범행을 지시한 것은 경교장이지?" "왜 엉뚱한 사람을 끌어들이는 거요. 아무리 물어봐도 배경이 없는 것은 없다고 말할 수밖에 없어요." 노덕술 과장의 추궁에도 한결같이 부인했다. "이것 봐. 그럼 좋아. 비행기나 한 번 태워줄까. 세계일주 여행이나 한 번 하면 말을 하겠는가?" 노덕술 과장의 지시에 따라 범인 박광옥과 배희범은 지하실로 옮겨졌다. 잠시 후 범인들의 비명이 지하실에 울려퍼졌다. 그것은 처절한 비명이었다. 그런데도 범인들은 끝내 입을 열지 않았다. ……

예정대로 공개 재판은 3월 2일에 열려 연일 계속됐다. "피고는 장덕수의 살해음모에 가담했는가?" "아닙니다. 가담한 일이 없습니다." "그러면 어째서 경찰이나 미군 수사기관에서 조사를 받을 때는 가담했다고 자백했는가?" "인간에겐 고통을 참는 데 한계가 있습니다. 의지력 갖고는 이겨낼 수 없는 혹독한 고문을 당한 까닭에 허위자백을 한 것입니다." 박광옥, 배희범 피고를 제외한 8명의 대답은 한결같았다.[17]

1947년 12월 2일, 당시 한민당 정치부장이자 유력한 정치인이었던 설산(雪山) 장덕수(張德秀)가 자택에서 괴한의 습격을 받아 사망했다. 위의 인용문에는 친일 경찰이었으며 당시 수도경찰청 수사과장이던 노덕술의 고문 행각이 적나라하게 설명되어 있다. 이미 정치 실권을 장악한 이승만의 잠재적 적이던 김구를 이

---

16. 1947년 2월 18일자 『조선일보』 기사.
17. 서병조, 『흑막의 25시』, 문예춘추사, 1985, 180쪽.

암살사건에 끌어넣으려는, 노덕술의 고도의 정치적 계산이 깔린 사건이었다.[18] 그뿐만 아니라 피고인들 역시 김구를 끌어들임으로써 이 사건의 정치적 성격을 부각시켜 최소한의 처벌을 이끌어낸다는 의도가 있었다.[19] 마침내 사건 공판과정에서 김구가 직접 증인으로 끌려나오게 된다. 다음은 검찰과 김구의 심문과 답변 내용이다.

문 : 내가 장시간에 걸쳐서 질문하는 목적은 선생의 본심을 혹 오해해가지고 아랫사람들이 이런 사건을 일으키지나 않았는가 싶어서 그러는 것인데 어찌 생각하오?

답 : 나는 동족과 조국을 사랑합니다. 그러한 나로서 어느 좌석에서든지 그놈 죽일 놈이니 마니 함부로 말할 리가 없소.

문 : 작년 9, 10, 11, 12 4개월 중에 혹 우연한 기회에 피고인들에게 대해서 언뜻 한민당 중의 장(張) 씨 기타 사람들은 죽일 놈들이라고 말을 한 적이 없소?

답 : 누구에 대해서든지 말한 적이 없소. 이러한 것은 모두 모략에서 나온 것 같소. 이런 친한 동족에 대해서 죽일 놈이니 뭐니 중상할 만큼 그리 박덕한 나라면, 그런 박덕한 나를 따를 사람이 없을 것이오. ……

문 : 그렇다면 선생의 제자격인 피고인들이 진술한 것마다 왜 한결같이 선생과 관련한 내용으로 부합 일치할까요?

답 : 알 수 없지요. 그러니까 모략이라 생각됩니다.

18. 경찰에 이어 검찰 역시 김구를 이 사건과 연관시키려는 시도를 끝없이 하고 있다. 예컨대, 1948년 3월 18일 제12회 공판에서 검사는 최중하에 대한 신문에서 "혈서 서약서는 왜 김구 씨에게 갖다주었는가"라고 질문했고, 그에 대해 "조선 학생이 아직 독립운동 정신을 상실치 않았다는 것을 독립운동을 하는 최고 영도자 김구 씨에 전달하여 기쁨을 드리기 위한 것이다"라는 답변이 오고 갔다. 1948년 3월 19일자 『경향신문』 기사.
19. 최중하가 김석황에 보낸 편지가 증거품으로 법정에 제시되었다. 그 내용에 따르면 "우리가 김구 주석을 끌고 들어가는 것은 나 개인을 위함이 아니고 이번 사건을 해결하려고 합니다. 즉 우리들에게 언도되는 처벌은 정치적 처벌과 순전한 법률적 처벌이 있는데, 순전한 법률적 처벌에 따르면 다수의 희생자를 낼 것이고 정치적 처벌에 따르면 최소한에 그칠 것입니다. 그런데 김구 씨를 이에 관련시키는 것이 가장 첩경으로 우리는 김구 씨를 이에 관련시킬 것이다"라고 하고 있다. 1948년 3월 20일자 『동아일보』 기사.

문: 누구의 모략이란 말이요?

답: 그것을 이루 다 말하자면 모 단체나 개인에 관한 것이 나오겠지만 어쨌든 나는 왜놈 외에는 죽일 리가 없다. ……

문: 그러면 김석황은 선생을 가르쳐 거짓말을 한 셈이요.

답: 그렇소. 거짓말을 안 할 수 없는 환경에서 그리된 것 같소.

문: 무슨 환경으로 그랬을까요?

답: 그야 경찰에서 고문도 했다고 합디다.

문: 그것은 확실히 보고 한 말이요. 짐작으로 한 말이요?

답: 내 눈으로 고문을 하는 것이야 보지 못했지만 고문했다는 소문을 들었소.

(이때 재판장은 다소 흥분된 어조로 검사더러 그것은 중요한 일이니, 확증이 있어 말한 것인지 풍문을 듣고 한 것인지 철저 추궁하라고 지시하였다.)

문: 고문 운운에 대해서는 증거를 확립시키든지 그렇지 못할진대 곧 취소하든지 두 가지 중에 하나를 택하시오.

답: 그런 말을 누구한테서 들었다고 지적해 말할 수는 없지만, 가령 모모 신문도 봤고 또 피고의 진술 내용도 보니 도대체 불순한 점이 있소. 그런 점을 보아서 생각건대 스스로 그런 느낌이 듭니다.

문: 그렇다면 고문했다는 확증은 없지요?

답: 그렇소.

문: 직접 어떤 특수한 개인한테서 정보를 들었소?

답: 그렇게 똑바로 지적할 수 있는 기억은 없으나 경찰에서 몽둥이로 피의자를 때린다는 말은 많이 들었소.

문: 독립지도자인 선생이 일개 풍문을 가지고 그런 말을 한단 말이오?

답: 풍문이라도 번번이 들었으니까 말입니다.[20]

법정의 분위기가 김구에게 몹시 적대적이고 모욕적임에도 김구는 잘 대응하고 있었다. 여기서도 고문이 핵심적인 논점으로 등장했다. 이 사건의 피고인 신일준은 공판에서 자신에 대한 조사를 진행한 미군 수사기관원이 심각한 고문을 가했고, 그것 때문에 당시 작성한 진술서는 허위라고 주장했다.

::   장 씨 사건 군율재판 제14회 오후 공개재판은 오전에 계속하여 신일준에 대한 검사 심문으로 개정되었다. 신은 검사·증거품 12호로 접수되어 있는 미군 조사 기관에서의 자기진술서를 고문이 심하여 실신상태에서 작성한 것이니 전연 허위라고 이를 전적으로 부인하였다. …… 피고 신은 다음과 같이 진술하였다. 1947년 12월 29일, 동 30일, 1948년 1월 3일, 동 8일의 네 차례에 걸쳐 고문을 당하였는데 조선 다듬이 방방이로 두골을 맞았다. 그동안 고문으로 세 번 기절하였으며, 손톱이 빠지고(손을 제시) 가슴에 어혈이 생겼다. 때린 사람은 시종 한 사람인데 레리라든가 하는 특별조사관 서양 사람이다.[21]

제15회 공판에서는 고문에 못 이겨 허위로 진술했다는 조상항 피고인에 대한 검사의 추궁이 있었다.

검사 : 고문은 매번 같은 사람에게 당하였는가?
증인 : 한 번밖에 안 당했소.
검사 : 그의 이름을 아는가?
증인 : 알지 못하오.
검사 : 그의 형용이 어떠하든가?

20. 1948년 3월 14일자 『조선일보』 기사.
21. 1948년 3월 24일자 『조선일보』 기사.

증인: 아무 특징이 없으므로 형용하기 어렵소.

검사: 무엇으로 때렸소?

증인: 방망이로 때렸소.

검사: 지금도 맞은 흔적이 있는가?

증인: 없소. 흔적이 있을 정도는 아니었소.[22]

또 다른 피고인 김중목 역시 고문을 호소했다. 그는 미군 CID(범죄수사대)에서, "조선 경찰에서 15일간 문초를 받은 뒤이므로 지금도 정신을 차릴 수가 없으니 며칠만 여유를 달라고 했으나 허락하지 않았다"라고 주장하고, "아홉 차례에 걸친 문초 상황에 대한 심문 응답으로 문초 당시 쇠로 만든 재떨이로 맞은 사실, 대나무를 손가락 사이에 끼우고 비틀더라는 사실"을 폭로했다.[23] 당시 '조선 경찰'에서 조사를 책임진 사람은 바로 노덕술이었다. 그런데 그는 법정에서 뻔뻔스럽게도 "자신은 직접 문초를 담당하지 않았으므로 고문 현장을 보지 못하였다"라고 증언했다.[24] 미군 의관 리민스 중위의 증언을 보면 피고인들의 고문 주장이 모두 사실로 인정된다.

> :: 김석황의 머리에 상처로 인한 딱지를 발견할 수 있다. 이 상처는 어떠한 타격을 가하여 생긴 것이며, 약 한 달 전에 발생한 것으로 생각한다. 신일준은 머리, 가슴, 손가락에 약간의 상처 흔적을 발견할 수 있다. 머리에 뚝 불거진 것은 역시 타격으로 인한 흔적이며 가슴에 벌건 멍도 그러하다. 손가락은 손톱이 빠졌는데 이도 타격으로 인한 것으로 생각하며, 이상의 상처도 두 달 전에 발생한 것이다. 김

---

22. 1948년 3월 25일자 「동아일보」 기사.
23. 1948년 3월 27일자 「조선일보」 기사.
24. 1948년 4월 1일자 「조선일보」 기사.

중목은 이마와 손가락 사이의 상처 흔적을 볼 수 있는데, 이마는 타격으로 인한 상처이고 손가락 사이의 상처는 무엇을 끼어서 비튼 결과로 생겼다고 보는 것이 가장 가능성이 많다.[25]

고문사건과 유치장 감찰을 둘러싼 검·경의 대립 — 1948년 3월

:: 　　금월(1948년 3월) 17일 상오 11시경 절도 혐의로 서울시 서대문경찰서에 구금되어 있는 사법부 내 미인 고문관실 전용 자동차 운전수 윤종인이 심한 고문을 당하여 빈사상태에 있다는 정보를 접하고, 인권옹호에 만전을 기할 것을 지상명령으로 하고 있는 우리 검찰관으로서는 그대로 방치할 수 없으므로 서울지방검찰청 조동진 검찰관을 동 경찰서에 출장케 하여 그 진상 여하를 조사하려 하였으나, 동서 수사주임 김원석이 수도관구 경찰청장의 명령 없이는 유치장을 검찰관이라도 보여줄 수 없다고 완강히 거절하므로 검찰관은 부득이 귀청하여 차석 검찰과 엄상섭에 보고하자, 엄 씨는 곧 동서 수사주임 김 씨의 부당함을 질책하는 동시에 동서장으로 하여금 등청케 하여 이에 대한 사유를 설명하도록 요구하였으나 아무런 소식도 없어 재삼 동서에 갔던바, 장기상 서장 역시 수도관구 경찰청장의 명령 없이는 검찰관의 요구에 응할 수 없다고 하여 끝끝내 유치장 조사를 거부하였고, 다시 다음 18일 상오 10시경 본 (검찰)청장으로부터 수도관구 (경찰)청장에게 전화로 조회하였던바 법률에 근거 없는 명령을 발하고 있다고 수도청장은 말하였는데, 사법경찰관이 유치장 검열을 거부한다는 것은 남조선에 현행 법규로 보아서 도저히 있을 수 없는 일이며 그 부당성은 삼척동자라 할지라도 이해할 수 있는 말이다.[26]

---

25. 1948년 4월 1일자 「조선일보」 기사.
26. 1948년 3월 20일자 「조선일보」 기사.

1948년 3월 서울검찰청 29명의 검찰관이 하지 중장, 사법부장, 검찰총장에게 보낸 진정서이다. 고문으로 빈사상태에 있는 피의자를 만나기 위해 유치장 감찰을 가겠다는 검찰관을 경찰에서 거부해버린 것이다. 당시 수도경찰청장은 담화를 통해 "우리 경찰은 민주주의식으로 경무부장도 경찰청장을 경유하지 않고는 일선 경찰서장에게 직접 명령하는 제도가 없다. 이후는 검찰관께서 일선 경찰의 사무연락을 하시랴거든 일선 주임급과 싸우지 말고 수도청장을 경유하시면 알선할 용의가 있소"[27]라고 야유조의 반박까지 하고 나섰다. 경찰은 완전히 안하무인의 기세등등한 기관이 되었다. 검찰관 측에서는 다시 장문의 반박성명서를 발표해 신문에 대서특필했다.

::   …… 19일 수도청장은 어디까지라도 자기 부하의 취한 태도가 정당하다는 성명서를 발표하여 우리 검찰관 전부를 야유하였다. 현명하신 동포 여러분, 민주주의가 고조되고 있는 금일에 있어서 고문피해자인 듯한 사람을 검증하러 가는 검찰관이 일일이 청장의 허가를 얻어야 되겠는가? 이러한 일은 현행 법칙상으로나 조리상으로나 용인되어서는 안 된다. 그 현행 법규가 일제시대의 유물이니 준수할 필요가 없다는 것이 장 청장의 견해인 듯하나, 악법이라도 무법보다는 좋다는 것이 법치국가의 원칙이다. 이 법규는 미군정 법령 제21호에 의하여 일제시대 법률 중에서 치안 확보에 필요한 법률만은 당분간 존속시킨 것임에 장 청장 자신도 그 법령에 의하여 직무를 수행하고 있는 것이다. …… 경찰관의 명령으로 법률을 무력화시킴은 결국 법치국가를 매장시키고 경찰국가를 실현시키는 것이다. 동포 여러분, 경찰국가와 법치국가가 그 어느 편이 민주주의적일까, 혹은 사소한 일로 다투는지는 모르나 법질서의 유지를 위하여 우리는 일보도 퇴각 못하겠다. …… 그

---

27. 1948년 3월 20일자 「서울신문」 기사.

리고 한 가지 명백히 해둘 것은 일제 유해일망정 유용성 있는 법률을 비난하면서 그들이 남겨둔 해독 중에 최고급 해독이던 소위 고문에 관한 진상조사를 하는 데 대해서는 왜 그다지 말썽이 많은가? 검찰관의 검증을 거부하는 행동은 형법상의 직권남용의 죄를 구성할 수도 있는 것으로 도리어 검찰관이 이번에 직무 수행의 장해를 받은 것이 아닌가? 동포 여러분, 소아적 감정에 사로잡히지 말자. 냉정한 이성만이 우리를 정도로 이끌어줄 것이다.[28]

무력을 직접 장악하고 실력으로 거부하는 경찰에 대해 검찰이 이렇게 국민에게 직접 호소하는 지경이 되고 말았다. 사태가 이렇게 되자 조선변호사회 서울지회와 서울법조회에서도 다음과 같은 성명을 발표했다.

① 경찰관이 검찰관의 임검을 거부하는 그 장소 여하를 불문하고 위법이다.
② 금번 검찰관의 임증하겠다는 이유는 피의자 윤 모가 경찰 고문으로 인하여 중상을 당하였다는 진부를 조사하려고 하였다는 것이다.
③ 그러므로 우리는 이 사건을 계기로 하여 검찰 및 경찰 당국은 솔선 준법정신을 배양하여 법치국가의 초석이 되어주기를 절망하는 바이며, 만일 이에 위반하는 자이면 그 지위 여하를 불문하고 책임의 소재를 규명하여 단호한 처치가 있기를 바라는 바이다.[29]

경찰의 최고책임자이면서도 장택상 수도청장에게 열세를 면치 못하고 있던 조병옥 경무부장이 다음과 같이 어정쩡한 내용의 담화를 발표하면서 이 사건은 끝이 났다.

28. 1948년 3월 21일자 「조선일보」 기사.
29. 1948년 3월 23일자 「조선일보」 기사.

∷　소위 서대문경찰서 유치 피의자 고문 검증 거부문제에 대하여 검찰과 경찰 간의 대외적 발표가 왕래함으로써 검찰, 경찰 간에 마찰에 대한 우려가 정도 이상으로 세간에 유포됨에 대하여 유감으로 생각한다. 검찰 문제에 대하여 기실 경찰로서는 거부한 사실이 없다. 다만 국립경찰과 외부기관 간 수립한 교섭 절차의 준수 및 시행이 도를 넘고 묘를 얻지 못한 까닭에 이 차질이 생긴 것이다. …… 그러므로 검찰관의 수사 행사에 대한 장해를 예방하고 검찰과 경찰 간 관계를 원활히 하여서 수사상 협력 일치를 기하고자 한다. 본관은 경찰에 다음과 같은 사항을 지시하였다.

① 사법경찰은 경찰관의 일반 수사상 지시를 복종할 것은 물론 검찰관이 경찰관의 장에게 통고하고, 그 장의 입회하에는 검찰관은 하시든지 유치장급 그 수용인의 검증을 실시함을 득함.

② 검찰관이 범죄수사상 필요하여 경찰관에 대하여 법률에 의한 출두명령을 발할 때에는 명령을 받은 경찰관은 소속 장관에게 보고하고, 그 소속 장관이 관의 필요상 출두를 금하지 않는 이상 출두명령을 거부함은 부득함.[30]

김두한에 대한 사형 선고 — 1948년 3월

∷　김두한 외 15명에 대한 군사위원회의 재판은 1948년 2월 12일 종결되었으나 동 위원들은 그 판결 내용을 발표하지 않았는데, 남조선 주둔 군사령관 하지 중장은 3월 15일 다음과 같이 발표하였다.

동 위원회는 2명의 살해, 폭동, 사형(私刑), 기타 신체에 대한 고문을 감행한 피고들에게 유죄를 판결하여 다음과 같이 선고한다. 교수형 김두한, 김영태, 신영균, 홍만길, 조희창, 박기영 등 14명 …….[31]

---

30. 1948년 3월 23일자 『동아일보』 기사.
31. 1948년 3월 18일자 『동아일보』 기사.

그러나 하지 중장은 김두한을 제외하고는 교수형에서 종신형 등으로 감형했고, 김두한도 극동사령부 총사령관의 승인과정에서 교수형은 면했다.

고문·살인경관에 대한 기소 — 1948년 5월

:: 혹독한 고문으로 피의자를 치사케 하고 법망에 걸려 기소된 경찰관이 있다. 즉 남원경찰서에 근무하는 양해명 순경은 지난 2월 20일 남원 쌍교리에 거주하는 양준태라는 자를 가택 침입, 절도 혐의로 구속 취조하던 중 취조의 틈을 타서 도주하려는 혐의자의 행동에 분개한 나머지 무수히 구타한 것이 원인이 되어 피의자는 드디어 3월 25일 유치장에서 사망하였다고 한다. 전주검찰청 남원지청에서 양 순경을 검속하여 엄중한 취조를 한 결과 그 사실이 판명되었으므로, 지난 27일 1건 서류와 함께 전주심리원에 기소하였다고 한다.[32]

인민해방군사건 — 1948년 6월

'인민해방군사건'에서도 고문의 주장이 있었다. 다음은 1948년 6월 4일 오후 2시에 있었던 이 사건의 제3회 공판 진행 내용이다.

:: 인민해방군사건은 부산지심에서 공판을 속행하고 있는데 …… 전 『인민해방보』 주필 이영근 본인은 사건 발생 후 2개월 뒤에 서울서 체포되었는데, 7명의 형사가 구타하여 찬물을 퍼붓고 또는 불로써 위협하여 빈사상태에 이르기까지 고문을 당하여 유도 문초로 모두가 허위의 사실을 꾸민 것이니, 본 사건을 공평하게 재판하려거든 피고 3명을 고문한 연인원 210명의 형사도 이 자리에 같이 심판하라고 말하였으나 재판장은 이를 제지하였다.[33]

---

32. 「고문, 살인경관 양해명을 축(逐) 기소」, 1948년 5월 25일자 『조선일보』 기사.
33. 1948년 6월 9일자 『조선일보』 기사.

제3장

이승만 정권과 고문

01
이승만 정권의 역사적 성격

1. 친일파의 등용과 사찰기관 장악

:: 　한반도를 통치하는 데 있어서 일본 제국주의자들은 두 개의 폭력장치를 두었다. 그것은 경찰과 헌병이었다. 이 양대 폭력집단에는 1만 명이 넘는 조선인이 일하고 있었다. 해방이 되자 이들 일제 경찰, 헌병 출신들은 '생존을 위한 투쟁'에 직면하게 됐다. 북한에선 소련군과 공산당에 의해 많은 친일 부역자들이 추방 기소되고 투옥 사형되었다. 이를 피해 수많은 일제 경찰 출신들이 살길을 찾아 남쪽으로 내려왔다. 남한의 일제 경찰들은 놀라운 현실 감각과 기민한 변신, 그리고 굳은 응집력으로 전환기에 대응했다.

…… 정부 수립 뒤 일제 경찰 출신들은 계속해서 경찰권을 장악하여 온갖 음모와 술수로써, 친일파의 단죄를 노리는 반민특위를 와해시킨다. 일제 경찰 출신의 일부와 일제 헌병 출신들은 군의 수사기관도 휘어잡아 이승만 정권을 지키는 양대

파수꾼 역할을 맡게 됐다. 부산정치파동을 전후하여 이 양대 조직은 독재의 장기화 공작을 위해 수많은 고문, 조작, 살상을 감행했다. 그들은 이런 과정에서 과거의 후견인이었던 한민당 세력을 탄압하는가 하면 정의감이 강한 독립투사들을 주로 희생시켰다. ……

그러나 4·19와 5·16은 8·15 때와 마찬가지로 일제 경찰들을 단죄하지 못했고, 오히려 그 유산을 이어받고 말았다. 일제, 미군, 한민당, 이승만 등 민족과 정치노선이 상반된 여러 권력집단을 섬기는 데 이력이 난 경찰은 5·16 뒤에는 군부통치집단을 새로운 주인으로 모시게 됐다. 이런 변신의 과정을 통해 일제 경찰 출신들은 이 땅에 가치관의 전도, 고문, 용공조작, 그리고 교묘한 변명의 논리를 확산시킴으로써 사회정의를 황폐화시키고 관민 간에 위화감과 불신감을 조장하는 데 크게 기여하였다.[1]

독립 후 새로운 민족자주국가가 건국되면서 당연히 사라졌어야 할 친일 인맥이 그대로 다시 등용되었다. 더군다나 독립운동가들을 탄압하고 고문하던 경찰과 헌병들이 새로운 공화국의 사찰·수사기관을 대거 장악함으로써 일제시대와 다를 바 없는 상황이 되었다.

:: 　조병옥과 장택상의 친일 경찰 중용 소신이 드러난 것은 1946년 1월에 있었던 서울 시내 8개 서장 임명이었다. 서울 시내 8개 경찰서 서장 자리는, 반탁운동 때 8개 경찰서 서장들이 동조하여 해임됨으로써 비어 있었다. 서장으로 새로 임명된 이들은 모두 전직 일제 경찰이었다.[2]

1. 조갑제, 『기자 조갑제의 현대사 추적 2―고문과 조작의 기술자들』, 한길사, 1987, 11~12쪽.
2. 조갑제, 앞의 책, 25쪽.

해방 전후 친일 경찰 직책의 변화

이름	일제 시기의 마지막 직책	해방 뒤의 직책
이익흥	평북 박천서장	내무장관
윤우경	황해 송화서장	치안국장
손석도	서울 성동서장	중부서장
최 연	경기도 형사과장	수도경찰청 고문
노덕술	평남 보안과장	수도청 수사과장과 헌병 중령
최경진	총독부 경무국 사무관	수도청 차장
노주봉	전남도 경시	전남경찰부장
전봉덕	경기도 보안과장	헌병 총사령관

:: 그뿐 아니었다. 1940년 이후 봉화경찰서의 경부로 있으면서 민심을 등졌던 안덕화도 대구경찰서의 부서장이란 요직에 올랐다. 또 상주경찰서장 천규문처럼 경북도 내 각 군 경찰서의 간부였던 사람들이 해방 후 대부분 1계급 승진하여 2급지 경찰서장 또는 1급지 경찰서 과장으로 들어앉았다.[3]

이런 현상은 서울과 경북만이 아닌 전국적인 상황이었다. 위의 표는 한국인으로서 일제 경찰의 경시(지금의 총경급)까지 올랐던 고위직 인사들이 해방 뒤에 어떤 직책으로 변했는지 정리해본 것이다.[4]

일제의 경찰은 처단되기는커녕 모두 승진하거나 주요 직책을 부여받았다. 심지어 해방되고 새롭게 나라가 건설된 지 15년이 지난 1960년까지도 총경 이상 70%의 경찰간부가 일제시대의 경찰 출신이었다고 한다.[5] 경찰만이 아니었다. 보안사의 전신이라고 할 특무대의 경우도 마찬가지였다.

---

3. 정영진, 『폭풍의 10월』, 한길사, 1990, 209쪽.
4. 조갑제, 앞의 책, 13쪽.
5. 서이종, 「이승만정권의 권력구조 형성과 관료·경찰·군부의 역할」, 『한국현대사를 어떻게 볼 것인가』, 열음사, 1989, 165쪽.

::   숙군 작업으로 전문 수사요원들이 많이 필요하게 되어 경찰관들을 특채하게 되었다. 수도청 사찰과 형사들과 일제 헌병 출신들이 수십 명 들어왔다. 경찰 출신들은 주로 일제시대부터의 경험자였다. 노엽, 이진용(일제 경찰 출신), 도진희(일제 경찰 출신), 장보형(조선군 헌병 출신), 장복성(일제 경찰 출신) 같은 이들이 이때 특무과로 들어왔다.[6]

특무대는 원래 군 정보국 산하에 설치된 정보3과에서 출발했다. 그러나 일제 헌병 출신인 김창룡이 부대장이 되면서 사실상 독립부대로 바뀌었고, 이것이 나중에 보안사령부로 변천해간다. 김창룡은 1916년 7월, 함남 영흥에서 태어났고, 1937년 북중국에 주둔하고 있던 일본 헌병대의 군속이 되었다. 처음에는 사환으로 있었으나 궂은일을 성실하게 하여 3년 후 관동군 헌병보조원이 되었다. 다시 헌병 하사관이 된 뒤 중국인들의 항일조직을 파괴하는 정보수집 업무에 종사했고, 해방 뒤 북한에서 전범으로 지명되어 사형 선고를 받고 남쪽으로 탈출했다. 서울에서 만군 출신 장교 박기병의 소개로 원용덕(나중에 헌병총사령관으로 승진)의 추천을 얻어 5연대 사병으로 들어갔다가 육군사관학교 3기로 입학, 임관했다. 제1연대에 배속된 그는 정보 소대장으로서 군내의 좌익 색출을 담당했다. 6·25 전쟁 발발 후 1950년 8월 1일, 부산 CIC(미군 방첩부대) 대장으로 임명되었다. 서울 수복 후에는 군·검·경 합동수사본부장을 맡아 부역자들에 대한 수사를 총지휘했다. 또한 계엄하에서는 합동수사본부장으로서 이승만에게 직접 보고할 수 있는 루트를 이용해 권력을 독점했다. 그는 수많은 일제 고등계 형사와 헌병 출신들을 휘하에 두고 고문을 통한 정치사건 조작에 열을 올렸다.

6. 조갑제, 『기자 조갑제의 현대사 추적 2 — 고문과 조작의 기술자들』, 한길사, 1987, 62쪽.

::　　아는 사람은 다 안다는 1950년대 그 유명한 김창룡, 일인지하 만인지상(一人之下 萬人之上)의 권력을 휘어잡고 이승만의 오른팔 노릇을 하면서 권력을 지탱시켜나갔던 육군특무대장 김창룡. 1993년 2월 MBC의 〈제3공화국〉에서도 잠시 비췄듯이 상관인 참모총장도 마구 대할 수 없었던 인물. 그 시대를 살았던 사람들은 김창룡을 여러 가지 다른 이름으로 부르기도 하였다. 숙군을 여러 차례 감행하여 '숙군의 마왕', 교활하기가 그지없다 하여 '스네이크(뱀)', 냄새 잘 맡고 한번 물면 잘 놓질 않으며 주인에게 충성스럽다 하여 '진돗개', 포악하기가 네로와 같다해서 '폭군 네로' 따위가 그에게 붙여진 별명이었다. 1950년대, 누구나 그와 마주쳤을 때 "당신 마음이 이상해요" 하는 말을 들으면 가슴 졸이며 으스스 떨어야 했다고 한다. 그 한마디는 "당신 용공(容共)이지" 하는 말과 같았기 때문이었다. 말이 말만으로 끝나는 것이 아니라 숱한 사람들이 '빨갱이'로 몰려 그에게 희생되어야 했다. 그렇게 해서 그는 남들도 스스로도 인정하는 '타공전선(打共戰線)의 제1인자'가 되었다.

…… 1947년부터 김창룡이 암살된 1956년 1월까지 10여 년 동안 일어났던 큼직큼직한 사건 뒤에는 많은 부분 그의 손길과 발자취가 닿아 있었다. 김창룡이 피살된 뒤 당국에서 든 그의 업적만도 이렇다. 8·15 직후 제1연대 장교식당 독살사건 발각, 초대 군감사령관 이병주 체포, 15연대장 최남근 중령 체포를 비롯한 수차례의 숙군사건, 제1차 미소공위 소련 대표 촬영사건 처리, 남로당 군사부책 이재복 체포, 남로당 조직부장 이중업 체포, 남로당 비서 김형육(金炯六) 체포, 간첩 김수임 체포, 김삼룡·이주하 체포, 송호성 경비대 총사령관이 좌익과 한 연락 폭로, 남로당 군사부장 김영식 체포, 남로당 잠복공작 완전 분쇄, 남로당원 승려사건, 인민공화당 경남위원장 김동산 체포, 걸인 가장 유격대원의 탄약고 파괴사건, 남로당 경상도책 안소주 체포, 밀매부로 가장한 여성유격대원 타진, 괴뢰군 환영 인애회(仁愛會)사건 검거, 인민재판소 반동분자 조사대원 검거사건, 벽보사건, 조방(朝紡)

사건. 이밖에도 김창룡이 관련된 것으로 '인민해방군사건' 적발, 그의 부하 도진희에 의한 동대문 민보단장 고희두 고문치사사건, 관(棺)사건, 부산 금정산 공비위장사건, 동해안 반란사건, 정국은 국제간첩사건, 국가원수 암살미수사건, 원면사건 등 많은 사건 있었다.

…… 6·25가 일어났을 때 경남지구 특무대장직을 맡은 김창룡은 대령이 되었다. 9·28 수복 후에는 경인지구 특무대장이 되었으며, 부역자들을 가려내는 군·검·경 합동수사본부의 본부장으로서 막강한 권력을 손에 넣기 시작하였다. 이 합동수사본부는 곧 국회에서 "아무런 법적 근거 없이 만들어졌으며 많은 사건을 조작하여 선량한 사람들이 피해를 입었다"고 규탄받아 1951년 5월 해체되었지만, 김창룡은 육군특무부대장으로 영전되었다. 김창룡은 그 뒤에도 이승만의 신임을 얻고 정권 수호에 혁혁한 공을 세워 53년 준장, 55년 소장으로 순탄한 승진의 길을 걸어갔다.

이즈음에 일어난 '관사건'은 많은 청년들이 상복 차림으로 상여를 메고 대구시로 향하고 있는 것을 조사해보니 관 속에 카빈소총 50여 자루가 들어 있어 김창룡이 모두 잡아들였다는 것인데 조작극이었다고 한다. 비슷한 시기에 있었던 '부산 금정산 공비위장사건'은 대구형무소에 갇혀 있던 중형수들에게 큰일을 치르고 나면 석방해주겠다고 꼬여 부산 금정산으로 끌고 가 공비로 위장시키고 있다가 모조리 사살하면서 부산에 계엄령을 선포한 사건이었다. 1951년 서창선 대위 살해사건으로 오랫동안 대구형무소에 수감되어 있다가 4·19 직후 석방되어 나온 서민호 의원이 주장하였다. 이승만 정권이 부산정치파동을 일으키면서 계엄령 선포의 구실을 그렇게 만들었다는 것이고, 그러한 공작을 김창룡이 꾸몄다고 한다.[7]

7. 박준성, 「김창룡과 그의 묘갈」, 역사학연구소 웹사이트(http://www.ihs21.org) 자료실 참조.

그러나 김창룡의 고문을 통한 정치적 사건 조작과 군부 내의 전횡은 많은 군부 지도자들에게 분노와 미움을 샀고, 마침내 1956년 1월 30일에 허태영 대령을 중심으로 한 일부 간부 군인들의 총격을 받고 김창룡은 사망했다. 허태영은 법정에서 김창룡의 죄를 다음과 같이 요약했다.

① 자신의 영달을 위해 상관과 동료를 무자비하게 중상모략하였고,
② 허다한 사건을 조작하여 자신의 공적처럼 대통령에게 보고하였고, 심지어 대통령의 환심을 사기 위하여 육사 졸업식에서 대통령 암살음모 미수사건을 조작하여 허다한 사람들을 희생시켰으며,
③ 군 고위 장성의 이간을 획책하여 군의 단결을 저해하였으므로 육군의 장래를 위하여 제거하려 했다.[8]

이렇게 하여 이승만 정권의 '3대 파수꾼'이라고 불리는 경찰, 헌병, 특무대가 성립되었다. 그 안에는 일제 때부터 경험을 쌓아온 고문 전문가들이 득실거리고 있었다. 이승만 정권이 어떻게 권력을 유지하고, 그 아래에서 얼마나 많은 사람들이 고문의 고초를 겪을지 뻔히 예상되는 장면이다.

2. 일제 고문기술의 승계와 발전

일제 경찰과 헌병들의 사찰·수사기관 장악은 곧바로 이들이 과거 일제 때 독

---

8. 서병조, 『흑막의 25시』, 문예춘추사, 1985, 162쪽.

립운동가들을 탄압하고 억압하던 그 수법을 그대로 승계했음을 의미한다. 특히 그들이 익숙하게 사용했고 경험했던 고문기술과 방법이 그대로 이어졌다.

더구나 남북 관계의 대결 구도와 좌우의 갈등, 독재체제의 강화 등 당시 국내의 상황은 이들의 고문기술이 유용하게 쓰일 토대와 환경을 제공했다. 정치적 사건을 만들고 조작함으로써 상대편을 파괴하는 전략을 이용한 것이다. 당시 국내 좌익과 이승만 정권의 단정을 비판하던 독립운동가들이 주된 대상이 되었다. 어제까지 일제 식민지에서 고문하던 가해자가 새로운 독립국가의 경찰이 되어 다시 고문자가 되고, 어제까지 그 경찰에게 고문당하던 독립운동가가 오늘 다시 고문대 위에 올라가야 하는 역사의 아이러니였다.

> :: 이틀을 경찰서에서 보냈는데 놀랄 만한 일들이 있었지요. 나는 경찰이 각이 날카로운 나무몽둥이로 사람들의 정강이를 때리는 것을 보았습니다. 경찰들은 사람 손톱 밑에 뾰족한 나무조각을 쑤셔넣는 짓도 했지요. 내가 기억할 수 없을 만큼 많은 사람들이 물고문을 받았어요. 그들은 한 친구의 입에다 고무 튜브로 계속 물을 퍼부어 거의 질식할 지경으로 만들어놓았지요. 또한 경찰들이 쇠몽둥이로 한 사람의 어깨를 갈기고 그를 쇠고리에 매달아놓는 것도 보았어요.[9]

외국인의 눈에 비친 일선 경찰서의 풍경은 당시 이 나라에서 독버섯처럼 번진 고문과 가혹행위의 실상이 어떠했는지를 잘 보여준다. 이렇게 일제의 고문 전문가들이 모여든 경찰과 헌병대, 특무대 등에서 그 전문성을 살려 사건들을 만들어낼 것임은 뻔한 일이었다. 때로는 이런 기관들이 난립해 서로 경쟁이 붙기도 했다.[10] 민간인을 군 정보기관이 연행, 조사하는 경우도 있었다. 과잉 경쟁과 수

---

9. 마크 게인, 『해방과 미군정』, 까치, 1986, 87쪽.

사는 필시 사고를 일으키게 마련이다. 초대 법무장관을 지낸 권승렬의 증언은 당시 상황이 어떠했는지를 잘 보여준다.

:: 미군정 당시에 헌병이 있는 동시에 정보기관이 있었습니다. 그 정보기관은 헌병과 같은 처지에 있어서 일반인에 대해서 수사도 하고 군에 대한 수사도 했습니다만 그것은 법적 근거가 전혀 없었습니다. …… 국가보안법이 제정된 이후에 군내의 좌익을 숙청하는 데 있어서 방첩대원이든지 군 정보기관이 많은 활약을 해왔고, 그때에는 일반에게 박수를 받다시피 좋은 일을 해왔습니다. …… 대개 범죄가 군인과 일반인이 관계가 되어 있는 범죄가 있을 뿐만 아니라, 사상 문제에 있어서는 군인과 일반인 적색분자와는 연락이 많이 있었습니다. 그런 관계로 방첩대원이나 정보원들은 군인을 먼저 조사하지 않고 일반인을 먼저 조사했고, 일반인에게서 단서를 얻어가지고 군인을 조사하는 이런 현상이 나타났습니다. 그것이 차차 자라서 좌익 계열을 박멸하는 이외에 일반 형사범에게까지 정보기관에서 수사를 하고 심지어는 고문을 하는 곳도 있고 사람을 살상한 곳도 있었습니다. 이런 문제로 해서 일반의 여론은 대단히 팽창했었고 정부 당국에서도 어떻게 했으면 좋겠는가 하는 생각이 있었습니다.[11]

그러나 정부 수립 직후에만 고문이 성행했던 것은 아니다. 고문은 지속적으

10. 수사기관들이 난립해 경쟁을 하다 보니 고문치사 등의 부작용이 심각했다. 그 결과 이른바 '수사기관 일원화' 논의가 일었다. 당시 권승렬 법무장관이 기자회견에서 이에 대해 다음과 같이 언급했다. "수사기관 일원화는 원래 법적으로 되어 있는 것이다. 검찰이 최고 책임을 가지고 그 아래에 사법기관이 있는 것이다. 일반은 사법경찰이 취체하고, 산에서는 산림경찰이, 배에서는 선장이 취체를 할 수 있는 것이다. 그런데 요즈음 문제가 된 것은 검찰관의 지시 없이 방첩대 정보원이 권한 없는 일을 하였기 때문인데 그래서 지난번 연석회의에서 헌병은 군인과 군속을 취체함을 원칙으로 하되, 그와 관련이 있는 일반인에 관해서는 형사소송법에 의한 영장 교부를 받으면 할 수 있는 예외만 인정하게 되었으며 ……." 1949년 10월 20일자 「조선일보」 기사. 그러나 이것은 이론일 뿐이고 실재는 여전히 혼란스러웠다. 심지어 5공 때까지 보안대가 민간인을 잡아다 고문하지 않았던가.
11. 권승렬 법무장관, 「법률안 제안보고」, 「제헌의회 제5회 국회임시회의 속기록(56호)」, 대한민국 국회사무처, 1949년 12월 2일자, 1379쪽.

로 그리고 일상적으로 우리의 주변을 배회했다. 경찰서에서, 파출소에서, 세관에서 사람이 불법적으로 연행당하고 고문당하고 그리하여 상한 몸으로 때로는 죽어서 나오기가 예사였다. 결국 다음과 같은 신문 사설이 나오고 있다.

:: 고문이라고 하면 옛날 일본 사람들의 침략시대에 그 경찰들이 우리나라 사람들을 붙들어다가 원수로서 다루던 그 행패였던 것이다. …… 일본놈들의 경찰이라면 사람을 죽여 내보내는 도살장 같은 곳이라는 말밖에는 들리지 않았다. …… 그런데 우리나라에 아직도 저들 왜놈 경찰에서나 보던 고문의 버릇을 그대로 가지고 있어서 고문도 자그만치 사람을 때려 죽게 만들었다니, 이것이 민주국가의 국립경찰 어느 구석에서 용납될 수 있는 일이었던가.[12]

경찰은 공공의 담지자, 공공질서의 수호자가 아니라 이미 '공공의 적'이 되었다. 경찰에 대한 국민들의 원성은 높아졌고,[13] 그것이 원인이 되어 민중의 소요가 일어나기도 했다. 그뿐만 아니라 경찰 당국도 고문사건이 너무 빈발하고 국민여론이 계속 악화되자 스스로 고문근절책을 논의하게 된다.

:: 물을 먹이고 비행기를 태우고 전기로 어쩐다는 소위 수사기관에서의 고문 등 비과학적인 수사방법은 일체 엄금되고 절대 폐지되게 된다. 그뿐더러 만약 고문을 하는 일이 적발될 경우는 그 이유 여하를 막론하고 파면하는 동시에 법에 의해 처벌을 하리라고 한다. 특히 내무부에서는 6일부터 3일간 치안국에서 전국 각 도 사

---

12. 「고문치사사건과 감독자의 태만」, 1957년 10월 25일자 『조선일보』 사설.
13. 신성모 초대 내무장관은 "서울 시내의 일부 악질 경찰관은 경찰관의 본질을 망각하는 일이 있는데 대책은 무엇인지" 묻는 기자들에 대해 답변하면서 "내가 유숙하고 있는 북아현동 내 딸네 집에 호위 경관을 너무 많이 배치해서 나는 사정사정하여 두 명만 있게 하였다. 어느 날 내 딸이 대문간 거리에 두부가 떨어져 흙투성이가 되어 있어 보니, 내 집을 경호한다는 순경이 두부장수를 쳐서 두부가 거리에 떨어졌다 하여 나는 벌떡 일어나 두부장수를 찾은 적이 있다. 내가 내 딸 집으로 가서 있기 전에는 그 동리가 대단히 평화스러운 동리였으나 내가 간 이후 대단히 그 동리는 편안치 않게 되었다고 일반이 말하게 되었다"라고 자신의 경험을 들려주었다. 1949년 1월 28일자 『한성일보』 기사.

찰과장 회의를 소집하고 사찰 기능 강화에 대한 구체적인 협의를 하였는데, 그 한 방책으로 피의자를 조사할 때의 고문을 엄금하고 증거와 과학적 수사 방침 아래, 헌법에 보장된 절대한 인권옹호 방침 아래 일반으로 하여금 불평불만이 없고 민경이 이해하고 협력할 수 있게 할 방안도 토의하고 실시할 것을 결의했다고 한다.[14]

이런 결의에도 불구하고 여전히 치안 책임자의 의식에 근본적인 한계를 드러내고 있다. 다음은 당시 김태선 치안국장의 발언이다.

:: …… 그동안 좌익사건을 취급할 때 간혹 고문한 일도 있다고 들었는데 나의 방침으로는 좌익이라도 전향하여 민국정부에 충성을 다하게 하는 방침을 세우고 있는 만큼, 앞으로는 위험하고도 비인도적인 고문 같은 것은 절대로 없어야 할 것으로 믿고 일선에서는 이미 시행하고 있는 것으로 믿고 있다. 그런데 이러니저러니 없는 사실을 또 과장해서 고문이 있다고 말하는 것은 악질 테마를 펼쳐 민경을 이간시키는 자 또한 처단할 방침이다. 그리고 우리 경찰에 대하여 좀더 일반은 신뢰감을 가지고 협조할 것은 물론 이용해주기 바란다.[15]

한국전쟁 이후에는 경찰과 더불어 특무대의 발호가 두드러졌다. 당시 이승만 대통령의 신임을 얻은 특무부대장 김창룡이 군인뿐만 아니라 민간인까지 사찰하고 고문함으로써 수많은 피해자를 낳았다. 이승만 정권은 경찰이나 특무대의 고문과 가혹행위에 의한 수사를 방지할 수 있는 검찰이나 사법부의 독립성을 보장하기는커녕 오히려 수족으로 만들었다. 고문하는 경찰이나 고문으로 이루어진 자백과 증거를 그대로 통과하고 추인함으로써 검찰과 사법부가 '한통속'을 이

---

14. 1950년 6월 11일자 『한성일보』 기사.
15. 1950년 6월 11일자 『한성일보』 기사.

루었던 것이다.[16]

고문은 단지 일부 '좌익사건'에서만 벌어진 것이 아니었다. 멀쩡한 일반 시민을 '빨갱이'라고 몰아붙이며 고문한 사례도 부지기수였다. 더구나 언론 보도에조차 불만을 갖고 '처벌' 운운하고 있으니, 치안 최고책임자가 고문의 심각성을 아직 깨닫지 못하고 있는 것으로 볼 수밖에 없다. 그러는 가운데 고문은 전염병처럼 번지고 고질병처럼 굳어졌다. 당시 한 언론사의 사설은 효과적인 수사를 위해서도 고문의 방법은 적절치 않으며, 무엇보다 북한과의 싸움에서 우위를 점하기 위해서라도 고문은 근절되어야 한다는 정론을 펴고 있다.

:: 내외 정세가 긴박해 있고 정치적·경제적·사회적 불안이 극심하여 범죄자 수가 일증월가하고 있는 때일수록 인권옹호란 한 개의 구두선(口頭禪)화하는 경향이 농후해지는 것도 사실이다. …… 그러나 우리가 한사코 이북 괴뢰집단과 싸우는 중요한 이유의 하나가 민주주의 수호에 있을진대, 우리는 어디까지나…… 인권옹호에 의해서만 이북의 괴뢰 독재정치를 괴멸하지 않으면 안 될 것이다. 선한 목적은 결코 악한 수단을 선화할 수 없다. 이 명제가 만일에 옳지 못한 것이라면 공산독재정치와 싸워야 할 대의명분도 거세당하지 않을까 싶다.[17]

일제시대에 개발되고 이승만 정권이 계승한 독재와 고문의 통치는 이 땅을 비인간적이고 비문명적인 악습으로서의 고문이 번성하는 토양으로 만들었다. 그리고 그 토양은 아직도 계속 남아 있다.

---

16. 그레고리 핸더슨은 "독재자들은 탄압을 위해 사법제도를 조직적으로 잘 활용하며 독재를 강화했다. …… 진짜 반공 감정과 일제시대에 기원을 둔 판사, 검사, 경찰들 간에 일종의 공동체적 단체정신이 한몫을 했다"라고 평가했다. 그레고리 핸더슨 지음, 박행웅·이종삼 옮김, 『소용돌이의 한국정치』, 한울, 2000, 254쪽.
17. 1949년 10월 7일자 『동아일보』 사설.

:: 역사는 반복되는가? 역사의 진보를 믿는 사람으로서 참 답하기 싫은 질문이지만, "저놈 잡아라"에서 "책상을 탁 하고 치니 억 하고 죽었다"에 이르는 고문과 은폐조작의 뿌리 깊은 계보, 예나 지금이나 변함없이 친일 잔재 청산이나 민주화의 염원이 빨갱이들의 주장이 되는 현실, 그리고 고문경관을 싸고도는 경찰들의 눈물 어린 동료애 앞에서 우리는 무어라 답해야 하는가? 종철이 아버님 말씀처럼 "아무 할 말이 없데이……"다. 노덕술은 가고, 박처원도 가고, 이근안도 사라진 마당, 그러나 그들이 남긴 씨는 아직도 이 땅에 면면히 이어지고 있다.

군사독재 시절 그들과 똑같은 논리, 똑같은 수법으로 민주인사를 탄압한 자들이 남아 있는 곳이 어디 경찰뿐이겠는가? 청산하지 못한 과거는 되풀이될 수밖에 없다. 과거 청산을 모범적으로 행했다는 독일에서도 신(新) 나치가 생겨나는데, 단 한번도 과거 청산을 하지 못하여 미청산된 과거의 만물상으로 불리는 우리 사회야 오죽하겠는가? 과거 청산은 과거의 문제가 아니라 현재와 미래를 위해 현실로 이어진 과거사를 직시하고 그것과 싸우는 것이다. 솔직히 우리는 친일 잔재의 청산에 실패했다. 그리고 이 친일 잔재는 군부독재 권력에 의해 우리 사회에서 재생산되었다. 친일 잔재의 청산은 이 어정쩡한 민주화 속에 살아 숨쉬고 있는 군부독재 잔재의 청산으로 마무리돼야 한다. 그러지 못할 때 친일문제는 50년이 아니라 100년, 200년이 지나도 우리의 발목을 잡을 수밖에 없는 것이다.[18]

---

18. 한홍구, 「한홍구의 역사이야기―이근안과 박처원, 그리고 노덕술」, 『한겨레 21』, 2001년 5월 22일.

02
반민특위와
일제 고문경관·헌병들에 대한 재판

1. 반민특위의 설치와 해체 —민족정기 심판과 반역의 드라마

　　일제 경찰들을 중요 요직에 앉히고 치안의 중추세력으로 중용했던 이승만에게는 그들을 색출, 검거, 처벌하는 것을 임무로 하는 반민특위가 눈엣가시 같은 존재일 수밖에 없었다. 그동안 불만과 분노로 반민특위의 활동을 지켜보던 이승만은 마침내 자신의 견해와 입장을 확실히 드러낸다. 1949년 2월 21일에 발표한 「치안보장과 반민법에 대하여」라는 담화문을 보자.[1]

　　::　　(국회의원들이) 미군 철퇴문제를 제출한 것은 과연 치안을 보장해서 민심을
　　　　정돈하려는 것인가. 미군을 배척하고 공산군을 청해오려는 주의인가. 전쟁이 발생

1. 이승만 대통령은 이 담화에 앞서 이미 1949년 2월 16일, 반민법이 3권 분립과 모순되고 반민특위에서 고문을 가하는 사
　　례가 있어 이를 개정하는 것이 좋겠다는 담화문을 발표한 적이 있다. 1949년 2월 16일자 『조선일보』 기사.

할 때까지는 경찰이 치안을 전담하고 그 책임을 지고 있음은 누구나 잘 알 것이다. 반민법으로 인해서 조사위원들이 사람을 잡아다가 고문 취조한 후로 경찰 측에서 얼마나 요동되었는가 함은, 이것이 표면에 드러나지 않은 고로 다 무사공평한 것 같지만 경찰 측의 말을 들으면 밖으로는 공산당에서 경찰과 그 가족을 기회 있는 대로 살해하는 중이요, 안에서는 국회의원들이 살 수 없게 만들고 있으니 치안을 위해서 아무리 헌신하고자 하더라도 어찌할 수 없다고 눈물 흘리며 억울히 호소하는 중이다. 그러므로 내가 특별조사원에게 지성으로 설명한 것은 몇십 명, 몇십만 명이라도 비밀리에 조사해서 일시에 다 잡아가두어 그 법 안에 걸리지 않는 사람은 마음 놓고 일하게 하여야 할 것이요, 그렇지 않고 시일을 연기하여 공포심을 내게 한다면 이것이 치안을 고려하는 사람이라고 할 수 없을 것이다. 위원들이 고문한 적이 없다고 변명하나 지금이라도 공개로 조사하면 법관들이 다 아는 바이니 이것도 엄적(掩迹)할 수 없는 사실이요.…… 경찰 기술자 중에서 기왕 누범이 있으니 지금 치안에 필요한 이유를 내가 누누이 설명한 바는 그 사람들의 죄상은 법으로 재판도 할 수 있고 처벌도 할 수 있으나, 그 사람들이 뒤에 앉아서라도 기술을 상당히 이용해서 지하공작과 반란음모 등 사건을 일일이 조사하여 인명을 살해하고 난동을 일으키는 위험 상태를 미리 막아서 발로되지 못하게 하여야 될 것인데……[2]

결국 친일 반민분자들이 치안의 기술자들이어서 긴요하니, 반민 재판을 빨리 끝내라는 이야기이다. 이런 이승만의 입장은 당시 반민자들을 엄벌하고 이를 통해 민족정기를 바로 세우라는 민중의 요구에 배치되는 일이었다. 반민특위에서는 당장 반박성명서를 발표하고 이승만을 규탄했다. 몇 차례에 걸친 공방전 때

2. 1949년 2월 22일자 『서울신문』 기사.

문인지 거의 육두문자에 가까운 노골적인 반감을 드러내고 있다.

:: …… 대통령 자신이 궤변으로써 헌법을 무시하고 삼권을 독점하려는 의도에서 민심을 혼란케 하고 반민법 운영을 고의로 방해하는 담화만을 발표하니, 이 어찌 통분치 아니하랴? 둘째로 치안에 중대한 영향을 준다고 하였으니 특위로서는 도저히 이해할 수 없는 일이다. 우리나라 치안은 반민자가 담당하여야만 된다는 말인지, 또 금일까지 반민자들만이 담당하였으니 반민자를 숙청하면 치안에 중대한 영향이라는 말인지 도대체 판단할 수 없는 일이다. …… 반문컨대 제주도사건을 비롯하여 여수·순천, 38선 사건 등이 악질 반민자를 처단함으로써 발생한 것인가? …… 반민법이 공포된 후에는 윤 내무장관 재직시에 악질 경관을 요직에 등용하였음은 대통령의 지시였다던가?
진정한 애국애족에 불타는 경찰관은 반민자 처단으로 인하여 더욱 단결하고 치안을 확보할 수 있는 동시에 민심은 수습되고, 정부는 이로써 국민의 신임을 얻게 되어 정부시책이 원활히 될 것을 단언한다. 오직 삼천만은 철저한 숙청을 소원할 뿐이다. …… 난타, 고문 운운은 사실 무근이고 동시에 대통령 담화로써 처음 듣는 말인데 설사 일백 보를 양보하여 약간의 사실이 있다고 가정하자. 있다면 법에 의하여 해당자를 처리하면 되는 것이고, 그로 인하여 반민법 전체를 운운함은 부당한 일이 아닌가?
한편 민족 의분으로 볼 때에는 과거 수십 년에 달하여 독립군을 살해하고 애국자를 악형으로 고문하여 허위의 문서로서 투옥시켰던 악질 반역죄인을 약간 고문이 있었다 한들, 이것이 또한 무엇이 큰 실수이며 대통령은 무엇 때문에 가슴이 아프고 뼈가 저릴까? 소위 세칭 살인·고문·치사사건 피의의 장본인인 노덕술은 검찰당국이 체포하도록 발령하고 요로 당국자의 저택을 출입하여도 반대로 보호하지 않았는가? 특위에서 체포한즉 요로 당국자는 석방을 간청하지 않았던가? 일반 국민은 정부에서 친일 반민자를 처단치 않고 옹호하는 것을 민족정기와 분노로써 감시하고 있다는 것을 명심하라. ……[3]

국회는 대통령의 담화가 부당하므로 취소를 요청하는 결의를 했고,[4] 반민특위 실무자들은 "대통령이 그런 담화를 발표했다고 믿고 싶지 않다. 적어도 일국의 원수로서 국회에서 결정되고 대통령 자신이 서명·공포한 법을 그 법이 아직 때도 되기 전에 조변석개한다면 그 나라의 장래가 어떻게 될 것인가?"라고 불만을 토로했다.[5] 특히 반민특위가 고문을 했는지의 여부가 쟁점이 되었는데, 한 언론사는 다음과 같이 고문이 없었음을 증명하고 있다.

:: 현재 반민특위 예비 문초실 구조는 글자 그대로 마켓과 같은 기분이 있다. 즉 동 위원회 예비 문초실은 구 제국은행 자리를 그대로 사용하는 고로 누구든지 문초받은 피의자의 얼굴을 볼 수 있다. 더구나 내빈인지, 동 위원회 사무원인지는 몰라도 담당 취조관 외의 사람들이 피의자를 문초하는 옆에까지 가까이 앉아서 이따금 싱거운 말을 던지는 것도 기자는 수차 보았다. 이렇게 동 문초실은 격리식으로 되어 있지 않고 개방식으로 되어 있는 것이다. 이런 까닭으로 고문은 고사하고 뺨한 대만 때려도 수많은 사람들의 시선이 그리로 집중할 것은 사실이다. 다음은 기자가 19일 상오 11시 30분 동 문초실에서 예비 문초를 받고 있는 현장을 뚫고 피의자 이광수, 유철 2인과 문답을 한 내용이다.
기자: 피의자는 조사관으로부터 문초 중 고문 혹은 구타를 당한 일이 있는가?
이광수: 그런 일은 없다.

---

3. 1949년 2월 18일자 「대동신문」 기사.
4. 1949년 2월 18일자 「서울신문」 기사.
5. 1949년 2월 17일자 「연합신문」 기사.

기자: 정말 없는가?

이광수: 절대로 없다.

기자: 피의자 유철은 예비 문초를 받은 조사관으로부터 고문이나 구타를 당한 일이 있는가?

유철: 없다. 너무나 친절히 문초를 받고 있다. 절대로 그런 일 없다.[6]

이런 논쟁 중에도 반민자의 검거와 처벌을 계속되었다. 그러나 이미 사망한 자도 많았고, 오랜 세월이 흘러 증거 확보가 어려워 처벌과정은 그리 쉽게 진행되지 않았고 일반 민중의 불만을 사기도 했다. 1949년 8월경의 상황을 당시 부산에 와서 기자와 회견했던 김호정 판사의 입을 통해 들어보자.

본도(경상남도)**의 미체포자와 그 조치 여하:** 경남지부 관하의 미체포자는 손길동·배상기·이창영······ 등 14명인데, 이들에 대해서는 (1948년 8월) 22일부로 시효중단 처분을 하였다.

공소시효 중단에 대하여: 항간에서는 8월 21일이 공소시효니 그때까지 도피하면 반민법의 처단을 받지 않는다고 생각하는 모양이나 공소시효를 중단하면 언제까지라도 반민 피의자로서 취급을 받는 것이다.

반민자의 미온적 처단에 대하여: 여태까지 공판한 사건 중에 별로 큰 사건이 없는 까닭에 일반이 보기에는 그러한 감이 있으나 앞으로는 큰 사건이 많이 심리될 것이며, 이러한 말썽도 자연적으로 없을 것이다. 그리고 반민법 제1조에 해당하는 자는 모두 사망하였고 현재 남아 있는 것은 태반이 악질 고등계 형사뿐이다.

기소사건 건수: 현재 약 200여 건 정도 기소되었는데 오는 시효까지 약 500건으로

6. 1949년 2월 20일자 『조선중앙일보』 기사.

증대될 것이 예측된다.

박종표 문제 : 일제 때의 헌병보 박종표를 죄가 없어 무죄 석방한 것은 아니다. 그는 2대 독자로서 일정 때 징병·징용을 피하기 위하여 22세 때 헌병 보조가 되었으며, 약 1년 동안 일제 헌병의 고문을 봉조하였다. 그러나 그는 과거의 자기 잘못을 깨닫고 형무소에서 있어서도 모범수였을 뿐더러 자기가 범한 과거 죄악을 솔직히 고백하였다. 이러한 점을 미루어보아 개전의 정이 많음에 비추어 그의 죄를 면제한 것이다.

노기주 문제 : 조사한 결과 그가 양심적인 경관인 것이 명백해졌기에 무죄 석방하였다. 그리고 노는 경관으로 있으면서 수많은 애국자를 구하였을 뿐만 아니라 이 사실을 이 농림장관도 증언하였다.[7]

나름대로 진척되어가던 반민 수사와 재판을 이승만 정권은 그대로 두고 보지 못했다. 1949년 6월 6일, 중부서원 수십 명이 반민특위 본부를 포위 수색하고 특경대원 및 검찰부서의 수십 명을 연행, 구속하는 등 사실상 무력으로 해산해버린다. 완전히 무법천지였다. 그중에 16명은 구타까지 당해 병원에 입원하는 사태가 벌어졌다. 반민특위에서는 내무차관, 치안국장, 서울시경국장, 종로서·중부서·성북서 등의 서장들을 상해, 공무집행방해, 가택침입, 불법감금 등의 혐의로 고소했으나[8] 누가 이것을 수사하고 처벌하겠는가?

심지어 반민특위를 주도한 국회의원들에게 협박장이 돌고[9] 이들의 안전조차도 확보하기 어려운 사태가 되었다. 이제 반민특위는 물 건너가고 말았다. 더 이

---

7. 1949년 8월 23일자 『자유민보』 기사.
8. 1949년 6월 12일자 『조선중앙일보』 기사.
9. 내무차관 장경근은 기자들이 "최근 국회의원들에게 협박장이 돌고 있다는데 어떻게 생각하는가"라는 질문에 대해 "협박장은 보통 있는 일이다. 이러한 것을 방지하기 위해 국민들과 경찰이 단결이 되어 치안을 안정시켜야 할 것이다. 내무부와 국방부는 이에 책임이 있으나 국민들의 전체 책임이라고 할 수 있을 것이다"라고 대답해 전혀 성의 있는 답변을 하지 않고 있다. 국회의원에 대한 협박이 어찌 '보통 있는 일'로 치부되고 '국민의 책임'이란 말인가? 1949년 6월 16일자 『연합신문』 기사.

상 반민족 행위자와 일제시대 고문의 장본인인 고등계 형사·헌병 보조원들을 처벌할 길이 없어졌다. 그들은 이제 본격적으로 이승만 정권에 중용되어 그들의 고문기술을 휘두르게 된다.

2. 반민특위에 선 일제 고문경관·헌병들의 열전과 처벌 현황

반민특위, '고문왕' 하판락 체포─1949년 1월

또 한 명의 '고문왕'으로 불리는 하판락은 고등계 형사로 친일 부역하고 동족을 고문한 혐의로, 1949년 1월 26일 중앙반민위원회 김용희 조사관 일행에 의해 부산에서 검거되었다.[10] 하판락에게 고문당했던 피해자가 오랜 세월이 흐른 최근에 그 피해를 호소하는 내용을 한 방송사에서 방영했는데, 그 사연은 다음과 같다.

:: 지난 1월 6일 〈추적 60분〉에 한 통의 제보가 접수됐다. 일제시대, 17세의 어린 나이에 항일운동을 하다 친일 고등계 경찰 하판락(현 88세)에 의해 혹독한 고문을 당한 이광우(현 77세) 씨가 그 진위 여부를 밝히고 자신의 항일 행적을 인정받기 원한다는 내용이었다. 이에 〈추적 60분〉은 내용의 진상을 밝히기 위해 취재를 시작했다. 그러나 진실을 밝힐 수 있는 가해자이자 유일한 증인인 하판락 씨는 사실을 부인하며 인터뷰를 거절, 급기야 자취를 감추었고, 이광우 씨는 지난 57년의

10. 1949년 1월 26일자 『한성일보』 기사.

세월이 그랬던 것처럼 현재도 고문의 후유증으로 인해 불편한 몸을 이끌며 자신의 항일 행적들이 밝혀지기를 애타게 기다리고 있다. 반민특위가 해체된 지 52년, 우리 역사에서 아직까지 친일은 청산되지 못한 역사로 남아 있다. 불행한 역사로 끝난 반민특위는 그 와해과정에서 재판 기록을 비롯한 대부분의 자료들이 유실됨으로써 당시의 역사를 올바로 세우기 위한 증거들이 턱없이 부족한 상태이다. 때문에 역사의 가해자였던 친일세력은 반성 없는 권력의 주체로서, 반면 조국의 독립을 위해 싸우던 항일 투사들이 오히려 어려운 생을 이어가고 있는 것이 우리의 현실이다. …… 〈추적 60분〉은 자신을 고문한 친일 고등계 경찰을 찾기 위한 이광우 씨의 51년간의 추적기를 통해, 우리에게 있어 친일파 문제는 잊혀진 과거가 아니라 현재 진행 중인 사실이며, 반드시 극복·청산해야 할 역사란 것을 보여주고자 한다.[11]

악질 경관 김우영 체포 —1949년 2월

:: 　반민특위에서는 (1949년 2월) 4일 오후 3시경 영등포구 흑석동에서 일제시 악질경관 김우영(38)을 체포하여 방금 중부서에 구금시켰다고 하는데, 김은 해방 직전 고등계 형사로 있을 당시 일반 인민들에게 대한 악질행위는 물론, 특히 전북 김제경찰서 고등계 형사로 있을 당시 소위 이리학생사건이라고 하여 학생 20여 명을 검거, 혹독한 고문·취조 중 학생 1인을 나무집게로 혀를 빼서 치사케 한 악질 경관이었는데, 본 사건이 있은 후 1주일도 못가서 8·15해방을 맞이했다고 한다.[12]

---

11. KBS 〈추적 60분〉 예고방송. 민족문제연구소 웹사이트(http://www.banmin.or.kr) 참조.
12. 1949년 2월 5일자 「자유신문」 기사.

일제 헌병 출신 장우형에 대한 공판 — 1949년 5월

:: 일제 헌병을 지낸 반민 피의자 장우형에 대한 제1회 공판은 (1949년 5월) 5일 상오 11시 10분에 이의식 검찰관 입회, 신태익 재판장 심의로 열리었다. 이날 공판에서 피고인 장은 일찍이 함흥헌병대 통역 등을 지내면서 조국 독립운동자와 기독교 관계자들을 박해·고문하였다는 사실을 일체 부인하였으며, 심문의 한 토막은 다음과 같다.

문: 피고는 헌병대에 있으면서 통역 이외에 고등경찰 사무도 적극 취급하였다는데?

답: 통역 이외의 직원은 없었습니다.

문: 함흥 기독교 탄압사건에 있어 그 관계자인 이도재 장로를 피고가 고문하여 옥사케 한 사실이 있다는데?

답: 전혀 없으며, 그 사건의 내용도 전연 모릅니다. ……

이상과 같이 시종 범죄를 부인하는 피고의 답변에 대하여 재판장은 이에 응수하는 여러 가지의 확실한 증거를 제시하였으나, 피고는 "죄는 청도깨비가 지어놓고 벌은 죄 없는 오동나무가 벼락 맞는 격"이라면서 끝끝내 부인하였다.[13]

고등계 형사 오세준·문종중의 신문조사 — 1949년 5월

:: 왕시의 고등계 형사로 학생의 원수였던 오세준·문종중 등은 수다한 동포를 못살게 굴었을 뿐만 아니라, 1943년 광주 서중 학생들의 학병거부운동을 탄압한 나머지 당시 50여 명의 청년학도들을 검거하는 한편 6명을 투옥하였을 뿐만 아니라, 기 씨 외 6명을 고문치사케 하는 등 반민족적 악행에 대해서도 기억도 새롭거니와 특검부에 송치된 이들의 담당조사관인 노일환 씨도 기보한 바와 같이, 작 4

---

13. 1949년 5월 6일자 『연합신문』 기사.

일부터 당지 특위에서 직접 피해자들을 일일이 신문 중인데 동 씨는 그 소감을 다음과 같이 말하고 있다.

"오·문 등 죄상은 수년 전에 있었던 사건인 만큼 순조롭게 증인 신문이 진행되었다. 그 죄상은 이미 보도된 바와 같이 악질 만행을 확인할 수 있으며, 더욱이 기 씨외 2명이나 고문치사하였다는 것도 증인의 진술로 확인되었다. 그리고 지방 민중들의 평도 매우 좋지 않으니 그 죄상을 더욱 추궁하여 신중히 처결하겠다."[14]

'왜경의 간신' 유진후 체포 — 1949년 5월

:: 그동안 맹활동을 전개하고 있던 반민특위 본도 조사부에서는 작일(1949년 5월 8일) 하오 1시 30분 행동을 개시하여 반민 혐의자로 일제시 왜경의 간신 유진후(63)를 부내 복천동 자택에서 무난히 체포, 동청 유치장에 수감시켰다. 유는 부산경찰서 창설 당초부터 26년간 근무한 자로 경부까지 하였으며, 수많은 애국지사를 투옥·고문, 천인공노할 죄상은 일일이 헤아릴 수 없을 만큼 허다하나 그중 중요한 것을 열거하면 다음과 같다. △ 다이쇼 9년 관부연락선에서 상해 임정 내무부 서기 정해구를 투옥 △ 동년 『동아일보』 기자 장덕환의…… 강연으로 투옥 △ 다이쇼 10년 상해 임정 재무부장 이시영의 명령으로 군자금 모집 및 한국독립사 배본사건으로 대창동 문봉환 외 2명을 투옥…….[15]

일본 경찰 앞잡이 최석현 수사 — 1949년 5월

:: 수많은 애국 동포를 검거·고문·투옥으로 학대함으로써 악질 중의 악질이요, 반민 거두 중의 거물이라고 불리우고 있는 왜경 앞잡이 최석현에 대해서는 반민특위 발족 이래 그 누구보다 먼저 체포해야 될 인물로서 특위 당국의 고심참담한 수

14. 1949년 5월 7일자 『동광신문』 기사.
15. 1949년 5월 9일자 『민주중보』 기사.

색이 계속되고 있던바, 지난(1949년 4월) 27일 전기 최에 대한 유력한 정보에 의하여 봉화 방면에 급거 출동한 특위 이용노·권계환 양 조사관은 지난 5일까지의 수사활동을 마치고 돌아와 작 11일 다음과 같이 말하였다. 최석현의 출생지인 동시에 그의 가족이 살고 있는 봉화 소천면에 출동한 것은 그곳 폭도 중에 최가 숨어 있다는 정보에 의한 것인데, 소천면 석포리 일대의 산악지대와 홍제사 부근 또한 태백산 일대에 걸쳐 관계 당국의 눈물겨운 원조로 수색하는 동시에 최의 가족에 대해서 철저히 심문해봤으나 그의 행방을 탐지할 수 없어 눈물을 머금고 돌아온 것이다.[16]

춘천에서 고등계 형사 박소영 체포 — 1949년 5월

:: 강원도 반민특위에서는 현 대한관찰부 군산지부장인 반민자 박소영을 동지에서 체포하여 지난 (1949년 5월) 17일 춘천으로 압송하였는데, 박은 일제시 고등계 형사로서 재직시 강릉에서 반일투쟁 비밀결사를 탐지하고 김홍기 외 8명을 위요하여 삼척·서울·일본까지 건너가서 청년을 검거 고문한 자라 하며, 또한 시천교 건국단사건으로 이종협 씨를 고문으로 옥사케 한 자라 한다.[17]

고등계 형사 김용업을 충북 영동에서 체포 — 1949년 5월

:: 특위 경기도 본부에서는 인천지부 조사 보고를 기초로 지난 20일 권병익 조사관은 특경대를 대동하고 멀리 충청북도 영동군까지 출장하여, 동일 하오 3시경 영동면 서기 김용업을 반민 피의자로 체포하여 서울 마포형무소에 수감하였다고 하며, 발표한 그의 죄상은 대략 다음과 같다. 즉 김은 일제시대 고등계 형사로 13년 왜정에 충성을 다하여 동족에게 갖은 박해를 가한 악질 경관으로, 특히 1943년

---

16. 1949년 5월 12일자 『영남일보』 기사.
17. 1949년 5월 19일자 『군산신문』 기사.

6월 당시 일본 메이지대학 유학생 송재필 및 3명이 여름방학으로 귀향차 영동역에 내리는 것을 사상불온 혐의로 검거한 것을 발단으로 하여, 2년간에 걸쳐 인상(인천상업) 친목회원 44명 중 27명을 인천을 위시하여 각지에서 검거, 그중 21명을 송국하였다는데 취조 중에 전기 김의 폭악한 고문으로 말미암아 하재행·김여수·고윤국·정태윤 4명은 가엾게도 미결수인 채 1944년 겨울 옥중에서 불귀의 객이 되게 하고, 한편 김은 이들을 검거한 공로라 하여 10여 년간의 순사로부터 부장으로 승격까지 하였다는 등 철저한 왜구라 한다.[18]

반민 피고 김태석에 대한 공판 — 1949년 5월

"경기도 형사과장을 오래 지내고 그동안에 독립운동자를 수없이 붙들고 고문한 최대의 악질 반역자" 김태석이 1949년 1월 14일에 검거되었다. 그는 당시 "몸속에 부산 이 모 씨를 통해 해외로 도망갈 밀선을 교섭한 서한을 소지하고 있었다"고 한다.[19]

:: 방금 법정에 서게 된 반민 피의자 중 과거 일제 경찰로서 애국지사를 체포, 고문투옥한 사실이 문서 또는 세평으로 역연함에도 불구하고, 그 범행 시기가 20년 또는 30년 등 시간적으로 과거에 속하는지라 유력한 증인이 적고, 혹은 주소 불명으로 지금에 없음을 기화로 노회한 그들 반민자들은 갖은 괴변으로 이를 부인하고 있거니와, 지난번 제1회 재판 석상에서 반민 피의자 김태석이가 자기는 강우규 의사를 체포한 적이 없다고 변명하였다 함은 기보한 바와 같으나, 이에 대하여 2일 특검 곽상훈 검찰관을 찾아온 한택열 씨는 그와 같은 김태석의 괴변은 내가 당시 강우규 의사와 같은 감방에서 보고 듣고 한 증인으로써 봉쇄할 수 있을 것이

---

18. 1949년 5월 27일자 『연합신문』 기사.
19. 1949년 1월 15일자 『독립신문』 기사.

라고 전제하여 다음과 같이 말하였다. ······[20]

다른 일제 경찰들과 마찬가지로 많은 독립운동가를 체포, 고문한 것으로 유명했던 김태석은 고문 사실을 이렇게 부인했다. 그러나 그는 결국 사형을 구형받는다.[21]

:: 　반민 피고 김태석에 대한 제4회 공판은 (1949년 5월) 20일 상오 10시 40분부터 곽상훈 검찰관 입회, 노진설 재판장 심리로 열리었는데, 이날 공판에서 피고 김은 검찰관으로부터 ······ 사형의 구형을 받았다. 조국 독립운동자에 대한 갖은 박해를 시종 부인하는 피고의 공판인지라 법정은 정각 전부터 초만원을 이루었으며, 공판 진행에 있어 반민자 처단 공판 개시 이래 최초의 긴장을 이루었다. 처음 증인 신분으로 일제시 피고의 밑에 있으면서 독립운동에 가담하여 10년의 체형을 받은 전 8관구 경무총감 황옥 씨에 대한 다음과 같은 고문이 있었다.

문: 피고를 어떻게 아는가?

답: 증인이 경기도 경찰부 경부로 있을 때 피고가 경시로 있었습니다.

문: 증인이 재직 당시 피고가 사상사건을 취급한 일이 있는가?

답: 상당히 많이 검거했다고 생각합니다.

문: 강우규 의사는 누가 체포하였는가?

답: 피고가 검거한 것이라고 사건 발생 후 신문에서 보았습니다.

문: 당시 사상사건의 8할 이상을 피고가 담당하였다는데?

---

20. 1949년 4월 3일자 『연합신문』 기사.
21. 김태석은 최종적으로는 무기징역과 재산 50만 원 몰수라는 선고를 받는다. 당시 판결문의 요지는 다음과 같은 두 가지 범죄 사실을 설시하고 있다. ① 1919년 9월 17일 일제 원흉 사이토(齋藤) 총독을 죽이려는 강우규 의사를 체포·송치하여 사형에 처하게 함. ② 1920년 7월 20일 밀양폭행사건의 주모자 황상규 외 연루자 수명을 체포·투옥하게 한 후 죄상이 확인.

답: 사상사건의 대부분을 경기도에서 취급하였습니다.

문: 피고가 정치적 취조에 있어 많은 고문을 하였다는데?

답: 경남 밀양 폭탄사건 관계자에 대한 고문 사실은 보았으나 그밖에는 모르겠습니다.[22]

고문왕 김재실 등 반민 피의자 체포 — 1949년 6월

∷   지금으로부터 11년 전 경남 고성으로부터 전국에까지 파급된 고성 독서회사건 당시 수많은 애국지사들을 투옥, 고문한 악질 고등형사들이 체포되었다. 즉 반민특위 경남조사부에서는 지난 (1949년 5월) 28일 상오 0시 5분 부산부 자택에서 김재실을 체포하고, 동일 하오 1시경 부산 중앙동 자택에서 김진옥을 체포하는 한편, 지난 (1949년 6월) 3일 하오 1시 25분경 사천군 자택에서 최상룡을 체포하고 증거 서류를 압수 즉시 부산형무소에 수감하였는데, 김재실의 죄상은 고성·밀양·함양 3개 서에서 순사로 지내다가 독서회사건 당시 수많은 애국지사를 투옥하였고, 김진옥 역시 고성 독서회사건에서 애국지사 투옥에 활약한 자로서 황민화운동의 공로로써 지사상을 두 번이나 받았고 국민총연맹 부산부 촉탁을 지냈다. 최상룡은 고성 독서회사건 당시 박상하·김갑도·최재완·김종태·배만작·박남동 등 50여 명의 지사를 투옥·고문하였고, 사천면 노동계 촉탁을 지내면서 징용 동원에 협력했다. 상기 3명으로 인하여 투옥된 지사는 200여 명에 달하며 사망자 김장호, 실명자 박근호, 반신불수자 50여 명의 희생을 냈다고 한다.[23]

반민 피고 이성엽의 공판 — 1949년 6월

∷   그간 반민 재판은 특재의 사정으로 인하여 수일간 연기되었는데 작(1949년

---

22. 1949년 5월 21일자 『연합신문』 기사.
23. 1949년 6월 10일자 『연합신문』 기사.

6월) 13일 10시 50분부터 …… 반민 피고 이성엽에 대한 제1회 공판이 개정되었다. 피고 이는 7년간이나 일제 경찰에 복직 중 영가무도교(詠歌舞蹈敎) 교인을 비롯하여 독립운동에 헌신한 유학생들을 피검하여, 왜경 다카기(高木)와 같이 갖은 혹독한 고문을 하여 애국자를 박해하고 일제에 아부한 자이며, 상기 유학생 중 이 자에게 고문을 당하여 그것이 원인으로 죽은 사람도 많았다는데, 피고는 모든 사실을 완강히 부인하는 동시에 "젊은 놈으로서 어떻게 60세 이상된 영가무도교 교인들을 고문하겠습니까? 저도 민족의식이 있는 사람입니다"라는 등, 또 "저의 조서는 조사관이 정당하게 작성하지 않았다"는 등의 괴변을 늘어놓았다.[24]

고등계 형사 이대우·김영기에 대한 공판—1949년 6월

::   일제시 고등경찰로서 안동 학생사건 관계자 2명을 취조하였다는 반민 피고 이대우에 대한 1차 공판은 (1949년 6월) 16일 오전 10시 40분부터 …… 개시되었는데, 피고 이는 안동 학생사건에 대하여 한민족으로서의 동정심이 있었고 그 관계자 2명만을 체포한 일이 있으나 취조하거나 고문한 사실은 없다고 진술하던 중 정오에 이에 대한 공판을 끝마치었다. 그리고 오후부터는 일제 고등계 형사로서 우리 독립운동자들을 체포하고 악독한 고문을 가하였다는 김영기에 대한 1회 공판이 …… 진행되었고 …….[25]

고등계 형사 오영선 검거—1949년 6월

::   전남 반민특위에서는 지난번 모종의 단서를 얻고 영광·나주 방면에 특위대를 대동하고 출동 중이던 이 사무국장 일행이 지난 (1949년 6월) 17일 나주 삼도면 부면장으로 있는 오영선을 체포하여 광주형무소에 수감하였는데, 오는 왜정시

---

24. 1949년 6월 14일자 『조선중앙일보』 기사.
25. 1949년 6월 17일자 『동아일보』 기사.

고등형사로서 영광경찰서에서 10여 년간 근무 중 수많은 애국지사를 고문·학살하고, 특히 유명한 영광체육회 애국비밀결사사건도 이 자가 단독으로 약 40명의 열혈 애국청년을 잔인 악독한 고문으로서 치사 혹은 불구자를 다수 내게 했으며, 과거·현재를 통하여 10만 영광군민의 원수라고 한다.[26]

집사 김동만과 고문형사 김재덕의 죄악 — 1949년 6월

:: (1949년 6월) 20일 반민 공판은…… 개정되어 김동만의 제1회 사실심리가 있었다. 피고 김은 기독교 집사의 교직을 갖고 있으면서 당시 목포 양동교회 박연세 목사가 일어를 몰라 일어 설교를 하지 않는다고 경찰에 밀고, 즉시 구금케 하고 장기간 예심에 회부되어 또 고문치사케 한 것인데, 피고 김은 끝끝내 사실을 부인하였다. 곧이어 고문형사 김재덕의 사실심리가 있었다. 피고 김은 수운교사건을 비롯하여 항일학생사건 주모자 김정기 씨를 대전서 검거·투옥시키고, 또 당시 조선 지도에 무궁화 자수를 하였다고 그를 몰수, 소지인을 검거 고문 끝에 폐인을 만들었다는 것인데, 피고 김은 사실을 부인하였다.[27]

고등계 형사 최제봉과 '고문왕' 김동현의 공판 — 1949년 6월

:: 작년 (1949년 6월) 24일 반민 공판은 오전 10시 50분 이의식 검찰관 입회, 최영환 재판장 주심으로 일제 고등계 형사 최제봉의 사실심리가 있었는데, 최는 예산경찰서 근무시 지원병을 반대하는 학생을 고문·투옥하였다는데, 피고 최는 이를 부인하였다.

곧이어 강원도 일대에서 '고문왕'이라고 불리던 김동현의 심리가 있었다. 피고 김은 1932년 저 유명한 양양사건을 취급하여 무려 1,400명을 검거 그중 30여 명

---

26. 1949년 6월 19일자 『호남신문』 기사.
27. 1949년 6월 22일자 『연합신문』 기사.

을 기소, 5년 이상의 형에 처하게 하고 1938년 강릉 비밀결사사건을 취급 150명 이상을 검거하여 몹쓸 고문을 한 후 송청(送廳)하는 등 죄악이 많은데, "피고는 이렇게 많은 동족을 고문한 데 대하여 감상은 어떠한가?" 하는 질문에 피고 김은 뻔뻔스럽게 큰소리로 "우리나라 고래의 미풍을 파괴하고 공산화하려는 소위 공산당 재건사건에 대해서는 조금도 양심의 가책을 받질 않습니다"라는 답변에 놀라지 않을 수 없었다.[28]

고등계 형사 윤명술·이영우의 검거 — 1949년 7월

::　　반민특위 본 도(경남) 조사부에서는 그간 사무 진행에 일층 더 박차를 가하여 반민자 체포에 맹활동을 전개하여오던바 마침내 일제시 고등계 형사 윤명술·이영우 2명을 체포하였다. 즉 재작 (1949년 7월) 3일 하오 6시 김지홍 조사관은 2명의 서기관과 더불어 현 거주지 구포읍에서 윤명술을 체포하고, 동일 하오 11시 50분 부내 수정동에 거주하는 이영우를 체포하였다. 윤의 죄상은 일제시 김해경찰서 고등계 형사로 1942년 3월 말경 김해읍 동상동 김성두 씨를 치안유지법 위반으로 검거하여 6개월간 고문 취조한 나머지 징역 3년의 형을 받게 하였고, 또한 김해읍 서상동 배은환 씨를 8개월간 구속·고문 취조하다가 석방한 것, 또 김해읍 용산동 허한 씨를 약 4개월간 고문하다가 1천 원이라는 거액의 수뢰로 석방한 것뿐만 아니라, 1939년 2월 김해농교의 학생사건 때 50여 명을 검거·투옥한 일 등이며, '김해의 호랑이'라는 속명을 가진 극악질 형사였다고 한다. 또 이(영우)는 현재 부내 삼화고무주식회사 사장 비서로 있는 자인데, 이는 일제시 부산 북서·남서 고등계 형사로서 부내 좌천동에 거주하는 애국지사 홍기열 씨를 고문치사케 하였는데, 홍 씨는 조선민족의 창씨개명을 절대 반대하던 투사로서 『헐벗은 청춘』이

---

28. 1949년 6월 25일자 『연합신문』 기사.

라는 저서를 내어 민족사상을 고취시킨 애국자였다 한다.[29]

일제 밀정 권상호 체포 ─ 1949년 7월

::   일제에 아부 협력하고 주구 특히 밀정을 30여 년간이나 한 반민 권상호란 자는 6월 2일 2시 국회에서 방청 중 특위 조사원에게 피체되었다 한다. 이 자는 해방 후 변명을 권한·김두형 등 7개를 사용하여 간요(奸妖)하였던 정체를 감추어 애국자로 돌변하여, 민족정기단 충남 부단장직에 취임하는 동시에 유성에서 영천여관을 경영하던 자라 한다. 반민 권은 3·1만세사건 이후 밀정행위를 개시한 후 애국 단체 의열단이 맹활동 당시 동 단원들에게 같은 동지인 것같이 가장하고 동 단원 조량 씨 집에 자주 출입하던 중, 전기 조 씨 신변이 위험해져서 조 씨가 시계폭탄 6개, 수류탄 30개, 권총 14정을 권에게 맡겼음을 기화로 곧 경기도 경찰부에 밀고하였다 한다. 이자의 밀고로 황옥, 김시현 씨 등 11명의 애국자가 피체 고문을 받은 끝에 10년 이하 체형을 받은 사람과 사망한 사람도 많다고 한다.[30]

일제 경시 최연에게 공민권 정지 10년 선고 ─ 1949년 7월

::   작 6일 반민 공판은 10시 45분부터 대법정에서 서성달 검찰관 입회하에 서순영 재판장 주심으로 개정되어 …… 일제 때 경시 및 보안과장·형사과장 등의 경찰계 최고직에 있으며, 일제 식민지 정책에 적극 협력하고 동족 탄압의 선두에 서서 충견의 역할을 한 반민 최연에 대한 언도가 있었다. 구형은 반민법 제4조 6항에 해당자로 징역 10년이었는데 언도는 공민권(公民權) 정지 10년이었다. 이유는 함남 갑산군 보천면 보천보사건 발생 당시 피고 최는 사법주임에 있었으므로 고등계 사건에 직접 관여하여 수사 지도나 취조를 하지 않았다는 점과, 증인 주동수 씨

---

29. 1949년 7월 5일자 『부산일보』 기사.
30. 1949년 7월 3일자 『조선중앙일보』 기사.

의 증언을 종합하면 피고가 공로기장(功勞記章)을 소지한 것만으로는 그 죄질이 중하다고 논할 수 없다는 것이다.[31]

고등계 형사 유상호 체포 — 1949년 7월

:: 반민특위 경남조사부에서는 지난 10일 하오 6시경 삼천포읍 거주 반민 피의자 유상호를 그 자택에서 체포, 11일 부신에 연행 즉시 부산형무소에 수감시켰다는데, 탐문한 바에 의하면 유는 일제시 고등계 이동형사로서의 친일 공적이 현저하였으므로 마침내 경부보까지 된 자라 한다. 그의 매국친일행위 중 특기할 것은 현 육군중위 김수산 씨가 과거 중국 육군포병 대위로 있을 때, 상해 거류민 단장으로 친일배이던 윤 모를 암살할 계획을 한 조선인이라 하여 왜경이 전기 김 씨를 체포하였으나, 김 씨가 전적으로 부인할 뿐만 아니라 중국 정부에서도 중국인이라 고집하였으며 …… 증거 불충분으로 석방하게 되었던바, 유는 김 씨가 자기와 진주학업 동기 출신임을 법정에서 입증하고 민족을 배반하고 친일 행세에 공훈을 세웠다 한다. 그후 김 씨는 신의주형무소에서 3년을 복역하다가……[32]

유관순을 고문한 헌병보조원 정춘영 체포 — 1949년 8월

:: 박두한 공소시효 기간을 앞두고 반민족 행위자에 대한 정기의 철추(鐵椎)는 이제 바야흐로 총결산기를 상징케 하는 가운데 자못 활발한 활동을 벌이고 있는데, 작 8일의 도 반민특위에서는 또다시 서천군 장항에 적을 두고 여관업을 경영하고 있는 정춘영을 인치 취조 중에 있는데, 이는 왜정 때 일군 헌병보조원으로서 순국 처녀 유관순 양이 기미만세운동에서 활약하던 것을 직접 체포·수감하고 잔인한 고문을 하였다는 혐의로써 방금 준엄한 취조를 받고 있다 한다.[33]

31. 1949년 7월 7일자 『조선중앙일보』 기사.
32. 1949년 7월 13일자 『민주중보』 기사.

3. 최고의 친일 고문경찰관, 노덕술

1) 해방 후 노덕술의 '수도청 고문치사사건'

1948년 7월 26일, 새로운 정부 수립을 한 달도 채 안 남겨놓은 상태에서 어마어마한 사건이 터졌다. '수도청 고문치사사건'으로 알려진 이 사건에 일제의 악질 고문형사로 유명했던 노덕술이 관련된 것으로 발표되었다. 당시 경무부 수사국 조병설 국장과 이만종 부국장이 공동 기자회견을 통해 밝힌 내용이다.

문: 수도청 간부들의 사건에 관련된 사람은 누구이며, 송청은 언제 하려는가?
답: 오늘(26일) 오전 10시에 노덕술, 김재곤, 박사일, 김유하, 백대봉 등 14명을 일건 서류와 함께 구속 송청하였다.
문: 죄명은 무엇인가?
답: 폭행, 능욕, 상해치사, 사체유기의 죄명으로 송청했다.
문: 사건 내용은?
답: 금년 1월 24일 발생한 장 수도경찰청장 저격사건 혐의자의 한 사람으로 동월 27일 오전 10시경 함북 무산 출신의 박성근을 체포하여 중부서 형사실에서 취조 중 노덕술, 최운하 양 과장은 현장에 출두하여 박성근으로 하여금 자백을 강요하여 노덕술 자신이 곤봉으로 난타하였다. (외부에는 당시 미체포인 임화라고 발표) 이어서 김재곤·백대봉·박사일·김유하에게 명하여 물 먹이는 고문 등 전후 3시간 동안에 걸쳐 고문을 계속하여 절명케 한 후, 노덕술은 수도청 관방으로 김재곤·박사일

---

33. 1949년 8월 9일자 「동방신문」 기사.

을 불러 동 혐의자가 달아난 것같이 가장하기로 하고, 이튿날 오전 2시경 전기 취조실에서 박사일로 하여금 창문을 열어제치고 고함을 치며 창문으로 뛰어나가 추격하는 듯이 하여 범인이 완전히 도주한 것처럼 하고, 박사일·김재곤은 곧 자동차에 동 시체를 실어가지고 한강으로 나가 인도교와 철교 사이의 채빙하던 얼음구멍에 내버린 것이다.

문: 수도청 책임자는 아는가?

답: 알고 모른 데 대하여는 아직 말할 수 없다. 그러나 2월 2일 경무부장이 직접 장 청장에게 이 사실에 대해 물어보았으나 부인하였다.[34]

노덕술은 곧이어 당시 자신이 직접 고문에 참여한 사실과 고문을 지휘한 사실을 모조리 자백했다. 노덕술이 진술한 조서 내용은 다음과 같다.

∷   내가 손수 경찰용 곤봉으로 박성근의 어깨와 두부 등을 난타할 때에는 박은 의식이 있었으며, 나는 바쁜 일이 있어 박사일과 김유하에게 박이 자백할 때까지 계속 고문하라고 명령한 다음 일단 귀청하였다. 그러나 이튿날 아침에 김재곤 경감으로부터 (박사일이었는지도 모르겠다) 전화로 박이 고문치사된 사실을 정식 보고받았다. 나는 이 사실을 직원의 사기를 고쳐시키는 의미에서 상관을 죽이려 하던 놈들이 죽어도 할 수 없으니, 그 사체는 적당히 응급처치를 할 작정으로 김·박 양인에게 즉시 귀청을 명령하였다. 양인이 귀청하자 나는 관방실에 모아놓고 구수회의를 한 결과, 이런 시끄러운 때에 만약 이 사건이 탄로되면 민심을 수습하기 극히 혼란하니, 엄비(嚴祕)에 부치기로 하고 사체는 직접 박사일이가 자동차를 운전하여 한강에 버리기로 한 것이다. 그리고 장 청장에게는 박이 죽었다는 사실만 그날

34. 1948년 8월 27일자 『서울신문』 기사.

아침 구두로 보고하였다.[35]

이렇게 구체적으로 자백까지 한 노덕술에게 두 번째 경천동지할 일이 일어났다. 수도청의 상부기관인 경무부에 구속된 그가 감쪽같이 사라진 것이다.

:: 16일 송청된 수도청 간부 고문치사사건의 주요한 피의자의 한 사람인 전 수도청 수사과장 노덕술은 25일 행방불명이 되었는데, 들은 바에 의하면 수도청 부청장이 책임지겠다 하여 사무상 용무가 있다고 노덕술을 내어달라고 하여 수사국에서는 내어놓았는데, 그 뒤 행방을 감추었다는바 수사국에서는 방금 지명수배 중이라고 한다.[36]

도대체 잠깐 용무가 있다고 데려가 도주하게 만든 수도청 부청장 김태일은 어떤 인물이며, 또한 그렇다고 중요 피의자를 내주는 경무부는 뭐하는 사람들인가. "원래 도망하는 피의자들을 잡는 직업을 가진 노덕술 자신이 피의자가 되어 도주했으므로 교묘하게 피신할 것"[37]이었다. 도주의 책임이 있는 김태일 부청장은 당장 수사의 대상이건만 더 큰소리를 치고 있다.

:: 본월 26일부로 각 신문에 보도된 (수도청 간부) 고문치사사건에 대하여 (경무부) 수사국장 및 부국장의 기자단과의 회견 문답 발표는 믿지 못할 허설이며, 유죄 무죄에 대하여 신성한 재판의 판결이 없는 한 수사국으로서 발표하여 세인을 현혹케 하며 경찰의 위신을 추락케 함은 천만부당한 일일 뿐 아니라 남조선에 엄

35. 1948년 7월 28일자 「서울신문」 기사.
36. 1948년 7월 27일자 「서울신문」 기사.
37. 1948년 7월 27일자 「동아일보」 기사.

연한 국립경찰을 파괴하려는 악질분자의 수단으로밖에 볼 수 없으며, 본청으로서 대략 진상을 말하면 본년 1월 24일 오전 10시 40분께 출근 도중에 있던 장 청장을 투탄 저격한 사건이 발생하자 동시에 범인을 체포하여 추궁한 결과, 범인 진술에 의한 총지휘자 자칭 박성근(별명 임화)을 체포하여 죄상을 신문 중 1월 29일 오전 3시경 취조 책임자 김재곤 경감의 부주의로 취조 경관이 타용으로 잠시 자리를 떠난 순간에 박성근이 도주하였나는 보고가 있었으므로 즉시 수배하는 동시에 김재곤 경감을 징계 처분에 부한 사실이 있으며, 시상 운운은 동 사건을 일단락을 지은 후 본년 2월 11일에 범행 관계자 일동을 체포한 경찰관들에게 관기에 의해 시상한 것이다.[38]

경무부는 이런 김태일 부청장의 반론에 대해 즉각 재반박을 했다.

:: 　27일 수도청 부청장의 고문치사사건 변명 담화는 사실을 호소함으로써 민심을 현혹케 하려는 간계임에 대단 유감스러운 일이다. 첫째로 동 사건은 허위날조한 것이라고 언명하였으나 수사국으로서는 치밀한 내사와 과학적 수사방법으로서 인적 증거와 물적 반증을 파악하고, 피의자 및 증인의 자백에 의하여 범죄 사실의 전모를 확인한 것이다. 더구나 김태일 부청장은 사건 적발시 수도청을 대표하여 수사국에 와서 열성 끝에 치사한 것인 만큼 만일 사건을 취급하면 수도청이 전복될 우려가 있으니 노덕술 이하 관계자를 정치적으로 관대히 해결해달라고 간청한 나머지 사직원까지 전달한 사실이 있음에도 불구하고 사실을 부인하려고 고민함은 자기를 기만하고 민중을 기만하려는 자가당착의 해괴한 소위라 하겠다.

둘째로 국립경찰 파괴 모략 운운은 언어도단이다. 국립경찰 내부의 부패분자를 발

---

38. 1948년 7월 28일자 『조선일보』 기사.

본색원함으로써 민주경찰의 건전한 발전을 기도할 수 있는 동시에 신정부 수립을 목전에 두고 있는 이때인 만큼 양심적이고 청렴한 관리를 신정부에 인계하기 위해서라도 조속히 여사한 악질분자를 말살하는 것이 시급한 요청이라 믿는다. 요컨대 동 사건은 기왕 검찰청에 송청되어 심리 중에 있느니만치 옳다 그르다 하는 망동을 근신함으로써 엄정한 법의 처결만을 기다리는 것이 현명한 일이다.[39]

노덕술은 이처럼 김태일의 신원보증으로 나왔다가 그대로 도망쳐 1주일째 잡히지 않고 있었다. 아니 잡힐 리가 없었다. 나중에 드러나지만 그는 경찰의 보호 아래 있었던 것이다. 어쨌든 검찰은 노덕술을 제외한 채 피의자들에 대한 수사에 착수해 성과를 거두었다. 구속된 또 다른 중요 피의자 최운하[40]가 "최근 사실을 모두 자백했으므로 고문치사와 사체유기가 완전히 폭로되었다"라는 것이다. 또한 "시체를 운반하였다는 최원경에 대해 증인 신문으로 동 사건이 일단락되어 금명간 사건 관계자 전원이 상해치사, 사체유기죄로 일단락을 지어 단연 기소"한다고 발표했다. 더 나아가 검찰은 "31일 신원을 보증한 김태일과 수도청 고문 최연을 소환하여 범인은닉 혐의로…… 엄중한 책임을 추궁하겠다"라는 입장을 표명했다.[41] 노덕술의 도피에 결정적인 책임이 있는 수도청 부청장 김태일의 담화 발표에 대해 경무부에서는 "경찰 질서를 문란케 한다는 이유로 정직 처분에 부치는 동시에 사문위원회에 회부하기로 결정하였다."

그런데 7월 28일 조병옥 경무부장은 돌연 정직 처분을 해제하고 사문위원회도 중지하도록 명령했다.[42] 진상이 밝혀지고 수사가 완결되어가는데, 바깥 기류

<hr />

39. 1948년 7월 29일자 『조선일보』 기사.
40. 수도청 수사과장 최운하는 당시 동대문경찰서장 박주식과 더불어 독직사건과 뇌물사건으로 구속되어 있었다. "수사국은 남한에서 가장 우수한 당국인데 고문할 리가 없는 것 아닌가" 등의 '허무맹랑한 사유'를 들어 재판부에 대한 기피신청이 있어 재판이 연기된 상태였다. 1948년 7월 31일자 『동아일보』 기사.
41. 1948년 8월 1일자 『경향신문』 기사.
42. 1948년 7월 30일자 『조선일보』 기사.

는 이렇게 이상하게 흐르고 있었다.

:: …… 그런데 한편 27일 아침 수도청장 장택상은 하지 중장을 방문하고 요담한 바 있는데, 때가 때인 만큼 동 회담 내용이 주목된다.[43]

:: 수도청 고문치사사건을 부인하는 성명서를 발표하고 민심을 현혹케 한 수도청 부청장 김태일은 28일 정직 처분이 해제되었는데, 29일 아침 10시에는 이화장에 이 대통령을 방문하여 1시간 동안 요담하고, 이에 경무부 수사국에 소환되어 지난번 동 부처장이 발표한 성명서에 대하여 준엄한 심문을 받았다.[44]

이 중대 사건의 피의자격인 장택상과 김태일이 당시 최고 실력자인 하지 중장과 곧 대통령으로 취임할 이승만을 만나 '요담'을 하는 상황이니, 이 사건의 수사와 재판의 미래가 어떠할지 상상이 가고도 남는다. 더구나 이 사건을 캐내어 수사했던 경무부 간부들을 협박하는 벽보들이 나붙기 시작했다. 이는 친일 경찰들이 해오던 수법의 하나였다. 다음은 경무부 이만종 부국장의 담화이다.

:: 수도청의 부패분자 숙청에 대하여 시내 각처에 붙은 모략적 중상의 벽보와 협박장 등이 쇄도하고 있으나 이는 나의 진의를 몰이해하는 일부 우매한 분자의 망동이다. 나는 일개인의 이익이나 일정당의 정권 각축의 도구화가 되기 위하여 신성해야 할 경찰권을 남용함은 아니다. 모리배 등을 숙청하고 더욱이 희생시킨 것은 오로지 민족적 양심과 정의의 발로에 불과하다. 신정부 수립을 앞에 두고 나는 일관된 신념에 입각하여 계속적으로 민족국가 백년대계를 위하여 부패분자 숙

---

43. 1948년 7월 28일자 『조선일보』 기사.
44. 1948년 7월 30일자 『동아일보』 기사.

청에 매진할 각오이니, 일부 감정의 노예로부터 이탈하여 이성적 자기반성을 함으로써 냉정한 비판이 있기를 바란다.[45]

경찰의 최고 상부기관인 경무부 부국장이 이런 성명을 내야 하는 서글픈 상황이었다. 한편 이 사건에 대한 '외부 간섭'의 움직임을 파악한 국회 내무치안위원회에서도 이 사건을 조사하기로 결의하는[46] 등 일파만파로 정국의 핵심 이슈가 되었다. 아무튼 그 사이 검찰은 이 사건의 수사를 종료하고[47] 도망간 노덕술과 백대봉[48]을 제외한 나머지 피의자들을 구속 기소했다. 경찰의 올바른 발전을 위해 진력한 동시에 이 사건을 처음부터 수사해서 진상을 밝혀냈던 경무부 수사국장과 부국장은 외부 압력과 환경 변화에 따라 다음과 같이 표표히 물러나게 된다.

:: 군정하의 관계에 그레이샴 법칙이 그대로 적용됨을 갈파하고 국가와 민족의 좀인 악질 경관·탐관오리·모리배 등의 숙청의 용명을 날리던 수사국 부국장 이만종과, 표면에는 나서지 않고 뒤에 안전 치밀한 두뇌로서 착착 사건을 처리하여 오늘의 수사국을 만들어놓은 국장 조병설 씨는 재차 습내한 난국에 직면하자, (1948년 8월) 10일 드디어 다음과 같은 요지의 사임사 한 장을 남기고 물러나게 되었다.

"민족 전체의 시대적 요청 아래 책임을 완수하고자 시간과 정력을 경주하여 최대한의 노력은 하였으나 완전한 성과를 거두지 못하고 선량한 국민의 기대에 어그러

---

45. 1948년 7월 28일자 「서울신문」 기사.
46. 1948년 7월 30일자 「동아일보」 기사.
47. 7월 31일 서대문구치소에서 다른 독직·뇌물사건으로 구속되어 있던 최운하가 증인 입장에서 담당경찰관 윤두식에게 사건 전말을 폭로하고, 특히 시체유기의 장본인인 박사일 경위가 손수 시체를 자동차로 운반했다 하나 자동차 운전조차 해본 일이 없다고 박사일은 이 사실을 적극 부인한 바 있었으나, 1일 검찰 당국에서 수도청 보안과에 가서 운전면허등록을 조사해본 결과 박은 보통면허까지 소지하고 있음이 판명되어 수사를 종결한 것이다. 1948년 8월 3일자 「서울신문」 기사.
48. 백대봉은 기소중지되고 노덕술의 체포는 시간문제라 하여 불구속 상태로 기소되었다.

졌음에 자책의 감을 금치 못하는 바이다. 금번 조각의 인물 구성을 일별하고 우리의 양심을 살리기에는 너무나 환경과 조건이 불리하다는 것을 자각하기 때문에 사임을 결의하였다. 실례를 들면 전일 수사국에서 적발한 수도청 고문치사사건에 있어 군정의 책임자도 아닌 신정부의 일원이 불필요한 간섭과 제약을 가함으로써 사건 취급상 중대한 지장을 초래하였다는 전례에 비추어, 직접 권한이 없는 군정에도 간섭함으로써 부패분자의 구명운동에 동분서주하였거든 하물며 자기 권한하에 있는 신정부에 있어서는 가히 추측할 수 있다고 인정되는 까닭이다. 또한 당해 사건의 최고책임자의 1인이 각료의 1인이 되었다는 사실에 비추어 앞으로 정의감을 살려서 정렬과 양심을 발휘하기에는 객관적 제약성이 강압할 것을 자각한 나머지 금일 정식으로 사표를 제출하는 바이다." [49]

이제 친일 고문경관을 비호하는 사람이 담당 장관이 되어 온통 이들의 천하가 될 것을 예감한 비장한 사임사이다. 제1회 공판은 기소된 지 3개월이 넘는 1948년 11월 6일에야 열렸는데 피의자들은 예상대로 모든 사실을 부인했다.[50] 11월 20일 열린 제3회 공판에 증인으로 나온 최운하는 이 사건을 뒷받침했던 증언을 번복하고, 그때의 진술은 "억측에서 수사국의 위법적인 신문에 응답한 것"이라고 말했다. 나머지 6명의 사찰과 직원들도 모두 피고인에게 유리하게 증언했다.[51]

11월 27일에 열린 제4회 공판에도 전 수도청 사찰계 경위 박일원과 형사 이동진이 나와 증언했다. 그러나 이들은 과거 사찰계 동료였던 구속 피고인들에게 일방적으로 유리한 증언을 할 수밖에 없었다. 이들은 "이 사건은 경무부 수사국

49. 1948년 8월 11일자 『조선일보』 기사.
50. 1948년 11월 6일자 『세계일보』 기사.
51. 1948년 11월 20일자 『세계일보』 기사.

과 수도청의 극심한 대립에서 기인한 것으로 수사국의 불순한 정치적 공세로써 조작된 것이며, 노덕술 씨가 고문치사사건을 자백한 것은 부하들의 희생을 최소한도로 국한시켜 자기 자신이 모든 것을 책임지려는 겸양한 태도에서 나온 허위 진술이었다"라고 증언했으며, 그 고문 피살자가 '임화'라고 주장하면서 임화는 "방금 이북에서 생존하고 있다는 것"을 들었다고 증언했다.[52] 피고인들 역시 수사 단계에서 자백한 것에 대해 다음과 같이 변명했다.

> :: 재판장은 전회 증인 심문에 있어 피고가 자백서를 썼음에도 불구하고 현재 그 범죄 사실을 부인하고 있음은 의아스러운 양 생각하고 있는 듯하나, 사실인즉 당시 노 과장이 현재 신생 정부의 내무장관 선임에 장 수도청장이 가장 물망에 높으므로 현재와 같이 경무부와의 알력을 타개하려면 하루바삐 우리들이 경무부에서 범죄 자백서를 써놓아 곧 수도청에 이관하도록 하는 것이 과거의 수사 경험에 비추어보아 가장 유력하다 하여 서명, 날인한 것이다.[53]

피고인들은 사리에 맞지 않는 이런 변명을 늘어놓고 있었다. 이 수사의 책임자였던 조병설은 나중에 제8회 공판에 나와 당시의 수사 진실을 증언했다.

문: 수사를 진행한 결과 전말서를 받았다는데 그 당시의 사정은?
답: 그 사건에 대하여 당시 수도청 고문 최연 씨와 요담한 결과, 임화 사건을 발표하면 수도청뿐 아니라 38선 이남의 전 경찰관의 수치가 되므로 극비밀리에 조사하기로 약속했다. 그리고 우리는 수사를 백대봉으로부터 시작했는데 백은 4시간 만에 신변 보호와 즉시 남선지방으로 전근 보내달라는 조건하에서 고문치사 사실

52. 1948년 11월 27일자 『국제신문』 기사.
53. 1948년 12월 11일자 『서울신문』 기사.

을 자백했던 것이다. 이어 박사일, 김유하를 체포해서 취조했는데 이 두 사람은 전혀 사실을 부인하였다. 그래서 노덕술 씨를 불러 물은즉 노 씨는 내 손을 잡으며 모든 책임은 자기에게 있으니 용서해달라고 하며 이 사건의 사정을 말했던 것이다. 그리고 나는 이 사건을 공표하지 않기 위해서 서울지검 차석검사 김윤수 씨와 요담한 결과, 사건은 조사하되 기록을 송치하지 않고 본인이 보관해준다고 약속이 되어 전말서를 받았던 것이다.

문: 수사 중지를 했다는데?

답: 조 부장에게 이 사실을 보고한즉 부장은 본인에게 전기 조규설을 불러 진상을 자세히 조사해보라고 명령하기에 부른즉, 어찌된 일인지 전기 조규설은 이미 수도청에 구속당하였으므로 즉시 수사국으로 이관하라고 한즉, 조규설은 수갑을 채운 채 출두하였으므로 구속한 대로 취조한즉 사실을 시인하였으나, 수도청에서 조를 구속하는 이유로 보아 증거 인멸을 하려는 의도임을 알았고, 또 즉시 조 부장이 수도청장 장택상 씨를 불러 이 사건을 물은즉 전혀 없다고 부인하므로, 이러한 수도청의 태도로 보아 앞으로 수사의 곤란이 예상되어 수사를 2월 중순경에 일단 중지하게 되었다.

문: 그러면 내사 중지를 한 사건을 작년 7월에 또다시 수사에 착수하게 된 동기는 무엇인가?

답: 그것은 7월 어느 날 모 사건의 수사 지휘로 밤 11시까지 기다리고 있었는데, 부국장 이만종 씨가 들어와 임화 사건의 구체적인 내용을 민간 모 씨가 말하는데 어떻게 하면 좋겠는가 하고 말하기에 같이 협의한 결과 중부서 수사주임 현을성을 불러다 물어보기로 되어, 이튿날 현을성 씨를 불러다 물은즉 민간 모 씨가 말했던 것과 완전히 부합되었던 것이다. 그리고 현을성 씨는 이 말을 절대로 자기 입에서 나왔다는 말을 하지 말아달라고 부탁하였다. 이렇게 되니 조규설, 민간 모 씨, 현을성 3자의 말이 완전히 부합되므로 조사 성공가능성을 믿고 본격적으로 조사를

착수한 것이다.[54]

이러던 중 도망다니던 노덕술이 1948년 1월 25일 새벽에 서울 시내에서 반민특위 특별조사위원들에 의해 검거되었다.[55] 문제는 검거 당시 "공공연하게 호위경관으로 대한민국 경찰 4명과 무기 등을 소지"하고 있음이 드러난 것이다.[56] 5공판 이근안이었던 셈이다.[57] 당시 신성모 내무장관은 "노덕술이 좌익 검거에 공로가 있어 좌익 측에게 위협을 받고 있어 그 당시부터 호위경관을 두어 가족까지 보호를 하여주었다 한다. 나로서는 현직 경관도 아닌데 많은 경관을 배치했다는 것은 해석할 수 없는 일이다. 관계 당국에 엄격한 처벌을 하겠다"라고 대답했다.[58] 그러나 사실상 노덕술 뒤에는 바로 이승만이 있었다.

:: 어느 날 대통령 관저에 초청을 받아갔더니, 반민자 처단에 관한 얘기 끝에 뜻밖에 "노덕술이를 내놔주시오"라고 말씀하셨습니다. 그는 경찰의 기술자이니 그가 없으면 치안에 지장이 있다는 설명이었습니다. 그래 우리 특별조사위원 간부들이 "그건 안 될 말씀이십니다"고 대답했더니, 그 어른께서는 굳이 놓아주라고 강권을 합니다. 그래 한 간부가 "그럼 각하, 노를 놔달라는 청원이라도 국회에 내보십시오. …… 그럼 국회의 결의에 따라 그렇게 될 수도 있는 문제가 아니겠습니

---

54. 1949년 1월 9일자 『조선중앙일보』 기사.
55. 노덕술은 친일 경찰이 지배하고 있던 당시 경찰의 철저한 비호 아래 은신하고 있었고, 노덕술의 불체포로 시간이 흐르자 나머지 피고인 김재곤·박사일·김유하 등은 그것을 이유로 보석을 신청했다. 완전히 '짜고 치는 고스톱'이었던 셈이다. 결국 노덕술의 구속영장이 재판소에도 반환되지 않자 말썽이 일기도 했다. 1948년 10월 21일자 『서울신문』 기사.
56. 1949년 1월 26일자 『한성일보』 기사.
57. "…… 달아난 노덕술은 어떻게 지내고 있었을까? 이근안이 자기 집 골방에 숨어지내고 박노항이 아파트를 얻어 숨어 지낸 것에 비해 노덕술의 도피 아닌 도피 행각은 너무나 화려했다. 노덕술의 은신처는 다름 아닌 수도경찰청 청사였다. 그는 이렇게 '숨어(!)' 있으면서 무장경관의 호위 속에 경찰관용차를 타고 상관이었던 외무장관 장택상의 집과 자신을 비호해주는 내무장관 윤치영의 집 등 현직 장관의 집에 수시로 드나드는 등 화려한 외출을 즐겼다. 노덕술이 도피생활의 무료함을 달래기 위해 이런 외출을 했다고 생각한다면 그건 너무 큰 오산이다. 노덕술은 경찰 내에 득시글거리던 또 다른 노덕술들과 함께 일대 반격을 준비하고 있었다. 한홍구, 「한홍구의 역사이야기—이근안과 박처원, 그리고 노덕술」, 『한겨레 21』, 2001년 5월 22일.
58. 1949년 1월 28일자 『한성일보』 기사.

까"라고 대답했어요. 그랬더니 아, 대통령께서 노발대발하시며, "그래? 그럼 난 나대로 하겠습네다!" 이렇게 말씀하십디다.[59]

이처럼 대통령이 직접 노덕술의 석방을 요구하고 있을 정도였다. 노덕술의 검거 후 이 사건의 선고는 무기한 연기되었다가 그해 5월 1일, 결국 전원 무죄를 선고받았다.[60] 고문경관들은 모두 방면되었고 이들은 의기양양하게 다시 대한민국 경찰의 중심 세력이 되었다.

2) 일제 고등계 형사로서의 고문범죄

노덕술은 위와 같이 도망다니다가 뒤늦게 반민특위에 의해 검거되었다. 그는 일제 때의 고문 행적을 부인하다가 나중에는 결국 다음과 같이 자백했다.

:: 특위에서 취조를 받고 있는 문제의 노덕술은 8·15 전 일제 경찰의 간부로서 동족을 박해하던 자기 죄상을 전혀 사실이 아니라고 부인하여왔는데, 증인의 입증과 증거 서류를 제시하며 문초한 결과 드디어 (1949년 2월) 17일 자기의 죄상을 자백하였고, 특위 위원장은 노의 자백 내용을 다음과 같이 발표하였다.
"노덕술은 울산의 장생포 출생으로 14세부터 어부업을 하는 일인의 사용인으로 있다가 순사로 등장한 이래 30년간 지낸 후 드디어 경시까지 지냈으며, 10여 년 전 동래경찰서 고등계 주임으로 있을 때는 독립운동단체인 혁조회사건을 취조하

59. 김태호,『끝나지 않은 심판―재판 중심으로 본 정치적 사건』, 삼민사, 1982, 85쪽.
60. 1949년 5월 1일 민동식 판사는 "임화는 죽은 것이 아니고 중부서 2층 문초실 창문으로 도피하였으며, 그동안 여러 증인들의 변론과 기타 임검 및 당시의 강설 고상(高上) 등을 종합하여본 결과 도저히 시체를 한강 빙장에 집어넣을 아무런 근거도 없었다. 여러 가지 점으로 보아 당시의 복잡 미묘한 정치적 공세가 빚어낸 연극에 지나지 않는다"라고 했다. 그러나 오히려 이 사건의 과정과 종국이야말로 당시의 '복잡 미묘한 정치적 공세'로 이루어진 정치재판이 아닐 수 없었다.

였는데, 동회 부회장 유진흥 씨는 고문 끝에 피를 토하며 "노(盧) 놈, 노 놈"하고 부르짖으며 절명하였고, 동회 회장 김춘식 씨는 노덕술로부터 받은 고문에 못 이겨 감옥에서 옥사하였고, 또 당시 신간회 동래지회 책임자 박일향 씨도 노덕술에 체포되어 혹독한 고문을 4번이나 받고, 감옥에서 8개월을 살았다는 박 씨의 증언에 의하면 노덕술이 동래경찰서 고등계 주임으로 있을 때 부하 형사로 있던 최원복·김기 양인이 증거를 제시하여 노덕술도 이에 피할 길이 없어 자기 죄상을 자백함에 이르렀다. ……[61]

이런 조사결과에 따라 다음과 같은 공소문이 작성되었고 재판이 개시되었다.

① 1927년경 김규직을 회장으로 하고 동래군 동래면 거주 김진흥을 부회장으로, 회원 동면 거주 양정식·어소운·신호권·윤태윤 외 약 150명을 옹(擁)하고, 반일투쟁 독립운동을 목적으로 배일투쟁사와 조선역사를 기록한 『배일지집(排日誌集)』을 작성 배부하고, 사유재산제도 부인을 목적으로 비밀결사를 조직한 혁조회사건에, 그간 동래경찰서 사법주임으로 있는 피고인은 동 사건이 고등계 사무소에 속함을 지실(知悉)함에도 불구하고 직접 담당하여 가혹한 고문으로 전기 김진흥·김규직을 사망케 하고, 그 관계자로 하여금 3년 혹은 2년간 복역케 하고,

② 피고인이 동래경찰서 사법주임 재직시인 1929, 1930년 일인 교사와 한인 생도 간에 민족적 감정으로 4, 5차에 걸쳐 발생한 동래고등보통학교 맹휴사건에, 사법계 주임의 직에 있음에도 불구하고 매차 한인 학생 규탄을 목적으로 한 총검거에 솔선, 부하를 지휘하여 고등계 사무인 교외 학생집회 행동사찰을 담당하여 한인 학생 검거를 용이케 하고,

---

61. 1949년 2월 19일자 『서울신문』 기사.

③ 피고인은 동래경찰서 사법주임으로 재직시인 1929, 1930년 동래군 소재 동래 유치원에서 개최된 한인 일본 유학생의 하기휴가 이용 귀국강연회가 그 내용에 있어서 일본 정치를 비난한다는 명목하에, 당시 사법주임의 직에 있음에도 불구하고 고등계 사무에 속하는 사상 관계 사건을 직접 담당 취급하여 한인 강사 수명을 검거·취조하고,

④ 피고인이 동래경찰서 사법주임으로 재직시인 1928년 10월경 동래군 기장면 동부리 179번지 거주 박일향이 반일투쟁단체인 동래청년동맹 집행위원장 및 동래노동조합 정치·문화부장, 신간회 동래지회 간부로 있음을 탐지한 피고인은 사법주임으로서 우자의 행동을 말살시키려는 의도하에 고등계 사무에 속함을 지실함에도 불구하고 검거, 취조하여 송국하고,

⑤ 피고인이 통영경찰서 사법주임으로 재직시 1932년 5월경 당시의 반일단체인 ML당원인 김재학이 5·1메이데이 시위행렬에 참가하였다는 죄명으로, 사법주임으로 고등계 사무를 겸무하고 있던 피고인은 직접 우자를 검거하여 양수를 후방으로 양족은 전방으로 결박하여 천장에 매달아 구타하는 것, 입에 주수(注水)하는 것, 전신을 구타하는 등의 방법으로 혹독한 고문을 감행한 후 송국하여 벌금형에 처하게 하고,

⑥ 피고인이 평남 보안과장으로 재근시인 1941년 보안과장으로서 자동차 수송 통제를 목적으로 조직된 평남 자동차수송협력회의 이사로 있음을 기화로 육상 운반구, 특히 화물 자동차 다수를 징발하여 군수품 수송에 제공하게 하여 일군 전쟁 수행에 협력하며 경찰관으로서 독립운동자를 살해하고 악질적 행위를 한 자이다.[62]

62. 1949년 3월 31일자 『서울신문』 기사.

그런데 막상 재판이 열리자 노덕술은 조사 단계에서 시인한 공소 사실조차 전면 부인하고 나섰다.

::　반민특위 제35일인 작(1949년 6월 1일)에는 제1회 공판을 마친 만 2개월 만에 노덕술에 대한 2회 공판을 서성달 검찰관 입회, 서순영 재판장 주심으로 상오 10시 30분 개정되었다. 먼저 피고는 일제하에 비록 경찰관으로 묵었기는 하나 민족적 양심을 망각한 일도 없거니와 한평생에 고문한 일도 전혀 없다고 말한 다음, 경남 동래경찰서 근무시 신간회·동래농조사건의 취급을 일체 거부하고, 또 동서에서 혁조회사건을 취급하여 고문 끝에 1명은 옥사하고 1명은 3년간 미결구류 중 가석방한 후 1주일 후 사망한 사실에 대해서도 끝끝내 부인하자, 재판관은 그 당시 피고의 부하로서 2명의 순경이 증인으로서 이 사실을 시인하였는데 어찌된 일인가라는 심문에도 기억 없는 사실이라고 진술하였고, 동래 청년동맹사건·동래 예배당사건·통영 메이데이사건 등을 동일한 태도로 종시일관 부정하자, 서 검찰관은 언권을 얻어 피고의 죄를 구성하는 유일한 사건인 혁조회사건을 본 검찰관은 현지에 출장하여 조사한바 움직일 수 없는 뚜렷한 증거가 나타났으며, 피고는 경찰관으로서 27년이나 겪은 사실에 비추어보아 이러한 교묘한 허위진술쯤이야 잘 할 줄 안다는 격분한 어조의 발언이 있었고……[63]

결국 노덕술은 보석으로 풀려났고,[64] 그의 수도청 고문치사사건은 무죄가 선고되었으며, 반민자 혐의는 반민특위가 무력화되면서 유야무야되고 말았다.

63. 1949년 6월 2일자 『조선중앙일보』 기사.
64. 노덕술은 만성기관지염 등 다섯 가지 병명으로 1949년 7월 23일 10만 원의 공탁금을 걸고 병보석으로 풀려났다. 1949년 7월 27일자 『조선중앙일보』 기사.

03
제주4·3사건과 고문의 고통

1. 제주4·3사건의 계기가 된 고문

    엄청난 제주도민의 희생[1]을 가져온 4·3사건은 이미 1947년 3월 1일에 벌어졌던 이른바 3·1사건에서 비롯된다. 제28주년 3·1절을 맞이해 좌파세력이 주도한 시위에서 군정 경찰이 도민을 향해 발포함으로써 빚어진 이날의 사건은 제주도를 소요의 소용돌이로 몰고 갔다. 이로써 제주도 관공리에서 총파업이 시작되었고, 군정 당국은 이에 맞서 대규모 검거작전에 돌입했다. 이 과정에서 제주도민의 감정을 폭발시킨 세 건의 고문치사사건이 발생했다.

    ∷   (3·1시위사건과 관련하여) 조천지서에 연행됐던 조천중학원 2학년 학생 김

---

1. 제주4·3사건의 총 희생자수에 대해서는 정확한 결론이 나오지 않았다. 그러나 제주4·3사건 진상조사단의 조사결과 대체로 2만 5,000명에서 3만 명 정도로 추산하고 있다.

용철(21)이 유치 이틀 만인 1948년 3월 6일 별안간 숨졌다. …… 경찰 측에서는 지병에 의한 사망으로 둘러댔으나 시신 전체에 시커멓게 멍이 들어 있어서 설득력이 약했다. 조천중학원 학생들은 사인 규명을 요구하며 시위를 벌였다. 지역 유지들도 사태가 심각하다고 보고 철저한 조사를 군정 당국에 요구했다. …… 부검은 이례적으로 두 차례 실시됐다. 1차 부검은 경찰 측의 훼방으로 건성으로 마쳐졌다. 이 문제가 논란이 되자 미군 고문관은 재부검을 지시했다. 다음 날 실시된 2차 부검결과, 외부 충격에 의한 뇌출혈이 결정적인 사인으로 밝혀졌다. 의사 장시영은 경찰의 계속되는 회유를 뿌리치고 "타박으로 인한 뇌출혈이 치명적인 사인으로 인정된다"는 감정서를 제출했다. 이 한 장의 감정서가 조천지서 경찰관 5명 전원의 구속 사태를 몰고 왔다. 고문 현장 목격자의 증언에 의하면 경찰관들은 김용철을 거꾸로 매달아 곤봉으로 쳤다는 것이다.[2]

::   조천지서 사건의 여파가 채 가라앉기도 전인 3월 14일에는 모슬포지서에서 또다시 고문치사사건이 발생했다. …… (고문피해자) 양은하와 함께 모슬포지서에서 수감생활을 했던 한 증언자는 "지서에서는 매질부터 시작했다. 주로 몽둥이로 때리거나 각목을 다리 사이에 끼워 위에서 밟기도 하고 물고문을 하기도 했다. 수감자들이 더욱 분노를 느꼈던 것은 경찰관들이 심심하면 한 사람씩 불러내어 장난 삼아 고문을 했던 일"이라고 말했다. 양은하의 동생은 "경찰관들이 형님의 머리카락을 천장에 매달아놓고 송곳으로 불알을 찌르는 고문을 하다가 결국 불알이 상해 숨지게 됐다"고 증언했다. 이때도 경찰은 사건을 은폐하려고 시도했다. 소식을 들은 양은하의 형제들이 지서에 달려갔을 때 지서 뒷마당에 시신을 묻으려고 했는지 시신 옆에 구덩이가 파여 있었다.[3]

2. 제주4·3사건진상규명및희생자명예회복위원회, 『제주4·3사건 진상조사 보고서』, 2003, 149~150쪽.
3. 제주4·3사건진상규명및희생자명예회복위원회, 앞의 책, 151쪽.

::   한림면 금릉리 청년 박행구는 경찰과 서청에 잡혀 집단 구타를 당한 뒤 즉결 총살을 당했다. 사건 전날 마을 안에서는 선박 진수식이 있었는데, 술에 취한 박행구가 우익 청년들과 사상 논쟁을 벌이다가 "민족을 팔아먹는 민족반역자"라고 소리 높였던 것이 화근이었다. 그의 사망일은 1948년 3월 29일로 추정된다.[4]

그 당시 3·1절 발포사건 및 총파업사건과 관련해 검속작전을 펼친 결과 검속 1개월 만에 500여 명이 체포되었고, 4·3사건 발발 직전까지 1년 동안 약 2,500명이 구속되었다. 이 과정에서 테러와 고문이 잇따랐고, 위와 같은 고문치사사건은 당연히 예견된 일이기도 했다. 이런 고문치사사건이 제주도민의 민심에 불을 지르는 결과가 되어 4·3사건으로 이어진다.

2. 고문경찰관과 서청 사람들

제주4·3사건 당시 고문을 주로 담당했던 경찰관들은 일제 고등계 형사의 고문기술을 습득한 자들이었다.[5] 당시 한국 사회의 전체적인 현상이었던 것처럼 제주에서도 친일 경찰들이 새로 구성된 대한민국의 경찰로 고스란히 이어졌고, 이들이 경찰의 상층부를 차지했다. 4·3사건 당시의 고문 사례들을 분석해보면 우연히 이루어진 고문이 아니라는 사실을 알 수 있다. 이미 고문이 체질적으로 몸에 밴 사람들의 소행이었다.

동시에 제주도민을 향한 잔혹한 고문의 현장에는 이른바 서북청년회(서청)

---

4. 제주4·3사건진상규명및희생자명예회복위원회, 앞의 책, 152쪽.
5. 제주4·3사건진상규명및희생자명예회복위원회, 앞의 책, 479쪽.

사람들이 있었다. 민간단체에 지나지 않는 서북청년회가 4·3사건 진압의 전면에 나섬으로써 제주도민에 대한 무자비한 탄압이 벌어졌다. 제주도에는 4·3사건 발발 전후로 수천 명[6]의 서청 단원이 들어와 아무런 통제 없이 마구 고문과 학살을 자행하면서 제주도를 무법천지로 만들었다. 당시 서청이 얼마나 잔인했는지, 특공대원이었던 고치돈 씨의 증언을 들어본다.

::   내가 외도지서 특공대 생활을 할 때 서북청년단 출신 경찰 이윤도의 학살극은 도저히 잊을 수 없습니다. 그날 지서에서는 소위 '도피자 가족'을 지서로 끌고 가 모진 고문을 했습니다. 그들이 총살터로 끌려갈 적엔 이미 기진맥진해서 제대로 걷지도 못할 지경이 됐지요. 이윤도는 특공대원들에게 그들을 찌르라고 강요하다가 스스로 칼을 꺼내더니 한 명씩 등을 찔렀습니다. 그들은 눈이 튀어나오며 꼬꾸라져 죽었습니다. 그때 약 80명이 희생됐는데 여자가 더 많았지요. 여자들 중에는 젖먹이 아기를 안고 있는 사람도 있었습니다. 이윤도는 젖먹이가 죽은 엄마 앞에서 바동거리자 칼로 아기를 찔러 위로 치켜들며 위세를 보였습니다. 도평리 아기들이 그때 죽었지요. 그는 인간이 아니었습니다. 그들을 보니 며칠간 밥도 못 먹었습니다.[7]

---

6. '서북청년회'는 4·3사건 이전에 이미 500~700명이 들어와 있었고, 1948년 11~12월 사이에 1,000여 명 이상의 단원이 들어왔다. 이들 중 일부는 경찰이 되거나 군인이 되기도 했다.
7. 고치돈 씨의 증언. 제주4·3사건진상규명및희생자명예회복위원회, 앞의 책, 271~272쪽.

3. 사건 진압과 수사과정에서 자행된 고문

제주4·3사건 발발 이후 진압 군·경은 중산간마을을 중심으로 무장대와 연결 가능성이 있는 주민들에 대한 사전 검거와 강압 취조를 펼쳤다. 취조에는 예외 없이 혹독한 고문이 뒤따랐다. 고문은 무장대 관련 피의자의 혐의 사실을 확인해 즉결처분하거나, 재판에 넘겨 범죄인을 만들기 위한 전 단계였다. 극도의 공포 분위기 속에서 막강한 공권력 앞에 주민들은 무력할 수밖에 없었다. 혹독한 고문을 거치고 나면 자신의 방어능력을 상실하고, 육체적 무력감과 더불어 정신적 불안상태가 초래되어, 이미 작성된 조서에 맞춰 강요된 자백을 하지 않을 수 없게 된다.[8]

:: 경찰국 형사들은 권력을 악용하여 전기고문과 김일성 비행기라는 고문을 하면서 5일간 주야를 6명의 형사가 교대하면서 잠을 일시도 못 자게 하여 의식을 잃을 정도로 고문을 하고, 피고인이 부인함에도 불구하고 모략 증언에 의하여 작성한 것이올시다. ······ 동일 야간이 되자 형사들은 5, 6명이 모여서 부인하였다고 전기고문에 물을 부으며 고백서를 쓰라고 하므로 잠이 와서 못 쓰겠다고 한즉, 주전자에 물을 쏟아서 세면을 시키고 취조서를 보면서 쓰라고 하므로 강제에 못 이겨서 본의 아닌 고백서를 쓴 것이올시다. 그후 어느 날 10시경 차장검사님이 출두하여 형사들이 둘러싸고 취조를 하므로 공포에 떨고 많은 고문과 5일간 주야를 잠 한숨도 못 잔 관계로 무엇이라고 대답을 하였는지 일절 기억치 못하는 바이올시

---

8. 사실 당시 상당수의 피해자들은 무장대 습격, 토벌대의 중산간마을 초토화, 마을별 집단 살상 등으로 희생되었고, 이들은 취조나 수사 절차 없는 무분별한 즉결처분을 당했다. 제주4·3사건진상규명및희생자명예회복위원회, 앞의 책, 479쪽. 그나마 수사과정을 통해 재판을 받고 수형생활을 했던 것은 죽은 사람들보다는 낫다고 해야 할까?

다. 송청 후 검사 취조에서 부인하였으나 검사서기께서 한림리 습격 당시 경찰관으로 현장에 있었다면서 더욱 적개심을 높이고 고성을 지르면서 부인을 받아줌이 없이 강권으로 물음에 본의식을 잃었던 것이올시다.[9]

∷ 대나오름에 피신한 보름쯤 후 토벌이 완화되었는지 귀순하라는 소문이 들리더니 하루는 군인들에 의해 굴이 발각, 포위되어 모두 잡혀갔다. 처음에는 원정통에 있는 헌병대 사무실에서 신분 조사를 마치고 큰 죄가 없으니까 일도리 공회당에 수용되었는데 하룻밤을 자고 검찰청에 끌려갔다. 우리 형님과 사이가 좋지 않던 정보원이 사적인 감정으로 나를 사상이 있다고 밀고한 것이다. 다른 사람들은 다 풀려났는데 나는 10여 일 넘게 고문을 당했다. 총상을 입어 움직이지도 못하는 사람에게 온갖 고문을 하니 정신이 하나도 없었다. 그렇게 1년 정도를 1구서(제주경찰서) 유치장에 수감되었다가 광주지방법원에서 1950년 2월에 재판을 받아 7년형을 언도받았다. 나는 도저히 억울해서 대구고등법원에 항소를 해서 대구형무소로 이감되었다. 그런데 6·25가 나자 부산형무소로 이감되었다가 서울 수복 후 다시 대구로 이감되어 수형생활을 하다가 1956년 6월 진주형무소에서 만기 출소했다. 항소는 전쟁 통에 포기했다.[10]

∷ 서귀포경찰서에 잡혀갔는데, 물고문하고 무진장 때렸다. 어떻게 내가 제정신 가지고 얘기했는지 모르겠으나, 경찰들이 내가 빨갱이 도움을 받아서 이런 일들을 한 게 아니냐, 이렇게 작성한 것 같다. 서귀포에서는 주로 물고문을 많이 했다. 물을 그냥 막 먹이면서 묶어놓고 고무 같은 것으로 매질을 했다. 쇠줄몽둥이, 때리면

9. 박동우 씨의 사례. 대법원 1955년 11월 29일 선고 1955형상 제326호 사건. 제주4·3사건진상규명및희생자명예회복위원회, 앞의 책, 482~483쪽.
10. 고윤섭 씨의 사례. 제주4·3사건진상규명및희생자명예회복위원회, 앞의 책, 483쪽.

살에 착착 붙는 것이다. 제주경찰서로 이송되었는데, 잠도 안 재우고, 매를 때렸다. 여기서도 고문받아 죽은 사람이 많다. 하효 사람 송 아무개도 고문으로 죽었다. 그래서 거기에서 심사를 해서 고등군법회의에 우리를 넘겼다. 그때 당시에 징역 몇 년형이다. 뭘 했다 안 했다, 이런 것도 물어보지 않고, 경찰이 작성한 그대로 넘겨버렸다.[11]

일반 민간인들은 그렇다 치더라도 제주 지역의 '유지'들조차 안전하지 못했다. 1950년 8월 초순 법원장, 검사장, 제주읍장, 변호사, 사업가, 교육자 등 유지급 인사 16명이 '인민군환영준비위원회'를 결성했다는 혐의로 제주 지역 계엄사령부로 연행되는 사건이 일어났다. 이들은 구금 후 10일간에 걸쳐 물고문, 곤봉 구타, 총살 위협 등의 고문을 받았다. 그중에 피의자 장용문은 극심한 고문에 사망하기도 했다. 결국 이 사건은 조작된 것으로 밝혀졌지만, 김재천 제주지방법원장은 고문후유증으로 정신착란을 일으켜 일찍 사망하기도 했다. 법원장과 검사장조차도 대낮에 끌려가 고문받으며 자백을 강요당하는 '전율과 공포'[12]의 시간 속에 제주도는 처해 있었다.

4. 기기묘묘한 고문방법

당시 제주도에서도 이미 오늘날 볼 수 있는 대부분의 고문방식이 선보이고 있다. 오늘날의 고문방식이 일제시대부터 해방 후 이승만 정권을 거쳐 계속 전

---

11. 고만형 씨의 사례. 제주4·3사건진상규명및희생자명예회복위원회, 앞의 책, 484~485쪽.
12. 4·3사건진상규명및희생자명예회복위원회, 앞의 책, 436~438쪽.

수, 승계된 것이기 때문이다. 그만큼 제주4·3사건 당시 경찰도 일제의 경찰관들로 채워져 있었다. 지금 봐도 끔찍한 고문이 이루어졌다.

:: 1948년 1월경 검거당했다. 누가 무슨 고문을 얼마만큼 받았다 해도, 아마 나만큼 받은 사람은 없을 것이다. 살아 있는 것이 기적이다. 장장 1주일에 걸쳐 고문을 당했다. 집에서 잡혀서 고문을 시작했다. 나무토막을 다리 사이에 꽂아서 양쪽으로 사람이 앉아서 시소처럼 타고서 고문을 했다. 소라껍데기를 바닥에 깔아서 그 위에 앉혀놓고, 뼈가 다 상했다. 조천지서에 가니까 쇠좆매로 때리고, 물고문을 엄청나게 하고, 하여튼 초죽음을 당한 것이다. 그 다음에 제주경찰서로 가서 잠을 안 재우는 고문을 했다. 고문의 종류를 말하자면 엄청난 고문을 당했는데 비행기 타는 것, 전기고문, 뜨거운 물고문, 이루 말할 수 없다. 그것도 한꺼번에 하는 것이 아니라 매일 쉬지 않고 했다. 나중에는 부을 대로 부어 피부가 댕기면 쫙 째질 정도로 부었다.[13]

공중에 매달아놓고 구타하고 고문하는 방식이 있었다. 이른바 '비행기 타기'라는 고문이 그것이다. 이 고문의 피해를 호소하는 사람이 많은 것으로 보아, 경찰관들이 가장 선호하는 방식 중 하나였던 모양이다.

:: 한재길이 운영하는 절간 고구마 공장이 있었어. 거기에 가서 고문을 받았어. 김일성 비행기가 아니고 너는 단장이니까 스탈린 비행기를 타야 된다고 하면서 달아맸어. 거꾸로 달아매서 속옷만 입힌 채 막 때리니까 피가 안 터질 리 있어? 그래서 내가 지금도 병원 다니는 게 다 그것 때문이야.[14]

13. 김생민 씨의 사례. 제주4·3사건진상규명및희생자명예회복위원회, 앞의 책, 489쪽.
14. 강인옥 씨의 사례. 제주4·3사건진상규명및희생자명예회복위원회, 앞의 책, 492쪽.

남영동 치안본부 대공분실에 마련되어 있던 전기고문 기구인 '칠성판'은 없었지만, 원시적 수준의 전기고문을 거의 모든 경찰관이 자행하고 있었다. 당시에는 전화선을 이용해 전기고문을 했다.

:: 49년 음력 초하룻날 하귀파출소에 붙들려가서 전기고문을 당했다.…… 전화선을 돌리니까 1분이면 쓰러진다. 그러면 혀를 물고 자빠진다. 5분쯤 있으면 두드려서 깨어나라고 하여 다시 전기를 돌린다. 5~6회를 반복한다.[15]

이런 고문이 계속되다 보니 죽어나가는 사람도 생겼다. 이미 사람의 생명이 파리 목숨처럼 취급되던 때였다. 고문은 어느 한두 곳에서 일어나는 우발적인 것이 아니라 거의 모든 경찰서와 파출소에서 공공연하게 이루어지고 있었다.

:: 국민학교 교실마다 다 칸막이해서 취조실을 만들었는데 귀를 대면 다 들렸다. 피의자들이 막 두드려 맞으니까 몸을 움직이지도 못한 사람들이 수두룩했다. 나도 현장을 봤는데 눈물겨워서 말을 못하겠다. 그 장면을 보면, 그 어디 동족을 그렇게 할 수 있는가? 서북청년들이 그냥 막 몽둥이로 치니까 뼈가 부서져버린다. 그러니까 사람 죽어갈 때 그렇다. 호흡이 그르릉 그르릉. 누워 있으면 팔을 들어도 건들건들. (양관표의) 뼈가 다 부서져버렸다. 생나무로 그냥 막 두드려 패니까.(양관표는 이 고문으로 사망했다.)[16]

---

15. 강태중 씨의 사례. 제주4·3사건진상규명및희생자예회복위원회, 앞의 책, 491쪽.
16. 고경흡이 증언한 양관표 씨의 사례. 제주4·3사건진상규명및희생자예회복위원회, 앞의 책, 492쪽.

5. 여성들에 대한 반인륜적 고문

그러나 당시 어떤 고문보다도 여성들에 대한 무참한 고문 기록들이 가장 사람들의 분노를 자아낸다. 임산부도 아랑곳없고, 성행위 강요 등 온갖 종류의 반인류적이고 비인도적인 고문들이 자행되었다.

:: 난 '거슨새미오름' 주변 천막에 보름을 갇혀 있으면서 고문을 많이 받았어요. 뒤로 몽둥이를 끼운 채 무릎을 꿇려놓고 위에서 마구 밟았습니다. 지금도 잘 걷지 못해요. 난 당시 임신 중이었습니다. 임신했다고 사정했지만 통하지 않았어요. 결국 유산됐습니다.[17]

:: 창고 안에는 여러 마을 사람들이 갇혔는데 무자비한 구타와 함께 차마 눈뜨고 볼 수 없는 장면들이 벌어졌습니다. 남녀를 불러내 구타하면서 성교를 강요했고, 여자의 국부를 불로 지지기도 했습니다. 밤에는 그 썩는 냄새로 잠을 못 이룰 지경이었습니다. 난 그들이 제정신을 가진 인간이라고 생각하지 않습니다.[18]

:: 토벌대는 큼직한 장작으로 무지막지하게 때렸어. 그러다가 여자고 남자고 할 것 없이 모두 옷을 홀랑 벗겼지. 나는 당시 마흔 살이었는데 체면이고 뭐고 가릴 여지가 있나. 그냥 옷을 벗으라고 하니 벗을 수밖에. 토벌대는 옷을 벗긴 채 장작으로 매질을 했어. 그러다가 싫증이 났는지 얼마 지나지 않아 처녀 한 명과 총각한 명을 지명해 앞으로 불러내더니 모든 사람들이 보는 앞에서 그 짓을 강요하는

---

17. 차경구 씨의 사례. 제주4·3사건진상규명및희생자명예회복위원회, 앞의 책, 494쪽.
18. 홍경토 씨의 증언. 제주4·3사건진상규명및희생자명예회복위원회, 앞의 책, 494쪽.

거였어. 인간들이 아니었지. 그러다가 날이 저물어가자 주민 4명을 끌고 가 총을 쏘아버렸어.[19]

::　(성산포) 주정공장 창고 부근에는 부녀자와 처녀들의 비명소리가 끊이지 않았습니다. 서청은 여자들을 겁탈한 후 고구마를 쑤셔대며 히히덕거리기도 했습니다.[20]

6. 제주4·3사건 고문피해자들의 후유증

제주4·3사건위원회에 접수된 희생자 신고서에는 상당한 수의 사람들이 고문으로 인한 피해 실태를 기재했다. 당시 생존 후유장애 신고자 142명 가운데 40여 명이 고문으로 인한 고통을 호소하고 있다.[21] 그만큼 당시 고문이 광범하고 심각하게 제주도민을 상대로 자행되었음을 증명하고 있다.

이들이 당한 고통은 육체적인 상처에만 그칠 수 없었다. 당연히 정신적인 장애가 생길 수밖에 없었다. 그러나 그런 측면을 제대로 조사한 사례가 별로 없다. 불운한 시대를 살았던 사람들은 그 고통과 희생을 고스란히 감당해야만 했다. 대표적인 사례는 다음과 같다.

채계순(제주도 이도2동, 1925년생) : 1945년 12월 학교에서 연설이 있다고 동네 사람

---

19. 좌봉 씨의 사례. 제주4·3사건진상규명및희생자명예회복위원회, 앞의 책, 493쪽.
20. 고성중 씨의 증언. 제주4·3사건진상규명및희생자명예회복위원회, 앞의 책, 494쪽.
21. 제주4·3사건진상규명및희생자명예회복위원회, 앞의 책, 481쪽.

들을 모이라고 해서 나가봤더니, 무장대에게 음식과 정보를 제공했다는 혐의로 경찰에 연행되어 고문을 받았음. 당시 임신 6개월의 몸이었는데, 상당한 고문과 구타로 8개월 만에 태아가 사산됨. 그 당시 후유증으로 50여 년을 육체적·정신적 고통을 받고 있음.

정태화(성산읍 고산리, 1930년생) : 신양리에서 가족과 농사를 지으면서 생활하고 있었는데, 1948년 1월경 제주경찰서 형사들이 집으로 찾아와 남로당 연락소 연락원 죄목으로 제주검찰청 유치장에 구속시킨 후, 52일 동안 고문하는 과정에서 심한 고문으로 몸이 약해져 난치병인 결핵이 발병하여 5～6년 동안 치료를 받았으나 계속 재발하여 지금까지 완치가 안 되고 있으며, 고문후유증으로 고통받고 있음.

이복희(대정읍 하모리, 1932년생) : 섯알오름에서 죽은 동생 이동원이 행방불명되자, 군인들이 대촌병사로 끌고 가 동생의 행방을 대라고 구타하고 고춧가루 탄 물을 코에 집어넣고, 전기고문도 가함. 그때 입은 고통으로 지금도 사지가 떨리고 온몸에 무언가 기어다니는 듯한 느낌이 들 때면 사지가 굳어 몸을 마음대로 움직일 수가 없음.[22]

---

22. 제주4·3사건진상규명및희생자명예회복위원회, 앞의 책, 495～496쪽.

04
이승만 정권의 시국사건 고문 사례

목포서에서 발생한 고문치사사건—1948년 8월

:: 　전라남도 완도군 소안면 월경리 사는 김진율·김강곤 두 청년은 모 정당 관계로 지난 7월 20일 목포에서 완도경찰서 형사 황동일(27)과 순경 김덕운(25) 2명에게 체포되었는데, 목포서에 구금되어 밤새도록 문초와 고문을 받은 끝에 그 이튿날 김강곤은 사망하고, 김진률은 정신이상이 되고 말았다 한다. 사망자의 시체는 즉시 목포부립병원에서 해부한 결과 두정골과 두부혈관의 파열로 판명되었으며, 문초한 경관 황과 김은 수일 전 광주지방검찰청에 기소되었다.[1]

오동기 연대장의 쿠데타 음모사건—1948년 9월

:: 　1948년 9월 28일 오동기 (여수 제14) 연대장은 육군본부로 소환되어 정보국장실에 구금되어 있다가 10월 1일 정식으로 구속되어 군경합동수사반에서 최능진

---

1. 「고문치사사건 목포서(署)에 발생」, 1948년 8월 18일자 『조선일보』 기사.

과의 관련 여부를 추궁당했다. 이때의 수사책임자가 김창룡이었다. 『육군전사』에 따르면, "오 소령은 최능진을 한 번도 만난 적이 없기 때문에 모른다고 하였다가 수도청 사찰과 정보주임 박일원에게 형용할 수 없는 고문을 당했다. 박은 박헌영의 비서였으나 전향한 사람인데 그 뒤 남로당원에게 피살되었다"고 한다. 오 소령이 신원보증을 서준 두 사람이 군대에 들어갔는데, 이들이 현역으로 최능진의 선거운동을 하다가 체포된 적이 있었다. 이를 가지고 오 씨와 최 씨를 관련시켜 사건을 만든 것이었다고 『육군전사』는 주장했다. 오 씨는 1950년 2월 9일 군법회의에서 징역 10년을 선고받았다.[2]

최능진의 혁명의용군사건 — 1949년 1월

동대문 갑구에 출마해 이승만과 겨루면서 정적으로 등장한 최능진은 이승만이 대통령이 되면서 탄압을 받지 않을 수 없었다. 그러나 그에게 처형이라는 운명이 기다리고 있는 줄은 자신도 몰랐으리라.

:: 　최능진 외 2명에 관한 소위 혁명의용군사건의 공판은 (1949년 1월) 21일 서울지방법원 제4호 법정에서 심리가 시작되었다. 사건의 최고책임자는 서세충, 정치재정책임 최능진, 전 국방경비대 내 최고책임 오동기 소령, 경비대외 내 총책임 김진섭, 강원도 원주부대 동원책임자 안종옥 외 3명, 춘천부대 동원책임 박규일 외 2명으로 되고, 이들은 지난 1947년 12월 하순부터 작년 9월 22일까지 10회에 걸쳐 밀회를 하고 소련혁명기념일을 전후하여 원주부대와 춘천부대 병사 200명과 오동기가 연대장인 여수연대의 응원을 얻어 서울로 진격하여 정부를 전복한다는 어마어마한 계획을 하였던 것이다. 그러나 공판정에 나타난 김진섭은 정치에는 전

---

2. 조갑제, 『기자 조갑제의 현대사 추적 2 ─ 고문과 조작의 기술자들』, 한길사, 1987, 41∼42쪽.

혀 관심이 없었다고 말하고, 서세충은 민족혁명이라는 말조차 무슨 말인지 모르는 말이라고 전적으로 부인하였는데, 다만 최능진만은 민족혁명의 필연성과 정당성을 논한 다음 무장봉기만은 생각지 않았다고 부정하고 새삼 현 정부에 대한 불평을 들어 말하였다.

다음 서를 제외한 최, 김 양인은 무장봉기는 이를 부인하나 무혈 남북통일을 주장하고, 양 김 씨(김구·김규식)의 정치노선을 지지한다고 명언한 바 있었고, 최가 동대문 갑구에 국회의원 입후보한 것은 이 대통령을 낙선시키고 서재필 박사를 대통령으로 하고, 양 김 씨의 합작으로써 정부를 조직하려던 의도에서라고 확언하였다. 그러나 김은 군정보과에서와 수도청에서 자백한 것은 고문에 의해서이고, 검찰청에서 그대로 진술한 것은 사건으로 되기에는 너무나 증거가 박약함으로 자포자기한 가운데 그대로 진술한 것이라고 말하고 있다.[3]

공범들의 발언 중에서 고문 주장이 속출했다. 조작임이 분명하다. 법정에서 최능진은 당당하게 자신의 견해를 주장했으나, 다만 무장봉기만은 철저히 부정했다. 연속적으로 벌어진 공판에서 최능진은 자신의 남북통일론을 내세웠고, 무력혁명은 고문으로 이루어진 것임을 분명히 했다. 발언의 말미를 보면 이 사건이 '장관의 명령'으로 기소된 것임을 알 수 있다. 그런데도 그의 발언은 늠름하고 막힘이 없었다.

판사 : 피고 최능진은 정신통일운동 자금으로 돈을 피고 김에게 제공했다고 말했는데, 하필 군대에만 돈을 주어야 자주독립을 지향할 수 있다는 것은 무슨 이유인가?

3. 1949년 1월 23일자 『동아일보』 기사.

피고: 정신통일 대상으로는 거리의 청년단체보다 군이 더 중요한 까닭이다.

판사: 유엔에서 조선문제가 불리하게 될 때는 폭동을 일으키려고 했지?

피고: 유엔의 결의는 남북통일 선거가 그 주요 목적이다. 그러나 소련 측에서 입북을 거절할 때에는 결국 남북통일은 기대할 수 없게 되니 대한민국과 북한은 마땅히 민족자주독립을 전취하여야 할 것이며, 양쪽 어느 편에서든지 이것을 거절하면 나는 대한민국도 북한도 보이콧하려고 했다. 내가 폭동을 일으킬 사람은 절대로 아니다. ……

변호사: 피고의 진술은 경찰, 검찰, 공판 3부에 걸쳐 전혀 다른데 어찌된 셈인가?

피고: 경찰에서는 고문으로 허위자백했고, 검찰청에서는 속히 공판에 회부시키려고 그랬고, 공판에서는 자유로운 분위기니까 사실대로 말했다. 그때 검찰청에서 저기 계신 강 검사한테 솔직히 고백한즉, "네가 통일민족운동을 했는데 무슨 죄가 있느냐" 하시면서 기소할 필요가 없다고까지 말씀하셨다. 그때 나는 강 검사의 인격을 훌륭하다고 생각했다. 그러던 것이 돌연 장관 명령으로 기소하라니, 무조건 기소했다고 강 검사 영감도 말하지 않았소. 사법의 신성을 위해서라도 이런 맹랑한 일은 지적하여야 하겠다.[4]

무고한 우편국 교환수에 대한 전기고문 — 1949년 2월

마음에 안 든다고 우편국 교환수인 젊은 여성을 데려다가 빨갱이로 몰아붙여 전기고문을 하고, 우편국장을 내동댕이쳐 혼수상태에 이르게 한 사건이 있었다. 과잉 반공시대의 한 자화상이다.

:: 지난 (1949년 2월) 4일 하오 9시경 개성우국에서 근무 중이던 교환수 임

---

4. 1949년 2월 10일자 「독립신보」 기사.

재덕 양(19)과 전화주임 안창훈, 국장 김승훈 양 씨는 형사 2명에게 끌려 개성서까지 동행하였다는데 빨갱이가 아니냐고 무수히 구타당하였고, 임 양은 전기고문까지 당한 다음, 동서 통신주임의 말에 의하여 빨갱이가 아니라는 것이 인정되어 그날 밤으로 석방되었다. 임 양과 김 국장은 그후 1주일이 가까운 9일까지 밥도 못 먹고 혼수상태를 계속하고 있다고 하는데, 이 사실을 조사하기 위해서 체신부로부터 현지에 파견되었던 조사관이 보고히는 비에 의하면 동 사건의 전모는 다음과 같다 한다.

4일 하오 8시경 개성서로부터 백천을 불러달라고 하는 말이 있어 백천우체국이 잘 나오지 않기에 계속하여 신호를 보내고 있던 중, 동 9시경에 이르러 개성서에서 왔다고 하는 경관 2명이 임 양에 대해서 개성서까지 동행할 것을 요구하였는데, 임 양은 "공무를 집행 중에 있으니 동행하지 못하겠다"고 말하였으나 동행할 것을 강요하였으므로, 역시 숙직 당번으로 있던 안 전화주임과 김 국장도 동행하였던 것이다. 개성서에 들어가자 당일 숙직 책임자인 총무주임과 또 하나의 경찰관은 빨갱이라고 온갖 욕설을 하여가면서 무수히 구타한 다음 김 국장에 대해서는 두 차례나 내동댕이쳐 중상을 입히고, 임 양에 대해서는 양쪽 엄지손가락에 쇠를 끼우고 전기를 통하는 고문으로 혼수상태에 빠지게 하였다는 것이다.[5]

언론사 기자들에 대한 고문사건 ─ 1949년 2월

고문의 행렬에는 기자들도 예외일 수가 없었다. 경찰이 합동통신 기자를 구타하고, 『평화일보』 기자를 고문한 사건이 일어난 것이다. 특별한 신분 보장이 요구되는 기자들에게 가해진 고문 사태에 대해 당시 내무장관 신성모가 변명한 내용이다.

---

5. 1949년 2월 4일자 『연합신문』 기사.

:: 나는 합동통신 기자에 대한 구타사건을 듣고 즉시 내무차관보에 명령하여 관계 경관을 파면시키도록 지시하였고 이에 대한 파면 보고를 접수하였는데, 이들에 대해서는 단지 파면에 그치지 않고 법적 책임을 조사하여 엄벌에 처하도록 지시하였다. 그리고 종로서에서 『평화일보』 기자를 고문하였다는 말은 지금 처음 듣는 말인데, 그 사실을 조사한 후 선처하겠다. 고문이란 것은 원칙적으로 없어야 할 일이니 앞으로 전력을 다해서 다시는 그런 일이 없도록 하겠고, 특히 신문 관계 언론인에 대하여는 직접 내무장관의 허가가 있은 후에 조사 문초에 착수하도록 관하에 엄달하겠다.[6]

국회프락치사건 — 1949년 3월

:: …… 원래 헌병의 직무는 육해공군의 군기 유지와 군법에 관한 수사에만 국한되고 민간인의 범죄 또는 정치범에 관해서는 관할 범위에 두지 않는 것이 민주국가에 부합하는 일이다. 그런데 갑자기 1949년 3월 이른바 '국회프락치사건'이라 하여 헌병이 국회의원 김약수·노일환 등 6, 7명을 채병덕의 명령으로 체포하여 헌병사령부에 감금하고, 특별수사본부를 두어 부사령관 전봉덕[7]을 수사본부장으로 삼아 수사를 진행했다. 나는 이 사건을 법원으로 이첩하기를 주장했지만 채병덕의 압력과 반대로 그러지 못했고 전 부사령관이 직접 다루었다.

장흥(당시 헌병사령관, 일제 때 중국 헌병대좌였고, 독립운동을 했다)은 이어서 국회프락치사건은 "김구 주석을 옹립하려던 한독당 계열 국회의원들을 반미파니, 김일성의 간첩이니 하는 악명을 씌워 숙청하려는 음모사건이었다"고 단정했다.[8]

---

6. 1949년 2월 22일자 『연합신문』 기사.
7. 전봉덕은 경성제국 법과대학을 나와 경기도 경무과장을 지낸 사람이다.
8. 「장흥 자서전」, 『월간 조선』 1984년 8월호; 조갑제, 『기자 조갑제의 현대사 추적 2 — 고문과 조작의 기술자들』, 한길사, 1987, 64쪽에서 재인용.

∷ 이 사건은 당시 행정부에 있던 장경근 차관과 한민당의 김준연 의원 등이 만들어낸 사건이라는 걸 그때 국회의원은 다 알고 있었어요. …… 외군 철퇴안에 서명한 의원 60여 명 전원에 혐의를 걸었었으니까요.[9]

당시 헌병사령관 직책에 있었던 장흥의 증언은 국회프락치사건이 이승만 정권의 정치적 음모로 조직된 것임을 분명히 하고 있다. 총 26명이 구속된 이 사건으로 말미암아 당시 국회의원의 8%가 투옥되었고 국회는 사실상 무력화되었다. 과연 법정에 선 제헌의회 의원들은 혐의 사실을 강력히 부인했다.

재판장(사광욱) : 2월 6일, 충무로 4가 이(삼혁, 남로당원)의 집에서 남로당에 가입하였다는데…….
노 피고인(노일환) : 헌병대에서 협박에 못 이겨 가입했다고 진술했으나 사실상 그런 일은 없습니다. 돈을 받은 일은 있습니다.[10]

이 사건에 대해 아주 주의 깊게 관찰한 외국인이 한 사람 있었다. 당시 주한 미대사관의 초대 문정관이었던 그레고리 핸더슨(Gregory Henderson)이었다. 그는 방청을 해가며 이 사건의 전체를 파악했는데, 국회프락치사건에 관한 그의 관찰을 들어보자.

∷ 재판에 이르기 전까지의 과정이 행정부의 의사를 어기고는 절망적이라는 것을 시사했다. 용의자들은 외부와의 연락이 단절된 채 구금되었으며, 1949년 11월

---

9. 1949년 제헌국회에서 소장파 국회의원 15명이 '평화통일 7원칙'을 주장했는데, 정부가 국회에 남조선노동당의 프락치가 형성됐다는 혐의를 씌워 국가보안법으로 구속한 사건이다. 김태호, 『끝나지 않은 심판—재판 중심으로 본 정치적 사건』, 삼민사, 1982, 143쪽.
10. 김태호, 앞의 책, 141쪽.

17일 재판이 시작될 때까지 계속 고문을 받았다. 신문은 거의 관심을 보이지 않았다. 이런 서슬 퍼런 국면에서 그들을 돕기 위해 자발적으로 나서는 변호인이나 시민운동단체는 없었다. 국회가 단결하여 "신속하고 공정한 재판이 국민들의 행동규범에 좋은 본보기가 될 것"이라는 근거에서 신속한 재판을 요구하는 편지를 법원에 보내기까지는 4개월이 걸렸다.

재판은 독재의 효과를 몇 배로 높였다. 구치소에서 고문으로 받아낸 자백을 근거로 오제도 검사가 작성한 기소장이 여러 차례 법정의 재판 진행을 압도했다. 자백은, 한 여자 간첩의 신체의 '은밀한 부분'에서 찾아내 압수된 문서에 의해 '정식으로 확인'됐다. 이 여자 간첩은 그때까지도 (그 이후에도) 누구인지 들어본 적이 없는 사람이라며 변호인 측이 그녀의 신원을 정확하게 밝혀줄 것을 반복해 요구했는데도 불구하고 법정에 나타나지도 않았으며, 다른 방법으로 문제가 된 서류의 신빙성을 증명하려고 시도하지도 않았다. 공산당의 지령을 전달했다고 알려진 다른 두 사람의 '간첩'도 출정하지 않았다. 그리고 증인으로 소개된 한 사람의 공산당원이 몸이 허약한 상태로 출정했는데, 그는 피의자들의 역할과 심지어 그들의 존재에 대해서조차 의문을 표시했다. 재판장 사광욱은 검찰 측 요구에 따라 변호인 측의 증인 신청 13건 및 기타 여러 요청을 기각한 반면, 검찰 측 증인 신청은 모두 인정하고 게다가 직권으로 경찰 스파이와 끄나풀까지 모두 증인으로 인정했다. 가장 노골적인 유도심문이 법정에서 재판장 자신에 의해 행해졌다. 실제 사실과 동떨어져 있다는 점, 그리고 판결을 내리는 데 결정적으로 중요한 증거를 주관적으로 해석했다는 점에서 이 재판은 조선시대의 재판을 거의 빼닮았다.[11]

이승만 시대 최고의 '의문의 재판'이라고 할 이 재판은 1949년 11월 17일에

---

11. 그레고리 핸더슨 지음, 박행웅·이종삼 옮김, 「소용돌이의 한국정치」, 한울, 2000, 256쪽.

서 1950년 2월 4일까지 14번의 공판이 서울지방법원 법정에서 열렸다. 이문원은 5개월을, 다른 피고인들은 4개월을 재판이 열리기까지 감옥에서 기다려야 했다. 이 기간에 결정적이고 중대한 고문이 행해졌음을 그레고리 핸더슨은 단정하고 있다. 1950년 3월 14일, 재판장은 15명의 피고인 중에서 노일환·이문원 피고인에게 징역 10년을 선고하는 등 유죄 판결을 내렸다. 항소했지만 3개월 만에 한국전쟁이 터졌고, 이 사건은 의문에 쌓인 채 종결되고 말았다.

동대문 민보단장 고희두 고문치사사건 ─ 1949년 9월

::   1949년 9월 육본 정보국 특무과에선 김창룡 과장의 지시로 동대문 민보단장 고희두를 조사하고 있던 왜경 출신의 중사 도진희(都晋熙)가 고 씨를 고문치사케 했다고 하여 큰 말썽이 되었다. 물론 고 씨는 공산당이란 혐의로 조사를 받고 있었는데, 김창룡이 암살된 직후 고 씨의 유가족들이 누명이었다고 다시 문제를 제기한 적이 있었다.[12]

고문치사한 고희두 씨는 동대문구 민보단장이며 동대문경찰서 신축 기성회장으로서, 친정부·친수사기관의 인물이었기 때문에 그의 구속과 고문치사는 대단히 이례적인 일이었다. 이 사건의 경위와 결말을 당시의 당국자 이야기로 정리해보면 다음과 같다.

사망 경위: 고희두 씨는 모종 혐의로 9월 29일 상오 9시경 종로구 원남동 자택에서 육군본부 정보국 제3과(방첩대)에 인치, 구속되어 당일 하오 6시경 급사하였다. 당시 사인은 심장마비로 보고되었다.

---

12. 조갑제, 『기자 조갑제의 현대사 추적 2 ─ 고문과 조작의 기술자들』, 한길사, 1987, 51~52쪽.

검찰청 조사: 이튿날인 30일 상오 11시경 서울지방검찰청 정희택 검사는 서울대학병원에 시체 해부 감정을 의뢰하는 한편, 고 씨 변사사건 피의자의 조사를 계속하였다. 이로 인하여 마침내 고 씨의 사망 원인은 고문치사로 판명되었으며, 가해자는 방첩대 근무 2등상사 도진희로 판명되었고, 고 씨 구속 원인은 외부로부터의 진정서에 의한 것도 명백히 되었다. 그런데 이 사건은 군 당국에서 시종 신중한 태도로 검찰 당국에 그 조사를 일임하여왔다.

가해자 취급: 가해자 도 2등상사는 군인인 관계상 군법회의에 회부된다고 하며 형법에 의한 동 죄명은 독직상해치사죄에 해당한다.[13]

이 사건으로 말미암아 그동안 논의가 지지부진했던 수사기관의 일원화 논의가 급물살을 타게 된다. 온갖 수사기관의 난립이 인권침해를 가져온다는 것이 입증되었기 때문이다.

장형두 교수 고문치사사건 ─ 1949년 11월

1949년 11월은 고문의 계절이었다. 장형두 교수의 고문치사를 비롯해 여러 명이 당국의 참혹한 고문 끝에 주검이 되어 수사기관을 나왔다.

:: 　사범대학 교수인 장형두 씨를 지난 10월 23일 인천에 있는 경기도 경찰국에서 모종 혐의로 취조 중 사망케 한 사건에 대하여 서울지방검찰청에서는 인천지청에 명하여 장 씨의 변사 원인을 조사케 하는 일방, 시체를 인천도립병원과 서울 세브란스 의과대학 법의학 교수인 최동 씨에 의뢰하여 해부 검시케 하였는데, 9일 하오 최 교수는 검시결과를 서울지방검찰청에 보고하였다 한다. 동 보고서에 의하

---

13. 1949년 10월 15일자 『국도신문』 기사.

면 장 교수의 사인은 외부로부터 온 타박상인 뇌진탕이라고 한다. 이 보고서에 관하여 서울지방검찰청에서는 고문치사로 단정하고 관계 피의자를 엄중 처단할 것[14]이라고 하며, 앞으로 이러한 불상사가 없도록 각별한 감독과 지시를 할 것이라 한다.[15]

강화군 교동면장 고문치사사건 — 1949년 11월

::   지난 (1949년 11월) 30일 윤재근 의원으로부터 강화군 교동면 면장 한기욱 씨 외 2명이 방첩대원에게 불법감금당하고 고문 끝에 치사케 된 사실이 있다고 보고되어, 국회에서는 그 진상을 조사하여 차기 회의에 보고케 하도록 결의한 바 있었는데, 작 1일 육군본부 정보국장 장도영 대령은 국방부 기자단과 회견하고 동 사건은 군기관과는 전연 관계가 없다고 그 진상을 다음과 같이 말하였다.

"지난 11월 4일 강화군에서 우리 정보국 방첩대원이 불법 고문치사하였다고 운운함은 전연 군기관에 관계없는 민간인으로서 방첩대원으로 가장하고 평소 자기네들이 적대시하던 자를 좌익 혐의로 취조한다는 명목하에 구금·구타·치사한 일이 있었다. 범인은 장윤성·장창호·박태식으로 현재 인천헌병대에서 구금·취조 중에 있으며, 전연 군인이 아님은 물론 정보국의 문관 또는 군속 등 기타 정식 증명서를 소지치 않은 순전한 지방 민간 악덕배임이 판명되었으며, 수일 내로 군법회의에 엄중 처단될 것이다. 금번 국회에서 윤재근 의원이 보고한 것을 신문 발표로 보면 이는 전연 근거 없는 허위이며, 여차한 허위는 국회의원으로서 자신의 민국에 대한 충성심과 그 직책에 커다란 의심과 의아를 갖지 않을 수 없다." [16]

---

14. 김익진 검찰총장은 장형두 교수 변사사건과 관련해 인천지청에서 장 씨를 취급했던 경관 2명을 구속했다고 발표했다. 1949년 10월 30일자 『서울신문』 기사.
15. 1949년 11월 11일자 『동아일보』 기사.
16. 1949년 12월 2일자 『국도신문』 기사.

군과는 아무 관계가 없다고 이중, 삼중으로 강조하고 있다. 그러나 사설단체들이 결국은 군 방첩대의 횡포와 위력, 권세를 잘 알고 있었기 때문에 모방 범죄로서 이런 끔찍한 고문치사사건을 일으킨 것이라고 볼 수도 있다. 결국 치안을 책임진 정부와 권력남용을 해온 군도 책임이 있는 것이다.

유동준 변호사 변사사건 — 1949년 11월

:: 영등포 관하에서 발생한 변호사 유동준 씨 변사사건에 대하여는 그간 국회에서 조사위원 권병노·장병만 양 의원을 선출하여 그 조사를 하여오던바, 이번 조사를 완료하고 작 3일 서면으로 국회에 보고하였는데 그 내용을 보면 다음과 같다.

유동준의 체포와 그 사망시까지의 개략: 상도동지서 순경 박희춘이가 1949년(단기 4282년) 11월 23일 오후 4시경 상도동 거주 김갑중(유의 누님) 집에 호구조사차 들렀을 적에 평소에 보지 못한 자가 독서를 하고 있으므로 불심검문한바, 태도가 이상하므로 지서에 동행하여 동 지서 형사 성하용·이완식에게 인계하여 23일 밤은 동 지서에서 지내고, 다음 날 오전 10시 30분경 지서를 출발하여 영등포서 사찰계 주임 김광호 씨에게 인계하였다. 영등포서에서는 박정건 형사가 담당하고 취조하였는데, 동일 오후 7시부터 8시까지 사이에 사망하였다.

의사 강영길의 진단서: 유가족의 요구에 의하여 각각 진단서를 써주었는데, 경찰 측에서는 그 강요에 의하여 입원 가료 중 사망한 양으로 진단서를 써주었다. 사인은 변사로 하였다.

불분명한 점: ① 유는 신체에 상처가 있는데 이것은 상도동지서에서 도망하려다가 체포되어 구타당한 것인지, 혹은 취조할 적에 고문당한 것인지 분명치 않다. ② 신체를 병원에 운반 후 사망하였는지, 운반 전에 사망하였는지 분명치 않다.

시체의 해부 검증결과: 유는 원래 폐병으로 좌측에 늑막염이 있었다. 그리고 타박상으로는 좌우 어깨 및 양 복부에 일혈반(溢血班)이 있고, 하복부에 찰과상이 있고,

오른쪽 손바닥에 일혈반이 있었다. 요컨대 신병만이 아니고 전기 타박상에 나타나는 바로는 구타만으로 사망한 것은 아니다.

결론: 유는 세칭 고문치사의 정도에는 이르지 않았다 할지라도 구타가 그 원인의 하나임에는 분명하다.[17]

국회의원들이 충분히 전문성을 갖추고 이 사건의 분석과 결론을 내리고 있지는 못하지만, 이 보고서를 읽어보면 고문치사임이 분명해진다. 구타가 하나의 원인이 되어 사망한 것이기 때문이다. 집에서 책을 읽고 있는 '변호사'를 잡아다가 취조했는데, 왜 갑자기 시체가 되어 나왔겠는가. 너무도 뻔한 일이다. 그럼에도 경찰은 다음과 같은 변명을 계속하고 있다.[18]

:: 　사망 당시 유 씨는 변호사의 자격은 가졌으나 등록은 하지 않았으므로 정식 변호사는 아니다. 그리고 과학자동맹 정치부 책임이었음은 본인이 쓴 양심서에 명백하고, 애당초 유 씨는 지서에 피검되었을 때 폐병환자로서 안색이 매우 좋지 못하였으므로 지서에서는 다음 날 곧 본서에 인치하였으나 본서에서 하등의 고문을 하지 않았을 뿐만 아니라, 우유를 사서 먹이면서 특히 자수기간이라 솔직히 본인의 과오를 고백하는 동시에 앞날의 대책에 대하여 권고를 하던 중 돌연 안색이 변하여지더니 사망하기까지 되었다고 한다.[19]

---

17. 1950년 2월 4일자 『자유신문』 기사.
18. 이 사건의 시작도 경찰이 먼저 발표한 것이 아니라 1949년 11월 26일 제51차 회의에서 김웅진 의원이 이 사건을 폭로하고 "내무치안위원회에서 조사위원을 파견하여 그 전반적 상황을 조사 보고케 하자"는 긴급 동의를 하여 국회에서 가결됨으로써 이루어진 것이다. 1949년 11월 27일자 『서울신문』 기사.
19. 김태선 경찰국장의 발언. 1949년 11월 29일자 『한성일보』 기사.

이홍규 검사의 구속과 고문사건 — 1950년 6월

이홍규 씨는 이회창 전 한나라당 총재의 아버지로 유명하다. 그는 1943년 조선변호사시험에 합격하고 1965년까지 검사로 재직했다. 장면 부통령 저격사건, 충북도지사 독직사건 등 정치적 인물들의 비리를 캐내 구속했다. 그리고 1950년 한국전쟁 직전에 구속되었다. 현직 검사로서 최초로 구속된 것도 그러한데, 더 나아가 그는 심한 고문까지 받았다고 한다.

:: 경찰이 남로당원이라며 구속한 사람을 수사해봤는데 아니기에 풀어줬습니다. 그랬더니 내가 남로당과 내통한다는 구실을 붙여 구속했습니다. 그러나 사실은 부당한 지시가 있을 때마다 단호히 뿌리쳐 상부의 미움을 받아왔고 일부 동료 검사들의 시새움마저 겹친 것이 구속 이유였다고 생각합니다. 동료 검사가 나를 구속했는데 끌려가자마자 "남로당원이라는 사실을 자백해라"며 마구잡이 구타, 물고문, 전기고문을 했습니다. 마지막에는 잠 안 재우기까지 4주 동안 고문을 계속했습니다만 혐의점을 찾아내지 못하자 풀어줘 다시 검사를 하게 된 겁니다.[20]

강간과 고문이 자행된 산청·함양사건 — 1951년 2월

산청·함양사건은 한국전쟁 직후 공비 토벌과정에서 생겨난 끔찍한 학살사건으로 잘 알려져 있다. 1951년 2월 4일 새벽 3시경 화랑부대는 함양군 유림면 서류부락 앞을 흐르는 경호강변에 유림면 화림부락을 비롯해 함양군과 산청군의 도합 11개 부락민 남녀노소 3,000명을 귀순공작 강연회라는 명목으로 집결시켰다. 그런 다음 강연 대신 수류탄과 기관총 세례를 퍼부어 153명을 학살하고, 그 전후에 걸친 작전으로 1,000명의 주민을 더 학살했다. 그리고 경찰도 가세해 주민들에 대

---

20. 「이회창 전 총리 부친 이홍규 변호사 인터뷰」, 1994년 12월 18일자 「동아일보」 기사.

한 고문을 자행했다. 그런데 4·19혁명 직후 이 사건에 대한 폭로와 증언이 잇따라 터져나왔다.

> :: ······ 유림면 지서 주임이었던 송호상 경사는 유부녀 및 처녀들에게 '빨갱이' 혐의를 뒤집어씌워 지서에 연행해서는 수많은 부녀자와 처녀들을 간음하였다고 말하고, 유림면 서주리 부라 거주 배 모 씨의 딸(당시 18세)을 간음하여 애기까지 배서 배 양은 결혼 후 5개월 만에 어린이를 분만해서 시집에서 쫓겨났다는 것이다. 현지 경찰의 야만행위는 이것에서 그친 것이 아니고, 당시 동 지서 배사순 순경은 지방 청년들을 '빨갱이'로 몰아 지서로 끌고 가서 갖은 폭행과 고문을 하여 고문에 의한 사망자가 20여 명에 달한다고 유가족들은 분개하고 있다. ······[21]

정국은 사건 ― 1952년

1952년부터 1954년에 걸쳐 진행된 정국은의 재판도 고문으로 얼룩져 있다. 정치부 기자이며 전 국무총리 이범석계의 사람으로 유명했던 그도 처참한 고문을 받고 처형되었다.

> :: 그는 교수형을 선고받았는데, 하도 혹독한 고문을 받은 바람에 몸을 가눌 수 없어 형집행을 1개월 가까이 미루어야 할 정도였다.[22]

정국은은 '간첩'으로 체포된 지 6개월 만인 1954년 2월 19일 사형되었다. 그러나 이 사건은 이승만 정권 내부의 세력 다툼 과정에서 비족청계가 족청계(族青系: 이범석을 비롯한 민족청년단 계열)를 제거하려고 했던 것이라고 지적되고 있다. 비

---

21. 「강연회 한다고 3,000여 명 모아 수류탄 던지고 기관총 난사」, 1960년 5월 17일자 『조선일보』 기사.
22. 그레고리 핸더슨 지음, 박행웅·이종삼 옮김, 『소용돌이의 한국정치』, 한울, 2000, 258쪽.

족청계가 해방정국에서 활동한 정국은의 경력을 꼬투리 삼아 간첩으로 몰고 족청계를 거세하는 디딤돌로 삼으려 했다는 것이다.[23]

김성주 살해사건 — 1953년 6월

1953년 6월 25일 헌병총사령부는 김성주를 체포했다. 김성주는 19세에 중국으로 망명하여 독립투쟁을 했고, 해방 뒤에는 서북청년단 조직에 참여했으며, 한국전쟁 때는 평안남도 지사대리이기도 했다. 그는 2대 대통령선거에서 죽산 조봉암의 선거운동 사무차장이었다. 헌병대는 그를 고문해 북한 자금으로 선거운동을 했다는 내용의 자백을 받아내 기소했으나 고등군법회의에서 허구성이 드러나자 당황해했다. 안두희의 조종자인 김지웅(일제의 밀정 출신으로 헌병대와 특무대의 촉탁이었다)이 와빈슨이라는 미군 장교를 등장시켜 엉터리 증거를 만들기도 했으나 조작임이 곧 들통 나고 말았다.

일제 고등경찰 출신으로 당시 수사책임자였던 김진호 중령은 당황한 나머지 육군형무소에서 김성주를 빼내 사경을 넘나드는 고문을 가했다. 그 결과로 1954년 5월 6일에 군법회의에서 사형을 선고했고, 5월 29일에 그의 사형이 집행된 것으로 발표되었으나, 사실은 사형 선고 이전인 4월 16일 밤에 사살되었음이 밝혀졌다. 원용덕 헌병사령관의 명령에 따라 김 중령은 원 사령관의 집 지하 반공호에서 임정수 상병에게 지시하여 45구경 권총으로 김성주의 뒷머리를 쏘게 했던 것이다.

    ::   만군 장교 출신 헌병사령관, 일경 출신 수사관, 일제 밀정 출신의 정보 브로커들이 짜고 무고한 독립투사를 간첩으로 몰아 조봉암을 제거하려다가 뜻대로 되

---

23. 박준성, 「김창룡과 그의 묘갈」, 역사학연구소 웹사이트(http://www.ihs21.org) 자료실 참조.

지 않자 재판 도중에 사살한 뒤 궐석 상태에서 (시체에 대하여) 사형 선고를 내리도록 만든 전대미문의 이 사건은, 4·19 뒤 다시 문제가 돼[24] 관련자들이 유죄 선고를 받았으나 간단한 징역생활 끝에 모두 풀려났다. 김성주를 죽인 것은 그가 고문을 너무 많이 당해 실명 상태에 있는 등 처참한 상황이었기 때문에 그 사실을 은폐하기 위한 살인이었다는 설도 있다.[25]

김성주의 시체는 헌병사령관 자택의 별채 마루 밑에 쑤셔넣어두고 있었다.[26] 이렇게 이미 살해된 사람인데 그를 면회했다느니, 신병을 다시 반환했다느니, 선고공판을 열었다느니, 사형 집행에 입회했다느니 하는 군 관계자들의 국회 증언과 국방 당국의 발표는 모두 거짓이고 조작이었다.[27] 권력기관들의 고문과 조작 행태, 그들의 비인도성이 더할 수 없는 지경에 이르고 있었다.

이정재 사건과 고문 의혹 — 1955년 2월

자유당 시대 최고의 정치깡패로 이름을 날렸던 이정재가 살인사건에 연루, 구속되었다. 그는 자유당 감찰부 차장을 겸직하고 있던 실세였기 때문에 그의 구속은 큰 충격을 주었다.

:: 동 사건은 지난 1월 29일 밤 7시 30분경 서울 단성사 앞에서 김동진 씨 권총 저격사건에서 발단하여, 31일 피해자 김동진 씨의 정계요인 암살음모설의 폭로 직후인 29일 밤늦게 자유당 중앙당부 감찰부 차장 이정재 씨를 살인미수, 살인음

---

24. 오랜 독재의 시간이 지나고 4·19혁명으로 정권이 바뀐 뒤 김성주의 형제 다섯 명이 당시의 원용덕 헌병사령관을 비롯한 수사관 및 군법 관계자 전원을 살인죄 등으로 고소해 공식적으로 수사가 시작되었다. 「"김성주는 고문에 죽었다" 당시 군재 관계자 전원 걸어 형제 5명이 살인죄로 고소」, 1960년 5월 17일자 『조선일보』 기사.
25. 조갑제, 『기자 조갑제의 현대사 추적 2—고문과 조작의 기술자들』, 한길사, 1987, 81쪽.
26. 그레고리 핸더슨 지음, 박행웅·이종삼 옮김, 『소용돌이의 한국정치』, 한울, 2000, 258쪽.
27. 자세한 것은 김태호, 『끝나지 않은 심판—재판 중심으로 본 정치적 사건』, 삼민사, 1982, 185쪽 이하 「김성주 살해사건」 참조.

모, 폭행, 공갈, 입찰 방해 등 혐의로 구속함으로써 …… 서울지방검찰청 김윤도 검사가 담당으로 불철주야 다각도로 수사가 전개되어왔던 것이다. 그러던 중 단성사 앞 저격사건을 수사 중인 김 검사는 지난 11일 하오부터 단성사 앞 저격사건이 이정재 씨의 교사에 의한 것이라는 유력한 단서를 잡고 곤란하여졌던 수사가 호전되어 클라이맥스에 도달하였을 무렵, 이정재 씨가 이○○ 씨를 교사하였다는 현장을 명문다방에서 목격하였다는 증인 이천일(18) 군과 이영하(18) 군을 11일 하오 소환 심문시에 있어 김윤도 검사가 전기 2명을 고문하였다는 항의가 13일 아침 자유당 중앙당부 감찰부장이며 민의원 의원인 정문흠 씨로부터 서울지방검찰청 검사장에게 들어오면서부터, 마침내 순조로이 진행되던 수사는 급전직하여 동 사건을 '불구속할 수 없다'고 주장하는 김 검사의 손에서 벗어나서 김치열 차장검사가 담당하여 연 3일간에 걸친 자유당 측의 강경한 항의 속에서 수사가 중단되어왔었는데 …….[28]

이정재를 구속하고 이 사건을 수사하던 검사에게 고문 주장이 제기되었고, 이정재의 배후세력이던 자유당 측에서는 당연히 그를 엄호해 검사를 비난했다. 명백한 수사 압력이었다. 고문은 수사에서 김 검사를 손 떼게 하려는 모략의 수단임이 분명했다. 집권당과 집권당이 비호하는 깡패가 고문을 주장하고 나선 것이다. 담당검사에 대한 고문 의혹은 해소되었지만 결국 그는 이정재 사건에서 손을 떼야 했고, 이정재는 무혐의로 풀려났다. 그 진상은 무엇인가?

:: 이정재 사건을 수사하고 있는 김윤도 검사가 이정재 씨의 시중을 들고 있던 이천일 군을 증인으로 심문을 할 때 고문하였다는 자유당 측의 항의와 이천일 군

28. 「혐의는 농후하나 불기소 — 이정재 씨 16일에 석방」, 1955년 2월 17일자 『조선일보』 기사.

의 고소사건을 그동안 조사 중이던 대검찰청 원택연 검사는 26일까지 관계 증인과 증거품을 조사한 결과 "김 검사는 전연 고문한 사실이 없다"는 단안을 내렸다고 한다. 그런데 이천일 군의 얼굴과 가슴에 새겨진 상처는 김 검사가 구타하지 않은 상처라면 어째서 생긴 상처인지 앞으로 수사선상에 오르게 되었는데, 만일 모함하기 위하여 일부러 상처를 만들었다면 구속하여 따끔한 벌을 주겠다고 원 검사는 말하고 있다. 한편 소위 고문사건으로 해서 김 검사는 이정재 씨 사건에서 손을 떼게 되었던 것이며, 그 이틀 후에는 이정재 씨에 대한 불기소 결정을 내렸었다.[29]

국가원수 암살음모사건 ─ 1955년 10월

:: 　1955년 10월 14일 공보실에서는 조소앙의 비밀지령에 의한 국가원수 암살흉계 전모를 발표하고 주모자 명단과 그 내용, 그리고 대규모의 요인 암살 명단까지 발표하여 세상 사람들을 놀라게 하였다. 연루된 사람들은 나재하(羅在夏), 김병호(金柄豪), 민영수(閔泳壽), 김재호(金載浩), 김익중(金翊重), 이범륜(李範倫), 유성연(劉成淵), 김동혁(金東赫), 김동훈(金東勳) 등이었다. 이들은 1955년 11월 1일 육군본부 중앙고등군법회의에 회부되어 이적죄, 내란 목적의 살인 예비, 전시 도망, 무허가 무기 휴대, 폭발물 사용 미수죄 등에 대한 재판을 받았다. 이들 중 이범륜과 김동훈에게는 사형이 선고되고 나머지 피고인은 대부분 15년형을 선고받았다.

이들이 하수인 이종태를 시켜서 1955년 10월 3일 중앙청에서 개최될 개천절 식장에 이승만 대통령이 임석하면 수류탄을 던져 살해하려 했다는 것이 죄목이었다. 이들 가운데는 김구의 한국독립당이나 조소앙의 사회당 창당과정에 관련이 있던 사람들이 많았고, 자연 이승만 독재체제에 대한 불만이 컸다. 어느 날 이들 앞에 '의열청년' 이종태가 나타나 이승만을 소리 높여 성토하자 '노(老)투사' 들은 거

---

29. 「증인 고문사건 딴 방향으로 진전 ─ 고문한 일 없다, 원택연 검사 판정」, 1955년 2월 28일자 『조선일보』 기사.

기에 동감하였다. 자주 만나면서 이종태는 도탄에 빠진 국민을 구하려면 이승만을 제거하는 길밖에 없다. 자기가 이승만을 제거할 테니 모든 일을 자기에게 맡기라고 하여 그의 주장을 옳게 여겼다고 한다.

그러나 수류탄을 넣고 식장에 들어갔다는 이종태는 피고로 등장하지 않았다. 수사기관에 체포된 일도 없고, 피의자 심문조서를 작성한 일도, 법정에 증인으로 나타난 일도 없었다는 것이다. 피의자들이 김창룡 방에서 무릎을 꿇고 맞고 있을 때 사건 직전에 없어진 이종태가 군복을 입고 그 방에 들려 마주치게 되었다. 그때 비로소 그들은 자신들이 함정수사에 빠진 것을 알게 되었다고 한다. 김창룡은 이승만에 불만을 가지고 있던 세력을 제거하려고 자기가 만주에서 관동군 헌병으로 중국 공산당 비밀조직을 적발하고 와해시키던 수법을 부하를 시켜 복습케 했던 것이다.[30]

김창룡의 사건 조작과 이승만에 대한 충성은 날이 갈수록 심각해졌다. 여기에서 고문의 상황이 정확히 묘사되어 있지 않지만 "김창룡 방에서 무릎을 꿇고 맞고 있었다"는 것만으로도 이 사건이 고문으로 조작되었음을 알 수 있다.

반(反)김창룡 계열 장교들의 구속사건 — 1957년 1월

허태영 대령의 김창룡 암살 계획을 지원한 혐의로 강문봉 중장, 공국진 준장, 백학규 중령 등 반김창룡 계열의 장교들이 잇따라 구속, 기소돼 중형을 선고받았다. 이들은 법정에서 김창룡의 반민족적 죄악을 폭로했다. 그 가운데 고문당한 백학규 중령의 진술을 들어보자.

---

30. 박준성, 「김창룡과 그의 묘갈」, 역사학연구소 웹사이트(http://www.ihs21.org) 자료실 참조.

:: "…… 실내에는 강 중령, 고(高) 문관, 김 중위, CID 장 대위, 그리고 김 모란 인물들이 있었다. 그중의 한 사람이 '옷을 벗어!'라고 호통을 쳤다. 나는 잠바를 벗었다. '이 새끼야! 전부 벗어!' 나는 내복까지 완전히 벗어야 했다. 그들은 나의 양손, 양발을 묶고는 나의 두 팔로 내 다리를 끼게 한 다음 두 다리 사이로 굵은 몽둥이를 끼우고 두 책상 사이에 (통닭구이처럼) 걸었다. 그러고는 얼굴에다가 수건을 덮어씌우더니 그 위로 물을 들이붓는 것이었다. 수건이 물에 젖자 나는 숨이 막혔다. 그래서 입을 여니 물이 들어왔다. 지옥과 같은 고문은 한 시간이나 계속됐다. …… 건장한 세 청년이 나의 등을 몽둥이로 수십 번이나 두들겨 팼다."[31]

관련자들의 고문 주장에 대해 법정에서 또는 법정 밖에서 고문의 진상을 파악하겠다는 언명은 계속되었지만 실제로 제대로 조사하거나 엄벌한 경우는 없다. 심지어 증인으로 소환된 이춘광 대령에게도 고문을 했다는 사실이 폭로되었다. 그러나 유감 외에 아무 조치도 취해지지 않았다. 결국 자신의 치부를 드러내는 것이었지만 당시 실권자들이 진실을 밝힐 리가 없었던 것이다.

:: 강문봉 중장 등 5명에 대한 고(故) 김창룡 중장 살해사건 중앙고등군법회의 제24회 공판은 1일 상오 10시 40분 육군본부 법정에서 속개되었는데 …… 변호인 측에서 "130만 환 전달 문제와 고문 사실 유무, 신성 이후의 범의 계속 유무 등이 과연 임의 공술이었는가?"를 재입증하기 위하여 강 중장 부인 도경숙 여사, 그리고 전속부관 박범서 중위, 육대생 이춘광 대령 등을 증인으로 신립하였고, 검찰관 측에서도 고문 사실 유무를 밝혀야 한다고 민사 재판으로 이송된 최창준 피고와 형무소 간수 민운기 씨를 증인으로 각각 신립하여 ……[32]

31. 조갑제, 「기자 조갑제의 현대사 추적 2 — 고문과 조작의 기술자들」, 한길사, 1987, 78쪽.
32. 「고문 여부 밝히기로 — 1일 김창룡 중장 살해사건 군재(軍裁)서」, 1957년 2월 2일자 「조선일보」 기사.

::   …… 이 육군참모총장은 9일 "특무부대에서 피의자들을 조사하던 당시의 고문문제에 관한 보고를 받은 바 있으나 백학규 중령의 진술과 같은 정도는 아니었다는 것이 판명되었다"고 언명하고, "여하튼 고문을 한 자에 대해서는 현재 진행 중인 조사가 끝나는 대로 계급과 지위 여하를 막론하고 엄중히 처벌할 것이다"라고 말하였다.[33]

죽산 조봉암 사건 — 1958년

대통령선거에서 이승만과 경쟁해 상당히 선전하며 이승만 정권의 간담을 서늘케 했던 진보당과 그 당수 조봉암이 무사하기를 기대할 수는 없었다. 조봉암과 주요 간부를 일시에 구속한 진보당사건은 정적 제거와 정치 탄압의 대표적인 사례가 되었다. 이 재판에서 피고인들은 한결같이 신문과정에서 고문을 당했다고 주장했다. 법정에서 피고인들이 밝힌 고문의 진술을 들어보자.

김달호(당 부위원장, 국회의원) : 취조 담당자는 내게 …… 협박하고 회유했다. 나는 그런 터무니없는 배반을 못한다면서 그들을 꾸짖었다. 그랬더니 나의 태도가 건방지다 해서 심한 모욕과 고문을 당했다.

조규택(당 재정간사) : …… 남일사(南一社)에서 꼬박 사흘 동안 심문을 받았다. 몽둥이로 얻어맞아 기절하기도 하고 잠도 재워주지 않아 나는 녹초가 돼 있었다. …… 그들은 나를 한강변으로 데려가 위협했다. 나무의자에 묶어놓고 고춧가루물을 넣겠다고 했다. …… 그러더니 어느 지하실로 데려갔다. 목욕을 좀 시켜야겠다는 것이었다. 과연 목욕탕은 있는데 얼음이 얼어 있었다.

김세룡(당 조직부 차장 겸 간사) : …… 나는 북한에서 반공운동을 하다 사선을 넘어

---

33. 「이형근 육군참모총장 언명—고문에 단호한 조치」, 1957년 2월 10일자 『조선일보』 기사.

남으로 왔다는 사실을 말하고 대들었다. 그랬더니 모진 고문을 가하기 시작했다. 물고문, 매를 던져 맞히는 이른바 필살봉 고문까지 당했다.

이상두(경북대 강사) : 나는 남일사 취조실로 옮겨져 심문을 받았다. 옆방에서 고통을 호소하는 비명이 울렸다. ……

이명하(당 조직부장) : 비밀당원 문제로 고통을 당했다. 경찰은 군이나 경찰 내에 있는 비밀당원을 대라고 가혹한 문초를 했다.[34]

　진보당사건의 재판에서 가장 극적인 장면은 항소심에서 결정적인 증인 양명산이 그동안 자신의 진술을 번복하고 조봉암이 무고하다고 선언한 일이었다. 그는 항소심 법정에서 다음과 같이 말했다.

　:: 　…… 고(영섭) 수사관[35]이 "아픈 데가 없느냐"고 물어 "평소에 혈압이 높다"고 했다. 그는 자기도 혈압이 높다면서 나를 데리고 특무대 의무실로 가서 주사 두 대를 맞혔다. 어쩐 일인지 정신이 몽롱해지고 잠은 오는데 잠을 잘 수 없는 고통 속에 빠져들었다. 그런 상태에서 조봉암과의 관계를 묻기 시작하였다. …… 고 수사관은 "조(봉암)에 대한 잔재가 아직 남아 있다. 영감이 혈이 높다고 동정했더니 안 되겠군. 지하실에 들어가야 순순히 말을 하겠느냐"고 협박하고는 "하루 동안 여유를 줄 테니, 잘 생각해서 대답하라"고 했다. 나는 지하실에 끌려가 고문이라도 당하게 되면 혈압도 높고 해서 꼭 죽을 것 같은 두려움을 느꼈다.[36]

---

34. 이영석, 『죽산 조봉암』, 원음출판사, 1983, 74~75쪽.
35. 조봉암을 간첩으로 만드는 데 크게 기여한 양명산의 수사책임자였던 고영섭 수사관은 강문봉 장군 사건 재판에서도 백학규 중령의 고문에 등장한 인물로서, "일제 고등계 형사였던 고(高) 문관은 일제 헌병이었던 김창룡의 두뇌와 머리가 되어 온갖 궂은일에 손을 댔다고 당시의 특무대 간부들은 증언하고 있다." 심지어 그는 "5·16 뒤에까지 살아남아 어느 기관에서 문관으로서 그 특유의 일을 충직하게 계속했다"라고 한다. 조갑제, 『기자 조갑제의 현대사 추적 2─고문과 조작의 기술자들』, 한길사, 1987, 80쪽.
36. 이영석, 앞의 책, 231~233쪽.

마산 3·15부정선거 저항운동과 경찰의 단말마적 고문 — 1960년 3월

드디어 이승만 독재정권에 대한 저항의 불길이 타올랐다. 이른바 마산소요사건에서 경찰의 발포로 수많은 사람이 죽어갔고, 체포된 사람들에게는 고문이 가해졌다. 다음은 대한변호사협회 조사단의 활동을 보도한 기사이다.

:: 마산소요사건의 사망자는 13명으로 늘어났다. 이것은 마산에 와 있는 대한변호사협회 마산사건 진상조사단에서 발표한 것이다. 이 조사 발표를 보면 시체는 오산의원에서 3구, 동병원에서 4구, 마산시청 운수과에서 1구, 장군동 다리 위에서 1구, 도립병원에 3구, 남외과에서 1구씩 각각 발견되었다고 한다. 한편 동 조사단에서는 마산지청 당국에 대하여 행방불명자와 기타 신원을 파악하지 못한 자에 대한 수사를 요청하는 한편, 구속 중에 있는 피의자들을 잘 대우하고 고문하는 일이 없도록 감시해줄 것을 요청하면서 지원장에게는 구속영장 발부에도 신중을 기해주기를 요망하였다.[37]

실제로 당시 대량으로 구속된 사람들은 온갖 종류의 고문과 가혹행위를 보고하고 있다.

:: 쇠고랑이, 담뱃불, M1총 개머리판, 몽둥이, 수갑 — 이런 것들은 마산사건의 여파로 쏟아져나온 참혹한 경찰 고문의 대표적 기물임이 살아서 목숨을 건진 피해자들의 입을 통해 날로 확인되어가고 있다. 총기를 강탈했다는 혐의를 받고 만 8일간 유치장 생활 끝에 25일 밤 검찰의 손으로 풀려나온 20세의 세탁소 직공 박주복 군은 26일 아침 기자들 앞에 나타나 그의 등과 팔과 발 등 참혹한 고문의 흔적

---

37. 「피의자 무려 13명 — 피해자들엔 가혹한 고문 자행」, 1960년 3월 19일자 『조선일보』 기사.

을 내어보였다. 그는 17일 새벽 마산경찰서에 끌려간 뒤 권총과 M1총 개머리판으로 뒤통수를 얻어맞고 까무러쳤을 뿐 아니라, 왼쪽 발은 담뱃불과 불에 달군 쇠고랑으로 지져 아직도 탄환 자국 같은 상처가 남아 있었다.

박 군은 고문당한 모습을 일일이 흉내내면서 군대용 침대의 막대기가 자기 다리 사이에 끼어지고 그 위를 세 명의 큼직한 형사가 내리눌러 심한 상처를 입었다고 말하였다. 뿐만 아니라 경찰관들은 손에 채우는 수갑에다 포승줄을 매어놓고 이것을 마치 기타나 가야금 줄처럼 팽팽하게 잡아당긴 뒤 그 줄 위에 주판을 굴리면서 노래를 한 곡조 부르라고 따귀를 갈겨대고 야단법석을 떨었다고 그는 말하였다. …… 노래를 안 부르면 따귀를 치고 노래를 부르면 "이 자식이 아직도 정신이 있다"라고 역시 따귀를 쳤다고 그는 말하였다. 주위에서 이 말을 듣는 사람들은 이 기막힌 고문방법이 아마 "거문고식 고문"이라고 말하면서 혀끝을 찼다.

마산중앙중학을 졸업하였고 한때는 역기 선수였다는 박 군은 최고 7명의 형사가 한꺼번에 달려들어 고문할 때는 "내가 살았는지 죽었는지 알 수가 없었다"고 말하였다. …… 마산형무소로 이들 피의자 중 찾아가 직접 진단한 서울 서내과 병원장 서준영 여사는 "일일이 진단서를 받아두었으니 두고 보면 알 일이지만 그 참상은 참혹해서 말로 다할 수 없다"고만 말하였다.[38]

3·15부정선거에 대한 저항운동을 벌였던 마산사건은 100여 명의 사상자를 냈고, 경찰에 연행된 230여 명 중 53명이 경찰의 무자비한 고문을 받아 다리가 부러지거나 화상을 당했다고 주장했다. 언론들은 이때 연행되어 구속되었다가 고문을 받고 석방된 사람들의 체험담을 대대적으로 실었다. 이로써 이승만 정권의 주구 노릇을 했던 경찰의 마지막 단말마 같은 고문을 생생하게 폭로했다.[39]

---

38. 「마산사건 석방자가 폭로한 경찰관의 고문상—불로 지지고 …갈기고」, 1960년 3월 26일자 「조선일보」 기사.

정상숙(35, 운전사): 16일 오후 5시경 경찰관에게 연행되면서부터 구타당하기 시작했다. 그들은 "너는 총살이다" 하면서 두들겨 팼다. 처음 수사계 사무실에 가서 침대몽둥이를 가지고 와서 꿇어앉으라고 하여놓고 양쪽 다리에 넣어놓고 두 사람이 밟기 시작했다. 또 장작개비를 가지고 양쪽 어깨를 때리면서 하는 말이 "북마산파출소에 불을 질렀지 않나" 하면서 막 때리고 있었다. "아야!" 하고 소리를 내니까 종이를 가지고 입을 막으면서 이놈은 빨갱이보다 더한 놈이라고 하며 통신계 생 있는 대로 데리고 가더니, 또한 북마산파출소 방화를 했나 하고 재차 물으면서 꿇어앉으라고 하여 침대몽둥이를 양 무릎에 끼어놓고 두 사람이 밟기 시작했다. 그래서 나는 이미 정신을 잃고 있을 때 콧구멍에다 물을 부으면서(머리도) 하는 말이 이런 것은 귀신도 모르게 묻어버린다고 하였다. 그리고 형사들이 하는 말이 이제 그만 때리고 정신날 때까지 두고 우리들은 저녁 먹으러 가자고 하여 나를 통신계에다 맡기고 나갔다. 나갔다 와서 나를 딴 곳으로 데리고 가서 재차 패기 시작했다. 거기서는 영영 정신을 잃고 있을 때 한 놈이 "민주당 시당에 간 일이 없나"고 물어보기에 없다고 하였다. 재차 패기 시작하였다.

······ 이미 정신을 잃고 있을 때 형사들이 진술서를 쓰기 시작하였다. 형사들이 쓰면 대답만 하고 나서 이제는 일은 되었다고 하여 지장 찍으라고 하여 지장을 찍었다. 형사들은 "사전에 이런 말을 했으면" 하고 웃으면서 이제 일은 다했다고 하였다. ······ 그후 검찰청 검사가 불러서 가니까 진술이 맞나 하고 물어서 나는 그것은 전부 거짓말이라고 하였다. ······ 조사가 끝난 후 서(署)에 돌아오니까 ······ 형사주임이 하는 말이 "이놈은 죽여야 하는 놈이다", 목을 조르면서 죽으라 하고 세 번이나 목을 조르면서 죽일 놈 하면서 이 뺨, 저 뺨을 쳤다. 그래서 현재까지 침을 삼키면 목이 아프고 밥을 먹을 때마다 아파서 밥을 잘 먹지 못한다. 허리를 못 쓰며

---

39. 마산사건으로 연행된 사람들 가운데 6명만 남기고 나머지 사람들은 같은 달 24일 저녁에 풀려났다. 이들은 나오자마자 경찰에서 당한 고문들을 털어놓았다.

양 다리가 웅숭거리며 아프다. 양 어깨를 못 쓰며 양손 등에 쥐가 난다.[40]

정현팔(24, 대학생) : 인계받은 형사들은 아무런 말없이 수갑을 채우고 그 위에다 포 승으로 전신을 꽁꽁 묶었다. 그들은 나를 보안계 구석진 방구석으로 데려가더니 무조건 발길로 걷어차면서 묻는 대로 자백하라는 것이었다. 이것이 고문의 시초이 다. "북마산파출소에 불을 지르게 하였지?" "누구누구와 공모하였느냐?" "네 지 령을 받은 학생은 누구냐?" 등의 어처구니없는 생트집을 잡았다. …… 수갑을 마 음껏 휘젓고 앞으로 잡아당기는 한편 손가락 사이에다 나무 까치를 넣어 비틀며, 팔뚝만한 모가 난 나무로 어깨를 비롯해서 전신을 구타하며, 뾰죽한 구둣발로 뼈 만을 가려가며 걷어찼다. 이렇게 수시간이 경과함에 따라 전신은 멍들고 아니 나 의 몸뚱이가 아닌 것 같았다. 차라리 팔이나 발등의 뼈가 부러져 이 자리를 벗어나 입원이나 하였으면 하는 마음이 간절하였다.

…… 고문이 계속되는 시간이 얼마나 되었는지 알 수 없으나 밤이 늦어 수사계로 옮겨 거기에서 밤새껏 심문을 당하는 바 되어 잠 한 소금 자지를 않고 날이 샌 익 일(18일) 오후 4시경까지 심문에다 고문을 받고 감방에 들게 되었다. …… 혼자 힘 으로 눕지도 못하니 동료(감방)들의 도움으로 자리에 누웠으나 잠은커녕 고통으로 인하여 앓는 소리가 감방 전체를 울렸다. 이렇게 하루가 지나 19일 오후 다시 호 출하기에 고랑을 차고 나가니 다시 심문을 하는 것이었다. 외부의 상처가 심하였 기 때문에 이제는 옷 위로 수갑을 힘껏 조이고 팔을 꼿꼿이 높이 세우고 목과 팔 사이로 나무를 끼워 2, 3시간을 세워놓는 데는 구타보다 더한 고통이었다. 손등은 시퍼렇게 부풀어 오르고 전신은 진땀에 젖었다.

…… 이 이상 고문을 당하다간 끝내 병신이 될 것만 같았다. …… 이로써 4일 밤낮

---

40. 「마산사건, 나는 이렇게 고문당했다—패고 치고 목 조르고, 아야! 하면 입 막고」, 1960년 3월 29일자 『조선일보』 기사.

을 잠 한 소금 붙여보지 못하고 21일 오전 다시 불려나가니, 이상의 죄목으로 부족하였던지 틀림없이 너의 애비(정남규)의 지령을 받지 않았느냐고 자식으로부터 부친의 죄상을 들어 완전한 조서를 작성하려는 것이었다. 그렇지 않다고 아니 당장에 죽인다고 하여도 그런 파렴치한 질문엔 답할 수 없어 함구무언이었을 뿐이었다. …… 8일간에 걸친 감방생활을 마치고 난 지금 나는 마치 악몽에서 깨어난 것 같은 감정 아래 몸을 겨우 지탱하고 있다.[41]

4·19혁명의 도화선이 된 김주열 군의 죽음 역시 처참한 고문의 결과였다.

:: 마산사건 국회조사단 민주당 측 의원들은 김주열 군이 고문을 당한 현장을 본 사람을 증인으로 부를 것이라 한다. 이종남, 서범석 양 의원은 15일 아침 김 군이 죽기 전에 경찰에서 참혹한 고문을 당하는 현장을 본 증인이 있는 만큼 김 군이 고문치사된 것은 틀림없는 사실이며, 따라서 죽은 다음에 바다에 던져진 것이라고 말하였다. 이 의원은 김 군이 고문당할 때 이를 목격한 증인은 한 사람이 아닌 몇 사람이라고 말하고…….[42]

검찰은 당초 고문경찰들에 대한 수사에 소극적이다가[43] 여론이 높아지고 사태가 점점 극한으로 진전되자 마지못해 수사에 나서서 27명의 고문경찰관들을 정식 입건했다.[44] 당시 고문에는 하급 경찰관리들뿐만 아니라 수사계장인 송평조 경감도 가담한 사실이 밝혀졌다.[45]

---

41. 「마산사건, 나는 이렇게 고문당했다—4주야를 잠 못 자고 도살장에 끌려가듯」, 1960년 3월 30일자 『조선일보』 기사.
42. 「김 군은 고문으로 사망—현장 본 증인도 몇 사람 있다고」, 1960년 4월 15일자 『조선일보』 기사.
43. 당초 검찰은 사건 발생 후 20여 일이 지나도록 고문경찰관에 대한 철저한 조사나 구속 등의 조치를 취하지 않고 있었다. 당시 고문피해자들이 고발한 7명의 경찰관들은 검찰의 이런 소극적 수사 때문에 도피하고 말았다. 「고문경관의 체포를 왜 주저하는가?」, 1960년 4월 6일자 『조선일보』 사설 참조.
44. 4·19혁명으로 이승만 정권이 붕괴된 후 특별재판소에서 장한식 피고인은 징역 5년, 황재우 피고인은 징역 4년을 구형받았다. 「마산 고문경관 장(張)·황(黃)에 5년과 4년의 구형」, 1960년 4월 15일자 『조선일보』 기사.

서울 지역 시위와 구금자에 대한 고문—1960년 4월

마산에 이어 전국이 이승만 정권의 부정선거와 독재체제에 항의하며 대규모 시위에 돌입했다. 서울에서는 3월 16일 민주당사 앞에서의 시위 등 연일 저항의 물결이 이어졌다. 이때 연행된 시민들에게도 혹독한 고문이 이어졌다.

:: 　　지난 16일 민주당사 앞에서 '데모'를 하다가 종로서에 연행되어 고문을 당하고 구류 처분을 받았던 이 모 등 세 씨의 말이라고 전하는 바를 보면 서울의 '수도경찰' 역시 횡포하고 비인도적이었다는 사실에 놀라지 않을 수 없다. …… 첫째 경찰은 밥도 굶기고 수갑을 의자에 매놓은 채 경찰봉이 세 개나 부러지도록 혹독한 고문을 하였다는 것이다. 둘째 무고한 이들에게 '공산당' 또는 '양갈보' 운운의 모욕적 폭언을 퍼붓고, 심지어 이들의 부모에게까지 "공산당 새끼를 낳았느냐?"는 따위의 망언을 뇌까렸는가 하면, 셋째 아무런 사실 규명도 없이 이들을 덮어놓고 5일간의 구류 처분에 처했다는 것이다.[46]

4월 19일은 이승만 정권이 파국을 향해 달려가던 마지막 운명의 날이었다. 고려대생 시위대가 종로5가를 지날 때 정치깡패들에게 습격을 당하면서 수많은 학생들이 상해를 입었다. 곳곳에서 학생과 시민들이 연행되었고, 이들은 경찰에게 지옥 같은 고문을 당했다. 대표적으로 두 학생의 고문 체험담을 들어본다.

건국대생 이태영 군: 청진동 쪽에서 쏘는 경찰의 총탄을 등에 맞고 쓰러진 한 대학생을 발견했다. 피 흘리며 신음하는 대학생을 안고 지나가는 자가용 짚차에 태워 적십자병원으로 달리던 중 동양극장 앞길에서 경찰의 검문에 걸려들었다고 한다.

45. 「"경감도 가혹한 고문" 검찰 수사에 나타난 3·15데모」, 1960년 4월 19일자 『조선일보』 기사.
46. 「일사일언—주목되는 종로서 고문사건 처리」, 1960년 4월 1일자 『조선일보』 기사.

환자를 싣고 가는 길이라고 밝혔으나 "죽어가는 놈은 그대로 두지 무슨 구호냐" 고 고함치는 3명의 경찰관에게 다른 학우들과 같이 끌려내린 이 군은 파리 잡듯이 내려치는 경찰곤봉에 허리를 맞고 뾰족 구두에 얼굴을 채여 졸도한 후에 깨어났을 때는 서대문경찰서 2층의 넓은 방이었다고 한다. 코피를 질질 흘린 채 두 손을 머리 위에 얹고 카빈총 개머리판으로 등을 꾹꾹 눌러 젖히는 고문을 당했다는 것이다. 이러기를 3시간 반 동안 겪고 팔목에는 도장을 찍어주며 방면하더라는데……그날부터 나흘이 지난 22일에도 이 군은 얼굴의 부기가 가라앉지 않았으며, 늑막염이 생길 우려가 있어 한 달 동안 정양해야 된다고 한다.

고려대생 손기명 군: 20일 새벽 6시경 택시를 타고 귀가 도중 돈화문 앞 와룡파출소에서 검문을 당하고 고대 학생이라는 바람에 무조건 종로경찰서로 연행당한 세 사람의 대학 신입생은 그때부터 몸서리나는 경험을 치른 것이다. "아래층 수사계 형사실로 들어가자마자 몽둥이 세례를 당했어요." 양팔과 얼굴의 타박 상처를 어루만지며 천천히 그리고 침착하게 손 군은 말했다. 파괴와 방화 등의 행동을 하지 않았느냐고 형사들은 으르렁대었고 그런 사실이 없다고 말할 때마다 몽둥이가 날았으며, 무슨 구호를 외쳤는가 하고 일일이 대라고 하더라는 것이다. 하도 많은 구호를 외쳤기에 일일이 기억이 나지 않는다고 한즉 또 매가 날았다는 것이다. 이런 문초가 끝난 후 유치장 속에 갇힌 이들이 하루 종일 경찰에서 주워 먹은 것이라고는 소금 섞인 비지국 같은 꽁보리밥 한 그릇을 저녁에 먹었다는 것이다.[47]

사상당한 학생들에 대한 국민들의 위문과 격려가 쏟아지는 가운데 검찰은 최초로 4·19 학생 데모대에게 고문을 자행한 서울 동대문경찰서 사찰계의 김용만 형사를 상해 및 독직 혐의로 구속했다. 그러나 여전히 경찰은 데모사건 관련

---

47. 「나는 당했다 이런 고문을—이태영 군의 경우, 방망이로 파리 잡듯. 손기명 군의 경우, 들어가자 몽둥이질」, 1960년 4월 23일자 『조선일보』 기사.

구속자 16명에 대한 격리 심문을 할 정도였고, 치안국장이 "그렇게도 보복적인 고문을 하지 말라고 야단해도 여전하다"라고 한탄하는 상황이었다.[48] 일제 고문경찰을 등용해 정권을 확립한 이승만 정부는 결국 고문경찰 때문에 정권의 마지막 단계에서까지 그 도덕성에 먹칠을 하고 있었다.

48. 「경찰 고문은 여전─구속자들 경찰서 외에 격리 수용키로」, 1960년 4월 23일자 「조선일보」 기사.

05
이승만 정권의 일반사건 고문 사례

동료 부인을 나체로 고문한 사례 —1948년 8월

∷   말썽 많은 충북 청원군 부용면 부강지서의 지서장이 부하직원의 부인을 나체 고문한 다음에 2만 4천 원을 울겨먹은 해괴한 사건. 즉 지난 8월 10일경 전기 지서 관사에서 지서장의 백미 2두 5승, 양복 한 벌, 동 지서원 서 순경 부인 치마 한 벌을 도난당한 사건이 있자, 동 지서장 김진홍 경위는 자기 관사 내에 있는 부하 순경 정진목의 처 지복순이가 의심난다고 지서장 부부가 충동하여 동 지서 순경 남궁철을 시켜 전기 지복순을 관사에 구금하고 무수 난타하여 고문을 하자, 지복순은 같은 관사 내에서 절도 혐의로 1주일간이나 동 직원에게 나체로 고문을 당함이 억울하여 동 지서 앞 우물에 투신하자, 지서장은 그 남편 정 순경에게 "너도 공범이 아니냐"고 전기 남·최 양 순경과 함께 무수 난타하여 혼돈케 하며, 그 다음 날은 지복순의 여형제 지복단을 구속하고 너도 공모한 년이 아니냐고 벗겨놓고 물을 끼얹었으며 가죽매로 난타 고문을 개시하여 약 1주일 동안이나 동 지서 유치장에 구금하고, 지복단의 사촌형인 안헌규 씨까지 불러 구타하고 도난당한 물품 가격을

변상하면 석방하겠다고 하여 안헌규 씨에게 2만 4천 원을 요구하여 안 씨는 여자가 둘이나 갖은 봉변을 당하므로 돈 2만 4천 원을 지서장에게 지불하고 양인을 구출하였다 하며, 이 사건이 상사에 알게 되자 제4관구에서는 경찰사문위원회에 부쳐 지서장과 순경 양인을 파면시켰는데 탐문한바 그후 진범인이 체포되었다 한다.[1]

마치 가학증 환자가 벌이는 소동 같다. 일제 식민지에서 독립된 지 얼마 안 되어 그런지 꼭 식민지시대를 연상케 하는 무자비한 고문 행각이다. 고문방법도 그렇고 동료 부인에게까지 그런 짓을 할 수 있는지 상상이 안 되는 사건이다.

박진경 대령 암살범 김달삼과 문길상에 대한 공판 — 1948년 8월

:: 　 제주도 제11연대장 박진경 대령 암살범에 대한 군법회의는 이지형 검사로부터 사건 총지휘자 김달삼과 두 번이나 만난 문상길 중위와 저격범 손선호 하사와 이를 도와준 배경용 등 4명에 관한 청취서류의 낭독으로 이날의 공판을 끝마쳤다. 그리고 재판장으로부터 사실심리가 있었는데 이날 변호인 측은 전일 검사가 낭독한 조서는 고문에 의한 진술이라는 반박 변론이 있은 후 증인 신문으로 들어가 당시 제주도 군기대장 이풍우 중위 외 5명에 대한 증인 심문이 있었으나 고문에 관한 증언을 거부하였으므로 변호인 측은 이번 사건은 법정 중심이 아니라 검사 중심이라는 이의를 제출하고 휴정하였다.[2]

문상길 피고인의 고문 주장은 그 뒤의 공판에서도 계속되었다.

---

1. 「동료 부인을 나체로 고문, 부강지서장의 만행」, 1948년 9월 17일자 『조선일보』 기사.
2. 1948년 8월 11일자 『조선일보』 기사.

:: 박 중령 부임 이후로는 경찰과 협력하여 소요 부대에 무조건 공격 명령이 내렸으며 도민도 탄압하기 시작했으므로…… 30만 도민을 동족상잔으로부터 건지기 위해 경비대의 근본 이념 국가지상 민족지상의 정신으로 원만 해결책을 얻기위한 것이었다. 심리조서에 날인한 것은 고문 끝에 눈을 막은 후 조서에 대한 기록여하를 모르고 강제적으로 날인한 것으로 이 법정에서 진술한 것이 사실이다.[3]

부산경찰서에 구금 중인 피의자 변사사건 — 1948년 8월

:: 소름 끼치는 고문치사사건이 도처에 빈번하여 일반으로 하여금 경찰에 대한 공포증을 느끼게 하고 있는 요즈음 부산에서 구금된 피의자가 변사한 사건이 일어나 일반은 고문치사냐, 병사냐 하는 사인을 주목하고 있는데 그 경위를 경찰청 출입기자회에서 조사한 바에 의하면 다음과 같다.

즉 부내 대치리 한성호(25)는 지난 (1948년 8월) 16일 하오 10시 부산서 사찰계에 피검된 바 있었는데, 그 다음 날인 17일 동서에서는 전기 한을 부내 초량동 이근용병원에 입원해오던바, 드디어 지난 26일 하오 10시 5분경에 절명하였다. 이어 수사 당국에서는 23일 상오 11시 전기 이근용내과에…… 유가족의 비참한 단장의 통곡소리로 가득 찬 가운데…… 시체를 해부하였는데, 사인 감정 결과는 아직 발표되지 않았으나…… 각 관계자는 다음과 같이 말하고 있다.……

한 여사 담: 나는 고인의 사촌누님인데 간호인으로 허락되어 비로소 동생을 보았을 때 전신에 무수한 타박상과 아울러 특히 흉부와 발바닥 등에 화상 같은 반점이 있었습니다.[4]

---

3. 1948년 8월 13일자 「서울신문」 기사.
4. 1948년 8월 26일자 「부산신문」 기사.

고양경찰서 경찰관, 옷 벗기고 고문 자행—1953년 12월

:: '경찰은 민중의 지팡이'라는 우리나라 국립경찰의 슬로건이 전국 방방곡곡 산촌 지서에 이르기까지 널리 알려져 있으며, 특히 피의자에 대한 고문은 민주국가에서 있을 수 없는 철칙이건만 쌀 한 가마니의 나이 어린 절도 피의자에게 야만적인 고문을 가한 경찰관이 인권옹호 기간 중에 적발되어 물의를 일으키고 있다. 즉 서울지방법원에서는 서울지방검찰청 이주식 검사의 청구에 대하여 (1953년 12월) 17일 경기도 고양경찰서 수사계 형사 김유돈(31)에 대한 구속영장을 발부하였는데, 사건의 내용은 다음과 같다.

전기 김 형사는 지난 2월 중순경 고양군 원당면 도내리에서 정미소를 경영하는 김형우 씨로부터 쌀 한 가마니를 도난당하였다는 보고를 받고, 동 정미소 사용인 이교동 군을 범인으로 지목하여 본서로 동행 도중 산중으로 끌고 가서 이 군에게 온갖 폭행을 가한 끝에 자백을 강요하고 동리 국민학교 교실에까지 끌고 가서 이 군의 의복을 벌거벗긴 다음 양손을 결박하고 코에 물을 붓는 등의 야만적인 고문을 하여 이 군으로 하여금 전치 2주일을 요하는 부상을 당하게 한 것이라 한다.[5]

신민호텔 도난사건과 고문—1953년 12월

:: 소위 '신민호텔' 도난사건의 피고로 법의 심판을 받고 있는 화제의 주인공 이영희는 사건 발생 당시 자기를 고문함으로써 허위자백을 하게 하였다는 당시의 중부서 형사 원종현·장내문 양 씨를 걸어 지난번 서울지방검찰청에 직권남용 및 폭행가혹행위죄로 고소하였다는바, 방금 동 지방검찰청 유태영 부장검사에 의해 불구속으로 예의 문초를 개시하고 있다는바 전기 '신민호텔' 도난사건과 함께 앞으로 그 귀추가 주목되고 있다.[6]

---

5. 「옷 벗기고 고문 자행—고양서 조사계 김유돈 형사에 영장」, 1953년 12월 19일자 『조선일보』 기사.
6. 「고문 형사를 고소—신민호텔 사건」, 1953년 12월 22일자 『조선일보』 기사.

궁정동 식모 고문사건 ─1955년 1월

::   금반지 도난사건에서 발단된 종로경찰서 고문사건을 담당하고 있는 서울지방검찰청 김윤도 검사는 12일 하오 9시 반 고문한 경찰관 황의정(수사계 형사)·원복남(궁정동파출소 순경) 등 2명을 상해 및 폭행가혹행위 등 혐의로 구속하여 서울형무소에 수감하였다. 동 사건은 서울시 종로구 궁정동 55의 1에 주소를 둔 홍영환의 소실 이옥이(22) 씨 집에 식모로 있던 김재남(19) 씨를 주인 이 씨가 잃어버렸던 금반지(다섯 돈 반)를 절도하였다는 혐의로 주인 이 씨의 고발로 지난 1일 소관 궁정파출소 순경 권영환 씨가 소환하여 수차례에 걸쳐 고문으로 범죄 사실의 고백을 강요하였으나 끝끝내 사실을 부인하자 집으로 돌려보냈던 것인데, 그 이튿날 2일 다시 호출하여 본서로 연행한 다음 본서 문초계 형사 황 순경이 다시 쇠뭉치로 허리를 서너 차례에 걸쳐 구타하면서 고백을 강요하였던 것이다. 그러나 역시 범죄 사실을 부인함으로써 식모 김 씨는 그날 하루를 유치장에서 지낸 다음 석방되어 나온 그날 오후 전기 권 순경은 또다시 궁정동파출소로 소환하여 원복남 순경이 김 씨의 옷을 벗긴 다음 총을 대고 총살한다고 위협 또는 음부를 걷어차고 물을 끼얹는 등 갖은 만행을 다 하면서 범죄 사실의 고백을 강요하였던 것이다. 그리하여 이상 사실을 식모 김 씨는 지난 7일 서울지방검찰청에 고소를 제기하여 김윤도 검사 담당으로 지난 10일부터 연일 관계자를 심문한 끝에 확증을 얻어 12일 하오 9시까지 심문을 계속한 다음 구속하기까지 이른 것이다.[7]

이들 두 경찰관은 구속 기소되어 서울지방법원에서 징역 8월에 집행유예 2년을 선고받았다. 그중에 원복남 순경은 자신의 처지를 비관해 자살기도까지 했다.[8]

---

7. 「경관 2명을 구속 ─ 궁정동 식모 고문사건, 지검서 수사」, 1955년 1월 13일자 『조선일보』 기사.
8. 「과오 뉘우치고 문항(刎項) ─ 식모 고문사건의 전직 경관 원복남 씨」, 1955년 3월 26일자 『조선일보』 기사.

의문의 여피의자 경찰 수사 후 사망 — 1955년 3월

::   수상서에 구속 중인 여인이 구속된 지 9일 만에 위독한 상태에 빠져 석방이
되자 집에 채 돌아가지도 못하고 도중에서 절명한 사건이 있는데, 경찰 측에서는
병사라고 주장하고 사망자 가족 측에서는 고문치사라고 주장하여 일반의 큰 관심
거리가 되고 있다. 즉 지난 2월 24일 부산 시내 영주동 산1번지에 거주하는 이금
너(50) 씨는 자기의 차남 김광형(19) 군이 모종의 혐의를 받아 체포하러 온 수상경
찰서 형사 두 명에게 범인 체포를 방해하였다고 하여 공무집행방해 혐의로 동일
수상경찰서에 연행되어 심문을 받아오던 중 지난 (1995년 3월) 4일 밤 11시경 원
인 불명의 이유로 중태에 빠지게 되자, 곧 동 경찰서 옆에 있는 제일병원에 입원되
었으나 5일 아침 6시경 자동차로 자택에 돌아가던 중 절명하였다 한다. 그런데 가
족 측에서는 동 사인이 고문에 의한 사망이라고 주장하면서 8일 국회를 비롯하여
대검찰청에 진상규명을 하여달라는 진정서를 제출한 바 있다는바…….[9]

직원을 고문해 파면된 경찰관 — 1955년 4월

파출소에 근무하는 순경이 자기 밑에서 일하는 사환을 절도 범인으로 몰아
고문한 사례이다.

::   궁정동 식모 고문사건에 뒤이어 이번에는 자기들이 부리고 있던 사환을 절도
혐의로 고문한 경찰관이 있어 파면과 동시에 구속되는 한편 감독자까지 책임을 묻
게 되리라 한다. 즉 치안국 감찰계에 들어온 보고에 의하면 (1955년 4월) 27일 아
침 7시 반경 서울 서대문경찰서 관내 수색지서의 김 모 순경은 얼마 전까지 동 지
서의 사환으로 일하던 권상돈(17)이라는 소년을 구타하여 전치 1주일을 요하는 타

---

9. 「고문이냐 아니냐 — 의문의 여피의자 시체를 해부」, 1955년 3월 10일자 『조선일보』 기사.

박상을 입혔다고 한다. 그런데 내용인즉 그 전날 밤부터 김 순경이 숙직이었는데 아침 눈을 떠보니 자기가 가지고 있던 신분증과 국민병수첩 및 현금 3천 환을 도난당했다는 것인데, 같이 잠을 잔 전기 권 군을 절도 혐의로 몰고 구타까지 하게 되었다는 것이다. 한편 소식에 접한 경찰에서는 진상을 조사하는 한편 소관 서대문서에서는 김 순경을 즉석에서 파면시키고 29일에는 폭행죄로 구속하였다는데…….[10]

구속 누명 씌우고, 혹독한 냉수고문 — 1955년 7월

술을 먹고 형사를 구타한 것이 동기가 되어 경찰에 검거된 후 얼토당토않은 혐의로 모진 취조를 받다가 진범이 잡히자 비로소 그 혐의가 풀렸으나, 형무소에서 석방되자마자 또다시 그 경찰서에서 병역 기피를 이유로 입대시키려는 것을 검찰이 중지한 사건이다. 이 사건에서는 일종의 물고문인 냉수고문이 등장한다. 마음만 먹으면 무엇이든 할 수 있다는 경찰의 생각이 일제시대와 하나도 달라지지 않았다.

:: 지난 (1955년) 4월 하순 경기도 이천읍 창전리에 있는 중화루 이광승 씨 집에는 "우리는 이남에 6백 명이 파견되어 당지에는 7명이 일주일 전에 와서 기부해 줄 사람을 선정하고 있다. 우리가 이천에서 일할 동안 비용으로 이 동무는 금 1만 5천 환을 어전옥 변소에 갖다두어라 운운" 하는 협박장이 3차례에 걸쳐 투입되었다 한다. 이에 이천경찰서 사찰계 형사들은 그 주위를 감시하고 장장복 경사는 중화루를 감시하게 되었다. 그러던 중 4월 27일 하오 7시경 이천군 이천읍 관고리 280번지 거주 박호창(24) 씨는 술이 취해 지나가다가 시비 끝에 장 경사를 구타하

---

10. 「파출소에서 금품을 분실 — 피의자 고문한 순경 파면」, 1955년 4월 30일자 「조선일보」 기사.

였다는 것이다. 이에 박 씨는 폭행 혐의로 그 이튿날 28일 상오 6시에 구속되었다. 이하는 박 씨의 이야기다. 그날 상오 8시 사찰계원 4명은 박 씨를 구타하고 하오 3시경에는 수사계에다 불러다놓고 "너는 사찰계로 가면 많이 맞는다. 네가 중화루 협박장을 투입한 것이지?" 하고 을러대는 것을 종시 부인하자 다시 입감시키었다. 그러더니 그후부터는 고문을 시작하여 양쪽 팔을 걸레로 싸매고 포승을 지은 다음 몽둥이를 팔꿈치로 해서 무르팍 밑으로 꼬아가지고 두 테이블 사이에 몽둥이를 매어달아놓고 "중화루 사건을 자백하라"고 2차에 걸쳐 무려 한 시간 반 동안 냉수고문을 했다는 것이다. 그래서 "차라리 나를 죽여달라"고 호소까지 했다는데 29일에 이르러 수사계에서는 고백서라는 것을 내어주면서 쓰라고 해서 고문에 못 이긴 박 씨는 자기가 중화루 사건의 범인이라는 허위고백서를 쓰게 되었다 한다. 그러던 중 5월 4일 중화루 사건의 진짜 범인 이재필(56)이 이천읍 관고리 49에서 체포되자 경찰에서는 동 6일 박 씨를 여주지청으로 송청하였으며, 동 14일 박 씨는 2개월 징역의 언도를 받고 6월 29일 상오 6시 마포형무소에서 석방되어 이천으로 돌아왔다. 이 사실을 안 이천경찰서에서는 그가 석방된 지 이틀 후인 7월 1일 병역 기피자라는 구실로 박 씨를 붙들어다가 지원 입대를 강요하였으나 여주지청에서도 이 사실을 알게 되어 입대 권고를 못하게 되었다. 그런데 박 씨는 작년 자수기간에 이천읍사무소에 자수하여 기피자로 되어 있지 않은데, 이천서에서는 명부가 없다고 기피자 취급을 한 것이라 하며, 이에 분개한 박 씨는 고문 사실을 호소하여 서울지방검찰청 여주지청에서는 진상조사에 착수한 것이다.[11]

라디오 한 대 훔쳤다고 물고문 — 1955년 9월

:: '라디오' 한 대를 도난당한 경찰관이 피의자를 잡아놓고 자백을 강요한 나

---

11. 「"나는 고문을 받았다" 형사 때리고 구속되었던 한 청년 호소」, 1955년 7월 6일자 『조선일보』 기사.

머지 물고문·구타 등의 만행을 자행했다고 피해자가 인권상담소를 찾아온 사건이 있다. 즉 2일 하오 늦게 서울지방검찰청 안에 있는 인권상담소에는 경기도 양주군 진접면 거주 권 모 씨 부자가 찾아와 다음과 같은 사실을 호소하여 즉시 검찰 당국에서 진상을 규명 중이다. 그 내용은 3, 4일 전 낮에 양주경찰서 관하 진접지서에서 권 씨의 아들 복남(20) 군을 동행한 다음 "우리 지서 모 순경의 '라디오'를 훔쳐갔지?" 하며 주임 이하 수명의 경관들이 몰매를 때리고도 부족하여 물고문까지 한 끝에 자백을 강요하는 바람에 복남 군은 한동안 기절 상태에 이르기까지 한 후 저녁에 석방되어 나왔다는 것이다. 이에 권 씨 부자는 너무도 억울해서 인권상담소를 찾아온 것인데…….[12]

고문으로 입대지원서 받아 강제 입대 — 1956년 1월

:: 최근 서울지방검찰청에서는 경기도 양주경찰서 사법주임이 연령 초과자를 불법감금 구타 끝에 입대지원서를 강취하여 입대케 한 사건이 밝혀졌다. 동 사건은 피해자의 상관으로 추측되는 양주엽 씨의 고발로 작년 (1955년) 8월 16일 서울지검에 접수되어 그동안 김익보 검사 담당으로 조사가 진행되어오던바, 작년 말에 동 병사주임 구자춘 경위를 권리행사 방해 및 폭행으로 불구속 기소하여 한만수 판사 단독심으로 곧 공판이 개정되게 되었다. …… 양주군 의정부읍에서 선명사진관을 경영하고 있던 이시춘(24) 씨가 연령 초과로 병역 해당자가 아님을 인식하고 있었음에도 병역 기피자라는 구실하에 불법으로 양주서에 인치 …… 입대 지원을 강요하였으나 이 씨가 가정 사정과 해당자 아님을 밝히고 이를 거절하자, 직경 5센티, 길이 7센티의 곤봉이 부러질 때까지 20여 대에 걸쳐 난타하여 입대지원서를 강취하고…….[13]

---

12. 「고문이 건재한가? 진접지서에서 당했다고 부자가 호소, 사실도 아닌 경관 물건 훔쳤다고」, 1955년 9월 4일자 『조선일보』 기사.

호텔 종업원의 고문 주장─1956년 1월

::　　"경찰관이 피의자를 고문하여 억지로 사건을 만들었다"는 고소사건이 있어 당국의 이에 대한 처리가 주목되고 있다. 즉 서울 종로구 청진동 93번지 소재 대동호텔 종업원 이용환(36) 씨는 종로경찰서 수사계 형사 성 모 씨를 상대로 불법 감금·폭행·상해 등의 죄목으로 수일 전 서울지방검찰청에 고소를 제기하는 한편 동 호텔 16호실에 투숙 중인 손님 김치근 씨를 무고와 교사죄목으로 함께 서울지방검찰청에 고소하여 현재 조인구 검사 담당으로 불구속 취조 중에 있는데 고소 사실은 대략 다음과 같다.

지난 (1956년) 1월 20일 동 호텔 16호실에 투숙 중인 김 씨가 서울금융조합에 예금 중인 저금 중 16만 환을 누구인지 찾아간 사건이 발생하자, 김 씨는 종로서에 동 사실을 알리는 한편 고소인 이 씨를 혐의자로 지목했다 한다. 그래서 전기 성 형사가 21일 하오 2시경 이 씨를 종로서에 연행한 후 유치장 옆방에 데리고 가서 포승으로 결박한 다음 전기 혐의 사실에 대한 자백을 강요하면서 구타·폭행 끝에 이 씨가 부인을 계속하니까 22일 하오 5시경에 이르러 부인만 계속하면 물고문을 한다고 위협하는 바람에 할 수 없이 이 씨는 성 형사가 하라는 대로 "돈을 찾아가지고 나오다가 불량배에게 빼앗겼으니 앞으로 2개월 내에 갚겠다"라는 요지의 자인서를 쓰고 그날 밤 9시경 석방되었다는 것이다. 그러고 나서 이 씨는 즉시 병원으로 가서 진단을 받았더니 고막과 늑골, 척추 등에 3주일의 치료를 요하는 상처를 입었다는 진단서를 얻게 되어 고소를 제기하였다는 것인바⋯⋯.[14]

진주여고 교감 아들 살해사건, 뒤늦은 고문 폭로와 진실─1956년 2월

1956년 2월에 발생한 진주여고 교감 아들 살해사건 범인의 둘째 아들이 자

---

13. 「과령자(過齡者)를 강제 입대─고문해서 입대지원서를 받고」, 1956년 1월 26일자 『조선일보』 기사.
14. 「고문 못 이겨 허위자백─호텔종업원, 종로서원 걸어 제소」, 1956년 2월 7일자 『조선일보』 기사.

신이 고문당한 사실을 폭로함으로써 그 사건의 진상이 새삼 대중 앞에 떠오르게
되었다. 다음은 이승만 정권이 무너진 1962년 12월에 폭로된 내용이다.

::   진주여고 교감 아들 피살사건의 현지조사에 착수한 한국인권옹호협회 박한
상 변호사는 14일 상호 임재만(23, 동아대 법대 1년생) 군으로부터 당시의 상황을 듣
고 본격적인 조사활동을 시작했다. 동 사건의 기결수인 김봉해(46) 씨의 둘째아들
이자 임재숙(25)의 동생인 임 군은 사건 발생(1956년 2월 28일) 당시 이곳 동아고등
학교 1년에 재학 중이었는데, 그해 6월 17일 담당 김태현 검사의 소환을 받고 부
산지검 진주지청으로 출두 조인걸(7) 군을 살해했다는 내용의 허위자백을 강제당
했다고 말했다. 임 군은 이날 박 변호사의 조사를 받는 자리에서 허위자백의 강요
를 위해 ① 몸을 바늘로 찌르는 방법 ② 손가락 사이에 연필을 끼워 비틀어대는 방
법 ③ 몸을 거꾸로 매달고 콧구멍에 물을 넣는 방법 ④ 각목으로 후려갈기는 방법
⑤ 목을 졸라대는 방법 등 갖가지 악독한 고문을 했었다고 폭로하고 만 10일 동안
이와 같은 모진 고문이 김 검사의 직접 지휘 아래 구영근(43, 당시 진주서 사찰형사)
등 수명의 경찰관에 의해 자행됐다고 말했다.

열흘 동안의 고문을 이겨낸 임 군은 그해 6월 28일에야 비로소 피의자 겸 증인으
로 정식 신문을 받게 됐는데, 이 자리에서 김 검사가 "조사를 잘못했다. 원한을 품
지 말고 공부 열심히 하라. 학비는 내가 책임지겠다"고 달래더라는 것이며, 곧이
어 들어온 김 검사 부인의 부축을 받고 김 검사 집에서 나흘 동안 치료를 겸해서
묵었다고 한다. 임 군은 이 고문으로 부산에 돌아온 후에도 두 달이나 학교를 쉬었
다고 하며, 맏형 임재홍 씨 집에서 꼬박 앓아누워 있다가 건강을 회복하자 검사와
구 형사를 '위증교사, 가혹행위, 불법감금'으로 고소했었다고 한다.[15]

---

15. 「모진 고문 열흘 동안, 허위자백 강요당했다 — 진주여고 교감 아들 살해사건」, 1962년 12월 15일자 『조선일보』 기사.

폭로 내용의 정확성과 검사 집에서 머문 사실 등을 보면 거짓말 같지는 않다. 더구나 김태현 검사는 뒤에 나오는 부산 김근하 군 살인사건과 관련해 또 한 번 거대한 고문과 사건 조작의 시비에 오른 인물이다.

아직도 있는 전기고문 — 1956년 4월

『조선일보』의 「아직도 있나? 전기고문」이라는 제목의 기사에는 당연히 "아직도 있다"는 대답이 준비되어 있다. 일선 경찰서에서 이런 전기고문이 횡행하는 것은 독립된 지 한참이 지났는데도 일제의 고문 관행이 사라지기는커녕 오히려 일선에까지 확대되어 있음을 보여주는 증거이다.

> ::   민중의 지팡이가 되라는 경찰관이 몽둥이로 변하여 무고한 양민을 절도 용의자로 인치 감금하고 취조란 명목하에 화덕에다 머리카락을 태우고 무수히 구타하는가 하면, 심지어는 전기고문까지 감행한 사실이 피해자의 진정으로 밝혀지고 있다. 즉 (1956년 3월) 31일 당지 검찰지청과 본보 인천지사에 전달된 진정서 내용에 의하면, 김포경찰서 양서지서 이·허·송 세 형사는 지난 3월 7일 김포군 양서면 과해리 거주 구장원 씨 집의 도난사건 수사란 명목하에 동일 밤 10시경 같은 동네에 거주하는 김용주(20), 장성기(18) 양 군을 지서로 연행한 후 장물을 내놓으라고 강요하면서 전신을 무수히 구타하는가 하면 전기고문을 하는 등 많은 상처를 입힌 후 석방하면서 고문당한 사실을 말하면 도난사건의 범인을 못 잡으니 말하지 말라고 하였다 한다.[16]

다행히 서울지검 인천지청은 곧바로 고문에 가담한 두 형사를 폭행 및 직권

---

16. 「아직도 있나? 전기고문 — 누명 쓰고 매 맞은 소년 고발로 폭로」, 1956년 4월 3일자 『조선일보』 기사.

남용 혐의로 구속했다.[17]

여성에게 자행한 물고문 — 1956년 5월

바로 한 달 전에 「아직도 있나? 전기고문」이라는 기사 제목이 있었는데, 이번에는 '아직도 있나? 물고문'이라고 써야 할 형편이다. 여성에게 가혹한 물고문이 자행된 것이다.

:: 민중의 공복이며 인권옹호에 수범이 되어야 할 민주경찰관이 여인을 고문하여 피의자는 물론 일반의 분격을 사고 있다. 즉 마산시 상남동 2-222번지에 거주하는 홍문이(35)란 여자는 시내 상남동에 거주하는 이점선(35)이란 여자와 동업으로 장작 장수를 하여오던 중 지난 (1956년 5월) 4일 전기 이 씨가 보관하고 있던 현금 2만 8천8백 환을 도난당하여, 다음 날인 5일 아침에 즉시 관할 오동동파출소에 구두로 신고하였던 것인데, 전기 이 씨가 동업자 홍 씨를 의심하게 되자 경찰관들은 홍 씨의 가택을 수색하는 한편, 동일 하오 9시경 홍 씨를 파출소로 연행하여 파출소 옆에 있는 마산 합포국민학교 분교에다가 인치하고 하인병(29), 김맹세 양 순경이 포승줄로 홍 씨의 사지를 결박하고 중간에 죽장을 넣어 책상에 매어단 후 수건으로 입과 코를 싸매놓고 계속 찬물을 퍼부어 사지는 군데군데 피멍이 들게 하고 더욱이 왼편 머리는 부풀어올라 보는 사람이 끔찍하다 할 정도가 되었다 한다. 그런데 이에 격분한 전기 홍 씨는 즉시 마산도립병원에서 3주일의 치료를 요하는 진단서를 발부하여 마산검찰지청에다 8일 정식으로 고소를 제기한 바 있다 한다.[18]

---

17. 「김포 관내 두 형사를 구속, 전기고문 사실 등 밝혀질 듯」, 1956년 4월 13일자 『조선일보』 기사.
18. 「여인을 매어달고 물고문을 자행 — 마산 오동동파출소 두 순경 파면」, 1956년 5월 14일자 『조선일보』 기사.

불행 중 다행히도 이 사건이 널리 알려지자 마산경찰서에서는 해당 경관들을 파면하고 구속함으로써 고문의 잘못을 즉각 시정하고자 했다.

세관원의 고문 사례

① 밀수선박 선원들을 고문한 사례 — 1956년 5월

:: 　세관원들이 밀수의 직접 피의자도 아닌 선원들에게 잔인무도한 고문을 가한 사건이 발생하여 일반의 지탄을 받고 있다 한다. 즉 지난 3월 15일 부산세관 마산 분관에서는 선수입을 가장한 '제3해덕환'을 진해만에서 나포하여 마산으로 연행하고 선장 조용혁 기관장, 박차석 갑판장, 이춘목 씨 등을 취조하던 중 동 선박에 적재해온 밀수품 중 일제 '아니스 그림'을 다소 중간에서 내려놓지 않았는가 하고 추궁하자 이구동성으로 부인하였다는데 이에 동 세관 우 수사계장과 손복렬, 장 모 양 수사계원들은 안면을 구타하고 발로 차는 등 심지어는 양손을 노끈으로 결박하여 벽에 달아매어놓고 옷을 벗기고 몽둥이로 무수 난타하였는가 하면 수족을 결박하여 긴 의자에 반듯이 누인 다음 코와 입에 물을 부었다고 한다.[19]

② 세관원의 고문으로 피해자 정신이상자로 — 1956년 8월

:: 　일제 화장 크림 한 통을 훔친 죄로 세관에 연행되어 취조를 받고 나온 후 중태에 빠졌다가 정신이상이 된 가련한 직공이 있어 앞으로 사직 당국의 수사결과가 매우 주목되고 있다. 탐문한 바에 의하면 지난 2월 15일경 마산세관에서는 시내 창포동 소재 동양주정회사 창고에 보관 중이던 범칙물품을 보세창고로 운반 도중 전기회사 직공 이길수(37) 씨가 시가 3백 환짜리 일제 크림 한 개를 훔치다가 입회 중이던 마산세관 감시과 심리계장 김용학 씨에게 발각되어 즉석에서 무수 구타를

---

19. 「세관원이 고문」, 1956년 5월 31일자 『조선일보』 기사.

당하고 세관까지 연행당하여 심리계 직원 3명이 주먹 등으로 복부를 때리는 한편 심지어 코에다 물까지 퍼붓는 고문을 한 후 집으로 돌려보냈는데, 그후부터 이 씨는 배가 붓고 앓기 시작하여 중태에 빠졌으나 생활이 궁색하여 올바른 치료조차 하지 못하고 정신이상이 생겼다는바, 이에 대하여 인근 주민들의 비난이 자못 높았다고 한다.[20]

14세 소년을 고문하고 농민을 구타한 사례 —1957년 2월

::　　소년보호법에 의하여 미성년의 보호가 보장되어야 할 이때 범인도 아닌 14세 소년을 절도 혐의로 인치 불법감금 및 고문을 하는가 하면 나무를 하였다고 농민을 무수 구타하는 등 민주경찰의 본래 정신에 역행하는 경찰관이 있어 사회의 물의를 일으키고 있다. 즉 안양경찰서에서는 지난 1월 28일 밤 9시 안양경찰서 관내에서 일어난 경찰정복 도난사건의 혐의자로 서울 영등포구 신길동 산80에 거주하는 김영덕 씨의 6남 용식(14) 군을 지난 2일 정오경 동서로 인치 7일간이나 불법감금하고 그 익일 3일에는 발로 용식 군의 머리를 차고 오른손 손가락에 무엇인가를 넣고 비트는가 하면 권총으로 두부를 치는 등 모진 고문을 하여 용식 군은 전치 약 2주일 이상을 요하는 상처를 입고 진범인의 체포와 동시에 8일 만인 지난 10일 무혐의로 석방되었고, 동서 관하 서면지서에서는 지난 11일 하오 7시경 시흥군 서면 소하리에 거주하는 조(46) 씨를 동 지서로 연행 "너 왜 나무를 했느냐"고 지서 한 주임을 비롯한 직원이 …… 전치 2주일을 요하는 상처를 입고 방금 시립영등포병원에 입원 가료 중에 있는데 ……[21]

---

20. 「화장품 한 개로 세관원이 고문 — 피해자 정신이상」, 1956년 8월 31일자 『조선일보』 기사.
21. 「무리한 수사의 일단노정(一端露呈) — 14세 소년을 고문, 안양역서 멀쩡한 자를 경관복 훔쳤다고」, 1957년 2월 14일자 『조선일보』 기사.

아치고개 강도사건과 고문 주장—1957년 2월

::　　세칭 '아치고개' 짚차 강도살인사건의 제4회 공판은 (1957년 2월) 22일 하오 2시부터 역시 서울지방법원 대법정에서 속개되었는데, 이날 상오 공판에서 짚차 절도는 했으나 살인 및 강도 사실은 전혀 없다고 강력히 부인하면서 검사의 기소 내용 중 두 피고가 진술하였다는 "자백서라는 것은 비인도적인 고문에 도저히 견디어 나길 수 없을 때 무의식중에 한 말들이었고 서명할 때에도 그러했다"고 진술한 5명의 운전수 살해 및 짚차 강도 피의자인 김기준, 장성도 양 피고는 하오 공판에서 그 증인으로서 6명을 신청하여 합의재판부에 의하여 채택되었는데, 그중 중요한 증인으로 경찰국에서 구속 문초를 받을 당시 담당경찰관이었던 서울시경찰국 수사과 강력계장 박 주임이며······.[22]

국제밀수사건 피고인 마카리오 장의 고문 주장—1957년 3월

세칭 국제밀수사건의 공판에서 피고인 마카리오 장은 자신의 자백이 고문에 의한 것이었다고 주장해 파문을 일으켰다.

재판장: 마카리오 장, 국제호텔에서 박영춘을 만나 옷감이나 시계를 수입해달라고 한 일 있나?

마카리오 장: 없습니다.

재판장: 피고인은 검찰에서는 전기 사실이 있다고 하지 않았나? 고문을 받았단 말인가?

마카리오 장: 네. 고문을 받았습니다. 즉 전신에 구타를 당했던 것입니다.

재판장: 그러면 세관에서도 고문을 당했단 말인가?

22.「담당경관 증인으로 채택—아치고개 짚차 강탈사건 공판, 피고들 여전히 고문만을 역설」, 1957년 2월 23일자『조선일보』기사.

마카리오 장: 처음에 경찰세관이 합동 취조시에 합세하여 고문하였습니다.

재판장: 그러면 검찰에서도 고문을 받았기 때문에 전기 사실이 있다고 말했나?

마카리오 장: 검찰에서는 고문을 받지는 않았지만 경찰 진술과 동일하게 진술하기 위해서 그렇게 한 것입니다.

재판장: 그러면 경찰이나 세관에서는 전혀 허위 사실을 말하지 않으면 안 될 정도의 고문을 받았단 말인가?

마카리오 장: 네! 의식을 완전히 잃을 정도로 고문을 당했습니다.

재판장: 의식을 잃었다면 어떻게 허위진술을 할 수 있단 말인가? 의식을 잃을 정도로 고문을 받았다면 상처라도 있는가?

마카리오 장: 상처는 없습니다.

재판장: 검찰 진술서는 대단히 감사하다는 표정으로서 취조를 받았다는데 검찰 진술은 경찰 진술과 부합시키기 위해 그랬단 말인가?

마카리오 장: 검찰 측 대우에 감사했을 뿐이지, 조서 자체에 감사하게 생각한 일은 없으며 ······.[23]

효성여대생 강간치사사건, 고문으로 범죄 조작? ―1957년 4월

::   효성여자대학생 최영희 양의 강간치사사건은 경찰에 의하여 체포된 송필준(24)을 진범이라고 하여 결심공판에서 관여 검사로부터 '무기징역'이 구형되었던 것인데, (1957년 4월) 16일 개정된 언도공판에서 재판장은 증거가 희박하다는 이유로 피고인에게 '무죄'를 언도함으로써 그동안 피고인과 그 증인들이 주장한 바 있는 '경찰 고문으로 범죄 사실 조작설'에 대하여 또다시 일반의 의아감을 높게 하고 있다. ······ 공판정에서 피고인은 물론 증인으로 경찰에 연행되어 심문받은

---

23. 「제2회 시계밀수사건 공판― '마·장' 의외의 진술, 자백은 고문 때문」, 1957년 3월 23일자 『조선일보』 기사.

송의 애인 박영애(22) 양으로부터 "경찰이 무시무시한 고문을 자행하여 날조한 것이다"라는 진술과 더불어 더욱이 박 양은 "내가 경찰에서 증인 심문을 받을 때에 경찰은 만 6일 동안이나 감금하면서 그동안 가락국수 세 그릇을 겨우 얻어먹고 칫솔을 손가락 사이에다 끼워 빙빙 돌리면서까지 고문을 당하였기 때문에 허위진술을 한 것이다"라는 증언을 토대로 재판부의 현장 재검증 및 제반 증거를 재조사한 결과 사건 발생 시간에 송이 현장에 없었다는 확증을 얻었기 때문이라고 한다.[24]

청원군에서의 고문치사사건 — 1957년 10월

:: 국립경찰이 탄생한 지 12주년이 경과하도록 일부 지방경찰에서는 아직도 피의자나 양민들을 고문으로 상해치사케 하고 있어 자라나는 민주주의에 역행하고 경찰에 오점을 남기게 하고 있다. (1957년 10월) 23일 대검찰청에서 알려진 바에 의하면 청주경찰 오창지서에 근무하던 권이선 순경 및 최복술 경사는 지난 8월 30일 새벽 3시경 충청북도 청원군 오창면 장대리 29에 이응렬 씨와 그의 부친 이해원 씨를 연행해다가 28시간이나 불법감금하고 목봉으로 무수히 구타하여 이해원 씨는 9월 1일 상오 11시 뇌출혈로 사망하였으며, 이응렬 씨는 전치 10일간의 부상을 입는 등 끔찍한 사건을 저질렀다는 것이다.[25]

고문한 경찰관 구속 기소 — 1957년 11월

:: 광주지방검찰청 김익보 검사는 지난달 31일 현직 경찰관 곽해섭 경사를 구속 기소하였는데, 내용인즉 전기 곽 경사는 영암경찰서에 근무 당시 영암군 시종면 거주 윤 모 씨와 임 모 씨가 분묘 소유권 관계로 옥신각신 끝에 윤 씨가 임 씨를 영암경찰서에 고소를 제기하여 곽 경사가 동 사건을 담당함에 있어 임 씨를 고문

24. 「반전된 대구 효성여대생 능욕치사사건 — 고문으로 범죄 조작?」, 1957년 4월 17일자 『조선일보』 기사.
25. 「청원군에 고문치사사건 — 지서에서 불법감금, 곤봉으로 때려」, 1957년 10월 24일자 『조선일보』 기사.

하여 전치 3주일을 요하는 상해를 가한 것이라 한다.[26]

현역 군인을 5일간이나 감금, 고문 — 1958년 3월

:: 일선 경찰관들이 강력범 수사를 미끼로 하여 민간인도 아닌 현역 군인을 5일 동안이나 불법감금하고 장작개비 등으로 전신을 난타한 고문치사사건이 있다. (1958년 3월) 4일 김해경찰서에서 육군 17범죄수사대에 이첩되어온 육군 일등병 김덕균(31) 씨는 지난 2월 27일 고향인 김해군 녹산면 생곡리에서 김해경찰서 형사들에 의하여 작년 5월 15일경에 전기 면내에서 발생하였던 강도사건 용의자로 경찰서에 연행되었는데, 경찰관들은 무조건 장작개비와 삽 등으로 연 5일 동안이나 감금해두고 전신을 구타하였다고 피해자는 말하고 있는데, 현재 그의 팔과 어깨, 다리, 허리 등에는 아직도 심한 타박상이 나타나 있었다.[27]

1958년 6월 13일에 일어난 두 건의 고문사건

하루에 두 건의 고문 기사가 같은 면에 동시에 실렸다. 아직도 고문이 여전히 성행하고 있음을 반증하는 것이 아니고 무엇인가.

① 고문으로 임산부 낙태 — 1958년 6월

:: 11일 광주지방법원 추 부장판사는 나주경찰서 수사계 이복남 경위를 구속하여 광주형무소에 수감하였다. 그런데 이 경위는 임신 중인 여인을 고문하여 낙태를 시키고 수차의 소환에도 불응하였기 때문에 구속한 것이라고 한다.[28]

---

26. 「고문한 경사 광주지검서 기소」, 1957년 11월 3일자 『조선일보』 기사.
27. 「김해서에서 강도 혐의를 씌우고 현역 군인을 5일간이나 감금, 고문」, 1958년 3월 6일자 『조선일보』 기사.
28. 「고문으로 임부 낙태 — 나주서 수사계 경위를 구속」, 1958년 6월 13일자 『조선일보』 기사.

이복남 경위는 이 고문행위로 광주지방법원에서 6개월의 징역형을 선고받았다.[29] 고문행위를 근절하려는 형량으로는 부족하지만 어쨌든 더 이상 고문은 용납될 수 없다는 사실이 분명해졌다.

② 안양에서 일어난 고문치사사건 — 1958년 6월

:: 경찰관이 경미한 절도범을 취조하다가 곤봉으로 때려 고문 끝에 치사케 한 불상사가 발생하였다. (1958년 6월) 11일 하오 서울지방검찰청 황은환 검사는 경기도 안양경찰서 근무 박의재(30) 순경을 독직 및 폭행치사 혐의로 구속 문초하였다 한다. 그런데 담당 황 검사가 말한 바에 의하면, 숙직 중에 있던 박 순경은 지난 9일 새벽 3시 미군부대로부터 주소가 일정치 않은 절도 현행범 박명환의 신병을 인수받고 전기 박의 뒤 잔등을 곤봉으로 무수 구타하여 이날 하오 3시에 안양보건진료소에서 치료 중 피를 쏟고 사망하였다고 한다.[30]

해병대를 고문치사한 경찰 — 1958년 6월

:: 광주고등법원 제2호 법정에서는 지난 (1958년 6월) 17일 상오 11시부터 지난해 12월 20일 광주시 월산동파출소 주임을 비롯하여 송·김 양 순경 등 3인이 술 취한 해병대 최 하사를 파출소에 연행한 후 포박해놓고 18분간에 걸쳐 구타를 가하여 창자 파열 및 급성복막염을 일으키게 하여 사망케 한 피고들에 대한 결심공판이 있었는데 ⋯⋯.[31]

29. 「임신부 고문한 경찰관에 징역 6개월」, 1958년 7월 16일자 『조선일보』 기사.
30. 「안양서에서는 고문치사사건」, 1958년 6월 13일자 『조선일보』 기사.
31. 「고문당했다고 해병 치사한 전 경관 2심 공판에서 주장」, 1958년 6월 29일자 『조선일보』 기사.

오열이라는 신고받고 고문치사한 안양경찰서 경찰관들 — 1958년 7월

:: (1958년 7월) 4일 서울지방법원 대법정에서는 김재옥 부장판사 주심으로 피의자를 고문치사한 전 안양경찰서 안용지서 순경 김귀남·강재원 등 2명에 대한 가혹행위 상해치사죄의 결심공판이 열렸는데, 담당 이명환 검사는 김·강 2명에게 각각 징역 5년을 구형하였다. 전기 김·강은 지난 1월 18일 오열이라는 혐의로 부근 동리에서 고발한 주소 불명의 임응재(38) 씨를 삽자루, 쇠꼬치 등으로 고문하여 치사케 한 혐의를 받고 있는 것이다.[32]

아무리 오열(간첩)이라는 신고를 받고 조사했더라도 삽자루와 쇠꼬치 등을 사용해 고문한 것은 심한 일이다. 결국 이들은 징역 3년에 자격정지 5년을 선고받았다.[33]

성수·화양동 강도살인사건 — 1958년 9월

:: 1958년 9월 3일 발생한 성수·화양동 강도살인사건이 바로 이 같은 강압·고문·조작 수사의 대표적인 사례로, 이로 인해 당시의 사회가 떠들썩해지기도 했다. 그러나 경찰, 검찰의 강압과 고문으로 조작된 무리한 수사는 '진실'을 찾아내기 위한 법원의 적극적이고도 파격적인 노력에 의해 바로잡히곤 하였으며, 자칫 사형대의 이슬로 사라질 뻔한 귀중한 생명을 구하기도 했다.

…… 성수·화양동 강도살인사건을 심리하면서 서울지법 형사2부(재판장 임항준 부장판사, 배석 최석봉·이범렬 판사)는 마산·여수·강진·김제·안면도 등 섬과 벽촌까지 두루 찾아다니면서 현장 재판을 하였으며, 범인들의 알리바이를 입증하는 증거 사진을 직접 발견하는 등 재판부 독자적인 범죄수사와 증인·증거 조사를 함으로써

---

32. 「김귀남, 강재원 2명에 5년 구형 — 안용지서 고문치사사건」, 1958년 7월 5일자 『조선일보』 기사.
33. 「고문치사한 강재원, 김귀남 순경에 징역 3년 언도」, 1958년 7월 12일자 『조선일보』 기사.

형사재판의 새로운 장을 열었던 것이다.

성수·화양동 강도살인사건은 1959년 10월 23일 열린 첫 공판 개정 벽두부터 문제점이 불거져나왔다. 무기징역·사형까지 선고할 수 있는 사건임에도 변호인이 선임되어 있지 않았고, 피고인들은 경찰 고문에 의해 강제로 자백하였다면서 범행을 강력히 부인하고 있었다. 서울지법 형사2부가 맡은 이 사건의 피고는 강도살인, 시체유기, 특수강도 및 그 미수 등으로 구속 기소된 황종연(26)과 김영덕(21, 일명 김꼬마) 등 두 명으로 서울지검 강력부 유무형 검사가 공판에 관여했다. ……
결국 성수·화양동 강도살인사건으로 기소된 황종연·김영덕은 60년 2월 2일 서울지법 대법정에서 열린 선고공판에서 무죄 판결을 받는다.[34]

사실 한 사건 때문에 재판부가 이 정도로 관심과 열정을 기울이기란 우리의 사법 현실에서 기대하기 어려운 일이다. 만약 이런 열정적인[35] 재판부를 만나지 않았다면 피고인들은 유죄와 극형을 선고받았을지도 모른다.

증인을 구타한 성북경찰서 경찰관 — 1958년 10월

::　　고소사건의 증인으로 출두시킨 40대의 여인을 무려 8시간 동안이나 붙들고 사건 내용을 시인시키려고 마구 구타하여 전치 5일 이상의 치료를 요하는 상처를 입힌 사건이 서울 성북경찰서에서 발생하였다. 즉 서울시 성북경찰서 수사계에서는 지난 (1958년 10월) 17일 하오 3시 반경 …… 고소 사실과 상반되는 증언을 한다고 동서 김 모 형사가 허 씨의 머리를 잡고 주먹으로 입술과 왼쪽 눈언저리를 구타하여 입술에 파열상을 입히는 한편 타박상 등으로 5일 이상의 치료를 요하는 상처를 입혔다 한다.[36]

---

34. 이종전, 『법이 바로 서야 세상이 바로 선다』, 고려원, 1997, 125∼134쪽.
35. 이 사건을 위해 서울지법 형사2부는 11회의 공판, 5회의 현장 재판, 40여 명에 달하는 증인 조사를 했다.

해군에서 민간인 고문치사 ― 1959년 1월

:: 부대 장비인 권총을 망실했다고 해서 용의자인 민간인을 몽둥이로 때리는 등 고문 끝에 즉사케 한 불상사가 해군 제3176부대에서 발생하였다고 한다. (1959년 1월) 6일 하오 서울지방검찰청 유무형 검사는 현재 서울시 청량리 해군병원에 보관 중인 민간인 신충현(35) 씨의 시체를 인수하기 위해서 법원으로부터 압수수색 영장을 발부받았다는데, 불원 시체 해부를 할 것이라고 한다. 그런데 이날 알려진 바에 의하면 전기 신 씨는 작년 8월부터 해군 제3176부대의 목공으로서 임시 고원으로 채용되어 근무하였던 것인데, 작년 말 동 부대에서 일제 부대 검열을 실시한 결과 동 부대 병기고에서 권총 1정이 망실된 것이 발견되었으며 이에 동 부대에서는 동 권총 망실에 대한 용의자로 전기 신 씨를 지목하고 동 부대 의무실에 근무하는 일등병 정희용이 지난 4일 상오 전기 신 씨를 동 부대장실로 인치한 후 침대몽둥이로 하체부를 무수히 구타하여 고문한 결과 그날 하오 6시 30분경 사망하였던 것이라고 한다.[37]

논산 훈련병 고문치사사건 ― 1959년 4월

:: 논산 제2훈련소 훈련병의 상해치사사건 피고 박윤서(23) 훈련병에 대한 제3회 공판이 지난 (1959년 4월) 20일 상오 10시부터 당지 교총고등군법회의 법정에서 …… 개정되었는데 …… 피고가 주장하고 있는바, "수사 당국의 비인도적인 고문에 생명의 위협을 받고 허위진술하였다"는 사실을 확인하기 위하여 변호인이 신립 채택된 수사관들의 증인 심문이 있었다. 먼저 법정 심문과 변호인의 증인 심문에서 증인으로 등장한 박 피고도 수사기관에서 두 손을 묶고 거꾸로 매달고 코에다 물을 부어 질식할 정도로 고문을 당하였으며 자백서는 수사관이 강요했기 때

36. 「"증인을 구타치상" 성북서원을 걸어 고소」, 1958년 10월 20일자 「조선일보」 기사.
37. 「해군 모 부대에서 불신상 ― 민간인을 고문치사」, 1959년 1월 7일자 「조선일보」 기사.

문에 허위진술을 한 것이라고 기소 사실을 전적으로 부인하였으나, 이와 반대로 법정 증인으로 출정한 사건수사를 담당한 제2 CID 수사관 최현중 중위와 박진구 상사는 "고문한 사실이 전혀 없으며 그런 일은 있을 수도 없는 것이고, 자백서는 어디까지나 자유로운 분위기에서 피고가 진술한 사실대로 꾸민 것이다. 외부의 '코치'나 공포증 때문에 거짓말을 하는 경우도 있을 수 없다"고 고문 사실을 부인하면서 그 반증으로 피고가 사실 그대로 태연자약한 목소리로 진술하였다는 녹음 테이프를 검찰 관계자에게 제시하여 고문 여부의 초점은 밝혀지지 않았다.[38]

담양서장의 분풀이 폭행사건 — 1959년 8월

∷　(1959년 8월) 7일 광주지검 수사과에서는 담양경찰서장 주인걸 씨에 대한 폭행가혹사건에 관련된 담양경찰서 수사계 형사 5명을 극비리에 소환 문초 중에 있다. 동 사건은 주 서장이 지난 7월 24일 하오 담양읍 객사리 사정에서 활쏘기를 마치고 돌아오는 도중 이금화(16) 외 4명이 자전거를 불법 승차함을 발견하고 이를 취체하려 하자 전기 5명의 소년이 도주하여 이를 추격한 주 서장은 땅에 넘어져 무릎에 상처를 입었다 한다. 그리하여 주 서장은 흥분한 끝에 형사들을 동원하여 전기 소년 5명을 동일 하오 7시 담양경찰서로 잡아들여 취조를 계속했으나 자전거 취체법 위반으로 송치하기가 어려웠으므로 엉뚱한 다른 죄목을 추궁할 목적에서 형사 5명으로 하여금 죽봉 등으로 심한 구타를 가하여 "친척집의 외막에 들어가 외를 따먹었다"고 진술케 함으로써 이것을 내용으로 하는 조서를 작성하여 지난달 25일 광주지법 소년원에 송치하여 1명은 동월 29일 석방되고 4명은 지난 3일 보호자 인도의 판결이 내려 각각 석방된 것이라 한다.[39]

38. 「피고 피의 사실 부인 — 고문 못 이겨 허위진술했다고」, 1959년 4월 21일자 『조선일보』 기사.
39. 「고문한 형사 문초 — 담양서장의 폭행사건」, 1959년 8월 9일자 『조선일보』 기사.

도난 신고하려던 모녀 고문하여 손가락이 부러져 — 1959년 9월

:: (1959년 9월) 3일 대구지검 수사과에서는 칠곡군 왜관읍에 사는 문갑진(43) 씨가 제기한 칠곡서 형사 이용해(37), 이수원(35) 등 2명에 대한 상해직권남용 고소사건을 수사 중에 있는데, 고소장에 의하면 전기 고소인 문 씨는 극장 신축 공사장에 일 보는 인부들의 침식을 치다꺼리하고 있는데, 지난 5월 30일 인부의 돈가방에 든 돈 20여만 환이 도난된 사고가 생기자 문 씨는 경찰에 동 도난사건을 신고하고자 경찰서에 갔다고 한다. 이때 칠곡경찰서 근무 양 형사는 문 씨에게 절도 혐의를 덮어씌워 마구 고문을 하여 전치 약 4개월을 요하는 전신타박상을 입혔다는 것이다. 동 소장을 접한 지검 수사과에서는 우선 문 씨 및 문 씨의 딸 박춘자 양을 3일 소환 문초하였는데, 춘자 양은 이날 검찰 진술에서 사건 발생 날인 30일 밤 절도 혐의로 손가락 사이에 펜을 넣고 비틀어 손가락 2개가 부러질 때까지 고문을 당하였다고 진술하고 있어 검찰의 수사결과가 주목된다.[40]

무릎 밑에 장작 넣고 밟는 고문 — 1959년 9월

:: 12시간이나 감금하고 장작을 무릎 밑에 넣고서 발로 밟는 등의 고문을 당하여 억지로 절도라는 누명을 쓰게 된 두 농민이 "뼈에 사무친 한을 풀어달라"고 당지 경찰관 두 명을 걸어 이곳 검찰에 고소를 제기하였다. 동 고소장에 의하면 부여군 세도면 간대리에 거주하는 김경배(31)와 박원배(30) 양 씨는 지난 8월 15일 하오 3시경 동 부락 무허가 음식점 최옥순 씨 댁에 술 마시러 들어갔다가 술이 떨어졌다고 하여 그대로 나온 사실이 있는데, 그후 최 씨는 "손님의 구두가 없어졌다"고 세도지서에 신고하여 김경환 형사와 문병헌 순경은 전기 김경배, 박원배 양인을 피의자로 몰아 지서에 연행한 다음 이날 상오 9시부터 하오 9시까지 감금하고

---

40. 「도난 신고 간 모녀 고문 — 손가락 둘이 부러지도록」, 1959년 9월 5일자 『조선일보』 기사.

전기 두 경찰관이 번갈아 무릎 밑에 장작을 넣고 발로 밟아 걸음을 못 걷도록 고문을 가하였다 한다. 이에 고통을 참지 못한 김·박 양 씨는 구두를 가져갔으니 변상하겠다는 조서에 강제로 도장을 찍게 되었다고 한다. 뿐만 아니라 전기 양 경찰관은 이 사실을 주민들에게 널리 소문을 내어 이들은 얼굴도 들지 못하게 되었다고 한다.[41]

모자를 도둑으로 몰아 고문 — 1960년 4월

:: 도둑의 누명을 씌워 인권을 여지없이 유린한 몽둥이 경찰관이 피해자의 고발에 의하여 전주지검에 구속되어 문초를 받고 있다. 알려진 바에 의하면, 지난달(1960년 3월) 26일 시내에 있는 복지여관에서 금반지 1개(시가 2만 3,500환)를 도난당했다는 신고를 받고 즉시 수사를 착수한 전주경찰서 수사계 근무 오시환 형사는 용의자로 동 여관 사환 구재근(17) 군을 호출하여 심한 고문을 하자, 고문에 못 이긴 구 군은 완주군 구이면에 거주하는 모친 최 씨에게 주었다고 허위진술을 하였다는바, 전기 오 형사는 구 군의 모친을 호출하고 또한 심한 고문을 자행하고 발길로 뒤에서 차서 국부파열상을 입혔다는데, 최 씨는 사실 무근이라 끝내 부인하였다는 것이다. 그리하여 억울함을 참지 못한 최 씨는 전주검찰청 수사과에 출두하여 전기 사실을 고발하였다는데, 지검에서는 시내 도립병원에 감정의뢰를 시켰다는바 국부가 파열되었음이 판명되어 지난 (4월) 12일 오 형사를 구속함과 동시 도경에서는 파면 조치를 단행하였다 한다.[42]

---

41. 「고문으로 절도를 조작—강경 두 농부가 경관을 고소」, 1959년 9월 8일자 『조선일보』 기사.
42. 「모자를 모두 고문—도둑 조작한 경관 구속」, 1960년 4월 15일자 『조선일보』 기사.

06

'잊혀진 수인들'—1950년대에 구속된 장기수

1950년대와 1960년대에 걸쳐 북한에서 남한으로 넘어온 많은 사람들이 간첩 혐의로 구속되었다. 남한의 실정을 탐지하고 가족들을 포섭하기 위해 넘어온 진짜 간첩도 있었고, 단지 가족들을 만나러 왔다가 구속된 사람들도 있었다. 이들 가운데 처형된 사람도 있었고, 무기징역을 선고받은 사람들도 있었다. 무기형을 선고받은 사람들은 내내 남한의 감옥에서 전향을 강요받으며 완전한 고립 속에서 살아왔다. 이들 '장기수'[1]의 존재는 1980년대 후반 수많은 학생, 정치인, 노동자들이 감옥으로 밀려들어가면서 외부에 알려지기 시작했다. 그야말로 이들은 '잊혀진 수인들'이었다. 다음의 표는 1989년 민주화실천가족운동협의회가 작성한 '사건 연도별로 본 장기수의 유형'이다.[2]

---

1. 흔히 장기수라 하면 "관행상 7년 이상의 형기를 선고받은 양심수들을 가리키는 말이다. 7년이라는 이유는 이들의 대부분이 '간첩'이라는 죄목으로 옥살이를 하고 있고, 간첩죄의 법정 형기가 사형·무기 또는 7년 이상의 징역으로 되어 있기 때문"이다. 서준식, 「조작간첩사건과 일본사회」, 『분단조국의 희생양, 조작간첩』, 천주교조작간첩진상규명대책위원회, 1994년 11월 1일, 4쪽.
2. 서준식, 「조작간첩사건과 일본사회」, 앞의 책, 15쪽.

	월북자가족사건	월남자가족사건	납북어부사건	재일동포사건	일본관련사건	민주운동유학생	월북기도	조직사건	남파공작원	미확인	합계
합계	12	2	16	17	39	8	8	15	61	36	214
1951년									3		3
1952년									1		1
1953년									1		1
1954년											
1955년									3		3
1956년									1		1
1957년									3		3
1958년									3		3
1959년									5		5
1960년									1		1
1961년									5		5
1962년									3		3
1963년									2		2
1964년									1		1
1965년									1		1
1966년	1								3		4
1967년									1		1
1968년									2		2
1969년								1	11	3	15
1970년	1			1					1		3
1971년	1		1		1		1	1	2	4	11
1972년					1			3	1		5
1973년				1							1
1974년				2	1			6	1		10
1975년				1	1		1		1		4
1976년			1								1
1977년	1		2		1						4
1978년								4		2	6
1979년					1					3	4

1980년	2				1			1		4
1981년	1		1	3	1		1			7
1982년	2		2	1	6			2		13
1983년		1	1	2	7			4		15
1984년			4	2	3		1	2		12
1985년	2	1	2	2	7	6	1	5		26
1986년			2	5	1	1		2		11
1987년					1	1		1		3
미확인	1		2		2		2	2	10	19

1989년 당시까지만 해도 상당수의 '장기수', 특히 1950년대에 구속된 장기수가 많이 남아 있음을 알 수 있다. 이들의 장기간에 걸친 수감생활과 비인도적인 고문 사실이 외부에 알려지면서 학생과 지식인들을 중심으로 이들에 대한 석방운동이 시작되었다. 국제적인 양심수를 지원하는 앰네스티 인터내셔널도 여기에 동참했다. 앰네스티는 지속적으로 비전향 장기수 문제에 관심을 갖고 석방운동을 벌여왔다. 다음은 김대중 '국민의 정부' 출범과 더불어 앰네스티에서 내놓은 장기수 석방 요구와 관련된 문건으로, 비전향 장기수 문제를 간략하게 잘 정리하고 있다.

:: 앰네스티 인터내셔널은 적어도 11명의 정치범[3]이 30년 이상 실질적 고립 속에서 수감생활을 해온 것으로 알고 있다. 그들은 우용각(68), 최손묵(69), 홍명기(69), 안영기(68), 장병락(63), 양희철(65), 리경찬(62), 최수일(59), 김동기(65), 박원규(68), 이강선(63) 등이다. 그리고 28년 이상을 산 사람은 6명이 더 있다. 김익

---

3. 장기수들은 1980년대 후반 이후의 민주화과정에서 조금씩 석방되어 나왔다. 1989년에는 220여 명, 1994년에는 75명 정도가 남아 있었다. 서준식, 「조작간첩사건과 일본사회」, 『분단조국의 희생양, 조작간첩』, 천주교조작간첩진상규명대책위원회, 1994년 11월 1일, 4쪽.

진(67), 오형식(68), 김은환(67), 양찬호(67), 김창원(64), 이재룡(53) 등이다. 앰네스티는 이들의 석방을 몇 가지 이유로 정부에게 촉구하는 바이다. 첫째, 그들의 지속된 구금이 단지 그들의 공산주의적 견해 때문이다. 둘째, 상당수는 고문과 가혹행위를 당했고, 당시 국제적 기준에 부합하는 정당한 재판을 받지 못했다는 사실 때문이다. 셋째, 지나친 고령, 악화된 건강 상태, 수십 년에 걸친 장기구금과 감옥에서의 비인도적 대우 때문이다.

이 수감자들은 1950년대와 1960년대에 걸쳐 북한을 위한 간첩 혐의로 기소되었고, 국가보안법하에서 무기징역형을 선고받았다. 보통의 형사 범죄에 있어서 무기징역형은 16~18년 후면 사면이 고려된다. 그러나 이러한 정치범들은 공산주의를 포기하고 전향하는 것을 거부했기 때문에 석방의 가능성이 없다. 그들은 보통 미전향 장기수로 불린다. 과거 대부분의 무기형을 받은 미전향 장기수들은 나이가 70세를 넘어섰다는 인도적 이유만으로 석방되었다.

이 수인들은 북한으로부터 왔고, 대부분 남쪽 땅을 밟자마자 구속되었다. 일부는 단지 6·25 때 헤어진 가족들을 만나러 왔다고 주장한다. 상당수의 장기수들은 몇 달 동안이나 지속된 고문으로 자백하지 않을 수 없었다고 한다. 지난 수십 년 동안에 이러한 미전향 장기수들은 그들의 정치적 견해를 바꾸도록 감옥의 관리들로부터 엄청난 고문을 당했다. 오늘날 고문은 중단되었으나 사면에 의한 석방의 가능성은 부정되었다. 그들은 작업이나 다른 수인과의 접촉조차 금지되었다. 그들은 단지 가족들과의 서신 교환과 면담만이 허용된다. 결과적으로 이들 미전향 장기수들은 거의 인간과의 접촉 없이 지난 수십 년을 수감되어온 것이다. 변호사나 인권운동가들도 이들에 대한 자세한 정보를 입수할 수 없다. 대부분 가족들이나 석방된 수감자들로부터 모은 자료들이다.[4]

---

4. Amnesty International, Republic of Korea: Long-term prisoners still held under the National Security Law, AI Index: ASA 25/015/98, May 1998.

그런데 그 직전에 석방된 장기수들도 적지 않다. 40년을 감옥에서 지낸 김
선명, 안학섭 두 사람이 지난 1995년에 석방된 것이 그 예이다. 그러나 민주화가
진전되기 시작한 1980년대 후반 이전, 인권의 암흑 시기에 수많은 장기수들이 전
향 공작이라는 이름 아래 전개된 고문과 강압으로 사망했다. 하지만 이들에게는
구금과 재판과정, 이후의 기나긴 수감생활이 모두 고문의 연속이었다고 해도 과
언이 아니다.

07

이승만 정권 붕괴 이후
민주당 시기까지의 고문 사례

이승만 정권이 붕괴되고 민주주의와 자유의 세상이 왔다. 많은 사람들이 억눌린 독재에서 벗어나 자유의 공기를 마음껏 마실 수 있었다. 그러나 오랫동안 고문의 관행을 익혀왔던 경찰이 하루아침에 바뀌지는 않았다. 5·16군사쿠데타로 무너진 제2공화국의 짧은 기간 중에도 고문은 예외 없이 일어났다. 그 사례들을 살펴본다.

산청 난동자에 대한 고문에 항의하며 가족들이 데모─1960년 8월

:: 지난 (1960년) 7월 31일 경남 산청군 개표소에서 투표함을 소각하고 소요죄로 구속된 54명 중 14명이 8월 11일 석방되었는데, 미석방자 가족 40여 명은 "산청경찰서에서 피의자들에게 모진 고문을 했다", "검찰이 정실로써 석방을 했다"는 등을 이유로 이를 항의하기 위해 13일 아침 6시 30분경 버스에 타고 부산지검 진주지청으로 출발하였다 한다.[1]

고문경관 구속 — 1960년 9월

::　(1960년 9월) 13일 하오 5시 대구지방검찰청 심성택 검사는 남대구서 관내 봉덕동파출소 근무 손덕호(33) 순경을 상해치사 혐의로 구속했다. 손은 지난 8월 29일 하오 8시경 개를 훔친 혐의로 대구시 대봉동 거주 서영수(22) 씨를 파출소로 연행하여 엎드려놓고 무수히 구타하여 9일 후인 (9월) 6일 사망케 하였다는 것이다.[2]

절도 용의자 소녀를 옷 벗겨 고문 — 1960년 12월

::　(1960년 12월) 4일 하오 부산시 동부산경찰서 수사계 근무 김윤 형사는 절도 용의자로 동서에 연행해온 부산시 수정동 거주 조점이(16) 양을 옷을 벗기는 등의 고문을 하면서 자백을 강요했다 한다. 그런데 전기 조 양은 친지인 최기봉 씨가 이사를 갈 때 현금 10만 환과 보증수표 40만 환짜리가 들어 있는 상자를 분실했는데, 이를 절취한 혐의로 김 형사에 의해 연행되었던 것이라 한다.[3]

12세 소녀를 발가벗겨 매질 — 1960년 12월

::　경찰관이 나이 어린 국민학교 어린이에게 절도 혐의를 덮어씌워 옷을 벗긴 후 13시간 동안이나 구타하면서 허위자백을 강요하여 특히 잘 가꾸어야 할 어린이의 귀한 인권이 여지없이 유린되었다. 전남 장흥경찰서 장평지서에 근무하는 이태만(33) 순경은 (1960년 12월) 28일 하오 1시 장흥동중학교 교감 나종칠 씨의 장녀 미희 양의 팔뚝시계를 훔쳤다는 혐의로 장평면 양촌리에 사는 장평국민학교 4학년생 김연례(12) 양을 지서에 연행하여 추궁타가 절도 혐의를 부인하자, 옷을

---

1. 「가족들이 항의 데모 — 산청 난동자에 고문」, 1960년 8월 13일자 「조선일보」 기사.
2. 「피의자 마구 때려 9일 후에 절명 — 고문한 경관 구속」, 1960년 9월 14일자 「조선일보」 기사.
3. 「절도 용의자인 소녀 옷 벗겨 고문」, 1960년 12월 6일자 「조선일보」 기사.

전부 벗기고 양손에 수갑을 채워 높이 1미터 40센티나 되는 나무에 매어달은 후 발가벗은 온몸에 냉수를 끼얹고 29일 새벽 2시경 실신할 때까지 경찰봉으로 무수히 구타하면서 자백을 강요했다 한다. 이와 같은 경찰관의 만행을 알게 된 광주지방검찰청에서는 이 순경을 구속하도록 30일 현지 경찰에 긴급지시를 내렸다.[4]

5·16쿠데타 가담자를 고문하고도 밝혀내지 못한 경찰 — 1961년 5월

5·16쿠데타 음모를 미리 알고 자금을 제공한 민간인 한 명이 사전에 체포되어 고문을 받았다. 그러나 수사기관은 결국 그 음모를 밝히지 못한 채 5·16쿠데타를 맞고 말았다.

:: 박(정희) 의장, 이 부의장 등과는 17년 전부터 잘 알고 존경했었다는 김(덕승) 씨는 재작년 12월께에 군사혁명 계획이 무르익고 있는 것을 알았다 한다. 작년(1961년) 5월 6일 거사에 필요한 자금을 마련하려고 상경, 동분서주하던 13일 아침 7시 집을 나와 신당동 박 장군 댁으로 가다가 정체불명의 세 청년들에게 붙잡혀갔다 한다.……전혀 아는 바 없다고 잡아떼는 김 씨에게 이번에는 빤쓰까지 훌랑 벗겨 7, 8명 앞에서 10여 분을 나체 고문까지 했다 한다. 양복, 양말, 넥타이까지 쫙쫙 찢어 비밀문서를 뒤지기도 하고…… 수사관들의 줄기찬 취조에도 끝내 입을 다문 김 씨는 청파동의 어느 으슥한 집 안으로 옮겨져 다시 같은 취조를 되풀이 받았다.[5]

---

4. 「민중의 지팡이가 몽둥이로 — 12세 소녀 발가벗겨 매질」, 1960년 12월 31일자 『조선일보』 기사.
5. 「그르칠 뻔한 거사계획, 수감됐던 김덕승 씨의 회고담 — 모진 고문에 끝내 함구」, 1962년 5월 9일자 『조선일보』 기사.

박정희 정권과 고문

01
용공조작의 시대, 박정희 정권

1. 박정희 정권, 그 폭압의 시대

　1961년 5·16군사쿠데타로 헌정질서를 무너뜨린 박정희 군사세력은 민정이양을 약속했지만 이행하지 않았다. 이 원죄를 시작으로 박정희는 반대세력을 억누르기 위해 중앙정보부를 창설하고 국가보안법 강화와 반공법 제정 등 체제 강화에 나섰다. 또한 집권 중반기 이후로 갈수록 장기 집권의 시도와 더불어 더욱 강경한 억압체제를 만들어나갔다.

　1969년의 삼선개헌에 이어 1970년에 들어서면서 박정희 정권의 장기 집권 획책에 대한 국민들의 저항은 더욱 거세어졌다. 집권의 도덕적 기초와 정통성을 상실한 박정희 정권은 더욱 강력한 통제와 억압을 시행하려 들었다. '북괴남침설', '안보 최우선주의', '교련교육의 강화', '위수령(衛戍令) 발표' 등 군사병영 체제를 구축하기 위한 정책을 강화했으며, 드디어 1971년 12월 17일에 '국가보위에관한특별조치법'[1]을 마련했다. 1972년 10월 17일에는 유신헌법을 공포하고 '통일주체국민회의'를 설치함으로써 영구 집권을 가능하게 했다.

1973년 4월 박형규 목사 등의 부활절 기도회를 계기로 반유신투쟁이 표면으로 드러났고, 1973년 2학기부터 대학가를 중심으로 동맹 휴학, 수학 거부, 시험 거부 등 반유신투쟁의 분위기가 고양되었으며, 1973년 12월 24일 헌법개정청원운동본부의 발족으로 이어졌다. 드디어 박정희 정권은 1974년 1월 8일 '대통령 긴급조치 제1호'를 선포하고 공포정치를 더욱 강화했다. 특히 1975년의 '긴급조치 제9호'는 언론의 자유와 집회·결사의 자유를 근저에서부터 유린하면서 나라 전체를 동토(凍土)로 만들었다. 긴급조치가 만들어낸 억압적 체제는 1979년 김재규가 박정희를 살해할 때까지 지속되었다.

2. 공안기구와 법제의 완비

:: 모든 국민은 고문을 받지 아니하며, 형사상 자기에게 불리한 진술을 강요당하지 아니한다.

유신헌법 제10조 제2항이다. "유구한 역사와 전통에 빛나는 우리 대한민국은 3·1운동의 숭고한 독립정신과 4·19의거 및 5·16혁명의 이념을 계승하고 조국의 평화적 통일의 역사적 사명에 입각하여 자유민주적 기본질서를 더욱 공고히 하는 새로운 민주공화국을 건설함에 있어서 ……"라고 시작되는 유신헌법 아

---

1. 이 법은 1994년 6월 30일 헌법재판소에서 위헌 판결로 선언되었다.

래에서 '자유민주적 기본질서'가 고문으로 무참히 짓밟히고, '민주공화국'이 독재국가로 전락했다는 것은 보통 모순이 아니다. 도대체 유신헌법 전문과 제10조에서 고문이 정당화될 수 있는 여지가 어디에 있는가.

그러나 이 그럴듯한 헌법 규정과 선언 아래에서 그 헌법을 유린하는 법령과 제도, 기관들이 독버섯처럼 솟아나고 있었다. 과거의 국가보안법은 강화되었고, 그것도 모자라 새롭게 반공법이 제정되었다. 유신헌법의 긴급조치 조항은 곧바로 제1호에서 제9호에 이르는 긴급조치를 쏟아내며 국민의 손발을 틀어쥐고 입을 가로막았다. 비상국무회의에서 제정된 수많은 법령은 군사독재를 강화하고 국민의 기본권을 유린하기 위해 만들어진 것이었다.

그뿐만 아니라 이런 악법을 집행하고 국민을 탄압하는 기관들이 생겨나고 강화되었다. 무엇보다도 중앙정보부는 박정희 시대를 상징하는 대표적인 공안기관으로, 처음부터 국민을 억압하고 정적을 제거하기 위해 탄생한 지극히 정치적인 정보기관이었다. 더구나 거기에 가담한 사람들 역시 진정한 국가 이익을 위한 정보 전문가라기보다는 과거 고문을 밥 먹듯이 자행한 인권침해의 주인공들이었다.

> ::　5·16쿠데타로 집권한 박정희 정권은 미국 중앙정보국과 연방수사국을 본떠 중앙정보부를 창설하였다. 하지만 효율적인 국민 통제의 의도가 더 컸기에 국가정보기관은 첫 단추부터 잘못 끼우게 된다. 창설 당시 중정의 인적 토대는 주로 특무대, 군 정보기관, 경찰 정보 분야에서 옮겨온 인물들이었다. 결국 중정과 그를 이은 안기부 역시 정치공작과 반대자 탄압, 고문, 민간인 사찰, 인권유린 등 일제 고등계 형사의 유습을 답습해 국민의 경원을 자초하게 된다.[2]

2. 1997년 4월 30일자 『한겨레신문』 기사.

이렇게 공포와 억압의 상징인 중앙정보부는 미행과 도청, 불법연행과 고문으로 얼룩진 유신 시기 대한민국의 대표 브랜드가 되었다. 인권을 언급하는 외국 저작물에서는 중앙정보부와 당시의 한국이 조지 오웰의 『1984년』처럼 묘사된다. 이미 외국에서는 당시의 한국을 악명 높은 경찰국가로 취급하고 있었던 것이다.

:: 탄압과정에서 악명 높은 중앙정보부가 정치인, 학생, 작가 그리고 기독교 목사들을 체포하고 구금했다. …… 남한은 아시아에서 가장 참혹한 경찰국가의 하나로 등장했다. 공포의 비밀경찰 KCIA(한국중앙정보부)가 박정희를 위한 주요 보안세력으로 기능을 하고 있다. 약 3만 명의 요원과 막대한 권한을 가지고 있다. 그들은 영장 없이 사람을 체포할 수 있다. 고문에 의해 자백을 끌어내고 그들이 저지르지 않은 범죄에 관하여 사건과 증거를 조작할 수 있다. 그들은 다른 나라에 사는 한국인을 납치까지 한다. 이 요원들과 정보원들은 모든 반대자들의 활동을 감시한다. 사람들을 미행하고 전화를 도청한다. KCIA는 심지어 택시 운전자에게 손님들의 대화를 도청하기를 요구한다. 대학 교수들과 정부의 반대자들은 아무 이유 없이 해고당했다는 사실을 알게 된다. 언론과 방송은 정부를 비판하는 것이 금지되어 있다. 외국에서 오는 신문과 잡지는 검열당하여 일부 페이지는 잘려나간다. …… KCIA 요원들은 교회 설교에 참석함으로써 목사들을 협박한다. 그 설교에서 정치적인 언급이 있으면 수첩에 적는다.[3]

인혁당사건으로 비운의 처형을 당한 도예종은 자신이 개입된 1차 인혁당사건의 항소이유서에서 국가 권력기관의 폭력성을 다음과 같이 표현했다.

3. Gil Loescher, *Human Rights—A Global Crisis*, E. P. Dutton, New York, 1978, pp. 48~49.

:: 　국가 위에 존재하는 기관이 있다면, 이 나라 국가기관이면서도 거기에는 이 나라의 헌법도 민주주의도 존재하지 않는 곳이 있다면, 인간성의 명예를 옹호하는 데 최소한도의 자유와 민주주의가 존재하지 않는 곳이 있다면, 다만 무법과 불법 고문과 치욕만이 존재하는 곳.[4]

3. 고문과 조작의 시대

1970년대—그것은 빛과 그늘, 희망과 좌절, 작용과 반작용이 나라를 온통 뒤덮은 갈등의 시대였다. 군사정권과 폭압 정치, 장기 집권으로 말미암아 국가와 사회는 투쟁과 갈등이 지속되었다. 특히 권력이 위기에 처하거나 선거 등의 중요한 정치적 계기마다 간첩단사건이 어김없이 터지곤 했다. 박정희 정권기에 발표된 대표적인 간첩단사건의 현황과 당시의 정치상황을 정리하면 아래의 표와 같다.[5]

간첩단사건과 정치적 배경의 상관관계

연도	간첩단 발표 건수	당시의 정치 상황
1969년	15건	대통령 삼선개헌 반대로 온 나라가 들끓었다.
1971년	11건	전 세계의 이목을 끈 박정희·김대중 대통령선거가 있었다. 선거 직전에 3개의 '대규모 지하 간첩단사건'을 집중적으로 발표하고, 가을에는 위수령을 선포했다.
1974년	10건	유신 선포 후 반대세력 탄압을 위한 긴급조치 제1호 선포. 2차 인혁당사건, 민청학련사건 등이 있었다.

4. 김영수, 「인혁당 재건단체 사건의 역사적 재조명과 현대사적 의의」, 대구경북지역민족민주열사명예회복을위한대책위원회, 『99-1차 시민토론회-(세칭)인혁당사건의 역사적 재조명과 현대사적 의미』, 1999, 13쪽.
5. 서준식, 「조작간첩사건과 일본사회」, 『분단조국의 희생양, 조작간첩』, 천주교조작간첩진상규명대책위원회, 1994년 11월 1일, 8쪽의 설명을 도표화한 것이다.

결국 대부분의 간첩단사건은 실재했다기보다는 당시 정치적 국면을 유리하게 이끌기 위해 조작되었음이 밝혀졌다. 조작의 과정에서 고문과 강압적 수사가 개재되었음은 두말할 나위가 없다. 1974년의 인혁당사건은 바로 그런 조작과 고문의 대표적인 사례이다.

중앙정보부는 간첩단사건과 조작사건을 자유자재로, 무소불위로 만들어냈으며 그 모든 사건에서 고문의 호소와 주장이 이어졌다. 이미 검찰과 사법부는 중앙정보부가 고문으로 조작·송치하는 사건에 대해 무혐의 또는 무죄로서 대응할 힘과 의지를 잃은 지 오래였다. 인권옹호기관 또는 인권의 최후 보루라는 명칭은 이제 더 이상 이들 기관에 어울리지 않았다. 정치권력의 무한질주에 제동을 걸 기관은 어디에도 없었다. 그러는 사이 수많은 억울한 시민들이 정치권력의 야욕과 정보기구의 희생양이 되어 신음하고 있었다. '박정희 시대'야말로 인권이 실종되고 고문이 번성한 시기였다.

그러나 동시에 이 시기는 역설적으로 인권의 중요성과 인간의 존엄성이 한층 더 절실하게 갈구되고 주창되던 시기였다. 인권보장을 요구하는 민주화운동이 더욱 거세졌으며, 독재와 고문에 대한 항의운동이 훨씬 본격화되었다. 특히 1970년대 중·후반기에는 인상적이고 역동적인 고문반대운동이 벌어졌다. 유신 이후 1974년에 이르기까지 민청학련사건, 인혁당사건 등 정치적 반대자에 대한 고문과 조작이 휩쓸던 시기를 지나면서 고문반대운동이 거세게 일어났다. 1970년대 중반 정당·사회단체들의 고문 관련 대응의 일단을 살펴보면 이런 점이 이해된다.

변호사협회의 불법고문 추방 촉구: 대한변호사협회는 (1973년 12월) 7일 형사피의자가 각 수사기관의 조사를 받는 과정에서 인권을 침해당한다는 얘기가 많다……고 지적, 이의 시정을 관계 당국에 강력히 촉구했다.[6]

정치범 가족의 서신 : 한국의 정치범들은 고문을 당해왔다고 (1974년 11월) 12일 일단의 정치범 친척들이 비난했다. 11일 저녁부터 가톨릭성당에서 금식기도회를 벌이고 있는 정치범 가족 60여 명이 서명하여 유엔과 미국정부에 보낸 편지에서 한국의 정치범들은 구타당하고 전기와 물로 고문당하고 있다고 이들은 주장했다.[7]

신민당의 항의서한 : 신민당은 8대 국회의원들의 고문 폭로와 긴급조치 위반으로 구속됐다 석방된 학생 등의 고문문제와 관련해서 (1975년 3월) 3일 박정희 대통령에게 고문 진상규명과 재발 방지를 위한 제도적 장치[8]를 강구토록 요구하는 항의서한을 내기로 결정, 그 내용을 발표했다.[9]

민주회복국민회의의 성명 발표 : 민주회복국민회의는 (1975년 3월) 3일 고문문제 등에 대하여 성명을 발표, "긴급조치 위반으로 구속되었다가 석방된 학생의 증언과 현·전직 국회의원들이 폭로한 인권유린 사례, 즉 고문행위는 국민들뿐만 아니라 세계적으로 경악과 분노를 일으켰다"고 말하고, 각 정당·법조계·언론계 등 관계 인사 및 성직자로 구성된 인권유린진상조사위원회를 설치하자고 제의했다.[10]

---

6. 「"피의자 인권유린 없도록" 대한변호사협회 인권주간 맞아 법무-내무 등에 건의문」, 1973년 12월 8일자 『조선일보』 기사.
7. 「한국의 정치범들 고문당했다 주장, 가족 60여 명 편지」, 1974년 11월 14일자 『조선일보』 기사.
8. 1975년 3월 18일 열린 본회의에서는 제도적 장치의 하나로 고문방지법을 제정하라는 요구가 있었다. 「"고문금지법 제정하라" 국회 본회의 질문 종결」, 1975년 3월 19일자 『조선일보』 기사. 최형우 의원의 이런 주장은 이미 고문 처벌이 가능한 형법이 있지만 이를 강화하는 동시에 고문에 대한 경각심을 일으키고자 하는 상징적 의미가 있었다.
9. 「재발 방지 제도 촉구—신민, 박 대통령에 고문항의서한 내기로」, 1975년 3월 4일자 『조선일보』 기사. 그러나 고문 방지를 위한 제도적 장치를 만드는 대신 오히려 국가원수를 비방하는 행위를 처벌하는 내용을 중심으로 하는 형법 개정안을 여당 단독으로 변칙 통과시키고 만다. 「고문—언론 문제 등 조위(調委) 구성안 제출」, 1975년 3월 20일자 『조선일보』 기사.
10. 「인권유린진상조사위 제의」, 1975년 3월 4일자 『조선일보』 기사.

02
반공법 시대의 용공조작·고문 사례

1964년 1차 인혁당사건과 고문 — 1964년 8월

1964년 봄, 한일회담을 반대하는 대학생들의 시위가 전국에서 일어났는데, 이는 박정희 정권에 대한 정면도전이기도 했다. 그해 6월 3일 비상계엄령이 선포되고 대량 검거선풍이 몰아닥쳤다. "북괴의 지령을 받은 반국가단체인 인민혁명당이 국가 전복을 꾀하려 했다"는 무시무시한 발표와 더불어 수십 명의 지식인들과 학생운동 지도그룹이 검거되었다. 이른바 1차 인혁당사건이다. 이때 구속된 사람들은 도예종, 양춘우, 이재문(대구매일신문 기자), 정도영(합동통신 조사부장), 전무배(서울신문 기자), 박중기(한국여론사 취재부장), 박현채(서울대 상대 강사), 허균(초등학교 교원) 등 일반 사회의 지식인과 김중태(서울대 정치), 김정각(서울대 정치), 서정복(서울대 철학), 현승일(서울대 정치), 김정남(서울대 정치), 김도현(서울대 정치), 김승균(성균관대 동양철학) 등 학생운동 지도그룹이었다. 이들은 모두 중앙정보부로 끌려갔다. 거기서 어떤 일이 있었는가.

::　그때 13, 14명을 접견한 것으로 기억한다. 우선 정도영 피의자의 경우, 연행된 직후 왜 가슴이 뛰는가라고 묻자 폐가 나빠서 뛴다고 말했더니, 그러면 고문은 안 되겠는데라고 수사관이 말하면서 침대 위에 눕히고 전기고문을 가했는데, 그 시간 동안 의식을 잃었다. 그 다음 질문이 고문치사 모르는가, 고문까지 했으니 우리 약점을 잡힐 대로 다 잡혔다 하면서 고문을 계속하였다. 또 도예종의 경우에는 중앙정보부에서 왔다는 수사관에게 연행되어 환영식이라고 어떤 방 안으로 인도되었는데, 잠시 후 윗옷을 벗긴 다음 다다미 1장 넓이 위에 앉혀놓고 물을 머리 위부터 부은 다음 수건과 로프로 결박, 옷을 입히고, 두꺼운 베 감은 것으로 만든 잠수복 비슷한 것을 덮어씌워 목과 다리만 나오게 했는데, 조금만 움직이면 두 다리는 위로 올라가고 고개는 꼼짝 못하게 결박되고, 수건으로 코·입·얼굴을 씌워 물을 부으면서 엄지발가락에 끼운 전선에 전기를 통하게 하여 전기고문을 당했다. 또 이튿날엔 별안간 당신 죄를 모르는가 해서 모른다고 했더니, 인민혁명당 아니냐고 묻기에 아니라고 답변을 했다.

또 임창순 피의자의 경우는 처음 3일간은 버티어봤는데, 포승으로 때리고 발가벗긴 다음 묶어놓고 물고문을 심하게 당한 까닭에 지금도 위액 순환이 안 돼 고통을 당하고 있다는 요지의 진술이었다. 그후부터 목에서 피가 나고 지금도 가끔 졸도하고, 심한 경우에는 몇 시간 만에 깨어난다고 진술한 바 있다. 김영환의 경우에는 발가벗긴 다음 불지 않으면 병신 될 줄 알아라, 성기를 못 쓰게 될 줄 알아라라고 윽박지르면서 몽둥이, 지팡이로 마구 때렸다는 진술이었다. 그리고 전무배 피의자의 경우에는 인민혁명당 조직 보따리를 내놓으라고 윽박지르면서 발가벗기고 사지를 들어 뒤로 눕힌 다음 물고문을 했는데, 그후부터 기침을 하면 피가 나오고 있다는 요지의 진술이었다.[1]

---

1. 한국인권옹호협회장 박한상 변호사(당시 국회의원 겸직)의 증언. 천주교 인권위원회, 『사법살인―1975년 4월의 학살』, 학민사, 2001, 300~301쪽.

당시 한국인권옹호협회 조사단은 피고인들과 관련자들을 조사해 가혹한 고문의 진상을 밝혔다.

:: 고문당한 이들은 "모두 시내 을지로6가와 중부서 옆에 있는 건물 등 두 곳에 끌려가 조사를 받았으며 고문자의 이름은 알 수 없으나 얼굴은 분명히 기억하고 있다"고 말했는데, 그중에서 "양 모 씨로부터 고문을 당했다"고 밝힌 사람도 있다 한다. 고문당한 이들은 대부분 "발가벗긴 몸의 두 엄지발가락에 전깃줄로 묶어놓고 전기고문을 했으며 머리 위로 물을 퍼부어 조사를 받는 도중 실신해서 쓰러진 적이 한두 번이 아니었다"고 말하고 있다 한다. …… 고문 사실에 대한 조사경위를 발표한 박(한상) 변호인은 "린치 범인을 철저히 가려내어 확인하는 대로 이름을 모조리 고발하겠다"고 동 협회가 세운 방침을 말했다.[2]

이렇게 사회적 물의가 야기되고[3] 고발이 제기되자, 서울지검은 고문범죄를 조사하는 듯했다.[4] 그러나 실제로는 아무도 처벌하지 않았다. 그런 엄청난 고문을 가하면서 만들어낸 작품은 의외로 너무 허술했다. 당시의 중앙정보부는 의욕만 앞섰지 치밀한 구석이 부족했다.

:: 아무것도 없었다. 당시 불온서적, 판매금지된 서적 하나도 찾아볼 수 없었다. 애당초 기록 접수해서 수사 착수하던 순간부터 이 사건 수사는 딜레마에 빠졌다고 봐야지. 정보부 진술 조서는 재판상 아무런 증거능력이 없으니까. 검사 조서에 의

---

2. 「혹독한 고문받았다 ─ 나체에 물과 전기, 여러 번 실신까지」, 1964년 9월 13일자 『조선일보』 기사.
3. 국회 법사위원회는 1964년 11월 13일 국정감사결과 보고서에서 "(인혁당의) 피의자들은 모두 전기·물고문을 받았다고 주장하고 또한 상처도 있는 것으로 보아 고문의 혐의가 농후하다"라고 쓰고 있었다. 「인혁당사건에 고문 혐의 짙다 ─ 법사위 감사보고」, 1964년 11월 14일자 『조선일보』 기사.
4. 서울지검 정태균 부장검사는 1964년 9월 16일부터 서울교도소에 출장 가서 도예종 등 26명의 피고인을 하나하나 면접해 고문의 구체적인 방법, 고문자들의 인상 등에 대한 조사를 했다. 「당시 조사관의 명단 작성 ─ 고문은 행동대원이 맡아」, 1964년 9월 18일자 『조선일보』 기사.

해서 비로소 출발이 되는 건데, 아무것도 없단 말이다. 피의자 전원이 수사 내내 고문당했다는 얘기만 하고 앉았고, '인민혁명당' 그런 명칭을 들어본 기억조차 없다는 거니까. 가입을 권유받았다는 말도 없고, 인민혁명당이 되었건 딴 당이 되었건 그런 단체를 결성하거나 가입한 사실이 없었다는 거지. 전원이. 존재 자체를 부인하는 거다. 단체 자체를 부인하는 거다. 사진 한 장 없으니 기가 막힐 노릇이다. 5·16 후 혁명 검찰부라고 해서 부정축재, 부정선거, 혁신계 각종 사건을 마무리했지만 그때는 그래도 뭐가 있었다. 평가는 나중에 하지만 진술과 일치가 되었다. 이건 사실 존부 자체가 안 되니까 딜레마에 빠졌지.[5]

중앙정보부에서 송치되어온 기록을 살펴본 검사의 증언이다. 결국 아무런 증거도 없고 오직 고문만 있었다는 것이다. 사실상 범죄 사실은 허구이며 기소할 가치도 없고, 기소한다 하더라도 공소를 유지할 자신이 없었다는 것이다. 당시 서울지검 공안부 검사들(이용훈 부장검사, 김병리·장원찬·최대현 검사)은 이 사건을 기소할 수 없다고 버텼으며, 결국 이 사건은 서울지검장(서주연)이 서울지검 당직검사(정명래)를 시켜 기소하게 했다. 당시 부장검사였던 이용훈의 회고이다.

  ::   나는 검사장에게 그간의 수사결과를 상세히 보고하고, 이 사건은 증거가 없어 기소하기 어렵다는 것이 우리 공안부 검사들의 일치된 결론이라고 말하였다. 나의 보고가 끝나자마자 검사장은 화가 난 표정으로 벌떡 일어서면서 언성을 높였다. "그렇다면 정부의 위신은 뭐가 되고, 정보부의 위신은 또 어떻게 된단 말이오? 학생들의 데모 재발을 막기 위해서라도 어떻게든 해보아야 할 것이 아니오?" …… 그러나 애써 흥분을 가라앉히면서 검사장을 향해 다시 한 번 정중한 태

---

5. 당시 서울지검 담당검사였던 장원찬의 증언. 천주교 인권위원회, 『사법살인—1975년 4월의 학살』, 학민사, 2001, 294쪽.

도로 설명을 하였다. "…… 어떻게든 해보라는 말씀은 증거가 없어도 기소하라는 말씀입니까?" …… 이러한 일이 있은 지 이틀 후인 8월 31일, 나는 검찰총장실에 올라가 대검찰청 검사 전원이 참석한 가운데 사건의 전모와 수사결과에 대한 보고를 하였다. 보고를 받은 대검 검사들은 아무도 입을 여는 사람이 없었다. 그러나 검찰총장은 "검사 앞에서 범죄 사실을 순순히 자백할 피의자 놈들이 어디 있겠소? 부인하는 피의자의 진술을 그대로 받아들여도 되는 겁니까?"라고 말하며 나의 수사결과 보고를 못마땅하게 받아들였다.

…… 9월 1일, 나는 법무부장관실에서 법무부차관을 비롯해 주무국장, 대검찰청 차장검사, 서울지검 검사장 등이 참석한 자리에서 이 사건에 대하여 다시 한 번 법무부장관에게 보고를 하게 되었다. …… 그러던 중 법무부차관이 돌연 너무도 어이가 없는 말을 하였다. …… "빨갱이 사건에 일일이 증거 운운할 수 있겠소? 정보부에서 받아낸 피의자들의 자백을 검사들은 왜 못 받아내는 거요? 정보부에서 자백한 것이 있으니 그대로 공소제기를 해도 되지 않겠소?" …… 잠시 침묵한 뒤에 내가 말했다. "차관님, 어찌 그런 말을 하십니까? 차관님께서는 대학에서 형사소송법을 강의하시면서 학생들에게도 그런 식으로 가르치십니까? 또 저술하신 책에도 그렇게 쓰셨습니까? 밤을 새워가며 전심전력을 다한 검사들의 노고를 치하하시지는 못할망정 어떻게 그런 말씀을 하실 수 있습니까?"

…… 법무장관실에서의 회의에 이어 서울지검장실에서도 회의를 하였다. …… 이 자리에서 우리는 검사장으로부터 충격적인 발언을 듣게 되었다. "빨갱이 사건은 일반사건과는 다르게 취급해야 하는 것이오. 이 사건에 대한 공소제기는 법무부장관과 검찰총장의 절대적인 명령이므로 당신들은 기소를 하든지, 아니면 옷을 벗고 물러나든지 둘 중의 하나를 선택하시오. 기소를 해서 무죄가 되더라도 검사들에겐 책임을 안 지운다는데 왜들 그러는 거요?" …… 그 다음 날 출근도 하지 않고 연락도 안 되는 최대현 검사를 제외한 나머지 3명의 검사들은 더 이상 기다릴 것도

없이 모두 사표를 제출하였다. 나와 김병리 검사, 장원찬 검사였다.[6]

당시는 검사들의 기개가 살아 있었다. 그러나 이때만 해도 훨씬 잔혹한 2차 인혁당사건이 기다리고 있으리라곤 누구도 예측하지 못했다.[7]

데모하려다 연행된 목사들을 실신하도록 고문 — 1965년 8월

:: 지난 (1965년 8월) 15일 데모하려다가 중부서에 연행되었던 영락교회 방부신(48) 목사와 베델교회 김홍택(40) 목사는 경찰서 안에서 실신하도록 매를 맞고 목을 죄는 등 고문을 당했다고 16일 폭로했다. 이들은 이날 기도회를 마치고 교인들과 국회로 시위행진을 하려 했는데, 정문 앞에 대기한 기동경찰이 목을 조르고 집단 구타, 실신시켜 경찰서로 연행, 취조에 응하지 않겠다고 하자 욕설을 퍼부으며 4~5차례 지하실로 끌고 가 사정없이 때렸다고 말했다. 이들은 24시간이 지난 16일 하오 즉결심판에서 1천 원의 과료를 물고 석방됐다.[8]

반국가 음모사건의 고문 — 1965년 9월

:: 군 일부 쿠데타 음모사건에 관련 내란음모 및 국가보안법 위반 혐의로 구속 기소된 민간인 김선기(37) 피고인 등 7명은 (1965년 9월) 17일 그 첫 공판에서 "쿠데타에 관련됐다는 것은 방첩대와 수사기관의 심한 고문에 의해 꾸며진 것"이라고 검찰의 공소 사실을 극구 부인했다. 서울형사지법 합의제3부(재판장 유현석 부

---

6. 이용훈, 『사필귀정의 신념으로 — 법과 정치와 나의 인생』, 삼연, 1994, 100~105쪽.
7. 10년의 시차를 두고 일어난 1·2차 인혁당사건은 여러 가지 연관성을 갖고 있었다. 무엇보다 "1974년 사건의 전모를 발표했던 신직수 중앙정보부장은 1차 인혁당사건 당시 검찰총장으로 재직 중이었으며, 수사를 총지휘한 것으로 알려진 이용택 중앙정보 6국장은 1차 사건 당시 5공의 대공과장으로 근무하면서 일선에서 수사를 담당했던 것으로 알려졌다." 국가보안법폐지국민연대, 『국가보안법, 고문·용공조작 피해자 증언대회 자료집』, 2004년 12월 16일, 16쪽. 결국 1차 인혁당사건의 고문과 조작에 관여했던 사람들이 모두 2차 인혁당사건을 꾸미고 실행했던 것이다.
8. 「실신토록 때리고 고문 — 데모하려다 연행된 두 목사 폭로」, 1965년 8월 18일자 『조선일보』 기사.

장판사) 심리, 조용락·김태현 두 검사 관여로 열린 이날 공판에서 김선기 피고인은 "방첩대에서 심한 고문을 당하여 다리의 뼈까지 튕겨졌으며 방첩대에서 쓴 자술서도 고문에 의한 것"이라고 말하는 한편, 검찰에서의 진술 조서는 군 수사기관의 고문 후에 정신없이 받은 것이기 때문에 사실과 틀린 것이라고 검찰의 조서 내용까지 부인했다.[9]

동백림사건 — 1967년 7월

::   1967년 7월 14일자 신문을 펴든 문학인들은 1면 톱기사로 실린 「동백림을 거점으로 한 북괴대남공작단사건」의 전모와 함께 연루된 사람들의 이름이 실린 것을 보았다. 그들은 어리둥절한 채 눈을 의심하지 않을 수 없었다. 거기엔 뜻밖에도 시인 천상병(天祥炳, 1930~1993)의 이름이 올라 있었던 것이다. …… 중앙정보부 발표에 따르면, 천상병은 강빈구와 만난 자리에서 동인이 간첩활동을 하고 있어 수사 대상 인물임을 기화로 금품을 갈취할 목적하에 동인에 대하여 중앙정보부에서 내사 중이라고 말하여 상 피의자로 하여금 공포심을 갖게 한 뒤에 수십여 차례에 걸쳐서 1백 원 내지 6,500원씩 도합 5만여 원을 갈취, 착복하면서 수사기관에 보고하지 않았다는 것이다. 서울대 동문이자 친구인 강빈구는 동독 유학 중 동독을 방문했었다는 얘기를 천상병에게 자랑스럽게 털어놓았다. 그리고 천상병은 예의 다른 문인들에게 그랬던 것처럼 강빈구로부터도 막걸리 값으로 500원, 1000원씩 받아썼던 것이다. 그것이 순진무구하고 천진난만한 시인 천상병이 '국사범'으로 조작되는 사건의 실체였다. 사건의 실체를 파악한 문인들은 어처구니없어 실소를 터뜨렸다.[10]

9. "'고문에 못 이겨' 반국가 음모 민간인, 기소 사실 부인」, 1965년 9월 18일자 『조선일보』 기사.
10. 김선영, 「천상병은 은하수에서 윤동주를 만났을까?—서평 천상병 시집 『아름다운 이 세상 소풍 끝내는 날』」, 2004년 10월 4일자 『오마이뉴스』 기사.

'동백림사건'은 "50년대 분단과 동족상잔의 상처를 안고 프랑스 등지로 유학을 떠난 일단의 지식인들이 동베를린의 북한대사관을 왕래한 사건"이다. "관련자 17명이 1967년 6월 17일을 전후해 전격적으로 유럽 현지에서 중앙정보부원들에 의해 납치돼 한국으로 끌려와 그해 7월 사건 발표와 함께 세상을 떠들썩하게 했다. 총 관련자는 194명. 그중엔 납치과정에서 도망하거나 '매값'을 치르고 풀려난 경우도 많아 기소자는 34명.…… 독일과 프랑스 정부는 재판 진행과정에 지대한 관심을 보였고, '원조'를 볼모로 잡은 이들의 압력에 사형 선고를 받은 2명조차 수감 2년 반 만에 석방돼 사건 자체는 흐지부지 끝났다." [11]

　이 엄청난 조직사건에서 고문이 빠질 리 없었다. 당시 구속되었다가 의례적으로 풀려난 김택환 씨는 "보름 동안 중앙정보부에서 정말 죽기 살기로 얻어맞았습니다"라고 회고했다.[12] 무혐의 석방자가 이쯤 되면 나머지 사람들은 더 말할 나위가 없다. 이 사건의 공범 중 한 명이었던 천상병은 이때 중앙정보부에서 엄청난 고문을 받고 그야말로 '병신'이 되었다. 그후 그는 아이를 가질 수 없었다고 한다. 그리고 그 고문후유증으로 진짜 '어린아이'가 되어버렸다.

　　::　서울대 상대를 졸업하고 고급 공무원으로 재직하기도 한, 똑똑하고 촉망받는 시인이었던 그가 이처럼 어린아이가 되었던 것은 1967년 이른바 '동백림사건'에 연루되어 심한 고문을 받고 나온 뒤로부터였다고 알려져 있다. 정치권력의 혹독한 탄압이 기승을 부리던 때, 그는 마치 우리시대의 한 상징처럼 운명처럼 어린아이가 되고 말았다. 마치 『양철북』의 '오스카르'처럼. 그러나 오스카르가 양철북을 두드렸다면 그는 우리에게 시를 노래했다. 양철북의 그 불쾌한 경고음이 아니라 어린아이의 노랫가락으로 우리의 영혼을 두드렸던 것이다.[13]

---

11. 김창희, 「동백림사건요? 코미디였지요」, 『뉴스 플러스』, 1997년 7월 3일.
12. 김창희, 앞의 글.

그후 천상병은 이런 시를 썼다.

침묵은 번갯불 같다며,
아는 사람은 떠들지 않고
떠드는 자는 무식이라고
노자께서 말했다.

그런 말씀의 뜻도 모르고
나는 너무 덤볐고
시끄러웠다.

혼자의 추석이
오늘만이 아니건마는
더 쓸쓸한 사유는
고칠 수 없는 병 때문이다.

막걸리 한 잔
빈촌 막바지 대폿집
찌그러진 상 위에 놓고
아버지의 제사를 지낸다.

다 지내고

13. 이창동, 「한 '어린아이'의 죽음」.

음복을 하고

나이 사십에

나는 비로소

나의 길을 찾아간다.[14]

서승 씨의 잔혹한 고문 이야기 — 1971년 3월

:: 1971년 3월 6일, 김포공항에 내렸다. 2년에 걸친 서울대 대학원 석사과정을 마치고 교토 집에서 마지막 겨울방학을 지내고 돌아오는 길이었다. …… 내 하숙집에서 불과 100미터가량 떨어진 독립문 근처에서 차가 갑자기 섰다. 뒤에서 좇아오던 지프에서 네댓 명의 남자가 내려 우르르 몰려오더니 두 사람이 차의 양쪽 문을 열고 내 양옆에 올라탔다. 그러고는 손을 뒤로 비틀어올리고 머리를 누른 다음, 검은 점퍼로 덮어씌웠다. '정보기관원이구나' 하는 직감이 들었다. 차는 10여 분 달리더니 조용한 주택가 안쪽에 높은 담으로 둘러쳐진 목조 모르타르 이층집 앞마당에 멈춰 섰다. 나중에 안 일이지만, 청와대 바로 옆의 보안사 옥인동 대공분실이었다.

홀 안으로 끌려가 처음 맞닥뜨린 사람은 빡빡 민 머리에 홀쭉하게 키가 크며 뱀처럼 잔혹한 눈매를 가진 남자였다. 그는 보안사 대공처장 김교련 대령이었다. "무슨 죄로 체포합니까? 체포영장을 보여주십시오" 하니, 평안도 사투리로 "간첩에게 영장이 왜 필요해. 언제든지 죽일 수 있어"라고 내뱉고는 부하에게 "끌고 가" 명령했다. 이층에서 짐을 검사한 후 안경을 뺏고 옷을 전부 벗겨 벨트 없는 군복으로 갈아입혀서는 일층 홀과 연결된 심문실로 데리고 갔다.

심문실은 두 평 정도의 좁은 방이었다. …… 밤인지 낮인지, 한 줄기의 빛도 들지

---

14. 천상병, 「불혹의 추석」.

않고 갓 없는 전구만 휘황한 방에서는 시간의 흐름조차 가늠할 수 없었다. 며칠 밤낮이 지났을까? 등받이 없는 의자에 앉아 잠에 못 이겨 눈을 붙이면 가차없이 몽둥이가 날아들었다. 의식이 몽롱해져 나는 의지를 잃고 끝내 자포자기의 심정이 되었다.

1차 심문이 끝나자 이어 서빙고 대공분실로 옮겨졌다. 서빙고 대공분실은 수많은 정치범을 고문하고 사건을 날조해서 사람들에게는 공포의 대상이 된 '서빙고 호텔'로 악명을 떨치고 있었다.…… 두세 시간 재우고는 깨워서 심문을 반복했다. 두 손을 위로 묶고 곤봉으로 난타하거나 발로 차고 팼다. 앞으로 내민 손바닥에다 가느다란 막대기로 힘껏 내려치니 손이 떨어져나가는 듯한 고통이 전류처럼 머리끝을 강타했다. 나는 고문으로 시멘트 바닥에 나뒹굴며 "차라리 죽여주시오" 애원했다. 아픔과 그 뒤에 찾아오는 고통에 대한 공포와 긴장 앞에서는 체면도 자존심도 날아가버렸다. 바닥을 설설 기며 목숨을 구걸하는 것이 아니라 죽음을 애원했다.

대공분실에서 이주일 남짓 조사를 한 끝에 그들은 원하는 조서를 작성한 뒤, "재일교포 학생이니까 반성할 기회를 주겠다.…… 여기서 있었던 일은 일절 입 밖에 내지 말 것"이란 말을 하고, 일단 석방했다.[15]

서승은 이렇게 일단 풀려나왔다. 1971년은 박정희와 김대중이 서로 '용호상박(龍虎相搏)'의 경쟁을 하던 대통령선거가 있던 해였다. 그러나 학생들은 박정희의 장기 집권 음모에 저항해 격렬한 시위를 벌이고 있었다. 뭔가 저항세력을 짓밟을 희생양이 필요했다. 이때 걸려든 것이 바로 서승, 서준식 형제였다.

15. 서승, 「서승의 옥중 19년」, 역사비평사, 1999, 32~35쪽.

:: 　그날 저녁 무렵, 보안사의 검은 지프가 들이닥쳐 나를 다시 서빙고 대공분실로 연행해갔다. 처음과는 다른 막사였다. 갓 없는 전구에 드러난, 휑하게 넓은 시멘트 바닥의 을씨년스러운 심문실은 4월인데도 찬기가 몸속까지 스며들었다.…… 심문관은 문어 대갈통 같은 대머리에다가 동그런 검은 뿔테 안경을 쓴 놈과 검푸르죽죽한 얼굴에 주름살이 가득한 마흔 살가량의 전 남로당원을 자칭하는 '어 선생'이었다. 이 두 사람이 가장 잔인했다. 몽둥이를 한 손에 들고 심문은 처음부터 거칠게 진행되었다. 문어대가리의 입에서 튀어나온 첫마디가 "나는 무자비해"였다.

심문은 다시 처음부터 시작되었다. 심문의 중심 내용은 두 가지였다. 하나는 내가 북의 지령을 받아 서울대에 지하조직을 만들어 학생들에게 군사교련 반대투쟁과 박정희 3선 반대투쟁을 배후에서 조종하고, 정부타도와 공산 폭력혁명을 기도했다는 것, 또 하나는 내가 친하게 지내던 당시 김대중 후보의 측근으로 선거참모였던 김상현 의원을 통해 김대중 후보에게 불순한 (즉 북한의) 자금을 전달했다는 것이었다. 대통령선거를 앞두고 반독재투쟁의 선봉에 선 학생운동에 큰 타격을 입히고 야당후보에게 용공의 낙인을 찍어 공포 분위기 속에서 박정희가 대통령 3선의 야망을 달성한다는 줄거리였다.

심문은 말 그대로 무자비했다. "매에 이길 장사가 없다"라는 속담이 있다. 심한 구타에 쓰러져 나뒹굴면서 이 고문에 버틸 수 없을 거라는 절박한 공포감에 떨었다. "만약 이 줄거리를 받아들인다면?" 무시무시한 자문이었다.…… 사회학과 학우들이 연행되어가는 모습이 창 밖을 가로질러 갔다. 옆 건물에서 밤새 학우들의 처참한 신음소리와 비명이 들려왔다. 그 줄거리를 움직일 수는 없다. 조서 작성을 위한 잔학한 수순만 남겨져 있었다. "마음대로 하시오." 목구멍에서 수없이 튀어나오려는 이 말을 필사적으로 집어삼켰다. 심문관에게 달라붙어 "죽여! 죽여! 죽여달라고!" 몇 번을 애원했는지 알 수 없다.

이틀에 걸친 고문과 심문으로 나는 기력이 쇠진해버렸다. 악몽과 같은 밤이 지나갔다. 심문관들도 지친 모양이었다. 창 밖으로 날이 밝아오자 어 선생은 문어대가리에게 "아침밥이라도 먹으러 갑시다" 하며 말을 건넸다. 대머리는 교대조가 오기 전에 나가는 것을 망설이는 듯했다. 파김치가 되어버린 나와 경비병을 잠시 번갈아 노려보고는 "으음, 괜찮겠지" 하며 일어섰다.

…… '기회는 지금이다. 다시 심문관이 돌아오면 전부 그 줄거리대로 엮여질 거야.' 느릿느릿 타오르고 있는 난로가 눈에 들어왔다. 조금 떨어진 곳에 흰 말들이 연료탱크가 비닐 파이프로 난로와 연결되어 있었다. 펑 하는 소리와 함께 뻘건 불기둥에 휩싸여 태연히 틀고 앉은 베트남의 승려가 뇌리에 타올랐다. 겉옷을 벗어 개서는 책상 위에 놓았다. 연료탱크를 집어들어 마개를 열고 머리에 뒤집어썼다. …… 책상 위의 조서용지를 한 장 집어들고 둘둘 말아서 불을 붙였다.

…… 팔을 감싸고 있던 얇은 스웨터가 타들어가면서 바늘로 찌르는 듯한 통증이 온몸에 퍼졌다. 경비병이 눈치 채지 못하도록 이를 악물고 비명을 참았지만, 기세가 붙은 불길이 어깨에서 얼굴로 옮겨오자 도저히 견딜 수 없게 되어 "으~윽~으악~" 하는 비명이 목구멍을 비집고 나와버렸다. 그러고는 시멘트 바닥에 나뒹굴었다.

…… '이제 모든 것이 끝났다'는 조용한 안도감과 편안함만이 있었다. 허허벌판에 남겨진 아이와 같이, 어쩐지 서글프기만 한 정적 속에 홀로 누워 빨려들 것 같은 푸른 하늘을 바라보았다. 눈자위를 따라 눈물이 흘러내렸다. 입안에서는 되풀이하여 중얼거리고 있었다. "어머니, 죄송해요. 어머니, 용서하세요." …… 그로부터 한 달 남짓 혼수상태였다.[16]

고문의 고통과 진술 강요를 참지 못한 서승 씨의 분신자살 시도는 이렇게 이

---

16. 서승, 『서승의 옥중 19년』, 역사비평사, 1999, 36~40쪽.

루어졌다. 몇 차례의 수술에도 불구하고 끔찍한 모습이 되어버린 그의 얼굴[17]은 그 자체로 한국 인권의 상징이 되었다.[18] 손에는 더 이상 지문이 남아 있지 않아 발가락 지문을 찍어야 했다. 당시에는 고문과 가혹행위로 한 인간을 절망의 구렁텅이로 몰아넣는 일이 비일비재했다. 아무 죄 없는 재일동포 출신 학생 하나를 자신들의 정권 연장의 희생양으로 쓰기 위해 이렇게 가혹한 운명으로 몰아넣는 것쯤은 당시로서는 충분히 가능한 일이었다.

서승이 조사받으면서 우려한 대로, 그리고 대부분의 공안사건들이 일정한 시국 전환이나 대중 협박을 목적으로 한 것처럼, 대통령선거를 1주일 앞둔 1971년 4월 20일, 정부는 서승·서준식 형제를 포함한 51명의 '재일교포학생 학원침투 간첩단사건'을 대대적으로 발표해 선거에 이용했다. 이런 상황에서도 그에게는 사형이 구형되었고 1심에서 사형이 선고되었다. 물론 항소심에서 무기로 감형되고 대법원에서 확정되었다. 그러고도 서승은 19년을 감옥에 더 있어야 했다.

서울대 내란음모사건 — 1971년 11월

1971년 11월 13일 중앙정보부는 "서울대생 4명과 사법연수원생 1명이 모의해 대한민국을 전복하려 했다"라고 발표했다. 그들은 심재권(서울대 상대 3, 민주수호 전국청년학생연맹 위원장), 이신범(서울대 법대 4, 당시 『자유의 종』 발행인), 장기표(서울대 법대 3), 조영래(사법연수원생), 김근태(서울대 상대 3)였다. 그러나 어차피 대학생 몇 명

---

17. 고문과 분신자살 이전 서승의 얼굴을 'handsome'했다고 묘사하는 글도 있다. Jerome A. Cohen & Edward J. Baker, "US Foreign Policy and Human Rights in South Korea", *Human Rights in Korea—Historical and Policy Perspectives*, 1991, p. 180.
18. 필자는 언젠가 서승에 관해 이렇게 묘사한 적이 있다. "한 장의 사진이 다가온다. 흰 수의를 입은 채 법정에 서 있는 장면. 형체를 쉽게 알아보기 힘들 정도로 화상을 입은 이 수인의 얼굴. 굵고 검은 안경을 걸칠 귀찮아 녹아버린 안경을 머리 뒤로 묶은 흰 천. 이 모든 것이 기이하게 클로즈업된다. 한국의 현대사, 인권사에서 결코 잊혀질 수 없는 한 장의 사진이다. 바로 '재일교포학생 학원침투 간첩단사건'으로 불려진 이 사건의 주인공 서승의 얼굴이다. '원자폭탄으로 타들어간 들판처럼 타 문드러진 얼굴' …… 그 자신이 쓴 이 처절한 표현처럼 그의 일그러진 얼굴은 그 자체로서 한국 인권, 아니 고난의 한국현대사의 한 상징이 되었다." 서승, 앞의 책, 270~271쪽. 서승을 방문한 한 인사는 "너의 아픔은 개인의 아픔이 아니라 민족 전체의 아픔"이라고 위로해주었다고 한다. 「내 아픔은 민족의 아픔—서승 씨 "증오의 껍질 벗자" 석방 회견」, 1990년 3월 1일자 『동아일보』 기사.

이 국가를 전복한다는 사실 자체가 허구였다.

> :: 10월 15일 위수령으로 시위 주동 대학생들에 대한 제적과 강제징집이 이어
> 졌다. 이를 정당화하기 위한 '사건'이 필요했다. …… 서울대생 내란음모사건은
> 완전히 허구였다. …… 끌려갔더니 장기표, 이신범, 조영래도 잡혀와 있었다. 나의
> 죄목과 행직이 도표와 함께 일목요연하게 이미 정리돼 있었다. 말할 수 없는 고문
> 과 가혹행위는 우리를 그들의 시나리오 속에 집어넣었다. …… 그들은 "너희들 머
> 릿속에 그런 모의나 목적이 있지 않느냐"면서 공소장을 작성했다. 인간성마저 상
> 실되는 고문을 받다 보니 "우리끼리는 그런 궁리를 하기도 했나 보다" 하는 생각
> 이 든 것도 사실이었다.[19]

유신 선포 직후의 고문 선풍 — 야당 정치인들의 수난(1972년 10월)

1972년 10월 17일 비상계엄, 국회 해산이라는 극단적인 선언이 전국을 강
타했다. 당시 각 정부 부처와 지역에 흩어져 국정감사를 벌이던 국회의원들에게
는 청천벽력 같은 조치였다. 그들의 시련은 국회의원 신분이 박탈되는 것으로 그
치지 않았다. 정부정책을 철저히 비판했던 야당의원들에게는 더 심각한 시련이
기다리고 있었다. 이들은 며칠 지나지 않아 모두 정보기관들에 강제연행되어 온
갖 고문과 고초를 겪어야 했다.

> **이세규 의원** : 잠시 후 K소령이 정중하게 협조를 당부하면서 옷을 벗으라고 요구
> 했다. 스스로 옷을 벗었다. 그러나 속내의만은 벗지 않았다. 별안간 옆에 있던 4명
> 이 달려들어 옷을 벗기고 팔다리를 교차하여 묶었다. 그리고 그 사이에 막대기를

---

19. 심재권 당시 민주수호전국청년학생연맹 위원장의 증언. 「입대 친구 환송회가 내란 모의로 둔갑」, 2003년 7월 25일자
　　 『한국일보』 기사.

끼워 두 책상 사이에 걸었다. 얼굴에 수건이 씌워지고 물주전자로 물을 부었다. 뭇매도 가했다. 지금도 그는 허리를 다쳐 지팡이를 짚고 다닌다. 그에 대한 고문 목적은 군 내부의 조직관계였다. 특히 그가 실미도사건의 사건 발생 직후 진상을 발표한 이면에는 어떤 조직이 있지 않느냐는 데 초점이 맞춰졌다. …… 고문에 시달리던 그는 풀어주면 조직을 대겠다고 했다. 몇 차례 다짐을 받은 후 그는 땅에 꿇어앉을 수 있었다. "나는 어린 나이에 군대에 들어가 숱한 전쟁을 치렀기 때문에 사생관이 뚜렷하다. 너희들도 하고 싶어서가 아니고 명령에 의해서 하는 것으로 알지만 옛날로 말하면 너희 상사이다. 13∼14번이나 사선을 넘으면서 조국을 지켜온 장군에게 대한 예우가 겨우 이것인가. 적군의 포로도 장성에게는 이렇게 하지 않는다. 나는 이제 장군으로서의 체통을 잃었다. 더 이상 살아봤자 수모만 더해 간다. 마음에 없는 얘기를 강요에 의해 하기보다는 차라리 죽음을 택하겠다." 입에서 딱 소리가 났다. 혀를 깨무는 것 같았으나 의치가 부러지는 소리였다. 취조관들은 당황했다.

…… 그는 입에 고여 있던 피를 취조관의 얼굴에 두 차례나 뱉었다. 그들은 그의 옆으로 오기를 꺼려하기까지 했다. 이때에 주도권을 잡아야겠다고 생각했다. "너계급이 뭐냐. 장군의 호칭은 영구적이다. 현역이건 예비역이건 장군은 장군이다. 그런데 너희 태도가 뭐냐." 그의 호통에 취조관 한 명은 엉겁결에 차려 자세를 했다. 그들의 태도가 한결 부드러워졌다. …… 그가 5일간 고문 끝에 풀려난 뒤에도 6번이나 더 연행당했다. 두 번째부터는 용산구 소재 모 기관이었다. …… 그는 그후 정계 일선에는 나서지 않았다.[20]

이세규 의원은 그래도 기지를 발휘해 죽다가 살아난 경우이다. 다음에 예를

---

20. 이경재, 「철저 취재—유신 쿠데타의 막후」, 『신동아』 1985년 10월호, 201∼203쪽.

드는 조연하 의원은 진공상태의 방에서 고문을 당한 특별한 경험을 폭로하고 있다. 나머지 의원들도 대부분 몇 차례나 실신하고 의식불명 상태에 이르는 등 사망사고가 나지 않은 것이 신기할 정도의 심각한 고문들이 가해졌다.

조연하 의원: 조연하 의원은 (1972년 10월) 17일 오후 전남도청에 대한 농수산위 1반의 국정감사를 마치고 군 헬리콥터 편으로 정읍에 도착, …… 계엄령 선포 뉴스를 듣게 됐다. …… 18일 새벽 관광버스 편으로 귀경했다. 집에 들어가니 2명의 사복이 기다리고 있었다. 평소 그를 담당했던 기관원들이었다. "잠깐 좀 가셔야겠습니다." …… 오전 11시쯤 용산구 모 기관에 도착했다. 호텔방같이 꾸며져 있었으나 창살만이 달랐다. 옷을 벗고 군 작업복으로 갈아입혔다. 의사가 건강을 점검했다. 혈압이 높으니 심하게 때리지는 말도록 수사관에게 주의를 했다. 그 의사는 "전남의대를 나왔고 조 의원을 잘 알고 있다"고 귓속말을 했다. 담당수사관이 "사실대로 얘기하면 곧 나갈 수 있다"며 점잖게 심문하기 시작했다. 그 수사관은 그가 5·16 후 잡혀갔을 때도 심문하던 바로 그 사람이었다.

…… 그러나 별다른 수사 진전이 없자 다른 수사관으로 교체됐다. "당신은 원래부터 악질이란 소문이니 주먹 좀 덜 쓰게 해달라." 주먹질이 시작됐다. 옆에 서 있던 2명이 느닷없이 달려들어 야전침대목을 휘둘렀다. "너는 이제 죽는 줄 알라"고 지하실로 끌고 갔다. 의자에 앉혀 손발을 묶고 고개를 젖혀 물을 먹였다. 그리고 또 구타를 했다. 그러나 의사의 주의가 주효했던지 엉덩이와 어깻죽지 발바닥 등에만 제한시켰다. 그가 가장 괴롭게 느낀 것은 이른바 진공(眞空) 방법이었다. "잘 좀 생각해보라"며 좁은 방에 밀어넣었다. 조금 있으니 얼굴, 가슴이 확장되는 것 같고 몸뚱이가 공중에 둥둥 뜨는 듯했다. 소리를 지르려 해도 목소리가 안 나오고 가슴이 터지는 것처럼 느껴졌다. 방에서 공기를 빼내는 장치가 되어 있는 듯했다. 그에 대한 심문은 ① 김대중의 정치자금 루트 ② 신민당 전남도당위원장 경선자금 기타

여자 관계나 금전적 비리에 초점을 두었다. 특히 김대중의 참모였던 그에게 71년 대통령선거 당시 정치자금을 제공한 업체를 대라고 다그쳤다.…… 그는 1주일 뒤 풀려났다.[21]

이종남 의원: 이종남 의원은 17일 오후 재무위의 농협중앙회 감사를 마치고 귀가, 국회 해산 뉴스를 들었다.…… 21일 밤 집으로 돌아왔다. 10분도 채 안 되어 최 모 소령 등 6명이 들어와 가택수색을 벌인 후 영등포 소재 6관구 헌병중대 콘세트 건물에 연행했다. 밤 12시경이었다. 그들은 곧 전화로 군의관 2명의 파견을 요구하고는 긴 장대, 포승줄, 수건, 바케츠 등을 준비했다. 얼마 후 군의관이 오자 6명이 무조건 달려들어 옷을 벗으라고 하기에 이유를 물었다. "너 같은 ××에게는 아무런 할 말이 없다. 너는 국회에서 우리가 고문했다고 떠들었는데 그 고문이 어떤 것인지 맛 좀 봐라. 또 정보부를 해체하라 했는데 정보부가 뭣 하는 곳인지 똑똑히 보여주마. 우리는 너 같은 ×× 하나 죽여 시체를 산에 갖다 묻고는 자살했다고 상부에 보고하면 그만이야. 넌 살아서 못 갈 줄 알아. 너를 죽이되 실컷 고통을 주어 죽일 거다." 벌거벗긴 채 시멘트 바닥에 쓰러뜨려놓고 물을 적신 모포로 싸고 때리기 시작했다. 이어 손목에다 수건을 감아 포승줄로 묶어 무릎을 아래로 내리곤 긴 장대로 끼워 두 탁자 사이에 올려놓고 물을 먹였다.

실신해 깨어보니 군의관이 진찰을 하고 있었다. 얼마 후 다시 매질로 실신하자 물을 끼얹어 깨우기에 눈을 떠보니, 군의관 2명이 맥박을 재고 팔에는 링게르를 꼽아놓고 있었다. 22일과 23일 이틀 밤도 이 같은 방법이 3회 반복됐고, 23일엔 1회를 당한 후 국회 발언 소스를 대라는 걸 거절하자 또 한 차례 당했다. 25일과 26일에는 그가 3천만 원 이상을 수뢰한 것을 불라고 강요했고, 27, 28일에는 그들이

21. 이경재, 「철저 취재—유신 쿠데타의 막후」, 『신동아』 1985년 10월호, 203~204쪽. 그러나 조연하 씨는 그후 다시 검찰에 소환되어 특정범죄가중처벌법 위반으로 구속된다.

제시하는 조서대로 쓰라고 강요했다. 이 과정에서 7~8회 기절했다. 본인은 알지 못했지만 그가 사망한 것으로 잘못 알고 작은 소동이 벌어진 것을 마침 옆방에서 같이 고문을 당하던 이세규가 들었다. 취조관 한 명이 죽은 것 같다고 보고하자 상관인 듯한 자가 "누가 사람을 죽이라고 했느냐"고 호통을 쳤다고 한다.

이종남에 대한 추궁은 그가 71년 9월 정기국회 본회의 발언 소스를 대라는 데 집중됐다. 그의 국회 발언 내용은 ① 박동선이 박 대통령의 비호를 받아 미국쌀 도입권을 독점하여 막대한 이익을 취하고 그 일부를 미의회 로비에 썼다.(그의 발언은 75년 『워싱턴포스트』지의 박동선 사건 폭로보다 3년 전이었음) ② KAL빌딩 사건과 관련, H상사의 해외 취업 독점과 근로수당 착취문제 ③ 여객기 도입과 관련된 커미션 수수설 ④ 박 대통령의 대구사범 동기동창인 서정귀 씨의 치부과정 ⑤ 국내 재벌에 대한 특혜 융자의 구체적 사례 등이었다. …… 다음의 수사 초점은 그의 비위(非違) 사실이었다. 처음에는 뇌물받은 것 1억 원을 누구한테 받았는지 대라고 했다. 뭇매에 못 이겨 당시의 정부 여당의 거물 이름을 생각나는 대로 50명을 댔다. 신빙성이 없는 것으로 알았던지 다시 3,000만 원으로 줄여서 명단을 불라고 했다. 역시 같은 대답이었다. 그는 8일 만인 29일 오후 9시 20분께 귀가할 수 있었다. 장파열에 갈빗대 2대가 부러져 있었기 때문에 이틀 후 세브란스 병원에 입원했다. 2개월 동안 치료를 받고 퇴원했다.[22]

강근호 의원 : 23일 오후 4시쯤 이 모 소령이 찾아왔다. "사령관께서 시국에 관한 얘기를 듣고 싶어 하시니 가시지요." 그러나 그를 태운 지프차는 사령부 쪽으로 가지 않고 용산구 모 기관으로 들어갔다. 모든 옷을 벗기고 군 작업복으로 갈아입었다. 3인조 한 팀씩 10개 팀이 번갈아가며 의자에 앉혀놓은 채 잠을 재우지 않고

22. 이경재, 「철저 취재─유신 쿠데타의 막후」, 『신동아』 1985년 10월호, 205~206쪽. 이종남 의원도 그후 검찰조사를 받고 1973년 1월 5일 구속되었다. 장염, 위염, 고혈압, 혈변, 복부팽창증까지 악화되어 1월 29일 다시 병원으로 이감됐다.

심문했다. 어떤 때는 좁은 공간에 강렬한 조명장치를 해놓고 잠을 못 자게 했다. 승강기에 태워 조종사처럼 벨트를 묶은 후 고속으로 위아래로 오르내리게도 했다. 며칠 후엔가 옆방에 조윤형이 잡혀와 고문에 못 이겨 울부짖는 소리도 듣게 했다. 6주야를 이렇게 시달리다 보니 환각상태에 빠졌고, 마지막에는 머리를 맞아 완전히 의식불명이 됐다. 링거와 강심제를 놓아도 깨어나지 않자 송곳으로 발바닥을 찔러댔다. 그리고도 의식을 차리지 못하자 앰뷸런스에 실려 ××사령부 의무실로 옮겨졌다. 의무실에 옮긴 지 4시간 만에야 깨어났다. 모두 17시간이나 실신상태였다고 옆에서 간호하던 위생병이 귀띔해주었다. 강창성 사령관은 그때 박 대통령에게 불려가 "사람 죽일 뻔하지 않았느냐"고 꾸중을 들었다고 한다. 그러나 강근호는 그때의 고문으로 대퇴부골절신경통으로 다리를 절게 되어 지금까지 지팡이를 짚고 다닌다.[23]

최형우 의원: 25일 밤 11시경 4명의 기관원에 의해 영등포 6관구 헌병대에 연행됐다. 온 집안을 샅샅이 뒤져 메모, 명함, 서류 등 일체를 압수해갔다. 콘세트 막사에 도착하자마자 완력 좋은 최형우는 야전용 침대각목으로 무수히 구타당해 실신해버렸다. 그가 정신이 들었을 때는 이미 나체가 된 채 손과 발이 묶여 주리를 튼 상태에서 양 책상 사이에 매달려 있었다. 얼굴에는 수건을 씌워 주전자의 물을 부으니 숨이 막혀 또 실신상태에 빠졌다. 깨어보니 의사가 와서 혈압을 재보고는 다시 심문이 계속됐다. 같은 방법의 고문이 8회나 반복됐다. 혀라도 깨물고 자살하고 싶은 생각이 났다. 뿐만 아니라 잠을 재우지 않아 고통은 더욱 심했고 날씨가 추워서 전신이 마비상태에 이르렀다. 고문의 목적은 ① 김영삼의 조직 상황과 자금 출처를 대라 ② 8대 국회의원 선거 당시 자금을 준 사람의 이름을 대라 ③ 국회 발언

23. 이경재, 앞의 글, 207쪽.

내용의 제보자의 이름을 대라 ④ 그의 선거구인 울산에서 10월 18일 삐라가 뿌려졌는데 전화로 지방당원들을 사주하지 않았나 하는 것 등이었다.

이상의 요구를 모두 '모른다' 하니 집에서 압수해간 메모와 명함을 들이대며 '그렇다'는 대답이 나올 때까지 계속 구타했다. 특히 불온 삐라사건으로 그의 지구당 간부 30여 명이 연행되어 전기고문, 물고문 등 갖은 고문을 당하고 6개월간의 교도소 신세를 지게 했다. 10·17 다음 날 뿌려진 이 유인물은 군부를 비난하는 내용이 담겨 있었다. 이 지역이 이후락 정보부장 출신 지역이었다는 점에서 최형우는 이 사건이 완전히 모략이었다고 믿고 있었다. 그가 풀려난 후 고문후유증을 치료하고 있던 11월 8일 모 기관원들이 또 집에 들이닥쳐 그의 부인을 연행해갔다. 마침 어린 아이들이 폐렴으로 위독한 상태여서 다음 날 연행해갈 수 없느냐고 사정했으나 상부 지시라며 그대로 데리고 나갔다. 어린애가 울어 아픈 몸으로 등에 업고 다녀야 했다. 그는 이때 처음으로 "내가 왜 정치를 시작했나" 하고 회오의 눈물을 흘렸다. 그의 부인은 서울중부서로 갔다가 모 기관 부산지부로 끌려다녔는데 여자로서 갖은 수모를 겪은 후 4일 만에 귀가했다. 그가 다른 야당 인사들보다 1주일 정도 더 오랜 15일간이나 고문을 받은 것은 80여 일 전에 10월 유신을 예고한 국회 발언 때문이었다.[24]

김한수 의원: 양심에 의해 국정을 논했으며 꼬투리 잡힐 만한 비위가 있다고 생각지 않았다. 1주일 만인 25일 밤 집에 들어오자마자 가죽잠바 4명에 의해 영등포의 한 헌병 중대 콘세트 막사로 연행됐다. 그를 심문한 팀은 허 모, 이 모, 박 모, 배 모 소령이라 했으나 각 기관에서 나와 서로 모르는 사이 같았다. 옷을 벗으라기에 벗지 않으니 달려들어 실오라기 하나 남기지 않고 벗겼다. 큰 타월에 물을 적셔 팔

24. 이경재, 「철저 취재―유신 쿠데타의 막후」, 『신동아』 1985년 10월호, 208~209쪽.

에 감고 그 위에 로프로 묶은 후 그 사이 꾸부린 무릎을 넣고 정강이에 야전침대목을 끼워 두 책상 사이에 걸어놓았다. 꼭 전기솥에 걸려 있는 통닭구이 같았다고 그는 표현했다.

얼굴을 수건으로 가리고 물을 부었다. 공기는 하나도 통하지 않아 물을 한없이 먹었다. 밤 12시쯤이면 백열등을 발바닥에 대거나 각목으로 구타했다. 기억이 있을 때부터 지금까지 살아온 경위에 대해 자술서를 쓰도록 반복해서 요구했다. 그에게 심문하는 주요 목적은 비위 사실을 캐내는 것이었다.…… 견디다 못한 그는 이후 락 등 당시 3개 권력기관장의 이름을 입에 올렸다. 장내는 초긴장을 했다. 바로 수사관들의 보스였기 때문이었다. 그들은 처음으로 그를 바닥에 누인 후 상부에 보고하고 사실을 확인하는 등 부산했다. 3시간 후에 나타난 그들은 "이 친구가 우리를 손바닥에 올려놓고 놀렸다"며 다시 고문을 시작했다.[25]

김녹영 의원 : 김녹영 의원은 10·17조치의 뉴스를 듣고는 피신도 할 겸 불편한 몸을 요양도 할 겸 가평군 청평면에 있는 한 산장에서 휴양을 하고 있었다. 10월 26일 오후 2시 계엄사령부에서 왔다는 3명이 산장을 급습, 그를 강제로 연행했다. 계엄사 ○○과장이 만나서 얘기를 하고 싶다고 둘러댔었다. 그러나 승용차는 계엄사 쪽으로 가지 않고 영등포구청 앞에서 다른 3명에게 그를 인계했고, 짚차로 6관구 헌병대 콘세트 건물로 데리고 갔다. 그가 들어서자마자 조사도 시작하기 전데 "이××가 김녹영이냐"는 등 폭언을 하고 안면을 때리면서 로프, 수건, 몽둥이, 커다란 주전자 등 고문 도구들을 준비했다. 옷을 모두 벗으라고 했으나 응하지 않자 3명이 달려들어 폭행을 가한 후 알몸을 만들어 팔과 다리를 묶어 장대로 낀 후 거꾸로 매달았다. 얼굴에 수건을 씌운 채 주전자로 물을 붓고 때때로 곤봉으로 팔

25. 이경재, 앞의 글, 210~211쪽.

과 다리를 난타했다. 고문 중 기절하면 콘크리트 바닥에 내동댕이치고 의사가 와서 혈압을 재고 주사를 놓아 의식이 들도록 했다. 이 같은 고문은 8일간 계속됐다.……그는 이 같은 고문을 견디지 못하고 자살까지 기도했다. 그의 몸에는 최근까지 그때 당한 흉터가 남아 있었다. 8일 만인 11월 2일 겨우 풀려났었다.[26]

아무리 국회를 해산한 상태라고 하더라도 한 나라의 국회의원에게 이렇게까지 처절하게 고문했다는 것이 상상이 되지 않는다. 심지어 박종율 의원에게는 생매장을 하는 고문까지 자행했다.

박종율 의원 : 박종율 의원도 최형우 의원처럼 상공위 소속으로 서울시청에 대한 국정감사 중 10·17선언을 맞는다. 그는 집으로 가지 않고 명륜동 처가에서 이틀 동안 숨어 지냈다.…… 그러나 별다른 일이 없을 것 같아 귀가했다. 밖에 감시자가 있었으나 특별한 제재는 없었다. 10월 25일경……밤 8시쯤 기관원 3명이 들어와 위층을 차단시켜놓고 3시간 동안 책장·책상을 온통 뒤졌고, 밤 11시경 또 3명이 들어와 양복장까지 수색, 모든 서류·명함·사진 등을 압수했다. 양복장에 넣어두었던 양담배 한 보루를 찾아내자 그의 부인이 큰 잘못이라도 저지른 듯 "그 담배는 제가 산 것이니 용서하라"고 사정하다 발길에 채여 넘어졌다. 임신 6개월의 부인은 유산을 했고, 이 일로 습관성이 되어 3번이나 유산했다. 장남인 그는 지금까지 자녀를 두지 못해 팔십 노모에 불효를 하고 있다는 생각을 지우지 못하고 있다. 밤 11시 30분경 영등포 6관구 헌병대 콘세트로 끌려갔다. 옷을 벗긴 후의 물고문, 곤봉과 구둣발로 구타하기, 물속에 처박기 등 고문이 계속됐다. 어떤 때는 벌거벗긴 채 영하 10도의 밖으로 끌고 나가 방공호에 눕히고 몇 삽 흙으로 덮기도

---

26. 이경재, 「철저 취재─유신 쿠데타의 막후」, 『신동아』 1985년 10월호, 212쪽.

했다. "흙으로 덮어버리면 너는 그냥 간다. 사실대로 말하면 살려둔다." 그들이 요구하는 내용은 71년 4월 18일 김대중의 장충동 유세가 있은 뒤 화신백화점 앞에까지 벌어졌던 데모가 바로 김대중의 지령에 의한 것이며, 청와대까지 쳐들어갈 계획이었다는 것을 불라는 것이었다. 당시 박종율은 청년기동대 대장이었다. ……
그는 몇 번인가 의식을 잃었고 그때마다 군의관이 검진했다. 지금도 비가 올 때면 허벅다리가 저려오는 것을 느낀다. 그는 다시는 정치를 하지 않겠다는 각서를 쓰고 5일 만에 집에 돌아왔으나 2개월 동안 연금상태에 있었다.[27]

여기에다 인용하지는 못했지만 김상현, 홍영기, 나석호, 조윤형 등이 모두 비슷한 고문을 당했다. 당시 군 수사기관은 이들이 의정단상에서 질의한 내용이나 야당 지도자들과의 관계, 재정과 조직문제, 개인적 비리 등을 추궁했고, 정치 포기와 유신 지지 등을 강요했다. 이를 거부한 몇몇 의원들은 억지로 갖다 붙인 개인 비리(특정범죄가중처벌법 위반 뇌물수수죄) 등으로 구속되었다. 김상현 의원은 나중에 이렇게 통렬하게 공박하며 법정을 울렸다.

:: '존슨' 대통령이 그의 애견이 귀여워 두 귀를 잡고 들어올린 사진이 보도되자 미국의 동물애호가들이 들고일어나 말썽이 된 보도를 읽었다. 박 대통령은 내가 귀엽게 보였는지 모르지만 명색이 3선의 국회의원을 발가벗겨 거꾸로 매달았다. 이같이 사람이 강아지만 못하게 취급되는 오늘의 상황을 종식시키기 위해 민주투쟁에 내 한 목숨을 바치겠다.[28]

이런 야만적인 정치적 고문에 대해 관련 피해 의원들이 1975년 2월 28일,

27. 이경재, 앞의 글, 214~215쪽.
28. 이경재, 앞의 글, 217쪽.

잔혹한 고문 사실을 폭로하는 기자회견을 가졌다. 김영삼 신민당 총재, 김대중 전 대통령 후보, 양일동 통일당 총재 등이 입회한 가운데 뉴서울호텔에서 열린 이날의 기자회견에서 전 신민당 의원들은 '고문정치의 종식을 위한 선언' 이라는 회견문을 발표했다.

:: 72년 10월 이후의 한국 사회에는 마치 나치가 남긴 저 유명한 '다차우 (Dachau)' 강제수용소의 확대판처럼 공포의 유령이 전국을 배회했다. 전 국민을 '조지 오웰'의 소설 『동물농장』식 독재의 울타리로 몰아넣어 복종만을 강요하는 비인간적·반민주적 처사가 공공연히 자행되고 있다.…… 우리는 '다차우' 수용소 벽에 쓰여 있는 글로 이 회견을 마친다. "억압자를 용서하라, 그러나 잊지는 말라."[29]

이 문제는 여야 간에 커다란 논쟁을 낳았고,[30] 국민의 대표자인 국회의원들에게까지 잔인한 고문을 자행한 것이 폭로되어 국민들에게 큰 충격을 주었다. 3년이 지난 1975년 제91회 임시국회에서 다시 이 문제에 대해 야당의원들로부터 거센 진상조사 요구가 이어졌다. 다음은 제91회 임시국회에서 진행된 최형우 의원(신민당)의 질의와 김종필 국무총리의 답변 내용이다.

최형우 의원의 질문 : 지극히 상식적인 얘기입니다만 정권은 유한한 것이라는 점을 우리는 항상 기억해야 할 것입니다.…… 오늘 제가 가장 우리 인간에게 중요한 인

29. 이경재, 「철저 취재─유신 쿠데타의 막후」, 『신동아』 1985년 10월호, 201쪽.
30. "'야당과는 당분간 대화도 안 하겠다.' 김용태 공화당 원내총무는 현·전직 의원들의 고문 사실 폭로가 국회를 열기 위한 대화의 창문마저 닫게 했다고 야당을 성토했다. 김 총무는 '고문이 있었다고 주장하는 사람들이 법을 지켰던들 그런 일이 있었겠느냐'며 '법을 어겨 제재를 받은 사람들이 무슨 영웅인 것처럼 떠드는 상황에서 어떻게 같이 국정을 논의하겠느냐?'고 했다.…… 민병권·유정회 총무는 '야당이 정치보다는 장권 타도에 열을 올리는 것 같다'며 …… 야당과 재야세력을 성토했다." 「고문 폭로가 대화 막았다고」, 1975년 3월 3일자 『중앙일보』 기사. 고문당한 동료 의원들에 대한 동정과 분노는커녕 그들을 비난하고 있다.

권문제에 대해서 질의하고자 하는 심정은 매우 착잡합니다. 이 고문정치, 이 폭력 정치, 이 정치적인 제도는 결국에 가서는 국민의 봉기를 유발한다는 역사적인 사실을 우리 모두가 기억해야 할 것입니다.

…… 서 국방! 황산덕 법무장관! 사법국방위원회에서 야당 선배 의원들이 이 고문에 대해 진지하게 질의를 했습니다. 그 답변의 내용은, "3년 전에 일어난 일을 지금에 와가지고 고문을 폭로한다는 것은 정치적인 타 목적이 있지 않느냐, 더더욱 조사를 해보니 이 고문문제는 전연 없었다. 앞으로도 이 고문문제는 절대로 있어서는 아니 될 것이고 그렇게 고문을 하지 않을 것이다." 이렇게 간단하게 답변을 했습니다. 부디 장관의 자리에 있다는 것보다는 대학생들의 선망이 된 황 법무장관이 교수로 돌아가는 심정에 돌아가시기를 진심으로 바랍니다. 황 법무장관은 『동아일보』에 「국민투표는 만능이 아니다」라는 사설을 쓰고 기관에 연행되었을 때의 심정으로 돌아가주시기를 바랍니다.

황 법무장관께서는 법사위에서 우리 야당의원들이 질의하니, 조윤형·김상현·조연하·김한수 제씨의 법정 기록에 나타난 것을 보니 고문이라는 사실은 한 말도 안 했다고 답변을 했습니다. 본 의원도 이 네 분이 고등법정에 방청인으로서 제가 들었습니다. 김상현 씨는 최후진술에서 '존슨' 대통령과 애견을 비교해가면서 소위 3대 국회의원을 지낸 사람을 옷 하나 입히지 않고 나체를 만들어가지고 거꾸로 달아가지고 물을 먹이는 이러한 참혹한 사실에 어찌 인간의 인격을 가지고 진술서에 내가 양심적으로 확인을 할 수 있느냐?…… 이래서야 되겠습니까 하는 얘기를 분명히 황 법무장관에게 했습니다.

…… 총리 국무위원 선배 의원 여러분! 우리와 8대에 정사(政事)를 같이 논하던…… 8대 의원들이 고문을 당했다고 하는 사실이 여러분 거짓말이라고 생각합니까? 고문을 당한 사실이 우리가 조작했다고 총리는 생각하십니까? 여러분들이 최형우와 같이 당했다고 할 때에 여러분의 심정이 어떻겠습니까?

…… 여러분! 이세규 장군 입장을 보십시오. 장군을 하려면 전쟁터에 나가가지고 죽음의 사선을 한두 번 넘기지 않은 사람이 없을 것입니다. 이런 장군을 국가가 그 공로를 치하하는 훈장을 수여한 이 장군을 말단 기관원이 연행해가지고 옷을 벗기고 나체를 만들어가지고 거꾸로 달아가지고 밤이 새도록 물을 먹였다고 하는 이 사실을 생각해보십시오. …… 여러분! 적국의 포로도 여성은 여성의 대접이 있는 것이고, 장군은 장군의 대접이 있는 것이요, 그 나라의 정치인은 정치인의 대접이 있는 것입니다. 하물며 이 대한민국 내 조국이 잘되기 위해서 우리가 가슴을 풀고 이 나라의 정사를 담당하는 이 국회의원을 이렇게 해서 되겠습니까? 이렇게 해서 누구에게 대한민국이 민주주의를 한다고 얼굴을 들 수 있습니까?

…… 여러분! 어찌해서 우리 국회의원을 나체로 만들어가지고 거꾸로 달아가지고 며칠 동안 물을 먹이고 몽둥이로 때린다고 하는 이 정치가 대한민국 정치라며는 이래 가지고 총화(總和)가 되겠습니까? 이래 가지고 여러분들이 금과옥조로 부르짖는 유신헌법이 이것입니까?…… 나는 어저께 신문을 보니 소에 물을 먹인 사람들은 죄인으로 취급해가지고 전부 구속을 당했습니다. 국회의원을 지낸 이 많은 사람에게 물을 먹인 것은 총리! 어떻게 하겠습니까? 우리 국회의원들이 소보다도 못하다는 것입니까? 본 의원은 여기에서 고문이라는 단어가 상징적으로 내포하고 있으며 현실적으로 나타나고 있는 망국적인 양상의 결과 몇 가지를 이 자리에서 여러분에게 지적하고자 합니다.

첫째, 전 국민이 공포 분위기에 떨고 있다는 사실입니다. 그 예로서 『동아일보』 광고 탄압사태에 나타난 독자의 익명광고는 이를 웅변으로 증명해주고 있습니다. 둘째, 그러한 공포 분위기의 당연한 결과로서 국민의 창조적인 의식이 침체된 현상을 지적할 수 있습니다. 셋째로 전 국민이 불신풍조에 젖어 있다는 점입니다. 고문이 남긴 사례 중 가장 가슴 아프게 생각되는 것은 얼마 전에 고인이 된 김성곤 씨와 길재호 씨 등에 대한 정보부의 만행인 것입니다.

71년 오치성 내무 불신임결의안 통과로 빚어진 소위 12파동으로 국회의원에 대한 고문이 정치문제화될 때 야당이 이를 국회 존립에 심각한 위기로 받아들여 진상조사특별위원회 구성을 제기했으나, 여당 측의 비협조와 고문당한 사람들이 재고문이 두려워 고문당한 사실을 부인하는 바람에 결국 유야무야가 된 것임을 여러분들은 잘 아시고 계실 줄 믿습니다. 만약 8대 국회에서 여당의원들이 고문문제를 남의 문제가 아니라 바로 여러분 자신이 당할지도 모를 나의 문제라고 받아들여 여야가 합심하여 그 문제를 철저히 따지고 다시는 반민주적인 고문이 자행되지 못하도록 관계 인사들을 응징하고 어떤 제도적인 장치를 마련했더라면, 며칠 전에 폭로한 11명의 야당의원에 대한 고문도 일어나지 않았을 것입니다.

며칠 전에 야당의원 10여 명의 고문 폭로에 대하여 모 여당의원께서 나도 당했는데 그것이 무슨 자랑이냐 하고 말씀하셨다는 것을 신문지상을 통해서 저는 보았습니다. 본 의원은 소름이 끼칠 정도의 전율을 아니 느낄 수가 없었습니다. 나도 당했으니 삼천만 민족이 모두 당해도 아무런 문제가 되지 않는다는 말씀입니까?

존경하는 선배 의원 여러분! 고문정치는 종식되어야 합니다. 고문이라는 거대한 암초에 부닥쳐 입몰할 수밖에 없는 운명에 처해 있는 한국호와 거기에 동승하게 된 한민족이라는 거대한 승객, 이들을 살릴 수 있는 방법은 하루 속히 고문정치가 의미하는 모든 비민주적인 몰인간적인 제약들을 과감히 시정하여 인류의 역사가 제시하고 있는 최선의 정치제도인 민주주의로 복귀하는 것 외에는 결코 아무런 방법이 있을 수 없습니다. 민중은 항상 순박한 양일 수 없습니다. 위정자에게 도덕적 양심이 결여되어 있다고 국민이 최종적으로 판단할 경우 국민은 그 이상 비폭력 무저항의 자세를 견지하지는 않을 것이며, 그렇게 된다면 피에는 피, 폭력에는 폭력이라는 비극적 드라마를 연출할 것은 불가피하게 될 것이라는 점을 집권층에 있는 사람에게 나는 엄숙히 경고합니다.

김종필 국무총리의 답변: 최 의원께서 감정을 억누르시면서 말씀하시는 것을 들으면서 저 자신도 착잡한 감을 금할 수 없었습니다. 실지 고문이 있었고 없었고를 불구하고 고문문제가 운위된다는 그 자체가 우리는 불유쾌한 일이라고 생각합니다. 민주국가에서 있어서는 안 될 일들입니다. 여러 가지 예를 들으시면서 말씀을 하셨습니다마는 저희는 저희대로 조사도 해보고, 또 여러 가지로 이러한 일들이 있어서는 안 된다는 데에 대한 각 해당 기관에 대한 견제도 또는 감독도 저희들 나름대로 철저를 기했습니다. 개중에 저희들이 미치지 못하는 데서 혹은 지나친 일들이 있었는지는 모르겠습니다마는 저희들이 알아본 보고에 의하며는 설왕설래되고 있는 내용과는 거리가 있었습니다. …… 그러나 여기서 다시 발언을 하셨기 때문에 조사를 해보겠습니다. ……[31]

유신 시기의 고문피해 경험 ── 김형식 씨와 부인 이순자 씨의 사례(1972년 10월)

전국민주화운동상이자연합(의장 강용재)이 2002년 11월 12일 오전 10시, 서울 안국동 느티나무 카페에서 기자회견을 열고 17건의 고문가해자 및 가담자 명단을 최초로 언론에 공개했다. 다음의 사례는 이날 기자회견에서 소개된 내용이다. 성고문을 당한 피해자 이순자(67) 씨는 1972년 10월 유신 당시 신민당 울산지구당 간부였던 김형식(67) 씨의 부인이다. 이 씨는 계엄령 선포로 도피생활을 하던 남편의 행방을 밝히라는 이유로 울산 보안사에 끌려가 혹독한 고문을 받았다. 성고문이 이미 그 시기에도 자행되었다. 다음은 『오마이뉴스』가 남편인 김형식 씨와 전화 인터뷰한 내용이다.

─ 당시 부인 이순자 씨가 어떤 이유로 고문을 당한 건가?

"72년 10월 유신 때다. 당시 계엄령 선포로 인해 신민당 울산지구당 간부였던 나

---

31. 「고문 폭로에 관한 국회 질의」, 『신동아』 1975년 5월호, 86~90쪽 이하.

도 도피생활을 해야 했다. 당시만 해도 계엄령 선포를 해서 야당 하던 사람들을 많이 잡아넣지 않았나. 당시 당직자들 대부분이 잡혀가고 나도 도피하던 중이었다. 그런데 당시 울산 보안사에서 내 처를 연행해갔다. '남편의 행방을 밝히라'는 것이 이유였다."

— 당시 부인이 어떤 고문을 당했나?

"울산 보안사에 끌려가서 전기고문, 물고문 등을 당했다. 옛날에 쓰던 돌려서 받던 전화기 선을 손가락에 묶어서 전기고문을 했다. 후에 경찰에 자수한 후 나도 같은 고문을 당했었다. 그리고도 등허리에 물수건을 올려놓고 몽둥이로 때리는 등 이루 말할 수 없는 고문을 했다더라. 당시 난 서울에서 내 처가 잡혀갔다는 소식을 듣고 정보부에 직접 전화해 자수했다."

— 잔혹한 고문이 그것뿐이 아니었다고 들었다.

"당시 내 처와 함께 잡혀간 동료들이 있었다. 내 처는 나중에도 혹시 내가 죄스러워할까봐, 그리고 수치스러워서 끝내 말을 안 했다. 내가 그 내용을 알게 된 건 내 동료들이 말해주어서이다. 나도 차마 말을 못하겠다. 옷을 벗겨놓고 때렸다던데 당시 군인들도 옆에서 같이 고문을 받던 동료들도 다 남자들 아닌가. 얼마나 수치스러웠을지, 고통스러웠을지 생각하면 분노가 치민다. 그 옆 콘크리트 바닥에는 갓 돌 지난 내 막내딸을 뉘어놓고 그런 짓들을 했다고 한다. 내 동료들의 말에 따르면 그 잔인한 ×들은 내 처의 국부(질)에 몽둥이를 쑤셔넣는 등 성고문도 했다고 한다."

— 얼마 동안 고문을 당했나?

"기억하기론 최소 20일 이상이다. 추울 때이니 11월 말부터나 12월 초부터일 것이다."

— 당시 고문했던 사람들을 기억하나?

"울산 보안사 소속 임○○, 이○○ 수사관이다. 이들의 이름이 만천하에 공개되고 반드시 죄를 물을 날이 왔으면 좋겠다."

— 부인의 고문후유증도 심각했을 것 같다.

"사람이 상당히 몸이 안 좋았다. 거의 반신불수로 살았다. 후유증으로 자궁암도 걸리고 치료되고 나서도 몸이 안 좋았다가 1년 전부터는 끝내 자리에 눕고 말았다. 현재는 자식들이 옆에서 대소변을 다 받아낸다. 의식은 사람이 들고 나는 것만 알아볼 정도다." [32]

최종길 교수 고문치사사건 —1973년 10월

:: ······ 당신의 자살은 날조된 것입니다. 지금 미망인이 된 당신의 부인께서도 의사이면서도 자신이 당신의 사체를 검시할 수 없었습니다. 당신의 시체는 봉인된 채 다시는 시체를 확인하지 않는다는 조건 아래 극비리에 매장되었습니다. 그리고 당신의 부인께서는 일절 외부와의 접촉이 허용되지 않았습니다.

당신의 죽음에 대한 진실을 캐기 위한 노력은 벽에 부딪혔습니다. 당신의 죽음에 대한 당신 동료들의 추적도 협박과 공포 분위기로 방해되었습니다. ······ 그러나 당신이 고문, 치사당하셨다는 소문은 보도를 통한 것보다도 더 빨리, 더 넓게 세상에 알려졌습니다. 그리고 그 소문을 의심하는 사람은 아무도 없었습니다. 또 당신이 전기고문에 의한 심장파열로 돌아가셨다는 말도 세상에 널리 알려졌습니다. 당신을 고문한 사람이 고문하는 기계의 조작법을 몰라 그렇게 되었다는 말도 들렸습니다. [33]

중앙정보부의 악명이 가장 널리 각인된 사건으로 최종길 교수 고문치사사건

---

32. 김지은·남소연, 「고문 사례 공개 ··· '특별법' 제정 추진」, 2002년 11월 21일자 『오마이뉴스』 기사.
33. 오태순 신부의 추도사, 「최종길 교수와 떠난 모든 형제를 위해」, 1974년 12월 18일 명동성당 '인권회복을 위해 죽은 사람을 위한 단식기도회'에서.

만한 것이 없다. 서울대 법대 교수가 백주 대낮에 제 발로 중앙정보부에 걸어들어간 지 며칠 만에 싸늘한 시신이 되어 나왔다. 중앙정보부는 자살이라고 했지만 주변 정황과 그들의 처신 자체가 자살임을 믿을 수 없게 만들었다. 진정 자살이었다면 가족의 입회도 없이 부검을 실시하고, 장례마저도 비밀리에 소리 없이 치르도록 강요할 리는 없었던 것이다. 그리고 그렇게 상처를 가슴에 묻은 채 세월이 흘렀다. 2002년에 이르러 최종길 교수의 유가족은 국가를 상대로 67억 원의 손해배상청구소송을 냈다. 결국 2006년에 재판부는 국가가 최 교수 유가족에게 손해배상금 18억 4,800만 원을 지급하라는 판결을 내렸다.

남산 부활절 연합예배사건 — 1973년 4월

1973년 4월 22일 서울 남산 야외음악당에서 거행된 부활절 연합예배에서 나누어준 전단의 내용이 정부 전복을 기도한 내란음모사건으로 조작되었다. 당시 구속된 김동완 목사와 한국기독학생회총연맹 총무 황인성 씨의 증언이다.

:: (서빙고 보안사에) 들어가자마자 옷을 벗기고 군복으로 갈아입혔다. 그리고 끈이 없는 방한화를 신었다. 곧바로 조사실에 들어가자 건장한 사나이 7~8명이 무수한 구타를 해댔다. …… 수사관들이 때리고 나면 곧바로 군의관이 달려와 약을 바르는 등 치료를 해주었다. 죽지 않을 정도로 패고 상처가 나지 않도록 치료를 해주곤 했다. 지금까지 약 17년이 지나는 동안 이런 고문을 서너 차례나 당했지만 지금도 기억이 생생한 것은 그때 당했던 '엘리베이터 고문'이다. 엘리베이터실이라는 곳은 영화에서 본 가스실과 비슷하게 생긴 곳이었다. 의자에 사람을 앉게 하고 허벅지, 양 팔꿈치, 허리를 모두 줄로 묶고 고문을 하며 때린다. 엘리베이터는 움직이게 되어 있어서 허공으로 오르락내리락거렸다. 그럴 때마다 가해지는 고통이란 이루 말로 다 표현하기 어려운 것이다.

그들은 하부조직이 잡히지 않자 폭행에서 더 심한 것으로 발전시키려 했다. 이른바 성기 전기고문인데 성기에다 전기로 고문해서 고자를 만들겠다는 것이다. 온몸에 전율이 느껴졌고 식은땀이 줄줄 흘러내렸다. 나는 그들을 붙잡고 통사정을 했다. "나는 장손이고 대를 이어가야 하는 처지이니, 제발 그 고문만은 삼가해달라…… 무엇이든 이야기하겠다"고 부끄럽지만 이렇게 해서 국부 전기고문은 피할 수 있었다. 보안사에 끌려간 지 3일째 되던 날, 나는 고문을 견딜 수 없어서 당시 KSCF(한국기독학생회총연맹) 회장이었던 나상기 씨가 사람을 모으는 동원책임을 맡았다고 말했다. 다시 말하면 성기에 고문을 받아 고자가 되지 않으려고 나 회장의 이름을 댔던 것이다. …… 나상기 회장의 이름을 댄 지 불과 이틀 후에 조그만 방에서 조사를 받는데 옆방에서 나 회장의 모습이 보였다. …… 결국 이 같은 고문을 수반한 강요에 의해 '내란예비음모'라는 조작에 도달한 것이다. …… 마지막으로 나에게 견딜 수 없는 고문이 가해지면서 "이 내란음모가 성공하면 무엇을 하려고 했느냐!"는 가당치 않은 자백이 강요되었다. 생각지도 못했던 일을 대라니 참으로 어처구니없고 곤란한 지경에 빠졌는데, 결국 각본대로 문공부장관이 되려고 했다는 것을 진술하게 되었고, 그 허위진술서에 서명을 하고 말았다. …… 결국 보안사가 어떻게 사건을 조작하느냐 하는 것은, 그들이 가지고 있는 각본에 의해 그들의 각본대로 한 단계, 한 단계 매와 고문으로 만들어가는 과정의 연속이다.[34]

∷   …… 조금 있더니 몇 사람이 몰려와서 옆방으로 날 데려갔다. 그 방구석에는 양쪽 벽이 없는 엘리베이터 같은 곳에 묘한 생김새의 의자가 붙박여 있었다. 웃통을 벗은 사내들이 나의 옷을 발가벗기고 의자에 앉힌 뒤 의자에 달려 있는 벨트로

34. 김동완, 「조작극을 폭로하며」, 『고문·용공조작 없는 세상을 위하여—보안사 김병진 사건을 중심으로』, 한국기독교교회협의회 인권위원회, 1988, 132~134쪽.

몸을 묶었다. 그러고는 양동이의 물을 온몸에 끼얹었다. "이 간첩 같은 새끼, 당해 봐야 불겠어?" 하는 소리와 함께 곡괭이자루를 든 사내들이 빙 둘러섰다. 어떠한 저항도 불가능한 상태에서 극도의 공포를 느낄 수밖에 없는 험악한 분위기였다. …… 집에 있었다고 둘러댔다. 그러자 "이 자식이 우리가 모를 줄 알고 이래!" 하면서 긴 자로 코 밑 입술 부위를 여러 차례 갈겼다. 코 밑과 이빨에 큰 통증을 느끼자, 이내 입술이 터져 묶여 있는 가슴팍에 피가 뚝뚝 떨어졌다. 마치 피를 즐기는 사디스트 같았다. 그러고는 "여기서 너 같은 놈 하나 정도 죽이는 것은 아무 문제가 되지 않아, 네가 앉아 있는 곳이 어떤 덴 줄 알아? 쥐도 새도 모르게 죽여 한강 밑으로 내보내는 데란 말이야. 잘 알아서 결정해!" 하면서 무언가를 작동시켰다.

갑자기 앉아 있던 의자가 아래로 푹 내려갔다. 나도 모르게 "악!" 하고 비명을 지르자, 다시 제자리로 올라오게 한 뒤, 머리채를 뒤로 잡아 젖히며 "바른 대로 말하겠어, 안 하겠어?" 하고 윽박질렀다. 나는 아무 일도 한 것이 없다고 버텼다. 그가 기가 차다는 표정으로 "이 새끼 안 되겠어!" 하면서 소리쳤다. 그러자 옆에 있던 건장한 체구의 사내 하나가 내 두 발을 잡아 들어올렸다. 의자는 저절로 뒤로 눕혀졌다. 그러자 다른 사내가 투박한 곡괭이자루로 사정없이 두 발바닥을 내려치기 시작했다. 극도의 통증으로 입술이 말라왔고, 내려칠 때마다 귀 뒤의 골이 쾅쾅 울리면서 정신이 아득해왔다. 비명을 지르고 "살려달라"고 내가 소리쳤다. 그러면 그들이 내 발을 내려놓고는 다시 "부활절날 어떤 놈들과 무엇을 했느냐"를 묻고, 나는 전혀 모르는 일이라고 우기자, 몇 차례 더욱 거세게 '공사'가 반복되었다.

나중에는 그들도 힘이 드는지 땀을 뻘뻘 흘렸다. 그러고는 나의 두 발을 바닥에 모으게 하고는 곡괭이자루로 발끝을 위에서 아래로 신경질적으로 몇 번이나 눌러 쳤다. 큰 발톱 두 개가 깨어지고 다른 발톱에서도 피가 배어나왔다. 한참 보고 있던 수사관이 사내들에게 그만두라고 한 뒤, "도대체 병신 같은 자식이구만. 우리가 아무것도 모르면, 왜 너를 여기까지 데려왔겠어? 생각을 좀 해봐, 일개 행동대원인 주제에 뭐가 무서워 말을 못하나!" 하고 소리 지르며, 머리를 쥐어박았다. ……
서약서를 쓰라고 했다. 여기서 조사받았던 사실과 이 건물과 관련된 일체의 사실
을 발설하지 않는다는 내용이었다. 그리고 입고 왔던 옷과 신발이 주어졌다. 옷을
갈아입고 밖으로 끌려나왔다. 밖은 아직 깜깜했으며 새벽공기가 매우 찼다.[35]

내란음모는 위와 같은 참혹한 고문의 결과였다. 변호인단은 항소이유서에서
고문으로 인한 증거는 증거능력이 없음을 주장했다.

:: 원심은 피고인들에 대한 검사 작성 피의자 신문조서의 기재를 유죄의 증거로
들고 있으나 위 조서는 피고인 권호경, 동 남삼우의 경우에는 검사 면전에서 조서
가 작성되기 전에 군 수사기관에 의하여 도저히 인내할 수 없는 고문을 당함으로
써 군 수사기관이 요구하는 대로 허위진술을 하였던바, 야반에 돌연히 끌려나와
수사관헌에게 부인하면 다시 고문이 있을 것이라는 위협을 받은 연후에 서울 용산
소재 신용산호텔에 연행되어 동인의 입회 아래 검사(조사를 받을 당시에는 검사인 줄도
모르고 다만 같은 군 수사기관의 간부로 알았다)의 신문을 받았는바, 이러한 환경 속에서
피고인들이 진상을 진술하려 하여도 그대로 관철될 수 없는 상황이므로 부득이 다
시 허위자백에 이른 것이다. 그후 검사에 인계된 후도 위와 같이 고문과 협박을 받
은 직후로서 계속 같은 위협을 받은 상태 아래에서 신문을 받았으므로 …… 증거
능력이 없는 것임.[36]

이 사건은 워낙 고문이 중대하고 사건 내용이 황당해서 무죄가 되었다.

35. 황인성, 「악몽 같은 보안사에서의 체험」, 『고문·용공조작 없는 세상을 위하여—보안사 김병진 사건을 중심으로』, 한국
기독교교회협의회 인권위원회, 1988, 157~159쪽.
36. 한국기독교교회협의회 인권위원회, 『1970년대 민주화운동(I)』, 1987, 273쪽.

:: 피고인의 당심 제2차 공판기일에서의 진술과 당심 제4, 5차 공판기일에서의 증인 김동완, 황인성, 나상기, 권호경의 각 진술을 종합하면 위 권호경, 남삼우는 1973년 7월 6일 구속영장이 발부되기 전인 6월 말경 육군보안사령부 수사관에게 연행되어 심한 매를 맞는 등 고문을 당한 후에 검사의 동인들에 대한 피의자 신문조서 및 권호경에 대한 진술조서와 군 수사기관원이 출입하는 가운데 외부와의 연락이 차단된 신용산호텔에서 이른 새벽에 작성된 사실이 인정되고, 피고인의 경우도 구속영장이 발부되기 전인 1973년 6월 28일경 육군보안사령부 수사관에 의해 연행된 후 외부와의 연락이 차단된 채 위 권호경·공소외·나상기 등이 고문을 당하며 비명을 지르는 소리를 듣게 하는 등 고통을 당하면서 허위 내용의 진술서를 강제로 쓴 다음, 영장이 발부된 같은 해 7월 6일 새벽 신용산호텔에서 육군보안사 수사관이 입회한 가운데 검사의 제1회 피의자 신문조서는 외포(畏怖) 상태가 계속된 상태하에서 위 진술서를 문답 형식으로 작성하였고, 제2회 피의자 신문조서는 서울구치소로 구속된 후 검사에게 4, 5차례 소환되어 조사를 받으면서 폭동으로 정부를 전복할 의사가 없었다고 부인하다가 검사로부터 "시인하지 않으면 다시 서빙고로 끌려갈 것이다. 시인을 안 한다고 해서 결코 당신을 내어주지는 않을 것이니, 빨리 재판을 받으려면 정부 전복의 거사라는 말만 시인하라. 그렇지 않으면 당신 부하들만 고생시킨다"고 집요한 위협과 강요를 받은 끝에 범행을 시인하는 취지로 작성하게 된 사실이 인정되므로……[37]

'검은 10월단 사건'과 고문 시비 —1973년 5월

1972년 9월 5일 새벽, 독일 뮌헨올림픽 선수촌에서 스스로 '검은 9월단'이라고 밝힌 팔레스타인 게릴라가 이스라엘 선수 2명을 사살하고 9명을 인질로 잡

---

37. 서울고등법원 1977노 1483호 내란예비음모사건 피고인 박형규에 대한 판결문.

은 뒤 이스라엘에 억류된 동료들의 즉각적인 석방을 요구했다. 이들과 독일 경찰 사이에 벌어진 숨 막히는 인질극은 그날 저녁 인질과 테러단 전원이 사망하는 참극으로 막을 내렸다. '검은 9월단 사건'의 충격이 채 가시지 않은 그해 9월 고려대에서 '검은 10월단 사건'이 일어난다.

::   …… 이들의 범죄 혐의는 1972년 12월 5일 '검은 10월단'을 구성해 73년 5월 18일 '야생화'라는 지하 유인물을 제작, 살포했다는 것이 거의 전부라고 할 수 있다. 그런데 귀신이 곡할 노릇은 이들이 '검은 10월단'이라는 반정부 단체를 조직한 적도, '야생화'라는 유인물을 만든 적도 없다는 사실이다. 여러 사람이 한 행위를 모두가 부인하기는 어렵다. 하지만 하지 않은 행위를 여러 사람이 했다고 입을 맞추기는 더더욱 어려운 게 세상일이다. 이 사건의 비극은 여기에 있었다. '검은 10월단 사건' 수사를 맡은 기관은 경찰이었다. 학생들은 남산 신한무역(서울시경 대공분실)이라는 데서 조사를 받았다. 학생 사건에서는 처음 등장하는 이곳은 뒷날 고문기술자 이근안과 박종철 고문치사사건 등으로 악명을 떨치게 되는 남영동 대공분실의 전신이다.

재판 도중에 피를 토하며 쓰러졌던 정외과 67학번 유영래는 "4일 동안 혼수상태에 빠져 있으면서 임사(臨死) 체험까지 했다"며 혹독한 고문 속에서 있지도 않고 하지도 않은 행위를 시인할 수밖에 없었던 당시를 회고했다. 39일간 입원하는 바람에 유례없이 궐석재판을 받은 그는 그때의 고문후유증으로 "지금도 병과 타협하며 살고 있다"고 털어놓았다. 최영주는 "한 달간 전기고문 받으면서 세뇌를 당하면 어느 게 진실이고, 어느 게 거짓인지 모르게 되는 상황이 온다"며 "자신이 주체적으로 행위하지 않은 사실을 시인함으로써 양심이 조작되는 과정은 당해본 사람이 아니고서는 알기 어렵다"고 말한다. 1심 변론을 맡았던 한승헌 변호사조차 처음에는 반신반의하다가 나중에 자신이 긴급조치 위반으로 고초를 당한 뒤에

야 고문조작의 메커니즘을 이해했을 정도였다.[38]

그 이후 한참 세월이 지난 2000년 6월 27일, 이한동 총리서리에 대한 인사청문회가 열린 국회 145호실에서는 때 아닌 고문 시비가 벌어졌다. 바로 이한동 총리가 그 사건의 담당검사였던 것이다. 다음은 국회의원들과 이한동 당시 총리서리와의 질문과 답변 요지이다.

> 문(원희룡 의원) : 73년 '검은 10월단 사건'으로 고려대생 3명을 구치소로 찾아가 조사했다고 인정하면서도 다른 검사가 수사한 부분을 모른다고 했는데, 공소 검사가 모른다는 게 말이 되느냐?
>
> 답(이한동 총리서리) : 재판과정은 모른다.
>
> 문 : 당시 피고인들은 두 차례에 걸쳐 자백했다. 대질신문 있었던 사실을 기억하나?
>
> 답 : 구속 기간을 연장해가며 상당히 오래 조사한 걸로 기억한다.
>
> 문 : 검찰에 송치된 상태에서 남산으로 가서 조사받은 걸 알고 있느냐?
>
> 답 : 그렇지 않을 것이다. 모르는 일이다.
>
> 문 : 당시 유영래 피고인을 구속정지 처분한 사실 있는가?
>
> 답 : 법원에서 한 조치다.
>
> 문 : 그러나 검사의 석방 지휘를 받도록 되어 있지 않은가. 유영래 피고인이 기소 두 달 뒤 입과 귀에서 피를 흘리며 쓰려져 고려대병원으로 옮겨져 치료받았고 궐석재판으로 진행됐다. 당시 신병 책임은 후보자의 관할 아닌가?
>
> 답 : 기억나지 않는다.

---

38. 「긴조 9호 세대 비사—짓밟힌 야생화 억세게 피어나다(1)」, 『뉴스메이커』 557호, 2004년 1월 18일.

문: 유 씨에 대해 고혈압, 빈혈, 폐결핵(의증) 등의 진료의견서가 있다. 그는 군을 제대한 지 얼마 되지 않았고 씨름꾼으로 불릴 정도로 건강했다. 갑자기 병원으로 실려갔을 때 가혹행위로 의심을 품을 가능성이 높지 않은가?

답: 기억이 나지 않는다.

문: 법적 책임을 묻기 위해서가 아니라 인권을 국정지표로 내세우는 국민의 정부의 총리서리라는 사실을 일깨우기 위해서다. 고문을 하지 않았다는 것으로는 부족하며 역사의식이 문제다.

답: 인간 존엄성을 경시한다는 것이 아니다. 인권과 관련해 직무를 통해 제대로 역할을 하지 못한 것 시인한다. 앞으로 추후도 고문이 재발되지 않도록 하고 관련 공직자를 반드시 엄벌하겠다.[39]

『기독공보』 발행자들의 수난 — 1974년 1월

기독교 신문인 『기독공보』의 고환규 편집국장은 1974년 1월 당시 중앙정보부에 연행되어 심각한 고문을 당했다. 그는 그로 인해 평생 목발을 짚고 살게 되었다. 다음은 1974년 10월 25일에 한국기독교교회협의회 인권위원회 주최로 열린 인권문제협의회에서 증언한 내용이다.

:: 이 신문(『기독공보』)이 발간되자 교계와 관계 기관에서는 한편 당황하는 동시에 압력을 가해오기 시작했다. …… (1974년) 1월 14일 신문사에 출근했을 때 대기하고 있던 기관원에 연행되어 1월 12일자 신문 편집에 대한 조사를 받고, 1월 15일 모 기관으로 가서 역시 1월 12일자 편집이 대통령 긴급조치 위반이라는 명목으로 조서 작성과 어려움을 당했다. 그들은 정부 전복 음모에 대한 자백을 강요

---

39. 「이 총리 인사청문회 — '검은 10월단' 고문 시비」, 2000년 6월 28일자 『국민일보』 기사.

했다. 나는 민주주의, 민의, 예언자 의식, 선교권, 인권 등 여러 문제를 놓고 논쟁을 벌이면서 짓밟힘을 당했다. 자세한 내용을 말할 수 없음을 유감으로 생각하지만, 나는 예수께서 빌라도 법정에서 당하셨을 그러한 수치와 모욕을 체험해야 했으며, 십자가의 죽음을 연상케 하는 고통을 당했다.

이××, 빨××, 개××, 죽××, 사×× …… 고문관들의 비인도적·비도덕적 언행 앞에서 흐려지는 의식을 하나님께서 주시는 성령과 신앙의지로 되찾으면서도 절룩거리는 육신을 가눌 수가 없었다. 여기서 죽게 되면 나는 빨갱이가 되어진다라는 생각이 나로 하여금 고통을 이기게 해주었다. 3면에 만화를 그렸던 이화춘 집사도 빨갱이라고 하는 상투적 위협 속에서 허위자백을 강요받으며 고문을 당했다. …… 1월 17일 아침, 모 대학병원 응급실을 통해 입원한 나는 계속적으로 기관원의 감시를 받아야 했다. 몇 차례에 걸쳐 엑스레이 촬영을 했다. 다리에는 캐스팅을 하였고, 척추의 통증과 정신착란증적인 두통으로 인해 고통을 받아야 했다. …… 나는 이따금 정신을 잃고 헛소리를 했다고 한다. …… 병원 측에서는 나에게 퇴원해달라고 요구했다. 고문을 당해 죽어간다는 소문이 났으니 퇴원해달라는 것이었다.[40]

울릉도 간첩단사건 — 1974년 2월

:: 지난 60 ~ 70년대 전북대학교 수의학과 교수로 강단에 섰던 이성희(80) 씨는 대학 재직 중 일본에 건너가 도쿄대학에서 박사과정을 마치고 돌아온 바 있었다. 그는 1974년 2월 15일, 자택(전주)에서 건장한 청년 3명에게 연행되어 서울 중앙정보부(중정)로 압송되었다. 얼마 후 중정은 '울릉도 간첩단사건'의 일당을 검거했다고 발표했다. 이성희 교수는 일본 유학 중 재일교포 실업가 이좌영에게 포섭

---

40. 한국기독교교회협의회 인권위원회, 『1970년대 민주화운동(I)』, 1987, 335쪽.

되어 이북에 다녀왔고, 귀국 후에는 군 장성인 동생한테서 미군 철수문제 등에 대한 군사기밀을 탐지했다는 혐의를 받았다. 이 교수는 처음엔 혐의 사실을 부인했으나, 중정의 수사과정에서 참혹한 고문에다 온갖 가혹행위가 되풀이되어 사실대로 진술을 관철할 수가 없어서 막판에는 부르는 대로 받아쓰고 말았다.

이 교수를 포섭했다는 이좌영 씨는 이 교수의 중학교 2년 후배인 재일동포 사업가였다. 해방 후 일본에 건너가 사업에 성공하여 상당한 재산을 모은 사람이었다. 한국거류민단 전북지부 총무도 맡아보는 등 재일동포 사회의 유지로서 일본을 찾는 고국의 동포들에게 매우 후하게 대했다. 1974년 초 박정희 대통령은 대통령 긴급조치 등으로 유신헌법에 반대하는 인사들을 탄압하며 정권을 유지해나갔다. 이 교수가 일본에 유학을 간 1964년은 아직 한일 국교가 정상화되기 전이어서 어려움이 많았다. 그래서 도쿄대학 유학 기간에 이좌영 씨의 경제적인 도움을 받았다. 두 사람 사이가 남달리 깊은 정으로 맺어진 것은 당연했다.

이좌영 씨는 한국거류민단 안에서 본국 정부(박정희 정권)의 유신독재에 비판적 입장을 취하는 그룹에 속해 있었으므로 유신정권의 미움을 사고 있었다. 중정은 그들을 친북 용공세력으로 몰기 시작했다. 이 씨를 울릉도 간첩단사건의 '총 두목'으로 설정한 데는 그런 사정도 작용을 했을 것이다. 그 사건의 용의자로 묶여온 사람은 자그마치 32명이나 되었다. 한마디로 말해서, 북의 지령에 의하여 남한 내에서 지하조직을 만들어 박정희 정권을 타도하려 했다는 것이었다. 이 교수도 그런 도표 중의 한 축에 이름이 올라 있었다. 중정은 이좌영 씨로부터 정치적으로 무슨 지령을 받지 않았느냐며 이 교수를 다그쳤다. 이 교수가 온갖 가혹행위에도 굴복하지 않고 "그렇지 않다"고 부인하자, "이 씨가 직접 하지는 않았더라도 다른 공작원이 개입하여 지령을 내린 것이 확실하다"고 말을 바꾸었다. 이 교수가 북한을 방문하고 돌아온 것은 사실이었다. 1967년 가을 일본에서 박사과정을 마치고 귀국하기 전 북한을 방문하여 3박 4일 동안 체류했던 것이다.

이 교수의 말에 의하면, 내각초대소에서 김일 제1부수상과 면담하고 식사도 함께 했다. 조국의 통일에 관한 피차의 의견을 주고받은 것은 물론이었다. 이 교수로서는 자신이 그렇게 한데서 당장 통일이 되는 것이 아니란 것쯤은 알았지만, 그렇다고 외세나 집권자만 쳐다보고 있을 수는 없다는 생각에서 북행을 결심했던 것이다. 중정의 고문 속에서 울릉도 간첩단사건의 주범으로 몰린 이성희 씨. "차라리 죽여달라"고 애원할 정도로 그가 당한 고문은 혹독했다고 한다. 그것은 이 교수 스스로의 결단에 의한 것이지, 이좌영 씨가 시켜서 한 일은 아니었다. 그러나 중정 수사관들은 막무가내로 이좌영의 지령 입북과 간첩행위를 자백하라며 온갖 고문과 고통을 가했다. 잠 안 재우기나 구타는 기본이고, 술도 주고 담배도 권하는 심리적 수법과 회유책도 동원되었다. 그래도 굽히지 않고 부인하다가 각목으로 얼마나 얻어맞았던지, 죽여달라는 애원을 몇 번이고 했다. 북에서 받아온 무전기와 난수표를 내놓으라는 데는 참으로 어이가 없었다. 바닥에 장작을 깔고 그 위에 무릎을 꿇어앉히더니 네댓 명의 건장한 젊은이들이 둘러싸고 침대각목 세례를 무수히 반복했다. "매 앞에 장사 없다"고 마침내 그들이 시키는 대로 "예, 그렇습니다"라는 식의 문답식 조서가 꾸며졌다.

심지어 육군 장성으로 있는 동생네 집에 가서 일박할 때, 미군 철수에 관한 기밀을 탐지했다는 것과 입북했을 때 남한 사람들의 생활상을 그쪽에 말한 것을 묶어서 '간첩행위'로 엮어내는 데도 속수무책이었다. 검찰(서울지검 공안부)에 넘어와서도 검사의 친절과 신경질을 순차 겪으면서 "만일 혐의를 부인하면 다시금 중정으로 불러들이겠다"는 중정 측의 협박이 떠올라서, "공소장은 검사님 일하기 좋게 마음대로 꾸미십시오"라고 말해버렸다. 체념의 독백이 되어버린 그 말에 검사의 표정이 금방 환해지더라고 했다. 한때 "어차피 살아남지 못할 바에야 모욕적인 교수 형보다는 자결을 하기로 마음먹기도 했으나 아내와의 접견에서 마음을 바꾸었다"고 그는 회고했다.

필자는 범세계적 양심수 석방 지원기구인 국제 앰네스티의 의뢰에 따라 이 교수의 변호를 맡았는데, 통일에 대한 그의 일념과 선비다운 품성에 적지 않은 감명을 받았다. 1974년 봄·여름에는 유신정권의 명맥이 걸려 있던 대통령 긴급조치의 돌풍이 거세었고, 민청학련사건과 인혁당사건 등의 재판이 막바지를 달리고 있어서 정권의 독기가 드세어져갔다. 그런 영향도 있고 해서 그해 7월 3일에 있었던 결심공판에서 검찰은 엄청나게 무거운 구형을 쏟아냈다. 1심 재판부는 주범 격으로 기소된 전영관 등 3명과 이성희·최규식 등 5명에게 사형을, 나머지 27명에게 징역 1년 내지 무기징역을 선고했다. 그리고 그해 12월 9일 항소심 판결에서 이성희 교수는 최규식 씨와 함께 무기징역으로 감형되었다.(그밖의 5명에게 형 집행유예가 내려지고, 나머지 피고인들의 항소는 기각되었다.)

무기수가 된 이 교수는 그후 20년 징역으로 감형되었다가 1991년 2월, 이례적인 가석방으로 수감생활 15년 10개월 만에 감옥에서 풀려나왔다. 그는 교도소 안에서 환자를 돌보는 간병(看病) 일을 하며 많은 시국사범들과 만나기도 했는데, 국제 앰네스티를 비롯한 국내외 인권단체들의 석방 압력에 따라 가석방된 것으로 알려졌다. 특히 일본에서는 '울릉도사건관련자구원회'를 중심으로 집요한 구명운동을 전개해온 터였다. 이 교수가 옥살이하는 동안 그의 부인은 3평밖에 안 되는 구멍가게에서 한 그릇에 150원 하는 국수를 팔기도 했다. 무허가라고 해서 경찰의 시달림을 받아가면서……[41]

민청학련사건 — 1974년 4월

1974년 4월 3일 긴급조치 제4호가 선포되었다. 이른바 '민청학련사건' 관련자들을 처벌하기 위한 법령이었다. 어느 모로 보나 이 법은 위헌적 법률이었

41. 「한승헌 변호사 변론 사건 실록 — 제21화 울릉도 간첩단사건 이성희 씨」, 2005년 4월 22일자 『일요신문』 연재물.

다.[42] 그럼에도 정부는 수사 당국이 조사한 인원은 총 1,024명으로, 그중 자진신고자가 266명, 검거자가 732명(26명은 수배 중)인데, 이 중 자진신고자 전원과 부화뇌동했던 학생 등 740명은 훈계방면한다고 발표했다. 이 사건으로 구속된 사람은 모두 230명이고, 이 중 55명이 1차로 기소되었다.

:: 붙잡혀온 학생들은 간담이 서늘하였다. 사형에까지 처한다는 긴급조치 4호가 상상조차 못한 초강경 조치였기 때문이기도 했지만, 배후에 공산주의자들이 있다는 것이 확인되었고, 북괴의 조종을 받아서 했다는 수사관들의 엄포에, 뭔지 잘 모르고 오로지 유신체제와 긴급조치에 반대한 '죄' 밖에 없다고 생각한 대다수 순진한 학생들은 저절로 오금이 떨리고 선배들을 원망하지 않을 수 없었다. 이들은 수사관들의 공갈과 고문에 선배들이 공산주의 폭동을 일으키도록 '지시'했다는 내용의 진술서를 강제로 쓰기도 하였다.

…… 3월 28, 29일 등 최초에 검거된 학생들은 특히 많은 고문을 당해야 했다. 수배자들도 체포하고 배후도 만들기 위해서였다. 밤낮으로 신발을 벗겨 얼굴과 머리를 때리거나 몽둥이찜질과 볼펜을 손가락 사이에 끼우기, 몽둥이를 다리 사이에 끼우고 뭉개대는 고문을 해댔다. 몇 날 며칠이고 잠을 못 자게 하고 흰 벽을 쳐다보게 하는 고문도 있었다. 물론 물고문도 있었다. 발가벗긴 뒤 나무 사이에 묶어 대롱대롱 매달리게 한 다음 수건을 얼굴에 씌우고 주전자로 물을 붓는 것이었다. 숨이 콱콱 막혀 오두발광을 할 때면 "너 군대에 있을 때 북한에 갔다 왔지?" 하는 것이었다. 견디다 못해 그렇다고 끄덕이면 물 붓기를 중단하고 진술서를 쓰라고

---

42. 대통령 긴급조치 제4호는 "첫째, 학생 데모와 '민청학련' 구성에 대해서는 집회시위법, 반공법, 국가보안법, 형법상 범죄단체조직법 등 현행법으로 충분히 처벌할 수 있다는 점에서 선포의 요건을 지키지 않았고, 둘째, 재판에 의하지 않고 대통령이 '민청학련'을 범죄단체로 예단하였으며, 셋째, 4월 3일 이전에 '민청학련' 범죄에 관여한 사람은 4월 8일까지 출석하여 고지를 해야 하고 그렇지 않은 경우 처벌된다고 하여서 법의 발표일 이전의 행위를 범죄시하는 형벌불소급의 원칙을 위배하고 있다." 국가보안법폐지국민연대, 『국가보안법, 고문·용공조작 피해자 증언대회 자료집』, 2004년 12월 16일, 9쪽.

했다. 거부하면 또 물고문……. 지하실에서 로프로 사정없이 등짝을 후려갈기기도 하고 사정없는 몽둥이찜질에 손이 살갗에 조금만 닿아도 소스라칠 듯 아파 맞을 때보다 더 고통이었다. 며칠 지나면 친절하게 안티프라민 같은 것을 발라주고 위로도 해주었다.

수사관들은 공포심을 불어넣기 위한 방법도 많이 썼다. 어떤 수사관은 소리를 엄청나게 크게 지르는 역할을 주로 맡은 것 같다. 밤새 내내 고문으로 신음하는 소리가 들리는데, 실제 고문당하는 상황인지, 녹음기 소리인지 구별이 어려웠다. 이렇게 하루도 빠짐없이 고문당하던 몇몇이 4월 15일경에야 서대문구치소에 넘겨졌을 때, 그래서 서대문구치소의 솜이 여기저기 삐져나온 푸르딩딩한 이불을 둘러쓰고 잠을 잘 수 있게 되었을 때, 정말 천국이나 특급호텔의 특실에 온 기분이었다는 것이다.[43]

:: 석방된 후 구속자들이 맨 처음 문제 삼아 거론한 것은 구금 중에 있었던 고문과 허위조서의 작성 사실이었다. 안양교도소에 있다가 출감한 민청학련 관련의 나병식(서울대 문리대 국사학과 4년생)은 출감한 그날로 바로 기자들을 만나 모진 고문 끝에 어쩔 수 없이 허위자백을 강요받았다고 폭로했다. 나 군은 74년 4월 6일 연행된 이후 물고문, 전기고문, 잠 안 재우기, '해전'(거꾸로 매달고 물통으로 물을 끼얹는 고문), '육전'(전신을 마구 두들겨 패는 고문), '공전'(공중에 매달고 빙빙 돌리는 고문)과 총살시킨다는 협박 등 갖가지 육체적·정신적 고문을 받았으며, 이 같은 고문에 못 이겨 "학생 데모의 목적이 용공국가의 건설에 있는 것처럼 허위자백을 강요당했다"고 말했다.

같은 날 역시 안양교도소를 출감한 김정길(전남대 상대 2년 제적)도 74년 4월 18일

---

43. 유인태, 「내가 겪은 민청학련사건」, 천주교 인권위원회, 「사법살인─1975년 4월의 학살」, 학민사, 2001, 149~151쪽.

광주에서 끌려갔을 때 '김일성 만세'라는 글을 쓰라고 강요를 받고 이를 거부하다 등, 빗장뼈, 발바닥 등을 몽둥이로 구타당한 것을 비롯 물고문, 전기고문 등을 당했다고 폭로했다. 김 군은 이 같은 고문을 받을 때, "인간을 이처럼 동물과 같이 다루는 이 땅에서 무엇을 바라고 살겠느냐"는 허무감과 좌절에 빠져 그 뒤로는 모든 것을 체념하고 시키는 대로 해주었다고 말했다. 수원교도소에서 풀려나온 이강 (전남대 법대 2년)은 수사과정에서 몽둥이로 두들겨 맞았을 뿐만 아니라 손발을 묶어놓고 거꾸로 세워 물통 속에 머리를 처박는가 하면 계속 때리면서 잠을 못 자게 했다고 주장했다.[44]

이렇게 어린 학생들에게까지 심각한 고문이 가해졌던 것은 민청학련사건을 통해 학원에서의 저항의 뿌리를 뽑고자 하는 측면도 있었지만, 동시에 이 사건을 인혁당과 연관시켜 학원의 공산화를 국민들에게 보여주고자 한 것이었다. 실제로 당시 민청학련 관련자들에게는 인혁당과 연관지으려는 고문과 진술 강제가 널리 행해졌다.[45] 그럼에도 민청학련 관련자들은 비교적 짧은 형기를 살고 석방되었으나 인혁당 관련자들은 극형을 당하고 말았다.

1975년 들어서서 이 문제는 정치권의 논쟁으로 비화했다. 김영삼 당시 신민당 총재는 "시민과 나이 어린 학생들에게 갖가지 고문을 하고 강압으로 공산당을 만든 죄과는 저주받아 마땅한 일"이라고 말하고, "신민당은 오늘부터 즉각 당 인권위원회를 통해 진상조사에 나설 것"이라고 밝혔다. 김 총재는 또한 "인권의 존중 없이 민주주의란 있을 수 없는 것이기 때문에 고문에 의한 공산당 조작사건은 어느 무엇보다도 중대한 일로 다뤄져야 할 것이며, 신민당은 이 땅에 고문이 없

44. 이상우, 『비록 박정희 시대(3) ― 반체제 민권운동사』, 중원문화, 1985, 262쪽.
45. 예컨대 인혁당과 민청학련을 연관시키기 위한 고리로서 경북대 총학생회장을 지내고 6·3사태 당시 학생시위를 주도한 여정남 씨를 끼워넣었던 것이다. 국가보안법폐지국민연대, 『국가보안법, 고문·용공조작 피해자 증언대회 자료집』, 2004년 12월 16일, 2～3쪽.

어지도록 제도적 보완을 위해 최선의 투쟁을 전개할 것"이며, "관제 공산당 조작극은 정권 말기의 현상"이라고 주장했다.[46] 많은 사회단체와 민주화운동 세력들도 들고일어났다. 당시 제기되었던 두 건의 고문 진상 요구를 소개한다.

:: '정의자유구현 목요정기기도회'가 (1975년 2월) 20일 오전 10시 기독교 2층 강당에서 김찬국 교수, 김지하 씨, 백기완 씨, 박형규 목사, 이해학 선도사, 이철 군과 김병곤 군 등 석방자 20여 명과 정일형 의원, 함석헌 씨, 공덕귀·이우정 씨 등 신도 5백여 명이 참석한 가운데 열렸다. 김관석 기독교교회협의회 총무는 설교를 통해 "민청학련 수사과정에서 학생들은 고문을 당했다고 주장하고 정부 당국자는 고문한 일이 없다고 하는데, 그 진상을 분명히 밝혀 신의를 회복하는 정치가 이루어져야 할 것"이라고 말했다. 김지하 씨는 옥중 소감에서 "혼은 감옥에 두고 껍데기만 나왔으니 감옥 안에서 울부짖고 있는 넋을 찾기 위해 모든 것을 다 바칠 각오가 돼 있다"고 말했다. …… 기도회에서 인혁당사건에 대한 공개 재판을 요구하고 고문행위자는 의법 조처할 것 등을 요구하는 성명도 발표했다.[47]

:: 민주회복국민회의 대변인 함세웅 신부는 22일 성명을 발표하고, "인혁당이 김일성의 지령에 의해 민청학련을 배후에서 조종했다는 것은 공소 사실에도 없는 것으로 도저히 납득할 수 없다"면서, …… "인권유린의 극치인 고문에 대해서도 조사할 것을 요구하며, 우리는 관민합동으로 사건 진상조사에 착수한다면 응할 용

---

46. 이택돈 당시 신민당 대변인은 좀더 구체적이다. 민청학련 관련자 등 구속자에 대해 성명을 발표해 "중앙정보부 등에서 물고문, 전기고문, 잠 안 재우기, 몽둥이 매질, 총살 위협 등 온갖 고문이 자행되고 그 결과 허위자백으로 소위 노동정권 수립의 누명을 썼다는 나병식·김정길 두 사람의 폭로 진술은 국민에게 몸서리치는 전율과 의분을 일으키게 하고 있다. …… 피해자 측의 참여하에 이 사실이 철저히 규명되어 발본색원하는 역사적 작업이 조속히 이루어질 것을 강력히 촉구한다"라고 말했다. 「고문 여부 독자 조사—김영삼 신민당 총재, 제도적 보완 위해 최선」, 1975년 2월 19일자 『조선일보』 기사.
47. 「"고문 진상 밝혀야" 정의자유구현 목요기도회」, 1975년 2월 21일자 『조선일보』 기사.

의가 있다"고 밝히고, "인간 양심을 유린하는 야만적인 행위가 철저한 조사로 사실로 밝혀지면 그 교사 및 담당자들은 물론 정부도 책임을 져야 하며, 또 정부는 인혁당사건은 그렇다 해도 석방을 유보한 나머지 구속 인사들을 즉각 석방하라"고 거듭 요구했다.[48]

처참함이 극에 달한 고문사건 — 인혁당 재건위사건(1974년 4월)[49]

도예종 : 74년 4월 20일부터 6월 8일까지 50일간 중앙정보부에서 취조를 받았다. 4~5차례에 걸쳐 고문을 당했다. 4월 20일부터 25일까지 철야조사를 받았고, 이후 검사 취조 때도 내내 중앙정보국 6국 311호실에서 취조를 받았다. 중앙정보부 취조시 고문에 의해 수십 차례에 걸쳐 심장병인 협심증까지 일으켜 드디어는 수차 졸도하는 등 만신창이가 되었다. 그리하여 중앙정보부에서 사준 외국제 응급 협심증 치료제인 석하정 리트로글리세린 정을 먹고 여러 번 되살아났으며, 그 약은 현재도 구치소에 비치 중이다. (최후진술 중에서)

하재완 : 무조건 아는 사람 20명만 이름을 대라고 하여 정신없이 횡설수설한 것을 기록하여 진술서 내용도 보이지 않고 강제로 타의에 의해 지장을 찍게 하였다. 그리하여 죄 없는 사람을 불러준 대로 잡아들여 15~20년의 형을 받게 했으니 괴로워 잠도 오지 않고 미칠 지경이다. (법정진술 중에서) …… 4월 28일 혹독한 고문으로 탈홍이 되고 폐농양증이 생겨 생명의 위험을 느끼는 가운데 취조를 받았다. (상고이유서 중에서)

우홍선 : 다방에서 이수병, 전창일과 만난 사실은 있으나 정부 전복을 모의한 일은 없다. 이북 방송도 들은 사실이 없다. 처음 중앙정보부에서 고문당했을 때는 그래도 참을 만했다. 시간이 흐를수록 그 악랄함이 심해졌다. …… 그러더니 며칠 후

---

48. 「진상규명해야 — 민주회복국민회의, 고문 등 조사 요구」, 1975년 2월 23일자 「조선일보」 기사.
49. 1차 인혁당사건과 구분하기 위해 2차 인혁당사건이라고 부른다.

각본을 들고 와서 그 각본에 끼워맞추어 간첩으로 몰려고 고문을 할 때는 3층에서 떨어져 죽고 싶었으며, 두 번만 더 돌리면 심장이 파열되어 죽을 것 같았다. 이때 고문하는 수사관은 술에 취해 있었다.(법정진술 중에서)

전창일 : 며칠 잠을 재우지 않고 수사관이 5, 6명씩 번갈아 드나들면서 심문했다. 나를 죽기 직전까지 끌고 갔으며 온몸을 쥐어짜는 전기고문을 하여 몇 번씩 실신게 하였다. 검찰에 넘어와서 절대 무죄라고 주장하자 다시 정보부 지하실로 데리고 가서 전기고문을 가했다.(법정진술 중에서)[50]

천주교 인권위원회가 진상조사를 하면서 정리한 인혁당사건 관련자들의 고문 상황이다.[51] 그러나 그들이 실제 당한 고통의 과정이 자세히 묘사되어 있지 않다. 다만 '졸도', '만신창이', '심장 파열' 등의 단어를 통해 고문이 얼마나 가혹했을지 짐작할 뿐이다. 인혁당사건의 조작과 고문 사실이 알려지자 1975년 2월 24일 천주교 정의구현사제단과 구속자가족협의회에서 "인혁당사건의 진상을 공개한다"는 성명을 통해 관계기관, 성직자, 재야인사들로 구성된 공동조사단의 구

50. 천주교 인권위원회, 「인혁당사건의 진상을 밝힌다」, 『사법살인—1975년 4월의 학살』, 학민사, 2001, 281~284쪽. 전창일 씨는 나중에 이 고문에 대해 좀더 자세히 진술했다. "30년 전의 얘기다. 당시 박정희 정권은 독재정치를 통해 자신의 정치적 지배권을 유지하기 어렵다고 생각해, 보다 강력한 지배체제를 확립하기 위해 유신헌법이라는 전대미문의 법으로 자유민주주의를 위한다는 정치명분을 내세워 민주주의를 말살했다. …… 중앙정보부는 이미 이 사건 수사 시나리오를 만들어놓고 있었다. 나도 당시 서대문구치소에 수감됐다. 닷새 동안 수감돼 있다가 중앙정보부로 끌려갔는데, 먼저 잡혀서 조사받던 사람들이 썼다는 소위 '자술서'를 몇 부 갖다놓고 읽어보라고 하더라. 읽어보니 사회주의 국가 건설을 위한 폭력혁명을 모의했다는 내용이 있었다. 우리는 그런 모의를 한 바가 없다. …… 사실이 아니니 쓸 수가 없다 …… 며 부인했더니 미리 준비한 참나무 각목으로 개 패듯이 패는데 하도 얻어맞아 지금도 허리를 잘 쓰지 못한다. 그래도 말을 안 들으면 지하실에 끌고 내려가 팬티까지 모두 벗긴 뒤 손목끼 꼭 묶는다. 그런 뒤 머리에 타월을 씌우고 콧구멍에 물을 붓는다. 그러면 숨을 쉴 수가 없다. 말도 못하고 결국 기절할 때까지 그것을 반복한다. 그러면 완전히 뻗어 정신도 못 차리고 콘크리트 바닥에 나체로 누워 있게 된다. …… 그렇게 고문을 당한 뒤 깨어나면 '차라리 죽든가 무의식 상태로 있는 것이 더 편하다'는 생각을 하게 된다. 그런 것을 반복했는데도 자술서를 안 쓰면 전기고문을 한다. …… 그래서 만들어진 것이 인혁당조작사건의 전말이다." 전창일 씨의 증언, 2004년 12월 16일자 『오마이뉴스』 기사.

51. 인혁당의 주요 인물들만 고문을 당한 것은 아니다. 대구에서 학원강사를 하면서 대구 지역의 민주화운동에 참여하다가 인혁당사건에 관련된 임구호 씨의 회고담이다. "1974년 4월 30일 오후 3시쯤 대구에서 학원강사를 하던 임 씨의 집에 중앙정보부 요원 3명이 들이닥쳤다. 영문도 모른 채 대구분실로 끌려간 임 씨는 간단한 기초 조사를 받은 뒤 다음 날 서울 남산의 중정분실로 이송됐다. …… 자백을 거부한 임 씨에게는 표현할 수 없는 공포와 고통을 몰고오는 '전기의자' 등의 고문이 뒤따랐다. 결국 고문을 견디다 못해 요구하는 대로 자백했다. 재판과정에서 이를 다시 부인했지만 재판정에서 최후진술은 채택되지 않았다." 「'인혁당 재건위' 죄 없는 옥살이 7년 임구호 씨 "뒤늦은 규명 땅속 선배에 죄송"」, 2002년 9월 13일자 『대한매일신문』 기사.

성을 제안했다. 그러나 같은 날 당시 황산덕 법무부장관은 기자회견을 자청하여 "국가 변란을 기도한 집단인 인혁당사건에 관해 무책임한 조작설을 퍼뜨리거나 이들을 민주인사·애국인사라고 하여 석방 요구를 하는 등의 행위는 반공법 4조의 범법행위"라고 밝혔다.[52] 그러나 이 경고에도 불구하고 1주일 후 경천동지할 일이 일어났다. 바로 김지하 시인이 『동아일보』에 「고행…… 74」라는 글을 발표하며 인혁당 사람들의 고문 사실을 폭로한 것이다.[53]

::   잿빛 하늘 나직이 비 뿌리는 어느 날, 누군가 가래 끓는 소리가 내 이름을 부르더군요. 나는 뺑끼통(감방 속의 변소)으로 들어가 창에 붙어 서서 나를 부르는 사람이 누구냐고 큰소리로 물었죠. 목소리는 대답하더군요. "하재완입니다." "하재완이 누굽니까?" 하고 나는 물었죠. "인혁당입니다" 하고 목소리는 대답하더군요. "아항, 그래요!" 1사상15방에 있던 나와 1사하17방에 있던 하재완 씨 사이의 통방(재소자들이 창을 통해서 큰소리로 교도관 몰래 대화하는 것)이 시작되었죠. "인혁당 그것 진짜입니까?" 하고 나는 물었죠. "물론 가짜입니다" 하고 하 씨는 대답하더군요. "그런데 왜 거기 갇혀 계슈?" 하고 나는 물었죠. "고문 때문이지러" 하고 하 씨는 대답하더군요. "고문을 많이 당했습니까" 하고 나는 물었죠. "말마이소! 창자가 다 빠져나와버리고 부서져버리고 엉망진창입니다" 하고 하 씨는 대답하더군요. "저런 쯧쯧" 하고 내가 혀를 차는데, "즈그들도 나보고 정치문제니께로 쬐끔만 참아달라고 합디더" 하고 하 씨는 덧붙이더군요. "아항, 그래요!"

52. 「"인혁당 찬양에 반공법 적용"—황산덕 법무장관 "조작설 유포─석방 호소"」, 1975년 2월 25일자 『조선일보』 기사. 석방운동에조차 반공법을 적용하겠다는 황산덕 장관의 발언은 비인도적 발언이 아닐 수 없다.
53. 인혁당 관련자들의 고문 상황을 목격했던 당시 교도관 전병용 씨의 증언도 있다. "도예종·하재완·서도원·송상진 씨 등 거의 대부분의 사람들은 고문의 후유증으로 한두 가지 이상의 질병을 갖고 있었고, 제대로 걷거나 심지어는 바른 자세로 앉아 있지도 못했다. 그들의 몸 구석구석은 전기고문의 흔적으로 시커멓게 타 있었고, 구타로 인한 피멍 자국은 일일이 확인할 필요조차 없었다. 내 기억으로는 그중에서도 하재완 씨가 제일 심했던 것으로 생각된다. 그는 혹독한 고문으로 탈장이 되어 있었고, 물고문에 의한 폐농양증으로 기침을 할 때마다 피가 배어 나왔다." 전병용, 「인혁당 사형수 8인의 진실」, 천주교 인권위원회, 앞의 책, 256쪽.

······ 나는 법정에서 경북대학교 학생 이강철이 그 또릿또릿한 목소리로 분명하게 "나는 인혁당의 인자도 못 들어봤는데 그것을 잘 아는 것으로 시인하지 않는다고 검사 입회하에 전기고문을 수차례 받았습니다"는 말을 듣고, 소위 인혁당이란 것이 조작극이며 고문으로 이루어지는 저들의 전가 보도의 결과였다는 것을 확인할 수 있었죠. ······[54]

이 일로 인해 나온 지 얼마 되지 않은 김지하 시인은 또다시 정보부로 끌려 갔다. 그곳에서 그는 가톨릭에 침투한 공산주의자임을 시인하라는 강요를 받았다. 미리 정보부에서 짜놓은 각본에 맞춰 반공법 위반 혐의로 영등포교도소에 재수감되었다. 그가 이렇게 갇혀 있는 동안 인혁당사건 관련 피고인들의 대법원 상고는 일사천리로 기각되었고, 사형 선고를 받은 8명은 대법원 판결 20시간 만인 1975년 4월 9일에 사형이 집행되었다. 재심청구권이 아직 남아 있는 상태에서 당국은 황급하게 이들을 처형하고 만 것이다. 이 소식을 전해들은 김지하는 5월 4일 장문의 「양심선언」을 바깥세상에 내놓는다.

::   인혁당 사람들이 고문을 받았다는 것이 나의 확신이다. 중앙정보부란 어떤 곳인가? 학생들, 야당 국회의원들은 물론이요, 최근에는 공화당 원내총무란 사람까지 고문을 받은 일이 있노라고 폭로한 그런 곳이다. 그러한 중앙정보부에서 공산주의자로 몰아 처형하려 한 인혁당 사람들이 고문을 받지 않았으리라고 하는 논리적 심증을 가질 수 있는 사람이 대체 몇 사람이나 되겠는가? 인혁당이 과연 반국가단체인가? 아닌가? 인혁당이라는 게 과연 실체가 있었던 것인가? 도깨비인가? 나는 아직도 이 의문에 관한 박 정권의 선전을 절대로 그대로는 믿지 않는다.

---

54. 김지하, 「고행 ······ 1974中」, 1975년 2월 26일자 「동아일보」 기사.

만약 나로 하여금 그것을 믿게 하려면, 박 정권은 이미 처형된 8명을 되살려놓든가, 하재완·이수병의 혼을 불러와야 할 것이다.[55]

오늘날의 입장에서 보면 '호랑이 담배 먹던 시절'로 치부할 수도 있지만 아무리 엄혹한 군사독재 시절이라 해도 심한 일이 한두 가지가 아니었다. 인혁당 관련자들에게 중앙정보부만 고문을 한 것은 아니었다. 검찰 조사과정에서 부인한다고 검사가 "구둣발로 고무신을 신은 발을 마구 밟거나", "수사관의 손에 끌려 (중앙정보부) 지하실로 내려가 다시 전기고문대에 올려진" 경우도 있었다.[56] 더구나 법정에서까지 이런 위협과 고문이 이어졌다.

::　한마디로 (법정은) 살벌한 공포 분위기였다는 얘기다. 포승에 묶인 피고인들 사이에 헌병들이 도열한 채였다. 대구에서 지역사회연구소, 경북 민자통을 중심으로 활동 중인 임구호(41, 징역 15년) 씨의 증언에 따르면, 하재완 피고가 법정에서 "고문을 하고 난 후 강제로 손을 끌어다 검찰의 피의자 신문조서에 날인하게 했다"고 진술하자 문호철 검사(작고)는 이렇게 폭언을 퍼부었다. "너, 아직 고문이 덜 되었구나!" 임구호 씨 자신도 법정에서의 진술 때문에 검찰관들로부터 폭행을 당했다. 그의 얘기를 들어보자.

"1심 최후진술 때였습니다. 그동안 제대로 말할 기회마저 없었던 터라 대충 이런 내용의 진술을 했습니다. 검찰에서 신문을 받을 때 '네가 공산주의자가 아니라는 것을 우리는 잘 알고 있다'고 해놓고 법정에 서보니 나에게 공산주의자라는 선물을 주었는데, 이 자리에서 그 선물을 되돌려주고 싶다. 오늘 이 재판을 나의 교육

---

55. 김지하, 『흰 그늘의 길』(김지하 회고록), 학고재, 2003, 258쪽 이하. 그후 실제로 이 「양심선언」을 쓴 이는 고(故) 조영래 변호사라는 사실이 김지하 시인 본인의 고백으로 온 세상에 알려졌다.
56. 국가보안법폐지국민연대, 『국가보안법, 고문·용공조작 피해자 증언대회 자료집』, 2004년 12월 16일, 16쪽.

장으로 삼아 앞으로 정의를 위해 싸우는 데 목에 칼이 들어오는 한이 있더라도 절대로 굽히지 않겠다고 얘기했어요. 그랬더니 공판이 끝나자마자 나를 다른 피고인들과 분리시키더니 어떤 방으로 데려갑디다. 방에 들어서니 문호철 검사와 군 검찰관 3명이 나를 기다리고 있었어요. 문 검사는 대뜸 욕지거리와 함께 '꿇어앉아!' 하고 명령합디다. 엉거주춤 하고 앉으려니 다른 3명의 군 검찰관들이 달려들더니 강제로 꿇어앉히고 구둣발로 내 무릎을 마구 짓밟고 때리는 것이었어요."[57]

피의자가 법정에서 고문 사실을 폭로하자 검사가 "아직 고문이 덜 되었구나"라고 외치고, 그것을 법정이 가만히 듣고 있는 사법 현실은 곧 '사법의 사망'으로서 참으로 애도할 만한 일이었다. 인혁당사건은 중앙정보부의 수사 단계에서부터 대법원의 판결, 그리고 집행에 이르기까지 고문과 불법으로 점철된 조작의 극치였다.[58] 영남대 박홍규 교수가 정리한 재판과정의 불법 사항을 보자.

① 공판이 있기 2, 3일 전까지만 해도 진술서의 사본을 소유하기는커녕 접할 수 없었다.
② 공소장과 진술서는 정식으로 그 증거능력이 입증됨이 없이 증거로 채택되었다.
③ 검찰 측이 증거를 대기 위해 채택한 증인들에 대한 반대신문이 허용되지 않았다.
④ 42명의 검찰 측 증인들은 피고인 측 증인이 없는 상태에서 증언을 했다. 그 시간에 변호인들은 가택연금상태에 있었다.

57. 김재명, 「유신독재의 제물 인혁당사건」, 천주교 인권위원회, 『사법살인―1975년 4월의 학살』, 학민사, 2001, 181~182쪽.
58. 이 사건에 조사단 파견 등을 통해 지속적으로 관심을 보였던 앰네스티 인터내셔널 역시 인혁당사건은 1974년의 기소가 그랬던 것처럼 조작된 것이라고 결론을 내렸다. "Statement of Brian Wrobel, Amnesty International, London" in Human Rights in South Korea and the Philippines: Implications for U.S. Policy, Hearings before the Subcommittee on International Organizations of the Committee on International Relations, House of Representatives, 94th Congress, 1st sess., 20 May~24 June 1975, pp. 72~73.

⑤ 재판은 통제된 상태에서 진행되었다.

⑥ 증거는 고문을 통해 조작된 것이었으나 법원에서 그런 주장은 완전히 부정되었다.

⑦ 재판이 진행되는 동안 기자의 방청은 금지되었다.

⑧ 정부 기관지들은 재판이 열리기도 전에 피고인들의 유죄를 선전했다.

⑨ 당국은 공식적인 재판 기록의 공개를 거부했다. 심지어 공판조서가 변조되었다.

⑩ 피고인들은 수감 중 가족의 면회를 거절당했고, 변호인들의 면회도 불법적으로 제한되었다.[59]

이 사건은 수사관에서 검사, 그리고 1·2·3심의 법관들이 함께 공모하고 수행한 조작사건이며 '사법살인'이었다.[60] 인혁당 희생자들은 "박정희 정권이 유신정변을 일으킨 후, 유신체제에 대한 격렬한 저항이 폭발하자 긴급조치만으로는 모자란다는 판단하에 인혁당이라는 사건을 조작, 유신 반대 투쟁의 예봉을 꺾으려는 정치적 음모에 희생된 사람들"이다. "그들의 활동이 활발했던 것도 아니요, 그들의 법정진술이 통렬했던 것도 아니다. 다만 이들은 독재권력이 얼마나 잔인무도할 수 있는가를 우리에게 극단적으로 보여주고 있는 것이다. 또한 그것이 재판이라는 요식과 절차를 거쳐서 이루어졌다는 점에서 그들의 죽음에 대한 책임이 독재정권에게만 있는 것이 아니라는 준엄한 자기비판을 우리에게 요구"하고 있는 것이다.[61] 실제로 이들은 공소장이나 판결문과는 달리 평화통일을 지

---

59. 박흥규, 「인혁당 재건단체 사건과 법」, 『99-1차 시민토론회-(세칭)인혁당사건의 역사적 재조명과 현대사적 의미』, 대구·경북지역민족민주열사명예회복을위한대책위원회, 1999, 34쪽.

60. '사법살인'이라는 말은 인혁당사건을 말할 때는 꼭 따라다니는 말이다. '사법살인'은 "독재권력이 고문에 의거하여 사건을 조작하고 형식적인 재판 절차를 밟아 사형을 집행한 것"을 말한다. 한홍구, 「살인인가, 사고인가」, 2004년 12월 6일자 『오마이뉴스』 기사. 말하자면 '구속-재판-판결-형집행'이라는 것이 독재권력의 억압과 강요에 따라 허구화되고 형식적인 합법의 외형만 띤 채 실제로는 독재자의 의지가 그대로 관철된 것이다. Jerome A. Cohen & Edward J. Baker, "U.S. Foreign Policy and Human Rights in South Korea", *Human Rights in Korea—Historical and Policy Perspectives*, 1991, 181쪽.

61. 국가보안법폐지국민연대, 『국가보안법, 고문·용공조작 피해자 증언대회 자료집』, 2004년 12월 16일, 22쪽.

지하는 민주주의 신봉자들일 뿐이었다.[62] 고문에 의해 이들은 결국 공산주의자가 되었다.

그런데 고문은 인혁당 관련자들에게만 가해진 것이 아니었다. 바로 이들의 가족, 특히 부인들에게 더욱 심각한 고문과 고통을 가했다. 그것은 이 사건의 조작 사실이나 고문 사실이 사회에 널리 알려지는 것을 방지하기 위한 대책이며 조치였다.

:: 그녀들 가운데 정신적 충격을 견디다 못해 자살한 사람도 있다. 징역 15년을 선고받은 황현승 피고인의 부인 안보형 씨가 그러하다. 그녀는 대법원에서 상고가 기각된 75년부터 정신이상을 보이다가 81년 7월 끝내 스스로 죽음을 택하고 말았다.…… 일절 면회가 허용되지 않는 상황에서, 방청이 제한된 군사법정에서나마 가장의 얼굴을 먼발치로 볼 수 있었을 뿐인 아내들은 남편의 석방을 백방으로 호소하며 뛰어다녔다.…… 그녀들이 정보부로 연행되어 짧은 기간이나마 고초를 겪은 것도 그런 사정에서다. 8인의 사형수의 한 사람인 전 경기여고 교사 김용원의 부인 유승옥(51) 씨는 정보부에서 겪은 해괴한 일 때문에 자살을 꾀하기도 했다. 사건의 내용은 이렇다. 정보부로 연행되자마자 그곳 취조요원 한 사람이 다짜고짜로 유 씨의 멱살을 움켜쥐고 이런 욕설을 퍼부었다. "이 간첩의 여편네, 왜 까불고 다녀!" 목요기도회 등에서 남편의 무죄를 주장했기 때문이었다. 그런 후 취조가 시작되었다. 반쯤 얼이 나간 부인 유 씨는 목이 말라 물 한 컵을 청하였다. 그들이 건네준 물을 반 컵쯤 마셨는데, 조금 있다가 묘한 느낌이 그녀의 몸을 사로잡기 시

62. 도예종 씨를 비롯한 1차 인혁당사건의 관련자들은 무력에 의한 적화통일론이 아닌 평화통일론을 지지하고 있었다. 김영수, 「인혁당 재건단체 사건의 역사적 재조명과 현대사적 의의」, 『99-1차 시민토론회-(세칭)인혁당사건의 역사적 재조명과 현대사적 의미』, 대구·경북지역민족민주열사명예회복을위한대책위원회, 1999, 15쪽. 당시 변론을 맡았던 김종길 변호사 역시 피고인들이 공산주의자들이 아님을 다음과 같이 밝히고 있다. "초록이 동색이라고 무조건 혁신적인 생각을 가졌다고 공산주의로 몰 수는 없다. 세계 각처에서도 엄연히 공산주의와 혁신은 구별되어 있으며, 우리나라에서도 혁신노선의 정당이 엄연히 존재하고 있다. 초록은 동색이 아니다. …… 이 중에는 잘 아는 친구도 있으며, 선량하고 재능 있는 사람들로서 공산주의자가 아니다. 이 사람들이 공산주의자라면 변호사직을 내놓아도 좋다."

작했다. 성적인 흥분이 일어나며 몸이 비비꼬이는 것이었다. 어떤 약물 작용 때문임이 분명했다. 그녀는 어찌할 줄 몰라 의자 밑으로 굴러 떨어지기조차 했다. 이런 비정상적 상태에서 그녀는 요원들이 불러주는 대로 '내 남편은 간첩'이란 글을 쓰고 지장을 찍었다.

집에 돌아와서도 환각증세는 여전했다. 귀에서 윙윙 소리가 나며 사흘이 지나도록 한잠도 잘 수 없었다. 약 기운이 떨어지면서 자책감이 밀려왔다. 남편을 간첩이라고 밀고한 꼴이 된 그녀는 자책감을 견디지 못하고 죽음을 결심하기에 이르렀다. 남편과 함께 찍은 사진 앨범을 불태운 그녀는 쥐약을 사다가 아이들 셋과 함께 일가족 집단자살을 꾀했다. 그러나 눈치로 사태를 알아차린 큰딸아이가 엉엉 울며 쥐약을 먹지 않으려 했다. 한참 실랑이를 벌이고 있는데, 마침 그녀의 친정어머니가 찾아왔다. 일가족은 대성통곡 끝에 자살소동만은 면했다. 그러나 친정어머니는 그때의 충격으로 1개월 후 숨을 거두고 말았다.[63]

참으로 고약하고 비인간적이며 비인륜적인 행태다. 이미 인간성을 포기한 집단의 광기에 다름없다. 장기 집권을 위해 국민을 억누르고 자유를 짓밟기로 작심한 박정희 정권에서 있을 수 없는 일이 무엇이겠는가.

오랜 세월이 흘러 2002년 의문사진상규명위원회에서 인혁당사건의 피의자로 수배 중이던 이성재에게 편의를 제공했다는 혐의로 구속되어 중앙정보부에서 수사를 받고 서울구치소에 이감되어 사망한 장석구 사건을 조사하면서 인혁당사건에 관한 고문수사 상황을 이렇게 밝혔다. 이 조사는 당시 고문에 가담한 수사관과 교도관의 증언을 담고 있어 그 신뢰성을 높였다.

---

63. 김재명, 「유신독재의 제물 인혁당사건」, 천주교 인권위원회, 『사법살인―1975년 4월의 학살』, 학민사, 2001, 178~179쪽.

:: 　중앙정보부 수사관들과 중정에 파견된 경북도경 등의 경찰관들은 이 사건을
수사하는 과정에서 구타·몽둥이(야전침대봉 등) 찜질·통닭구이 고문·물고문·전기
고문 등의 고문을 자행하였다. 고문 사실에 대해서는 당시 교도관들과 이철·김지
하 등 민청학련 사건 재소자, 당시 이 사건을 담당했던 수사관들의 진술을 통해서
확인할 수 있다.

서울구치소 교도관 이○○는 "당시에 하재완은 정상적으로 걷지 못하였고 아랫배
도 불룩한 것으로 기억하며, 온몸이 고통스러운 표정이 역력했던 것으로 기억합니
다", "저는 하재완이나 우홍선이 고문의 후유증 때문에 (조사를 받은 다음에) 업혀서
(서울구치소 사방으로) 들어온 것으로 알고 있습니다", "하재완의 경우 맞아서 멍이
든 것을 보았습니다"라고 진술하고 있다.

…… 중정에 동원된 서울시경 소속 경찰 전○○은 길이가 30cm, 폭이 10cm, 높이
가 15cm가량 되고 손으로 잡고 돌릴 수 있는 손잡이가 달려 있는 국방색의 야전
용 전화기로 피의자를 전기고문했다고 진술하고 있다. "피의자를 팔걸이가 있는
의자에 앉혀놓고 양팔을 팔걸이 위에 올려놓은 다음 손을 묶었습니다. 그리고 군
대 야전용 전화기 같은 것을 돌렸는데, 그러니까 전기가 피의자의 손으로 흘러들
어가는 것 같았습니다. 그때 보니까 피의자가 상당히 괴로워하는 것을 느꼈습니
다."

중정에서 이 사건을 담당한 경북도경 경찰 이○○은 물고문하는 것을 보았다고 하
며 지하 보일러실은 고문을 하는 장소라고 진술했다. "피의자의 양손과 양발을 묶
는데 무릎에 손을 끼워 그 사이에 봉을 끼워넣은 다음 두 책상 사이에 거꾸로 매달
은 다음 피의자의 얼굴에 수건을 씌우고 주전자로 얼굴에 물을 붓는 고문이었습니
다." 이외에 하재완, 여정남 등 피의자들이 고문을 많이 당했으며, 강창덕은 조사
하기 이전에 이미 손이 다 터져 있었다고 진술했다.[64]

이렇게 해서 그들은 역사의 뒤안길로 사라졌고 역사는 오랫동안 침묵했다. 그리고 많은 사람의 흐느낌과 하소연, 절규 속에서도 아직 그들은 복권되지 않았다. 진실의 복원과 시정의 여정은 이렇게도 힘겨운 것인가.

잊혀진 수인, 유종식 — 1975년 3월

유종식 씨는 일본에서 태어났으나 어린 시절은 남한에서 보냈다. 1960년대에 그는 일본에서 공부를 했고 다시 귀국해서 결혼도 하고 예술 골동품상을 하고 있었다. 그러던 중 1975년 3월 중앙정보부 요원에 의해 강제연행되었다. 한 달 동안 변호사 얼굴도 본 적이 없었던 그는 당시 그곳에 연행된 누구나 그랬듯이 심각한 고문을 당했다. 허위자백으로 그는 북한을 위해 간첩활동을 한 것으로 조작되었고, 물론 나중에 부인했지만 법정에서 유죄 선고와 더불어 사형 판결을 받았다. 그후 무기로 감형되었고, 1995년에 다시 20년으로 감형되었다. 그러나 감옥 안에서 북한을 찬양·고무했다는 혐의로 다시 추가형을 3년이나 받아 그는 1995년이 지나도록 석방되지 못했다. 앰네스티 인터내셔널에서는 국내에 별로 알려지지 않은 유종식을 양심수로 지정하여 그의 석방을 지속적으로 요청했다.[65] 그는 그야말로 '잊혀진 수인'이었다.

민주회복국민회의 운영위원의 강제연행과 고문 — 1975년 4월

:: 　민주회복국민회의 목포지부 대표위원 김기열(42) 씨와 운영위원 고의숙(53) 씨, 대변인 박재용(51) 씨 등 7명은 3일 상오 삭발을 하고 "당국으로부터 고문을 당한 사람들과 고통을 함께하기 위해 머리를 깎았다"고 삭발 이유를 밝혔다. 이날

---

64. 장석구(인혁당사건) 선생 의문사사건에 대한 의문사진상규명위원회의 보도자료 중 '중앙정보부 수사관들이 가한 고문의 실상', 2002년 9월 12일자.
65. Amnesty International, Republic of Korea: Hidden victims: the long-term political prisoners, AI Index: ASA 25/023/97, May 1997.

김 대표위원 등은 목포시 남교동 김 씨의 변호사 사무실에서 성명을 발표, 김 씨의 변호사 사무실 직원 장창문(27) 씨와 민주회복국민회의 목포지부 운영위원 노향모(29) 씨 등 2명이 지난달(1975년 3월) 20일 목포경찰서에 연행돼 "정보과 형사 3~4명에게 두 차례 전신을 구타당한 데 대해 항의, 삭발을 했다"며 "고문행위가 철폐될 때까지 투쟁할 것"이라고 밝혔다. 장 씨와 노 씨는 지난달 10일 목포시 남교동 중앙극장에서 '쇼' 공연 도중 "국민투표는 무효다"라는 등의 내용이 적힌 전단을 뿌린 혐의로 지난달 20일 광주지방법원 목포지원에서 각각 구류 20일간의 처분을 받았었다.[66]

어느 날 간첩이 되어버린 조상록 씨의 경우 —1978년 1월

조상록 씨는 사업을 하면서 온갖 사회사업과 선행을 도맡아하던 건실한 사람이었다. 외로운 조카 남매를 데려다 고등학교까지 보내고, 심지어 가정부도 야간 고등학교를 보냈으며, 모교 후배들을 위해 도서관을 건립해주고, 마을 어른들을 위해 경로당을 지어주기도 했다. 고교 시절에는 총학생회장을 지냈고, 28세에 순천 지역 국회의원 선거에도 출마했던 전도양양한 젊은이였다. 그러던 사람이 어느 날 중앙정보부에 잡혀가 간첩이 되고 무기수가 되었다.

∷ 제 동생 조상록은 일본 메이지대학원(전공 국제정치학) 재학 중, 방학 동안 귀국하여 서울 광화문 쪽에서 거주하고 있을 때, 1978년 1월 15일경 오전 8시쯤 아는 사람 두 사람이 찾아와 밖에서 좀 만나자고 하여 광화문 사거리에 미리 대기하고 있던 검은 승용차의 운전수 있는 쪽으로 갔는데, 갑자기 안면도 없는 두 사람이 옆구리와 등에 권총을 들이대면서 아무 말 말고 차에 오르라고 하여 강제로 떠밀

66. 「민주회복국민회의 운영위원 경찰서 연행 고문」, 1975년 4월 3일자 『중앙일보』 기사.

어, 검은 승용차에 오르자 눈을 가리운 채 어디론가 알지 못하는 지하실로 끌려가 온갖 모진 고문을 수없이 당하였습니다. 1978년 2월 2일 서대문구치소로 갈 적에는 몸을 가누지 못하여 승용차에 떠밀어다 태워가지고 구속·수감되었으며, 그후 '국가보안법 위반'이라는 혐의로 1978년 5월 24일 서울형사지방법원에서 선거 공판 '무기형'을 받았습니다.

…… 중앙정보부로 불법 강제납치되어 죽음의 사선을 수십 번 넘겼습니다. 물고문, 전기고문, 집단 구타로 반복되는 매일매일의 고통 속에서 참다못한 동생은 "나를 얼른 죽여 만천하에 알려라"라는 죽음 앞에서 외마디 고통스런 말을 외쳤답니다. …… 졸도하기를 수십 차례. 한 번은 깨어보니 핏덩어리가 바닥이며 책상 모서리에 엉겨 있고, 동생의 귀는 솜으로 틀어막혀 있더랍니다. 그 피는 동생의 귀에서 쏟아진 피였습니다. 이빨은 집단 구타로 몽땅 부러지거나 빠졌고, 11년이 지난 고문의 후유증은 누나로서 차마 눈뜨고 못 볼 형상입니다. 귀가 너무 아파 음식을 삭이지 못하고 이는 틀니로 대신하였지만 왕성했던 젊은 시절은 환갑 지난 앙상한 몰골의 할아버지 형상으로 하루하루를 지내고 있습니다.[67]

크리스천아카데미사건 —1979년 3월

1979년 3월 9일 크리스천아카데미의 여성사회 간사 한명숙이 연행되면서 시작된 구속 바람은 '아카데미 간사들 불법지하 용공서클사건'의 서막이었다. 이로부터 한 달 동안 25명이 불법연행되어 중앙정보부 지하실에서 고문조사를 받았고, 그중 7명은 반공법 위반 혐의로 구속되었다.

---

67. 조상록 씨의 누나 조점순의 명의로 된 호소문. 민주화실천가족운동협의회 산하 장기수가족협의회 조작된간첩사건가족모임, 「간첩조작은 이제 그만」, 1989, 64~65쪽.

① 이우재 피고인의 경우

이세중 변호사 : 그럼 왜 본인은 그런 게(사회주의자가) 아닌데 찍어붙이게 가만히 있었는가?

이우재 : 내가 정보부에서 25일간 조사를 받았는데 거의 15일을 고문받았다.

변호사 : 어떻게 고문받았는가? 구체적으로 말해보라.

이우재 : 고문 흔적이 있다. 보여주겠다.(재판장에게 바지를 걷고 발을 들어보임) 몽둥이로 때리고, 야전침대각목을 무릎 사이에 넣고 양쪽에서 밟으면서 "간첩도 이렇게 네 시간이면 다 얘기한다"고 하면서, 야전침대봉이 부러지니까 또 가져다가 밟고, 그리고 담뱃불로 지지고(등을 가리켜 보임), 벽에 세워놓고 주먹으로 가슴을 쳐서 숨을 못 쉬어 골병들었다. 지금도 가슴 여기는(가슴을 가리키며) 건드리지 못한다. 그리고 지금도 이쪽 다리를(왼쪽 다리를 가리키며) 짚으면 찌릉찌릉 저린다. 구치소에 가서도 두어 달간은 누워 있었다. 그러면서 계속해서 하는 말이 "이 정도는 예비운동에 불과하다. 한층 더 지하실로 들어가면 고대 고문기부터 현대 고문기까지 일렬로 좍 있는데, 거기 들어가면 정말 인간이 정신적으로 육체적으로 얼마나 견딜 수 있나를 알 수 있다"고 했다. …… 25일 조사받는 동안 거의 17∼18일을 그렇게 했다. 나는 완전히 '들어가면 죽는다' 이런 생각이 들었다. 숨도 못 쉬고 병신 될 것 같다는 생각이 들었다. 왜 그러냐 하면 "네 생각이 뭐냐" 하면 거짓말이라도 하겠지만 구체적으로 사람을 대라니 어쩔 수가 없었다.

변호사 : 사람은 누구를 말하는 것인가?

이우재 : 배후 인물을 대라는 것이다. 말을 안 하면 나올 때까지 기합을 해서 죽든지 하여튼 말이 나올 때까지 고문할 것 같았다. …… 그래서 차라리 빨리 저 과정을 마쳤으면 좋겠다고 생각했다. 이렇게 고통스러운데 죽든지, 아니면 아니라고 하든지, 나는 차라리 죽고 싶었다. 그런데 나중에야 수사관도 배후가 없다는 것도, 별것 아닌 것도 알고 있는 걸 알았다. 그렇게 함으로써 다른 것을 캐내려 한 것이

다. 거기서 나는 완전히 포기했다. 그러면서 그들이 하는 말이 "한명숙이가 다 죽어간다. 링겔 맞고 있다. 이 새끼, 넌 눈물도 없느냐, 네가 나이가 많으니 젊은 사람은 책임지고 나가게 해야 할 것 아니냐"했다. 그래서 안 한 것도 했다고 했으며, 나를 사회주의자라고 해서 "아니다" 하면 "이 새끼" 하면서 때렸다. 조서를 꾸미는데 난 읽어보지 않았다. 그런 포기상태에서 꾸며진 것이다. ……[68]

② 한명숙 피고인의 경우

황인철 변호사: 책(책 말이)이 나오면서 맞기 시작했는가?

한명숙: 그게 불분명하다. 책이 나온 후인지 전인지 …….(울먹이며 말을 잇지 못함)

변호사: 구치소에서 접견할 때도 그 얘기만 나오면 악몽 같다고 말을 못하곤 했는데 지금 그것을 굳이 묻는 이유는, 검찰에서 얘기한 것과 법정에서 한 말이 달라서 묻는 것이니 왜 그렇게 되었는지, 어떻게 구체적으로 당했길래 그럴 수밖에 없었는지 얘기해주었으면 좋겠다.

한명숙: 그 기억을 되살리고 싶지 않다. …… 말하고 싶지 않지만 간단히 얘기하겠다.(울음 섞인 목소리로 띄엄띄엄) 거기서 "공산당이면 죽인다. 너 공산당이지? 네 남편하고 어떻게 접선했느냐, 네 남편과의 편지가 암호가 아니냐, 암호풀이를 해라, 이북에서 누가 내려왔느냐, 배후를 대라…… 무슨 조직이 있느냐, 대답을 해라" …… 따귀를 맞고 …… 힘찬 구둣발로 몰아대며 …… 야전침대 커다란 각목으로 온몸을 두들겨 맞았는데 난 도저히 살아날 거라고 생각지 못했다. …… 어디를 어떻게 맞았는지 기억조차 안 난다. 나중에 일어나보니 뼈 마디마디는 부어 있고…… 온몸에 피가 맺히고 멍이 들어 …… 걷지도 못했다. 나중에 지하실로 옮길 때 수사관이 부축해 옮겼다. …… 나는 자살하고 싶었다. 그리고 거기서 나는 완전

68. 한국기독교교회협의회 인권위원회, 「1970년대 민주화운동(IV)」, 1987, 1540〜1541쪽.

히 항복했다. "선생님께서 하라는 대로 다하겠다"며 무릎 꿇고 두 손으로 빌었다.

변호사: 그만 이야기해도 좋다. 분위기는 대강 알겠다. 본인만 그렇게 맞았는가, 다른 사람이 당하는 것을 듣거나 보거나 한 적은 없는가?

한명숙: 나중에 수사관이 와서 "너는 여자니까 그 정도다. 다른 사람은 발가벗겨 놓고 죽었다가 살았다" 해서 내가 별로 안 맞았다고 생각했다. 나는 그때 한계 상황이었다. 나중에 지하실로 옮겨졌을 때 "우리는 간첩만 잡는 사람이다"고 소개하는 수사관에게 넘겨진 후에는 맞지 않고 거기서 상처를 치료했다. 내 방 옆에는 황한식 씨가 있었고 화장실 가는 데에는 이우재 선생님이 있었는데, 너무너무 그 고함소리, 비명소리, 통곡소리가 그치지 않았다. 나에게는 그 자체가 큰 고문이었다.[69]

③ 장상환 피고인의 경우

이돈명 변호사: 피고인은 단체 구성을 한 일이 없다면서 어째서 자필로 단체 구성을 썼는가?

장상환: …… 1월 2일, 3일 어디 갔느냐 해서 형님 집에 갔다고 하니 다짜고짜 엎어놓고 패더라. …… 안 쓰면 자꾸 패는데 어떻게 합니까. 처음에는 매를 맞으니까 대단찮다고 생각했는데, 한참 지나서 발가벗겨 놓고 각목으로 패기 시작했다. 빤스를 척 벗으니까 지독한 모욕감과 수치감이 들었고 "너 이 새끼, ○○는 잘생겼구나" 하는 모욕적인 언사를 마구 뱉는 그들의 행동양식을 보았을 때 그 뒤에 도사리고 있는 국가권력의 어마어마한 힘을 느꼈다. 그들은 "더 어마어마한 조치를 취할 시설이 지하실에 있다. 병신 되고 싶지 않으면 말해라"고 했다. 그러면서 (내가) 말을 하지 않거나 사실이 아니라고 하면 "여기 와서 이런 식으로 투쟁하겠다는 거

---

69. 한국기독교교회협의회 인권위원회, 『1970년대 민주화운동(IV)』, 1987, 1541∼1542쪽.

냐? 김일성이 상줄 것으로 아느냐"고 했다. 투쟁하는 것이 아니라 사실대로 얘기하는 것이라고 하면 "이 새끼, 그런 소리 하지마라" 하며, 이런 식으로 그들이 기대하는 대로, 생각하는 대로 답변이 나오지 않으면 "악질이다. 지독한 놈이다"고 했다. 그래서 악질이 안 되기 위해서 그들이 요구하는 대로 써줬다. 이렇게 해서 일단 사회주의 비밀서클이 됐다. ……[70]

④ 황한식 피고인의 경우

홍성우 변호사 : 『현대사상연구』를 본 일이 없다고 하니까 맞기 시작했다는 말인가?

황한식 : 어느 때 어떻게 맞았는지 명확하게 기억은 못하겠다. 또 하나 문제는 우리가 만난 날짜였는데 "1월 2일, 3일 함께 만났느냐" 하면서 "12월에 만났다" 하니 맞기 시작했다. 처음에는 앉혀놓고 주먹으로 때리고 발길질을 했는데, 나중에는 일으켜 세워가지고 주먹질, 발길질 할 것 없이 아주 무자비하게 때렸다. 이렇게 맞다 보니 얼굴이 붓고 입술 안이 부어터져서 식사도 전혀 못했다. 그 다음에는 꿇어앉혀놓고 침대각목을 넣고 패다가 나중에는 발가벗겨놓고 때렸다. 그때의 모욕감과 수치감, 그리고 그것으로 인해 어떻게 될 것인가 하는 완전한 공포감에 질려버렸다. 발가벗겨놓고 한 시간, 두 시간 맞다 보니 살고 싶은 마음이 없어 혀를 깨물어보았으나 용기가 없어 죽지 못했다. 이렇게 얻어맞다가 서울지부 사람인가 하는 사람이 물러가고 나를 운동복으로 갈아입혔다. 그때, 그 옷을 입을 때의 기분, 그 공포심은 가보지 않은 사람은 상상하지 못한다. 그러고는 백열등이 입구를 좍 비치고 양쪽에는 흰 벽만이 있는 속에서 수사관 세 사람이 왔다. 그때 나는 이미 3~4일 얻어맞아서 정신적으로 기억이 마비되고 희미해진 상태였다. 담당수사관이 바뀌어서, "네 사상이 뭐냐?" 하는데 사고능력이 마비되어서 생각이 나지 않

70. 한국기독교교회협의회 인권위원회, 앞의 책, 1542~1543쪽.

았다. 자꾸만 "너는 왜 이야길 하지 않느냐" 하지만 나는 무슨 얘길 해야 하는지 그저 막막했다. 계속 얻어맞고 하다가 조금 있다 정신이 좀 회복되었다. 그러자 "강원용 목사의 사상 성분이 뭐냐" 하면서 아카데미 기구 등 전체에 대해 물었다. "강원용 원장님은 기본적으로 노동자·농민을 교육하는 분이고 공산주의자가 아니다" 했다. 그리고 "네 사상이 뭐냐" 물어서 "자유와 평등이 동시에 실현되는 사회를 지향한다"고 하니까, "사회주의자도 그렇게 주장한다. 너도 사회주의자다" 하면서 사회주의자로 몰아가기 시작했다. 그때는 일주일간 전혀 잠을 안 잔 상태였다. 그후 수사관이 회의를 하고 돌아오더니 조직원을 대라고 했다. "조직이 없는데 무슨 조직원이냐?" 하니까 "12월 29일, 30일 그리고 3월에 만났지 않았느냐?" 해서 "만났다" 하니까 조직원, 강령, 목적, 뭐 이런 식으로 나왔다. 그러나 나로서는 대답할 수 없자 얻어맞았다. 그러다가 그 수사관이 자리를 비우고 다른 수사관이 와서, "이 새끼! 입을 열지 않는데……" 하며 때리기 시작했다. 침대에 거꾸로 세워놓고 몽둥이로 때리면서, "혁명가는 그렇게 투쟁하는 것이다. 김일성이가 중앙정보부 지하실에서 네가 이렇게 투쟁하는 것을 보면 영웅훈장을 줄 것이다" 하면서 무자비하게 팼다. 명백히 말할 수 있는 것은 그는 술을 먹은 것 같았다. 얼굴이 빨갰다. 나는 그때 완전히 녹았다. 돌았다. 거기서 내려와서 벗겨놓고 침대각목을 넣고 이렇게 누르면서(오금 사이에 각목을 넣고 누르는 시늉을 하면서) 맞았다. 그때가 고문의 피크였다. 그러면서 그는 "수사에는 과학적 수사와 과학수사가 있는데, 과학수사란 각종 기구를 이용한 수사로서 지하에 내려가면 있다"고 끊임없이 공포를 주었다. 그러나 지금 생각하니 공포였지 그때는 말할 수도 없는 기분이었다. 그러면서 "계산하라, 계산. 이제는 계산할 때다. 병신 되면 너만 섧지" 하였다. 그때 한 수사관이 "이 친구는 서울지부에서 너무 조져 머리가 안 돌아가나 보다" 했다.…… 다음, 조직 부분은 장상환 씨 필체로 된 것을 제록스한 것을 좍좍 베꼈다. 한 50페이지 넘는 것 같았다. 처음엔 한 자도 틀리지 않게 베끼라고 하더니 나중에는 회의를 하고 와서 "똑같이 베끼면 되느냐, 다 달라야지" 하여서 의미는 그대로 두고 말만 바꿨다.[71]

⑤ 신인령 피고인의 경우

황인철 변호사: 3월 13일부터 4월 3일까지 중앙정보부에 있었는데, 그 조사과정에서 사실 아닌 것을 사실인 것처럼 진술한 것이 있는데 왜 그랬는가?

신인령: …… 사실인 부분도 처음엔 얘길 안 하려 했으나 사실인 이상 말을 안 할 수가 없었다. 그래서 얘길 다하고 더 말할 게 없어서 안 했더니 "네가 공산당 당성이 강해서 그렇다"고 계속 몰아쳤다. 그러나 아는 것이 없어서 계속 말을 안 하니까…… "너는 손대지 않으려 했으나…… 네가 법률깨나 안다고 묵비권을 행사하는 모양인데 여기는 최고 정책기구다." 정확한 표현인지 모르겠으나 그런 말을 여러 번 썼다. "그렇기 때문에 이곳은 법의 제한을 안 받는 곳이다. 죽일 수도 있고 너같이 이적행위를 한 사람은 얼마든지 죽일 권리가 보장돼 있다. 그 대신에 검찰이나 경찰과는 달라서 죄가 있어도 내보낸다. 숨길래도 소용없다. 〈생사의 고백〉이란 영화를 봤느냐? 그 영화에서처럼 세계적으로 유명한 우리 중앙정보부는 여자를 남자로 못 만드는 것 외에는 뭐든지 만들 수 있다. 딴 생각 말고 인간적인 대접으로 끝내고 나갈 것이냐, 아니면 계속 공산당 당성을 가지고 투쟁할 것이냐, 두 가지 중에 선택하라"고 계속 협박했다. 그래도 말을 안 하려 하니까 "묵비권을 행사하는데 말을 하게 해주겠다" 하고 "다정하게 이야기하자" 하며 일으켜 세워 수사관의 코앞까지 끌어당겨놓고 입을 열어준다고 볼펜으로 입을 쑤셨다. 이것만으로도 나는 정신이 하나도 없고 완전히 기력이 빠져서 "제발 앉게만 해달라"고 빌었다. ……

---

71. 한국기독교교회협의회 인권위원회, 『1970년대 민주화운동(IV)』, 1987, 1543~1544쪽.

변호사: 잠은 잤는가?

신인령: 물론 잠은 못 자고 의자에 앉아 있다가 엎드리기라도 하면 높은 분이 TV로 비쳐보기 때문에 곤란하다고 했다. 그래서 죽 앉아 있었다. 나를 가볍게라도 폭행하고 따귀를 때리고 머리를 때린 사람은 담당수사관이 아니라 높은 분 같았다. 그 사람이 와서, "다른 사람은 지독히 맞았는데 넌 뭐냐, 넌 지독한 년이다" 하면서 때렸다. ……[72]

⑥ 김세균 피고인의 경우

조준희 변호사: 중앙정보부에서 어떻게 하여 허위자백을 하게 되었는지 간단히 설명하라.

김세균: …… 처음에는 "이북과 어떻게 접선했느냐, 난수표, 북괴 책자를 내놓아라" 하며 간첩이라는 분위기로 수사를 했다. …… 처음 취조의 시작은 낮과 밤을 구별할 수 없는 하얀 방에 꿇어앉혀놓고 팼다. 그 다음에는 책상 위에 "엎드려뻗쳐!" 하였는데, 고꾸라지면 때리고 또 꼬꾸라지면 때리고 하더니 본격적인 고문이 시작되었다. "이우재를 대표로 하는 무슨 비밀서클을 만들었느냐?" 하면서 이것도 이우재, 저것도 이우재 하는 식으로 심문이 계속되었다. 발가벗겨놓고 각목으로 패고, 이렇게 세워놓고 쥐어박으니까 갈대처럼 (나는) 쓰러졌다. 각목을 다리 사이에 넣고 문지르고, 드러눕혀놓고는 바늘 같은 걸로 불알을 쑤시고 …… 맞는 것보다 더 치욕적이었다. 그러면서 "다른 사람은 다 자백하는데 너는 안 하니 악질이다. 너 같은 놈 죽이는 건 간단하다. 이것이 고문인 줄 아느냐. 이건 준비운동이다" 하며 시작했다. 그러면서 "김일성 영웅훈장을 받을 것이냐, 이북 갔다 왔느냐, 버티는 것 보니까 이북에서 훈련받은 놈이다" 하고 말했다. 그리고 고위층이

---

72. 한국기독교교회협의회 인권위원회, 『1970년대 민주화운동(IV)』, 1987, 1544쪽.

라 생각되는 사람이 두세 차례 위협하기를, "여기는 법이 없다. 빨갱이를 잡는 데 무슨 법이 필요하냐. 국가 존망의 문제인데······ 3개월이고 6개월이고 하다가 죽어 시체가 되면 한강에 띄우면 그만이다"는 말을 30분쯤 들으며, 그런 속에서 취조를 받았다. 이렇게 간첩으로 몰리니 말할 수 없이 치욕스럽고 억울하고 울분이 치솟아올랐다. 내가 중앙정보부에서 나가더라도 간첩 혐의를 받아서 죽을 바에야 차라리 (여기서) 죽겠다고 앞에 있던 볼펜으로 이렇게 뒷목을 찌르니 볼펜이 찌그러지고 피가 솟아 흘렀으나 그래도 정신은 있었다. 그래서 혀를 깨물고 했는데······.

변호사: 그 상처는 치료를 했는가?

김세균: 붕대를 감고 치료를 했으나 아직 그 상처가 남아 있다. 또 얻어맞다 보니 귀에서 피가 나고 귀가 완전히 멀어 귀머거리가 되는 줄 알았다. 지금도 귀에서 소리가 난다. 다음으로 그들은, "네 처가 애를 낳을 때가 다 되었는데, 네 처를 데려다가 방방으로 돌려가며 치욕을 주어야겠느냐"고 했다.[73]

⑦ 정창렬 피고인의 경우

정춘용 변호사: 아까부터 고문당했다고 했는데 고문당했는가?

정창렬: 상당히 많은 고문을 당했다. 내가 중앙정보부에 연행된 것이 3월 15일인데······ 여러 가지 이유로 고문을 당했지만 가장 심한 것이 『현대사상연구』의 출처에 대해 심한 고문을 당했다. ······ (시간이 촉박하니 간단히 말하라는 재판부의 독촉 심함)

변호사: ······ 아까 말한 대로 철야 심문하여 10여 일 동안 잠을 못 자게 하고, 각목으로 전신을 구타하고 ······ 직접 총살하겠다는 그런 얘기인가?

정창렬: 그렇다. ······ 태권에 의한 타격으로 전신에 시퍼렇게 멍이 들어 4월 3일

---

73. 한국기독교교회협의회 인권위원회, 앞의 책, 1545쪽.

구치소로 넘어갔는데 4월 20일경에야 풀렸다. 결정적인 고문은, 상당히 고위층이 와서 한 10분간에 걸쳐 이야기했는데, "너 같은 악질은 간첩보다도 더 지독한 놈이다. 간첩도 4시간만 추궁하면 다 진실을 대는데 너는 며칠인데도 (책의) 출처를 대지 않는다. 즉결처분해버리겠다" 하며 즉결총살형 절차를 밟았다. 나를 의자에 붙들어매고 눈을 가린 후 가슴에 총을 갖다대며 장탄을 했다. 나는 그것은 참을 수 있었다. 그러나 "너만 죽일 줄 아느냐. 너를 죽이고 나서 너의 가족들을 모조리 죽여 길바닥에 내동댕이치고 교통사고로 위장해버리겠다"는 말을 듣고 그 장면을 눈앞에 죽 그렸을 때 말할 수 없는 충격을 받았다. 그 충격을 참아내기 위해 나는 혼신의 힘을 다했고, 겨우 정신을 잃지 않았다. 이를 악물고 그 충격을 겨우 참아 냈지만 그 고통은 도저히 표현할 수 없다. 그러나 그런 고문을 당하고도, 책의 출처란 특정 인물을 구체적으로 대야 하는 것이니까 나올 수 없었다. 이렇게 하여 그 책의 출처는 일단 끝났다. 내 주장대로 동대문 고서점에 샀다는 것이 인정되었다. 그 다음은 나를 사회주의 사상가로 만들기 위한 고문이었다. 임의진술서를 만들기 위해 계속해서 태권에 의해 맞고 난 후 버티고 버티다가 항복했다.…… 또 책이 나올 때마다 "은닉했다"고 하여 다투었는데, 심지어 "책보에 쌌다고 했다가 검은 가방에 넣었다"고 하는 등 이상하게 사람을 쪼는 그런 과정 하나하나를 모두 다투었고, 다투는 과정에서 구타를 당했다.…… 모든 것은 내 의사와는 전혀 다른 허위진술서가 (그들의) 임의로 작성되었다.[74]

이 사건은 "유신 말기에 폭력과 고문으로 조작된 사건 가운데 가장 잘 드러난 것"이다. "기독교 인권운동 세력을 중심으로 국내외에서 보여준 피고들에 대한 신뢰와 관심,[75] 피고들의 용기가 이만큼이라도 사실을 폭로할 수 있었다. 고문

74. 한국기독교교회협의회 인권위원회, 「1970년대 민주화운동(IV)」, 1987, 1545~1546쪽.

받은 사실을 폭로한 후에 받을 더욱 끔찍한 고문의 보복과 고문받을 때의 치욕감 때문에 많은 고문사건들이 은폐되어버렸기 때문"이다.[76]

통혁당 재건기도사건 ─ 1979년 4월

크리스천아카데미사건이 중앙정보부에서 만들어지는 동안 치안본부에서는 통혁당 재건기도사건이 만들어지고 있었다. 1979년 3월 13일 임동규를 치안본부가 연행한 뒤 피의자들이 차례로 연행되어갔으나, 소재가 밝혀지지 않다가 4월 18일이 되어서야 가족과 언론에 알려졌다. "북괴 지령에 따라 통혁당을 재건하여 통일전선을 형성하고 결정적 시기에 봉기하여 대한민국을 전복, 적화를 기도해오던 고려대 노동문제연구소 총무부장 임동규(40) 등 7명을 간첩 및 국가보안법 등 위반 혐의로 구속·송치했다"라고 대대적으로 발표한 것이다. 그러나 이것역시 고문의 위협으로 만들어낸 조작사건이었다.

∷ 79년 3월 13일 동대문경찰서로 연행된 이후 3월 15일부터 4월 12일까지 거의 한 달간 남영본실이라는 곳에서 조사를 받았는데, 맨처음 3~4일간은 의자에 앉아서 1~2시간 잠깐 조는 정도로 잠을 못 잔 상태에서 수사관들은 7~8명이 계속 교대하면서 질문을 했다. 과거에 인혁당사건 등이 내 자신이 직접 가담되지는 않았지만 주변에 있었던 것은 사실이다. 그런데 수사관은 나에게 "임동규, 네가 과거에는 재수가 좋아 걸리지 않았지만 이번에는 어림없다"고 협박했고, 또 그곳에서 사장님으로 통하는 분에게서 엄중하고 심각한 요구를 받았다. 즉 "지금까지 나는 수백 명의 공산당을 죽였는데 너 하나쯤은 문제없이 죽일 수 있다. 과거에

---

75. 당시 이 고문사건에 대해서 한국기독교교회협의회는 항의성명서(1979년 8월 18일자)를 냈고, 크리스천아카데미사건 대책위원회 위원장단도 각계의 지도급 인사 36명의 서명을 받아 박정희 대통령에게 청원서(1979년 8월 24일자)를 보냈다. 한국기독교교회협의회 인권위원회, 앞의 책, 1546~1547쪽.
76. 한국기독교교회협의회 인권위원회, 앞의 책, 1546쪽.

는 재수가 좋았지만 이번에는 어림없다"고 했다. 당시 나는 심장이 좋지 않았는데 여기서 어떤 이야기를 꾸며내지 않으면 심한 고문을 받을 것 같아 이것을 만들어 내었다. 그래서 안용웅(미검)이 잠적한 사실을 근거로 픽션을 만들었다.[77]

월남자 가족 김태룡 씨의 고문 이야기 — 1979년 6월

남하한 친척에게 포섭되어 이적행위를 해왔다는 혐의로 일가족 12명이 구속되었다. 김태룡 씨의 가족은 1979년 6월 15일 영장도 없이 치안본부 남영동 대공분실과 춘천경찰청 대공분실에 불법연행되어 36일간 불법구금을 당했다. 그 과정에서 성명 불상의 수사관 10여 명으로부터 전기고문과 물고문 등을 당해 하루에도 3~4회 기절을 했다. 그들은 몽둥이로 전신 구타, 7일간 잠 안 재우기, 발가벗긴 후 성희롱 등의 고문을 당했다. 결국 1979년 7월 20일 국가보안법 위반으로 영장을 발부받았고 무기형을 선고받았다.

김태룡 씨는 1970년대에 대구에서 건설현장 노동자로 일하고 있었다. 그러던 중 6·25 당시 월북한 친척이 남쪽으로 내려와서 김 씨의 집을 방문했는데 아무도 당국에 신고하지 않았다. 이것을 근거로 해서, 당시 친척에게 지역 경찰과 군대에 관한 정보를 전해주었고, 그에게 세뇌되어 통일혁명당 강원지역당을 조직했다는 혐의가 씌워졌다. 그러나 그 모든 것이 고문에 의한 조작이었다고 김태룡 씨는 주장한다. 당시 국선변호인의 도움을 받았을 뿐이고, 혐의에 대한 증거라고는 자신과 가족들의 진술뿐이었다. 가족들도 3년에서 무기징역까지 선고받았다. 그의 아버지는 사형을 선고받고 1983년 집행되었다.[78]

---

77. 한국기독교교회협의회 인권위원회, 「1970년대 민주화운동(IV)」, 1987, 1783쪽.
78. Amnesty International, Republic of Korea: Long-term prisoner Kim Tae-ryong, AI Index: ASA 25/09/97, January 1997.

남민전사건 — 1979년 10월

:: 　1979년 10월 3일 사건이 터진 후 1980년 2월 재판일이 시작된 그날까지 가족들은 사건 관련자들의 생사조차 몰랐다. 처음 본 것도 구치소 접견실이 아니라 재판정에서였다. 재판정에 나온 그들의 모습은 수개월 전 잡혀갈 때의 얼굴이 아니었으며, 심지어 들것에 실려나오기도 하였다. 유신정권하, 10월 26일 이후 계엄하의 고문 상황을 어찌 다 말할 수 있겠는가? 그 고문의 후유증으로 최석진은 병보석으로 출감하여 젊은 생명이 꺼져가고 있으며, 아직 창창한 나이에 한쪽 귀가 전혀 들리지 않는 사람이 있는가 하면, 고문 흉터가 7년이 지난 지금도 남아 있는 사람이 있다. ……[79]

이것이 바로 1974년 민청학련사건 이래 최대의 시국사건으로 꼽히는 남민전사건이 만들어진 과정이다.[80] 지금은 한나라당 중진 국회의원이 되어 활동하는 이재오 의원도 당시 남민전사건의 고문에서는 예외가 아니었다.

:: 　…… (긴급조치) 재판날을 기다리고 있던 어느 날(1979년 추석 전날로 기억된다), 다음 날이면 긴급조치 재판이 시작되는데, 저녁 무렵 출정이라면서 교도관이 감방문을 열었다. 불길한 예감이 퍼뜩 들었다. 출정 전날 불려나가는 예가 없기 때문이다. 보안과장실에 가니 낯선 젊은이가 두 명 와 있었다. 몇 마디 신병을 확인하고 수갑을 채워 끌려간 곳이 남영동 대공분실이었다. 내가 남영동 대공분실을 첫 번째 출입하게 된 것은 감방에서였다. 그러나 대공분실에서 나를 고문한 사람들은 73년, 77년 두 번이나 나를 투옥시킨 이근안팀이었다. 나는 그들에게 두 번이나

---

79. 전남지역구속청년학생협의회, 「남조선민족해방전선준비위원회사건」, 『전남지역 양심수백서』, 1987, 159쪽.
80. 1979년 10월 정치적으로 혼란한 가운데 터진 이 사건에는 74명이 연루되었고 1심에서 사형 4명, 무기 4명, 징역 15년 5명 등 중형자가 많았다. 사형이 확정된 이재문은 1981년 11월 23일 옥사했고, 신향식은 1982년 10월 8일 사형이 집행되었다. 이들은 10·26과 연이은 민주화 열기에 묻혀 사회적 관심을 끌지 못한 채 재판을 받았다.

살인적으로 고문을 당한 바 있었기 때문에 우선 겁부터 났다. 내가 여기서 살아나 간다면 그것은 기적이다. 죽어나간다, 죽어나간다 하는 공포감이 순간 전신을 엄습했다.

그러나 그 다음 나는 이를 악물었다. 살아서 죽느니, 죽어서 사는 사람이 되자, 그 순간부터 나는 고문을 온몸으로 받아내기로 했다. 그러나 나는 역시 신이 아니고 인간이었다. 주기를 각오할수록 살아야겠다는 욕망이 꿈틀거렸다. 고문은 시작되었다. 남영동 대공분실, 세칭 악마들의 고향 5층 조사실—조사실이라기보다 고문실이라는 말이 더 적당하다. 물을 마음대로 먹일 수 있는 목욕탕(욕조실), 대소변을 처리하는 변기, 책상 하나, 의자 둘, 단색의 벽과 천장, 전기고문을 할 수 있는 침대, 아무리 소리쳐도 밖에 새나가지 않는 방음벽, 높은 자들이 감시할 수 있는 TV 장치……

나는 무엇 때문에 끌려왔는지도 모르는 채 우선 30분가량 5~6명의 건장한 사내들로부터 무차별로 얻어맞기 시작했다. 얼굴이 붓고, 코피가 쏟아지고, 눈에 멍이 들고, 다리, 무릎, 팔, 가슴 할 것 없이 정신을 차릴 수 없을 정도로 얻어맞았다. 그러고 나서 "너 남민전에 가입했지?" "남민전 이라니요" 다시 고문, "너 이재문이 알지?" "모릅니다" 다시 고문. 그렇게 시작된 고문은 5층에서 3층 소위 사장실이라는 넓은 방으로 옮겨 넓은 목욕탕으로 들어갔다. 그들 고문자들은 내가 아는 얼굴들이었고 고문팀의 책임자는 나를 두 번이나 투옥시킨 장본인이었다. 넓은 목욕탕에 들어갔다. 희미한 전깃불이 들어왔다. 문이라고는 출입구밖에 없고 출입구는 2중문으로 사장(?)실과 연결되어 있었다.

나는 알몸이 되었다. 죽음의 공포에 내 생식기는 대추씨 만해졌다. 두 발목을 밧줄로 묶고 무릎을 세우고, 두 손을 역시 밧줄로 묶어서 무릎을 두 팔 사이로 넣고 굽힌 무릎 사이로 침대봉을 넣어 거꾸로 매달았다. 얼굴에 젖은 수건을 덮었다. 이제부터 물고문, 고춧가루 고문이 시작되는구나. 나는 이미 겪은 경험에 따라 살아나

가길 체념하고 빨리 내 의식이 사라져주기를 보이지 않는 절대자에게 기원했다. "나를 빨리 거두어주소서." 수건으로 덮은 얼굴 위로 고춧가루를 탄 주전자 물을 붓기 시작했다. 눈, 코, 입으로 들어가는 맵고 따갑고 화끈거리는 고통에 혼신의 힘으로 버둥거렸다. 얼마의 시간이 흘렀는지 침대봉이 부러지고 다시 막대기가 끼워졌다.

그들은 숙련공처럼 침착했고 나는 짐승처럼 버둥거리다 지쳐 의식을 잃었다. 그리고, 다시 고문이 시작되었다. 얼마나 지났는지, 다시 5층 조사실(?)로 올라왔다. "남민전 가입했지?" "나는 남민전이라는 단체는 알지도 못합니다." "너 이재문이 알지?" 내가 지하운동을 하면서 만난 선배는 '김'이다. 시월 유신하 최대의 지하조직으로 알려진 남민전의 책임자 이재문 씨는 김 사장으로 불렀기 때문에 그의 본명을 알지 못했다. 그리고 내가 대표로 있던 지하조직은 '한국민주투쟁국민위원회' 약칭 '민투'였고, 나의 조직명은 한국주였다. 민투의 조직원은 대부분 현직 중고등학교 교사들이었다. 남민전사건이 터지면서 그들 모두가 나와 함께 처절한 고문을 당하고 구속되었다. 고문을 당하면서도 의식이 돌아오면 사실대로 이야기하고 고문이 시작되면 무조건 "예", "예" 하고…… 그것은 짐승과 같았다.

10일간의 지옥에서 서대문구치소 1사상21방으로 돌아오니 천국으로 돌아온 기분이었다. 천국이 있다면 아마 이런 곳이 아닐까? 감옥의 감방은 비어 있는 10일간 쥐들의 자유 광장이었다. 나는 창틀 사이로 보이는 하늘 한 조각을 보고 내가 사람으로 태어난 것을 저주했다. 그후 나는 15년을 구형받고 5년을 선고받아 복역 중 83년 8월 15일 특사에 의한 형 집행정지로 출옥했다. 나는 나를 짐승으로 만든 고문자들을 증오하지 않는다. 다만 그들의 인간성을 야수로 만든 분단 40년, 그 분단의 냉전논리를 정권 유지의 도구로 이용한 군사독재정권을 용서할 수 없는 것이다.[81]

법정에서 그토록 고문 사실을 주장하고, 누구나 보기에도 외관상 고문당한 것이 명백한, 그리고 실제로 고문후유증 때문에 옥사까지 했던 남민전사건에 대해 법원은 단 한마디로 이렇게 쓰고 있다.

:: 소론은 피고인에 대한 검사 작성의 피의자 신문조서는 부당한 장기 구속과 고문 및 유도, 강압에 의한 것이므로 진술의 임의성이 없다는 것이나 기록에 의하여 살피건대, 소론과 같은 임의성이 없는 진술로서 그 내용이 신빙할 수 없는 것이라고 의심할 만한 자료가 없으므로…… 증거로 채택한 원심의 조치에 수긍이 가고 거기에 채증법칙상의 위법이 있다고 할 수 없고…….[82]

81. 이재오, 「나는 창틀 사이로 보이는 하늘을 보고 내가 사람으로 태어난 것을 저주했다—시월 유신하 세 번째 고문을 당하면서」(http://www.leejo.net 참조)
82. 대법원의 1980년 12월 23일 선고, 80도 제2570호 사건 판결문.

03
박정희 정권의 일반사건 고문조작 사례

　앞에서 살펴본 대로 박정희 정권이 독재와 장기 집권을 의도하면서 그에 반대하는 세력들과 '전쟁'과도 같은 상태를 연출했고, 이 과정에서 정치인·학생·노동자·지식인들에게 엄청난 고문이 가해지면서 커다란 충격과 논쟁을 야기했다. 그러나 그 이면의 일반 시민들도 경찰을 비롯한 수사기관의 고문으로 큰 고통을 겪었다. 이들의 사례는 널리 알려지지도 않고 여론과 관심의 대상이 되지도 못했다. 그러는 사이에 고문은 열병처럼 전국의 경찰서와 파출소 곳곳으로 번져나갔다.

　너무 고문이 횡행하자 경찰 당국조차 고문 금지를 지시하기에 이르렀다. 1965년 10월 14일 서울시경은 "요즈음 일선 경찰서가 형사사건 피의자를 다룸에 있어 고문, 자백 강요 등 과잉수사를 함으로써 인권을 유린하는 사례가 빈번함을 지적, 사건 수사는 피의자의 자백보다는 방증 수집에 중점을 두어야 하며 특히 소년범 취급에 있어 가혹한 행위 등의 억지 수사를 하지 말 것 등을 관할 각 경찰서에 긴급지시"한 것이다.[1] 그러나 이런 긴급지시 한 번으로 고문이 근절될 수는 없었다. 그 비극적인 상황을 하나씩 살펴보자.

물을 먹이며 몽둥이로 마구 때려 — 1961년 8월

::　 절도 피의자에게 물을 먹이며 곤봉으로 마구 때리는 등 고문을 한 경찰관 2명이 검찰에 구속됐다. (1961년 8월) 26일 하오 부산지방검찰청 김일부 부장검사는 시부신경찰서 소속 박양운(37), 이시친(38) 양 순경을 독직상해 혐의로 구속했는데 조사에 의하면, 이·박 양 순경은 지난 20일 절도 피의자로 구속된 부산시 남부민동1가 거주 김경준(36)의 자백을 강요하며 서부산경찰서 유치장 앞에 있는 목욕탕에서 물을 먹이고 몽둥이로 마구 때려 3주일의 치료를 요하는 부상을 입었다는 것이다.[2]

황윤석 판사 변사사건에 가족들 고문 주장 — 1962년 1월

::　 황 판사 사인규명 수사를 할 때 경찰관이 황 판사의 남편을 비롯한 그 가족들을 고문했다는 고발사건을 수사 중인 서울지검 이택규 검사는 (1962년 1월) 15일 고소인 손병도 씨를 소환 신문하는 한편, 고문을 당했다는 그 아들 손정현 피고인과 그 어머니 차경애 여사 등 피해자 신문을 마쳤다. 그런데 손정현과 차경애 여사는 각각 "피고소인들인 서울시경 수사과 우종국 주임을 비롯한 형사들한테 심한 고문을 당했다"고 증언했다 한다.[3]

결국 이 사건으로 서울시경 수사과 신영식 형사가 구속되었다.[4] 이렇게 사회적으로 큰 이목을 받은 사건에서도 고문을 가할 수 있다는 것이 놀랍기만 하다.

---

1. 「고문 자백 강요 말라 — 시경, 억지 조사에 경고」, 1965년 10월 15일자 『조선일보』 기사.
2. 「물 먹이며 몽둥이로 때려 — 피의자 고문한 두 경관 구속」, 1961년 8월 29일자 『조선일보』 기사.
3. 「"심한 고문당했다" — 고 황 판사 친모 검찰서 증언」, 1962년 1월 16일자 『조선일보』 기사.
4. 「고문경찰에 영장 — 고 황 판사 남편 고소사건」, 1962년 3월 8일자 『조선일보』 기사.

대구·경산 지역 두 절도 용의자에 대한 고문 —1962년 5월

::   국제인권옹호한국연맹은 대구와 경산에서 절도 용의자로 경찰에 연행되어 고문받은 두 사건이 인권침해이었음을 29일 확인하고 더욱 정확한 조사와 대책을 마련하기 위하여 조사단을 현지로 파견하기로 하였다. 이 두 가지 경찰관의 불법 비행은 지난 7일 대구시 봉덕동 2구 1, 115에 사는 석수복 씨가 이웃집 도난사건의 용의자로 그날 하오 4시경 봉덕파출소에 연행되었다가 밤 11시경 무혐의로 돌아갈 때까지 수갑을 채운 채 6시간이나 두 손가락 사이에 나무때기를 끼는 등 자백을 강요당한 사실과, 경산군 안심면 숙천동 2구 90에 사는 서창수 씨가 절도 혐의로 안심지서에 연행되어 역시 수갑을 채운 채 경찰봉으로 맞는 등 무혐의로 귀가할 때까지 30시간이나 범행의 자백을 강요당한 사실이라고 지적되고 있다.[5]

삼청공원 살인사건 범인을 두고 오락가락 —1962년 8월

::   삼청공원 뒷산 살인사건의 범인으로 박흥주(55)를 살인죄로 군법회의에 구속, 송치한 바 있던 종로경찰서는 한 달 만에 이 사건을 재수사하기에 이르러 앞으로의 동 사건의 알쏭달쏭한 귀추가 주목을 끌고 있다. 10일 하오 서울시경찰국은 "범인으로 단정했던 박이 고문에 못 이겨 허위진술을 했으며, 사건 당시 용의자로 구속된 바 있던 이상태(34) 씨가 진범인이 틀림없다는 유력한 정보가 있으니" 이 사건을 재수사하도록 종로경찰서에 지시했다. 그런데 박은 사건 발생 후 살해된 김영수(47) 씨와 관련된 사기 사건으로 검거되어 김 씨를 죽였다는 범행을 자백했다가 지난 7월 8일에 있은 현장검증에서 "고문에 못 이겨 허위진술을 했다"고 범행 일체를 부인, 그후 다시 범행을 시인함으로써 7월 16일 군법회의에 구속, 송치됐었다. 그리고 이상태 씨는 전과 2범으로 사건 당시 이 사건의 가장 유력한 용의

---

5. 「혐의자에 모진 고문—인권련서 경북 현지 조사키로」, 1962년 5월 30일자 『조선일보』 기사.

자로 수사선상에 올랐던 것인데 혐의가 없어 경범죄로 20일간의 구류 처분을 받고 석방됐던 것이다.[6]

경찰의 수사가 오락가락하고 있다. 고문을 하다 보니 진짜 범인은 놓치고 억울한 범인을 만들었던 것이다.

자진해서 벗었다? ─ 1962년 10월

∷   부산시 남포동 소재 장춘여관 종업원 김영순(24) 양은 5일 부산지방검찰청 내에 있는 인권상담소를 찾아 경찰관으로부터 절도의 누명을 받아 옷을 벗긴 채 두 시간 동안이나 심한 고문을 당했다고 호소했다. 김 양 호소에 의하면, 지난 10월 25일 하오 7시경 동 여관에 투숙한 김시택 씨가 돈 9천8백 원을 잃고 중부산경찰서 동광동파출소에 신고했는데 동 경찰서 최종영(27) 형사는 김 양에게 도둑 누명을 씌워 파출소로 연행 ─ 두 시간 동안이나 숙직실에 감금하고 자백을 강요했으나 끝내 부인하자 상하의를 벗기고 구타 실신케 했다는 것이다. ……[7]

경찰국은 "김영순 양의 옷을 경찰관이 벗긴 것이 아니라 본인이 자진해서 벗은 것이며 조서 용지로 몇 차례 때렸을 뿐"이라고 변명했다.[8] 세상에 경찰관 앞에서 자진해서 상하의를 벗었다는 것이 말이 되는가.

남대문경찰서 가혹행위사건 ─ 1963년 3월

∷   29일 상오 서울지법 6호 법정에서는 세칭 '남대문경찰서 가혹행위사건'으

---

6. 「삼청공원 살인사건 박홍주는 진범 아닌 듯 ─ 고문에 못 이겨 허위자백」, 1962년 8월 11일자 『조선일보』 기사.
7. 「파출소서 옷 벗기고 고문 ─ 여관 식모에 도둑 누명 씌워」, 1962년 11월 7일자 『조선일보』 기사.
8. 「최종영 형사를 징계 ─ 여관 식모 고문사건」, 1962년 11월 8일자 『조선일보』 기사.

로 알려진 송봉치(23) 피고에 대한 장물알선피의사건 공판이 열렸는데, 재판장의 신문에 송 피고는 극동영화사의 영사기를 팔아주었다는 경찰에서의 자백은 형사의 심한 고문에 의한 거짓진술이었다고 말하였다. 한편 송 피고의 무료 변호를 맡은 김춘봉 변호사는 "송 피고는 경찰의 고문에 의한 허위자백으로 된 이 사건은 무죄"라고 말한 후, 송 피고가 고문당했다는 남대문서 강당 등의 현장검증 등을 신청했으나 재판부는 이를 기각해버렸다.[9]

고문 주장은 살기 위한 방법인가 — 1963년 7월

한때 박정희의 군사쿠데타 이후 혁명검찰부장을 역임했던 박창암 대령 역시 구속과 고문을 피해갈 수 없었다. 머리를 삭발하고 "쿠데타의 목적이 달성될 때까지" 진력하겠다던 그가 수사기관에 체포되어 고문당했다고 법정에서 폭로하는 장면은 참으로 역사의 아이러니가 아닐 수 없었다.

:: 1일 하오 군 일부 '쿠데타' 음모사건을 담당했던 1수사 당국자는 동 사건에 관련된 박창암(전 혁검부장, 예비역 준장) 피고인이 수사기관에서 고문을 당했다는 법정 진술에 대해 "고문이란 상상조차 한 바 없다"고 부인하고, "살기 위한 방법으로는 긍정이 가나 그의 인격과 무공이 가소롭게 여겨진다"고 말했다. 박 피고인을 수사했다는 그는 박 피고인이 음모계획을 처음에는 부인 일관했으나 수일 후에는 "듣기는 했다"고 진술하기에 이르렀다고 한다.[10]

사장과 경찰로부터 린치와 고문을 당한 직공 — 1963년 7월

:: 지난 9일 부산지검은 모라방직회사 직공 황근호(23) 씨 등 3명이 사장으로부

---

9. 「심한 고문으로 거짓자백했다—가혹행위사건 '송봉치' 피고 진술」, 1963년 3월 30일자 『조선일보』 기사.
10. 「고문한 일 없다—박창암 피고 진술 수사당국자 부인」, 1963년 7월 2일자 『조선일보』 기사.

터 도둑으로 몰려 린치당하고 경찰관의 고문까지 받았다고 인권상담소를 통해 고발해온 사건을 수사 중에 있다. 고발 내용에 의하면, 전기 황 씨와 같은 직공인 구경희(22), 양금준(28) 씨 등 3명은 지난달 29일 동 회사에서 옷감 도난당한 사건의 범인으로 몰려 다음 날인 30일 사장 김기찬(48) 씨로부터 린치를 당했으며, 부산진서에 인계되어 순경 2명으로부터 옷을 벗기고 역시 고문을 당했다는 것인데, 그후 진범인인 이기수(37)가 체포되자 풀려나왔다는 것이다.[11]

동장이 사환을 고문 — 1963년 10월

::   30일 서울 마포구 신공덕동 제2동회 사환으로 있는 정요(19) 군은 억울하게 도둑의 누명을 쓰고 경찰에 연행되어 두 시간이 넘도록 고문을 당했다고 동 동장 허익태 씨와 마포수 수사계 형사 최 모 씨 등을 걸어 상해 등 혐의로 서울지검에 고소했다. 소장에 의하면, 21일 정 군은 배급쌀 대금 3만 원이 없어진 도둑의 혐의를 받고 동장 허 씨에 의해 마포서에 연행되어 이날 밤 12시부터 새벽 2시까지 수갑을 찬 채 고문을 당하고 22일 정오에 동사무소에 돌아왔으나, 동회에서는 바쁘다는 이유로 27일까지 사무소 내에서 숙직시켜 사실상 감금을 당해왔다고 주장하고 있다.[12]

어린 남녀 학생을 옷 벗기고 고문 — 1963년 7월

::   서울 시내 서소문동 H고등공민학교 1년생 전용식(16) 군과 김정숙(16) 양은 5일 하오 4시쯤 용산경찰서에 연행되어 김 모 형사부장과 명 모 형사에 의하여 3층 훈수실로 끌려간 다음 각각 딴방에서 옷을 벗긴 채 무수히 얻어맞고 서로 "정교 관계를 맺었다"는 허위자백을 했다는 것이다. 전기 경찰관들은 전 군에게는

---

11. 「사장은 사형(私刑), 경관은 고문 — 도둑 누명 썼던 직공 3명이 고발」, 1963년 8월 11일자 『조선일보』 기사.
12. 「절도로 몰아 고문 1시간 — 동회 사환이 동장, 형사 걸어 고소」, 1963년 10월 31일자 『조선일보』 기사.

"김정숙이가 너와 관계를 맺었다고 자백했으니 너도 자백하라"고 구타 강요했다는 것이며, 김 양에게는 "전용식이가 너와 관계를 맺었다고 자백했으니 너도 자백하라"고 마구 때려 마침내 30분 만에 허위자백을 하게 되었던 것이라고 피해자들은 말했다. 이 어린 남녀들은 그날 밤 9시쯤 석방되었는데, 이 사실을 알게 된 H고등공민학교 홍 모 훈육주임도 분격하고 있었다.[13]

그러나 경찰은 피해자의 고문 주장이 사실 무근이라고 주장하고, 오히려 피해자인 전 군을 다시 연행해 조사하는 파렴치한 모습을 보였다.

순경이 식모 린치 — 1964년 1월

:: 파출소 순경이 남의 집 식모에게 도둑의 누명을 씌운 후 수건으로 입을 막고 물을 끼얹으며 곤봉으로 6시간 동안이나 고문을 한 사실이 발각이 되어 경찰에 입건되었다. 서울 동대문경찰서는 4일 관내 용두동파출소 문 모 순경을 폭행치상 혐의로 입건했는데, 문 순경은 용두동 장흥실(36) 씨 집 식모 박옥남(18) 양이 그 집에 세 든 박편섭(33) 씨의 신사복과 오바를 훔친 것으로 생각한 나머지 3일 하오 6시 반부터 다음 날 0시 반까지 무려 6시간 동안이나 감금하고 고문을 했다.[14]

경찰관 고문으로 억울한 옥살이 — 1964년 1월

:: 서울교도소에 수감 중인 미결수 5명이 경찰관의 고문에 못 이겨 강제로 허위자백을 하여 옥살이를 하고 있다는 이유를 들어 서대문경찰서 소속 경찰관 8명을 상대로 16일 서울지방검찰청에 고소한 사건이 있다. 이날 서울지검에 접수된 소

---

13. 「경찰에 붙잡혀간 고공교(高公校) 어린 남녀 학생 옷 벗기고 심한 매질 — 터무니없는 '추행' 자백 강요」, 1963년 7월 7일자 『조선일보』 기사.
14. 「순경이 식모 린치 — 도둑 누명 씌워 6시간이나 고문」, 1964년 1월 5일자 『조선일보』 기사.

장에 의하면, 고소인 김동영·김경일·전완식·박봉식·박홍순 씨 등 5명이 한결같이 경찰 신문 때 절도 및 강도를 했다고 허위자백한 것은 모두 담당경찰관들의…… 김동영 씨는 지난해 12월 8일 밤 10시 버스정류장 앞에서 시계 두 개(1개는 친구 소유)를 차고 있다가 강도 혐의로 서대문서로 연행되어 숙직 형사 3명(성명 미상)의 심한 고문으로 강도질을 했다고 허위자백을 했다고 주장하고 있으며, …… 김경일은…… 증명서를 찾기 위해 대현지서에 갔다가 전근배 형사를 만났는데, 전 형사는 주인집 라디오를 네가 훔쳤다고 눈코에 담뱃재를 넣고 고문했기 때문에 허위자백했다는 것이다. ……[15]

서로 다른 사건의 범인들이 공동으로 경찰관들을 상대로 고발한 특이한 경우이다. 경찰은 이들이 전문적인 절도 전과자들이며 억지주장이라고 말했다. 그러나 아무리 전과자라 할지라도 당하지 않은 고문을 당했다고 주장할 수 있을까.

국회의원도 고문을 당한다 — 1964년 5월

:: 김준연 의원의 일본자금 사전수수설 사건에 관련되어 입건된 손창규(삼민) 의원은 9일 성명을 통해 검찰 당국이 그를 실질적으로 고문·협박했다고 비난하면서, 앞으로는 김종필 의원과 대질하는 경우 외에는 검찰에 출두하는 것을 거부하겠다고 밝혔다. 그런데 손창규 의원을 환문한 검찰 당국에서는 실질적 고문 운운을 일소에 붙였다.[16]

'실질적 고문'이란 것이 무엇인지는 정확하지 않으나 어쨌든 현직 의원으로서 고문을 당했다는 주장이 나온 것 자체가 이례적이다.

---

15. 「"경찰관 고문으로 옥살이" — 미결 5명이 옥중 고소」, 1964년 1월 17일자 『조선일보』 기사.
16. 「손창규 의원 성명 — 고문을 당했다」, 1964년 5월 10일자 『조선일보』 기사.

절도 소년에게 파출소에서 '비눗물' 고문 — 1964년 12월

:: 15일 낮 4시 반쯤 서울 동대문경찰서에 절도 혐의로 잡혀온 고정일(17)이란 소년은 경찰서에 오기 전 파출소에서 비눗물을 먹는 고문을 당해 30회의 절도를 한 양 자백했다고 말했다. 이날 상오 11시쯤 숭인동 97의 12 김남순(51) 씨 집에서 여자구두 한 켤레를 훔치다 들켜 동대문경찰서 동묘파출소에 잡혀갔던 고 소년은 '잎사귀 셋 달린' 정복 경찰관이 여죄를 불지 않는다고 "마구 때린 뒤 컵에 비누를 타먹였다"고 울먹이며 말했다. 고 소년은 파출소에서 경찰관이 자기의 "무릎을 꿇리고 턱을 위로 젖히게 한 다음 컵 속의 비눗물을 따라붓기에 견디다 못해 도둑질을 30번 했다"고 허위자백할 수밖에 없었노라고 말했다.[17]

이번에는 '비눗물 먹이기'라는 신종 고문이 등장한다. 고정일 소년을 따라 파출소에 간 피해자조차도 비눗물 먹이는 장면을 목격했는데 경찰은 그런 적이 없다고 부인했다.

꼬마를 유괴해 도둑질을 시키고 고문한 구두닦이들 — 1965년 1월

:: 13세 된 어린이를 유괴하여 7개월 동안 도둑질을 시키다가 성적이 나쁘다는 이유로 화젓가락으로 온몸을 지진 다음 내다버린 구두닦이 김중관(24) 등 3명이 23일 하오 청량리경찰서에 검거되었다. 서대문로터리 우미예식장 부근에서 구두닦이를 하던 김중광(별명 돼지), 박철규(16, 별명 합죽이), 변창호(17, 별명 마귀할멈) 등 3명은 작년 7월 초순 서대문 로터리를 배회하는 청량리1동 김세보(48) 씨 장남 신상국(12) 군을 유인, 도둑질을 시켜오다가 도둑질 성적이 나쁘다고 트집, 지난 7일 우미예식장 쓰레기통에 버린 불기 있는 구공탄 화젓가락을 달구어 신 군의 입과

---

17. 「파출소서 절도 소년에 고문 ─ "여죄 자백하라"고 비눗물도 먹여」, 1964년 12월 16일자 『조선일보』 기사.

눈을 막고 다리를 묶은 다음 양 옆구리와 손목, 손가락을 지져놓고 내다버렸다. 신군은 지난 7일 이들로부터 말하면 죽인다는 협박을 받아 집에 돌아간 뒤에도 난롯가에서 자다가 엎드러졌다고 거짓말, 부모의 추궁을 받고 발설, 동네에서 경찰에 고발하기에 이른 것이다.[18]

일가족 살해사건 범인 고문당했다고 주장 — 1965년 1월

::   서울형사지법 3부(재판장 김영준 부장판사)는 (1967년 5월) 19일 낮 1965년 1월에 일어난 철원 새마을교회 일가족 살해 및 살해미수 사건의 범인으로 기소된 이관신(32) 피고인이 "경찰에서 고문을 했기 때문에 허위자백한 것이다"라고 주장한 데 따라 현장검증에 나섰다. 재판부는 "① 사건 당일에는 아버지와 하숙을 하고 있는 정인식 씨와 함께 잤다. ② 경찰에 특수절도 혐의로 구속되면서 전기고문을 받아 살해범이라고 허위자백을 했다. ③ 경찰이 20여 일 동안 현장검증을 할 때 '지시대로 움직이라'고 사전 훈련을 시켰다"는 이 피고인의 주장이 신빙성이 있는 것으로 보고 현장검증에 나선 것이다.[19]

가족들이 진범 찾아내자 피해자 석방 — 1965년 10월

::   생사람을 절도로 몰아 모진 고문, 전치 3주일간의 중상을 입혀놓고 절도범으로 정식 구속, 8일 만에 피해자의 가족들이 진짜 도둑을 찾아냄으로써 석방한 경찰 처사가 밝혀져 아직도 서민층 인권을 마구 짓밟는 관권의 횡포가 건재(?)한 느낌을 던져주고 있다. 지난 4일 용산구 원효로2가 제일극장 안에서 페인트 3통(시가 2,400원)을 훔친 용의자로 원효로2가 파출소에 붙잡혀간 김기영(24, 제일극장 선전부 종업원) 씨는 동 파출소 순경 2명에게 자백하지 않는다고 숙직실에 감금된 채 수갑

---

18. 「꼬마 유괴 도둑 강요 — 성적 나빠 '인두 고문'」, 1965년 1월 24일자 『조선일보』 기사.
19. 「고문으로 자백 강요 — 철원 일가족 살해범 주장」, 1967년 5월 19일자 『중앙일보』 기사.

을 뒤로 채우고 모진 고문을 당했다고 한다. 파출소에서 용산경찰서로 연행된 김 씨는 서 안에서 같은 이유로 뭇매를 맞고 보호실 안에서도 2명이 형사들로부터 매를 맞은 후 강요에 못 이겨 허위자백, 절도범이란 영장에 의해 5일 정식 구속됐다. 고문으로 전치 3주일의 전신 타박상을 입은 김 씨는 면회 때 찾아온 가족에게 누명을 벗게 해달라고 호소하여 가족들은 5일 동안에 걸쳐 범인을 수소문, 마침내 동 극장 종업원이었던 김현구(19) 군 등 3명의 범행으로 단정, 지난 11일 경찰에 체포를 의뢰했다. 경찰에 검거된 김 군은 범행 사실을 자백, 특수절도 혐의로 구속되었고…… 진범이 잡히자 지난 12일 무혐의로 석방된 김 씨는 원효로 모 병원에서 전치 2주일의 진단을 받고 자택에서 치료하고 있다.[20]

경찰이 얼마나 엉성하게 수사했는지, 그리고 함부로 아무나 범인으로 몰아 고문을 통해 진범을 조작하여 만들어나갔던 극적인 과정을 보여주고 있다. 경찰이 진범을 잡으려는 노력은 하지 않고 엉뚱한 사람을 범인으로 만들어버린 것이다.

가난한 소년들이 고문의 대상으로 전락

① 도둑질 자백 강요하다 구두닦이 소년의 팔 부러뜨려 — 1966년 1월

∷   경찰이 가두 직업소년으로 지정, 선도해온 구두닦이 5명을 절도 피의자로 파출소에 무조건 연행, 팔을 부러뜨리는 등 혹독한 고문을 가하며 자백을 강요했으나, 끝내 부인하여 혐의가 풀리자 다시 우범 소년으로 몰아 즉심에 넘기려다가 훈방한 잔인한 처사가 15일 상오 드러났다. 서울 동대문구 전농동 오스카극장 앞에서 구두 닦는 김상봉(19) 군 등 5명의 구두닦이 소년들은 지난 10일 상오 9시 30분쯤 구두 닦으러 나왔다가 아무 이유 없이 서울 동대문경찰서 신용두파출소에 연

---

20. 「고문으로 씌운 절도 — 진범 찾아내자 구속 8일 만에 석방」, 1965년 10월 14일자 『조선일보』 기사.

행되었다. 동 파출소의 박노병, 송재회 두 순경은 김 군 등의 입을 수건으로 틀어막고 혁대로 다리를 묶어 쓰러뜨린 다음 도둑질 자백을 하라고 강요했다. 그러나 이들은 한결같이 범행 사실을 부인하자 경찰관들은 '거짓말 말라'고 위협, 경찰 곤봉으로 온몸을 마구 때려 그래도 혐의 사실을 시인하지 않자, 박 순경은 김 군을 깔고 앉아 팔을 비틀어 부러뜨려 전치 6주의 중상을 입히고 10일 밤 11시 30분쯤 절도 혐의로 모두 본서에 넘겼다. 본서에서 취조결과 이들의 혐의가 풀리자 팔 부러진 김 군 등은 11일 상오 훈방했다. …… 이 사건의 진상을 조사한 서울시경은 박·송 두 순경을 공무원들의 가혹행위로 입건하는 한편, 서울시내 전 파출소 소장을 긴급히 소집, 일선 파출소 순경들의 가혹행위가 없도록 하라고 지시했다.[21]

② 파출소에서 껌팔이 두 소년을 5시간 동안 고문 ― 1966년 3월

:: 껌팔이 하는 두 소년을 5시간 동안이나 파출소 숙직실에 매달아놓고 몽둥이로 때리고 물을 먹이는 등 고문을 가한 사실이 밝혀졌다. 2일 낮 2시쯤 서울 영등포경찰서 관할 영등포 역전파출소 고용환(40) 순경은 역전에서 껌팔이를 하는 오운근(11) 군과 이남용(16) 군을 파출소로 연행, 유도복 허리띠로 묶어놓고 여자시계를 훔치지 않았느냐고 몽둥이로 때리고 물을 먹이는 등 범행 자백을 강요하였다는 것이다.[22]

부정을 캐기 위해 여차장들을 고문 ― 1966년 2월

:: 8일 새벽 3시쯤 서울 서교동에 있는 대륙교통버스주식회사 소속 버스 여차장 117명은 업주 측에서 여차장들의 부정을 캐기 위해서 경찰을 동원, 합숙소 안에서 고문을 하고 밤마다 몸 수색을 하는 데 분개, 집단으로 탈출했다. 이 때문에

21. 「고문으로 도둑 자백 강요, 구두닦이 팔 부러뜨려 ― 두 경관을 가혹행위로 입건」, 1966년 1월 15일자 『중앙일보』 기사.
22. 「파출소서 고문 ― 껌팔이 두 소년 5시간 묶어놓고」, 1966년 3월 3일자 『중앙일보』 기사.

이날 아침 출근 시간에 70여 대의 버스가 2시간 동안 움직이지 못했다. 합숙소를 뛰쳐나온 여차장들은 이 사실을 시내버스노동조합에 알리려고 신석동까지 나왔다가 급히 출동한 경찰에 붙들려 되돌아갔다. …… 이들은 여차장 정 모(19) 양 등 몇 명이 차비를 가로채다가 업주 측의 암행반에게 적발되자, 전 여차장에게 혐의를 품고 마포서 형사들을 시켜 손가락에 만년필을 끼워 비트는 등 고문하고 몸을 수색했다고 분개하고 있다.[23]

아직 고발을 한 것도 아닌데 경찰이 민간업자의 청탁을 받아 내부 노사 간의 일에 개입해 사용자를 위해 공권력을 행사하는 것은 명백한 불법이다. 더구나 고문을 하면서 범인을 색출하려 한 일은 비난받아 마땅하다.

소나기 같은 대법원 판결 — 고문에 의한 자백은 자백이 아니다 (1966년 3월)

:: 8일 대법원은 1심, 2심에서 무기징역 선고를 받은 강도살인사건의 피고인 신충길(25) 씨에 대한 선고공판에서 "원심이 피고인의 자백만으로 유죄 판결을 내린 것은 위법이며, 그 자백마저 수사기관의 고문에 의해서 이루어진 허위자백이라고 피고인이 법정에서 진술했음에도 유죄 판결을 한 것은 심리미진으로 중대 사실을 오인한 위법"이라고 판시, 원심인 광주고법의 판결을 깨뜨리고 환송했다.[24]

뭇매로 자백 강요한 성북경찰서 경찰관 입건 — 1966년 7월

:: (1966년 7월) 22일 서울지방검찰청 문상익 검사는 성북경찰서 수사계 김동문(32), 황순용(40), 김남진 형사 등 4명을 직권남용, 특수폭행, 허위공문서 작성, 동 행사 등 혐의로 무더기 입건했다. 이들은 지난 4월 26일 성북구 상계동 704 이

23. 「부정 캔다고 형사 동원 여차장들을 고문 — 백여 명 탈출 소동」, 1966년 2월 9일자 『조선일보』 기사.
24. 「고문에 의한 자백은 자백이 아니다 — 대법원 '살인사건' 원심 파기」, 1966년 3월 9일자 『조선일보』 기사.

길영 씨가 성북구 월계동 이철우 씨를 상대로 토지분쟁 끝에 타인의 권리행사방해 등 혐의로 엉터리 고소장을 내자 이철우 씨를 연행, 자백하지 않는다고 몽둥이로 때려 전신에 타박상을 입힌 후 우범분자로 즉결에 돌린 혐의를 받고 있다.[25]

경찰 고문에 죽음으로 항의 — 1966년 9월

:: 절도 전과자였으나 선량한 시민으로 재생의 길을 걷고 있는 서울 도림동1가 박기명(20) 군을 경찰이 연행하여 2시간 이상이나 감금, 고문한 후 돌려보내 경찰 처사에 비관한 박 군 부자가 6일 오후 자살을 기도했다. 가족들의 말을 들으면, 이날 오전 11시 30분쯤 영등포경찰서 조문행(43) 형사와 김승배(32) 형사가 박 군을 경찰서로 연행, 면회실에 감금한 후 지난 7월 24일 밤에 일어났던 노량진 강도사건의 용의자를 대라고 강요했는데, 박 군이 아무것도 모른다고 대답하자 이들은 2시간이나 고문을 한 후 용의자를 꼭 찾아오라면서 돌려보냈다는 것이다. 박 군은 경찰서에서 풀려난 후 경찰에 계속 시달림을 받는 것보다는 차라리 죽는 것이 편하다고 쥐약으로 자살을 기도했으나 가족들에 의해 시립영등포병원에서 응급치료를 받고 소생했는데, 자살기도 이유를 들은 박 군의 아버지 박서균(47) 씨도 이에 비관 불도저에 머리를 박아 자살을 기도했다는 것이다. 박서균 씨는 이웃 사람들이 급히 달려들어 끌어내 3주일 치료를 요하는 중상을 입었다. …… 박 군은 안정된 마음으로 집에 있는 자기를 김 형사가 찾아와 정보원 노릇을 하라면서 200~300원의 돈을 주곤 했다 한다.[26]

피의자를 고문치사한 경북 영천경찰서 경찰관 — 1966년 11월

:: 대구지방검찰청은 (1966년 11월) 30일 절도 용의자를 고문치사한 영천경찰

25. 「자백 강요 뭇매질한 성북서 네 형사 입건」, 1966년 7월 23일자 『조선일보』 기사.
26. 「재생의 길 보람 없이 … 전과자로 시달려 — 부자가 연쇄자살 기도」, 1966년 9월 8일자 『조선일보』 기사.

서 단포출장소 신호우(25) 순경과 합세한 절도 피해자 최봉준(46) 씨를 폭행치사 혐의로 구속했다. 최 씨는 21일 밤 10시쯤 영천시장에서 리어카에 실어두었던 참깨 한 되 등 8백 원어치의 물건을 도둑맞자 함께 술을 마시고 헤어진 이상오(50) 씨를 도둑으로 몰아 단포출장소에 끌고 가서 신 순경과 합세, 모진 매질로 중상을 입혔던 것이다. 이 씨는 인근 병원에 입원가료 중 사흘 만인 25일 숨졌다.[27]

경찰서 지하실에서 장물아비가 된 사람 — 1967년 1월

::　(1967년 1월) 26일 오전 서울 신공덕동 산2 조은휘(46) 여인은 애매하게 '장물아비'로 몰려 경찰 지하실에 끌려가 린치를 당해 전치 6개월의 중상을 입었다고 폭로했다. 조 여인은 지난 15일 오후 6시 30분쯤 남대문시장 안에 빚을 받으러 갔다가 성동경찰서 특수반 유명원, 채한진 두 형사에게 끌려가 동서 지하실에서 밤새껏 사형을 당해 세 번이나 실신했다가 18일에야 혐의가 풀려 석방되었다고 말했다. 마포구 공덕동 79 은관병원에 입원한 조 여인은 중태다.…… 조 여인은 지하실에 연행되어 4, 5명의 형사에게서 교대로 밤새껏 린치를 당했는데, 한 형사는 다리 밑으로 팔을 꼬아넣고 수갑에 채워 다리 위에서 짓누르고 다른 형사는 입에 수건을 물린 다음 주전자로 코에 물을 부어넣어 세 번이나 실신하고 팔목이 부러졌다고 조 여인은 주장하고 있다. 물고문 때문에 허파에 염증이 생겨 완치까지는 6개월이 걸릴 것이라고 의사 문창옥(50) 씨는 말했다.[28]

유치장에서 성행하는 '김일성 눈 빼기', '아리랑 철창 타기' — 1967년 3월

::　(1967년 3월) 26일 대전지검 홍성지청 박준 검사는 홍성경찰서 유치장에서 고참 입감자들이 신입감자들에게 거액의 입감비를 강요하고 가혹한 린치를 가한

---

27. 「피의자 고문치사한 영천 신 순경 등 구속」, 1966년 12월 1일자 『조선일보』 기사.
28. 「"고문은 살아 있다" — 경찰서 지하실서 장물아비로 몰려」, 1967년 1월 27일자 『조선일보』 기사.

사실을 인지, 간수장 백승석(37, 수사계)·간수 이환주(28, 수사계) 등 순경 2명을 직무유기 혐의로 긴급구속하고, 수명의 고참 입감자를 격리 수감하고 진상을 조사하고 있다. 이와 같은 사실은 최근 동 유치장에서 고초를 겪고 나온 조성진(30) 씨가 고발, 검찰에서 유치장 수감자 70여 명을 대상으로 조사한 결과 밝혀진 것이다. 검찰 조사에 의하면 수감자 중 반수 이상이 고참 수감자인 감방장으로부터 1만 원에서 10만 원의 입감비를 강요받았다고 증언했으며, 이에 불응한 수감자들은 혹독한 '김일성 눈 빼기', '아리랑 철창 타기' 등 갖은 고문을 당했다고 폭로했다.[29]

철원 일가족 살해범, 고문으로 허위자백 —1967년 5월

::   서울형사지법 합의3부(재판장 김영준 부장판사)는 19일 철원에 출장 "경찰의 고문에 의해 범행을 허위자백했다"고 주장하는 철원군 동송면 장흥2리 정은산 씨 부부 살해사건의 피고인 이관심(32)에 대한 현장검증 신문을 했다. 이날 재판부가 예정했던 현장검증은 "범행을 저지르지 않았는데 어떻게 재연하느냐"는 이관신 피고인의 거부로 실시하지 못했다.[30]

인면수심의 형사, 소녀를 여관에 끌고 가 —1967년 6월

::   (1967년 6월) 22일 청량리경찰서는 "조사할 것이 있다"면서 16세 소녀를 여관으로 데리고 가서 난행한 동서 수사2계 안경환(31) 형사를 업무상 위력에 의한 간음 혐의로 구속했다. 안 형사는 지난 19일 밤 11시 20분쯤 시내 동대문구 답십리동 K공업사 여직공 홍 모(16) 양을 공장 부근에서 불심검문한 후 "좀더 조사할 일이 있다"면서 종암동 모 여관에 데려가 난행, 다음 날 아침 8시에 돌려보냈다는 것이다.[31]

---

29. 「새 수감자들에 입감비를 강요—유치장 고참 … 불응하면 고문도」, 1967년 3월 28일자 『조선일보』 기사.
30. 「"경찰 고문으로 허위자백" —철원 일가족 살해범 현장 재연 거부」, 1967년 5월 20일자 『조선일보』 기사.

김근하 군 살인사건과 두 건의 진범 조작사건[32] — 1967년 10월

1967년 10월 17일 과외수업을 마치고 귀가하던 부산 화랑초등학교 5학년인 김근하 군이 실종되었다. 얼마 후 김 군은 입이 손수건으로 틀어막히고, 오른쪽 가슴에 길이 25cm쯤의 과도가 박힌 시신으로 발견되었다. 사건 발생지 관할서인 부산 서부경찰소 동대신파출소에 수사본부가 설치되었다. 그러나 이 사건으로 '진범'이 두 번 잡히고 그때마다 '고문조작'이 있으리라고는 아무도 예측하지 못했다.

① 첫 번째 고문희생자 전경렬 씨의 경우

경찰은 범인을 잡고자 발 벗고 나섰고 언론은 초비상 상태로 사건을 주목하고 있었다. 비밀리에 11월 1일경 김 군의 살해 혐의로 전경렬 씨가 연행되어 조사를 받았다. 낌새를 알아차린 언론은 아예 진범이 잡혔다고 썼다. 그러나 과연 전경렬 씨가 범인이었을까?

:: "서부산경찰서에 들어가자마자 서너 명의 경찰관이 다짜고짜 발길질을 하기 시작했다. '근하 군을 죽이지 않았느냐?' '박스를 들고 서 있지 않았느냐?'고 고함을 치면서. 아침 9시까지 자백 강요를 받았으나 나는 버티었다. 9시 30분쯤 나는 보수동 모 여관의 골방으로 끌려갔다. 두 손에 수갑이 채워졌고 주먹과 발이 날아왔다. 그래도 억지자백을 하지 않았다. 이날 저녁 7시께 나는 대연파출소 2층으로 옮겨졌다. 발가벗겨진 뒤 밤 12시까지 물을 먹었다. 경찰이 쓰라는 대로 자백서를 썼다. '근하 군을 죽였다. 미안하다. 아버지는 손을 다쳐 있고 어머니는 발에

---

31. 「형사가 소녀 난행(亂行)— "조사할 것 있다" 여관 끌고 가」, 1967년 6월 23일자 「조선일보」 기사.
32. 조갑제 기자는 1981~1982년 월간 「마당」에 「근하 군 살해사건의 입체 연구」라는 글을 3회에 걸쳐 연재했다. 이것은 "일부 검사들 사이에 필독서로 읽혔고, 기자 재교육장의 교재로 사용되었다고 한다."

무좀이다. 근하와는 농구를 같이하며 논 적이 있다. 17일 오후 6시계 화랑국민학
교 근처 문방구점 앞에서 범행을 구상하다가 집으로 돌아와 아이들을 가르쳤다.
밤 9시 30분에 다시 현장에 나타나 근하를 기다렸다. 범행은 혼자서 했다.' 이 자
백서는 '비행기를 태운다'는 따위의 협박을 받아가며 쓴 것이다."[33]

당초 전경렬 씨가 진범으로 보도되었다가 이런 사실이 확인되면서 전 씨의
모교인 경남상고 학생들이 "엉터리 수사와 신문 오보로부터 청소년의 인권을 보
호하자"는 데모를 벌였고, 전 씨의 이웃 사람들 약 30명이 수사본부에 몰려가 집
단 항의를 하는가 하면, 전 씨에게 과외를 받았던 어린이들도 수사본부를 찾아가
석방을 요구하는 형편이 되었다. 경찰은 연행 92시간 만인 11월 5일 밤 10시 전
씨를 풀어주었다. 그러나 그것으로 끝나지 않았다. 그의 고문으로 인한 후유증은
오래 계속되었다.

:: 　전 씨는 풀려나온 뒤 동부경찰서 바로 옆에 있는 봉생신경외과에 입원했다.
이틀 뒤 그는 다시 부산대학병원 신경외과로 옮겼다. 2주 뒤 그는 퇴원했다. 전 씨
는 그때 진단서를 뗄 수 없었다고 한다. 떼주겠다는 의사가 없더란 것이다. 진단서
가 없으니 고문을 받았다는 증거도 세울 수 없었다. …… 퇴원 뒤 치료비가 모자라
전 씨는 집에 누워 있기만 했다. 온몸에서 힘이 빠져나가고 몽롱한 정신상태가 계
속됐다. 보다 못한 어머니가 전 씨를 손수레에 싣고 거적으로 덮은 뒤 시경 마당으
로 밀고 들어가 "내 아들 살려내라"고 대들기도 했다. …… 결국 전 씨는 25만 원
에 경찰과 합의, 민·형사 간에 앞으로는 더 문제를 삼지 않겠다고 약속했다. 그러
나 전 씨의 정신상태는 악화될 뿐이었다. 우선 속골이 아파 미칠 지경이었다. "마

33. 「살아 있는 '고문조사'」—"나는 이렇게 짓밟혔다", 1967년 11월 7일자 『조선일보』 기사; 조갑제, 『기자 조갑제의 현대
　　사 추적 2—고문과 조작의 기술자들』, 한길사, 1987, 95쪽.

취를 하지 않고 생다리를 절단하는 그런 아픔보다 더한 것 같았어요. 그 고통이 몇 시간이나 계속되곤 했어요." 길을 걸으면 땅이 45도쯤 비스듬하게 기울어져 보일 때도 있었다. 그래서 전봇대를 붙들고 어지러움을 가라앉히기도 했다.[34]

② 두 번째 고문희생자들

이번에는 검찰이 나섰다. 부산지검 김태현 부장검사는 그해 6월 20일 네 명의 교도관을 포함한 주범 최형욱(40, 가명), 하수인 정대범(21), 살해교사범 김기철(29), 김금식(33) 씨 등 7명을 가중뇌물 약속, 허위공문서 작성, 동 행사, 간수자 도주원조, 강도살인, 사체유기, 도주, 직무유기 등 8가지 죄목으로 구속 기소했다고 발표했다. 당시 주범 최형욱은 바로 김근하의 친외삼촌으로, 조카의 살해를 원격 조종하고 협박장이 오면 매부와 돈 백만 원을 직접 들고 나가 하수인들에게 건네주기로 계획했다는 발표였다.

> :: 부산지법에서 열린 공판에서 여섯 피고인들은 한결같이 범행을 부인했다. 검찰 수사에서 자백한 피고인들도 그것이 자신들을 공산당으로 모는 절박한 상황에서 한 임의성 없는 자백이었다고 말했다. 다만 김금식 씨만은 범행 사실을 적극 시인했다. 그마저 10월 21일의 9회 공판 때부터는 심경 변화를 일으켰다. 지금까지의 자백은 경찰과 검찰의 수사능력을 시험, 우롱해보기 위한 창작극이었다고 진술하기 시작했다. 그는 검찰이 발표한 범인이란 사람들은 자기가 만든 각본에 속은 검사가 배역에 맞춰 잡아들인 무고한 양민들이며, 서로 얼굴도 모르는 사이라고 폭로하고 자신에게 베푼 검사의 야릇한 대접까지 까발렸다. 그러나 1심 판사는 1968년 11월 22일 전원의 유죄를 인정, 최형욱·김기철·김금식 씨에게는 사형을

---

34. 조갑제, 앞의 책, 98~99쪽.

선고했다. 항소심 선고공판은 그 이듬해 3월 21일 대구고법에서 열렸는데, 이번엔 전원에게 무죄가 선고됐다. 7월 25일에는 대법원이 전원의 무죄 확정판결을 내렸다. '2대 진범들'도 가시관을 쓴 무고한 사람들로 밝혀진 것이었다.[35]

물론 이 사건에서도 검찰은 '전가(傳家)의 보도(寶刀)'처럼 고문을 자백을 얻는 방법으로 사용했다. 다만 다른 사건과 구별되는 것은 검찰이 직접 이 사건을 꾸몄고, 동시에 회유의 방법을 사용했다는 점이다.

:: 　모 수사기관에 먼저 끌려가 뭇매를 맞기 시작했어요. 한두 사람도 아니고 십여 명이 빙 둘러서서 날 쥐어패는 거예요. 다른 사람이 고문받는 현장도 보여줍디다. "너, 저렇게 병신 되고 싶니?"하는 겁니다. 그래도 난 부인을 했지요. 그런데 웬 키 큰 사나이가 들어오더니 날 보고 "군대에서 욕봤지"하면서 다정하게 대하지 않겠습니까?…… 난 무엇이 어떻게 돌아가는지 정신을 차릴 수가 없었어요. 제가 사회 경험이 있습니까, 그렇다고 감방 경험이 있습니까. 철없는 어린아이와 마찬가지였죠.…… 시키는 대로 하면 징역도 조금만 주겠다. 감방에서 군대생활하는 셈 치면 될 것이다. 그런 뒤에는 평생 잘 먹고 살 수 있도록 보장하겠다. 이러는 거였습니다.
…… 그렇게 날 위협하고 삶아놓고 술 먹여놓고, 그래서 나의 마음도 붕 떠 있을 때 그들은 부산지검의 김 검사 사무실로 불러내 신문조서를 받았습니다. 그것도 꼭 밤에, 잠이 퍼부을 때 말입니다. 난 무조건 예, 예, 했지요. 이렇게, 저렇게 된 게 아니냐고 물으면 예, 예, 너가 이렇게 하고 금식이가 저렇게 했지 하면 예, 예, 그런 식이었어요. 또 예, 예만 하면 되는 식으로 묻습디다. 그때의 신문조서를 보

35. 조갑제, 「기자 조갑제의 현대사 추적 2 — 고문과 조작의 기술자들」, 한길사, 1987, 101쪽.

면 아시겠지만 저의 진술 내용은 앞뒤가 안 맞고, 앞에 받은 것과 뒤에 받은 조서 내용이 틀려요. 그럴 수밖에 없는 것이 제가 근하 사건에 대해 아는 것이라고는 신문기사 읽은 정도인데 자백을 잘하려 해도 뭐 아는 게 있어야지요. 저는 꾸벅꾸벅 졸면서 신문에 응했어요. 나중엔 그것도 견딜 수가 없어 수사관이나 검사한테 당신들이 적당히 써놓으면 나중에 내가 도장을 찍어줄 터이니 잠이나 좀 자자고 하면서 코를 곤 적도 있습니다. 그때는 모든 걸 포기한 상태였고, 어서 빨리 그 자리에서 벗어났으면 하는 생각뿐이었죠. 수사는 처음부터 조작이었습니다.(공동 피고인 정대범의 사후담)[36]

고문을 받은 피해자는 무죄를 선고받고 석방되었어도 멀쩡할 수 없는 법이다. 특히 김기철 씨는 끝까지 부인하다가 다른 사람보다 더한 고문과 고통을 당했다. 석방된 김기철 씨는 수년 후 심각한 고문후유증으로 결국 죽고 만다.

살인사건 범인으로 몰려 구속, 고문 끝에 풀려나 — 1967년 11월

:: 옥수동 처녀 살해사건의 진범으로 몰려 구속되었다가 검찰의 석방 지시로 4일 만에 풀려난 전병석(26) 씨는 (1967년 11월) 18일 오전 그의 팔촌형 전병호(30) 씨 집에서 경찰관의 모진 고문에 못 이겨 허위자백했다고 폭로했다. 전 씨는 지난 12일 밤 서대문구 만리동 모 연탄집에서 잠자고 있다가 성동경찰서 금호파출소로 연행, 그곳 숙직실에서 5, 6명의 형사들에게 얻어맞아 코피를 흘리고 양쪽 귀 밑 급소를 손가락으로 찔려 한때 실신까지 했으며, 그후에도 꿇어앉히어 곤봉을 무릎에 끼어 발로 짓밟으면서 자백을 강요당했다고 말했다.

또 "4시간 동안이나 고문을 당해 정신이 혼미한 채 경찰이 부르는 대로 자백서를

36. 조갑제, 앞의 책, 210~211쪽.

써 무슨 내용을 썼는지도 몰랐다"고 억울함을 호소하기도 했다. 전 씨는 지난 16일 석방될 때 기자들이 "고문당한 사실이 있는가"라고 물었을 때 후환이 두려워서 말 못했다면서, 경찰관들이 석방할 때 기자들에게 절대로 말하지 말라면서 이 약속만 지켜주면 좋은 곳에 취직시켜주겠다고 약속까지 했다고 전했다.[37]

강력사건에는 반드시 고문이 따른다 — 1968년 1월

:: 연쇄 처녀 난행 살해사건의 용의자로 경찰에 연행됐던 윤 모(17) 군이 10일 간 구류를 살고 지난 1월 풀려났다. 윤 군은 지난달 22일 오전 11시쯤 칠성동 자기 집에서 남대구서 이 모 형사에게 동인동파출소 숙직실로 끌려가 1시간 동안 목을 졸리고 경찰봉으로 얻어맞아 실신까지 했다가 다시 본서로 옮겨져, 즉결에서 구류 10일을 받았던 것. 구류 중인 25일 새벽 2시쯤 형사들은 윤 군의 상의를 벗기고 팔다리를 묶은 다음 코에 물을 부으며 자백을 강요, 윤 군은 고문에 못 이겨 허위자백을 했었다는데, 28일에는 거짓말탐지기까지 사용했으나 방증을 잡을 수 없자 풀어주더라고 억울함을 주장했다.[38]

강력사건이 생기면 일단 경찰은 수사본부를 만들고 사건을 빨리 해결해야 한다는 강박관념에 시달리며 함부로 혐의를 두고 용의자를 고문하게 된다. 많은 살인사건에서 두세 차례 억울한 고문피해자를 만나게 되는 것도 바로 이런 이유이다. 더구나 일단 즉결로 보내 일종의 별건구속(別件拘束)을 하여 위의 사건처럼 수사를 계속하기도 하고, 나중에 혐의 없음이 밝혀져도 그냥 내보내지 않고 구류 처분을 함으로써 고문 상처의 치유나 회유 시간을 확보하고 본인도 죄의식을 갖게 하는 것이다.

37. 「옥수동 살인사건 전병석 씨 폭로 — "고문으로 거짓자백, 말 말라 취직 약속"」, 1967년 11월 19일자 『조선일보』 기사.
38. 「'색연필' — 아직도 건재한 경찰 고문」, 1968년 2월 4일자 『조선일보』 기사.

고문으로 강간범 만들고 국토건설단에 가도록 강요 — 1968년 7월

::   경찰이 경범 피의자를 폭행 및 강간미수 혐의로 구속하고 고문 끝에 강제로 건설단 취역자원서에 날인하도록 했음이 (1968년 7월) 5일 밝혀졌다. 지난달 22일 밤 9시쯤 서울 성동구 성수동 2가 뚝섬유원지 사람이 많이 다니는 길에서 최재식(24) 씨가 지나가던 신미화(16) 양을 붙들고 희롱하다가 경비순경에게 연행됐다. 경찰은 폭력배 검거의 실적을 올리기 위해 주거가 일정하지 않은 신 양의 주소를 조작, 최 씨가 으슥한 곳으로 신 양을 끌고 가 신 양의 목을 누르고 바지를 다섯 번이나 벗기려 했다고 허위조서를 꾸몄고, 최 씨를 시멘트 바닥에 꿇어앉혀 발로 짓밟아 왼쪽 넷째손가락을 멍들게 하면서 강제로 (국토건설단) 취역자원서에 날인하도록 했다고 최 씨가 5일 오후 폭로했다. …… 최 씨는 "직업이 있고 싸움이라고는 해본 적이 없는 내가 순순히 취역을 자원하겠느냐"면서 "국토건설단에는 죽어도 가지 않겠다"고 말했다.[39]

사고 운전사 놓치고 그 친구에게 엉뚱한 매질 — 1968년 7월

::   서울 성동경찰서는 교통사고를 낸 서울 영10033호 코로나 운전사 김병채(40) 씨가 조서를 받다가 도망치자 함께 왔던 김 씨의 친구 김문현(31) 씨를 동서 숙직실에 감금, 형사 3명이 수갑을 채운 후 목을 조르고 발길로 차는 등 폭행을 가해 김 씨를 네 번이나 실신시켜 말썽이다. …… 이 형사 등 3명은 …… "달아난 운전사를 찾아오지 않으면 재미없다"면서 김 씨에게 폭행을 가했다는 것이다.[40]

사람 잡는 고문수사, 진범 잡혀 석방 — 1968년 8월

::   경찰의 모진 고문에 못 이겨 허위자백, 특수절도 혐의로 구속되었던 김종환

---

39. 「건설단 취역에 고문 — 경범 피의자에 폭행 날인 강요」, 1968년 7월 7일자 『조선일보』 기사.
40. 「사고 운전사 놓치고 친구에 엉뚱한 매질, 형사 3명이 합세」, 1968년 7월 25일자 『조선일보』 기사.

(19, 운전사), 안영일(20, 운전사) 군 등 2명이 구속 9일 만에 진범이 나타나 지난 26일 석방되었다. 이들 2명은 지난 18일 밤 10시쯤 성북구 송천동 산46 합숙소 앞길에 세워둔 서울 영19933 삼륜차의 뒷바퀴를 도난당한 사건의 용의자로 서울 성북경찰서 박 모 형사 등 2명에게 검거되어 심한 고문 끝에 허위자백을 받아 구속되었다. 그런데 김 군은 구속된 지 9일 만인 지난 23일 한때 그의 조수로 일해오다 도난사건이 있기 3일 전 주인집 라디오와 색소폰 등을 훔쳐 달아났던 윤성룡(22)이 보안사범으로 입감되는 것을 보고 간수에게 윤이 진범일 것이라는 심중을 전달, 재수사 끝에 장물을 찾고 윤이 진범으로 구속됨으로써 억울함이 밝혀진 것이다. 억울하게 구속됐던 김 군 등은 "생사람을 이렇게 잡을 수 있느냐"고 울먹이면서 고문받고 상처 입은 어깨를 내보였다.[41]

사건 용의자로 몰려 고문당해 — 1968년 9월

∷　열차 내 군용백 피살체사건의 용의자로 연행된 지 43시간 만에 풀려난 유종래(20) 군은 "너무 억울하다"면서 "경찰에서 고문을 당했다"고 털어놨다. 유 군은 (1968년 9월) 20일 오후 5시쯤 송천동 노블양재학원에서 형사 2명에게 중구 주자동파출소 숙직실로 연행됐었다. 형사 10여 명이 유 군에게 수갑을 채우고 번갈아가며 약 2시간 동안 신문하면서 "왜 서정이를 죽였느냐, 서정이는 어디 있느냐"고 따졌고, 이따금 유 군의 어깨·손·얼굴 등을 목침과 수갑으로 때렸다는 것이다. 파출소에서 밤을 새운 다음 21일 오후 5시쯤 을지로7가 대선여관으로 끌려가 3시간 동안 신문을 받았는데, 이곳에서 다시 하룻밤을 자고 22일 오전 11시쯤 풀려나와 남대문병원에 입원했다. 이때 형사들은 "나가면 아무 말도 하지 말라"고 부탁을 했다는 것이다.[42]

41. 「사람 잡는 고문 조사—도둑 누명 9일, 진범 잡자 석방」, 1968년 8월 30일자 『중앙일보』 기사.
42. 「"고문당했다"—용의자로 연행됐다 풀려나온 유종래 군 폭로」, 1968년 9월 24일자 『조선일보』 기사.

또 다른 고문치사 의혹 — 1968년 9월

:: 연쇄 실종사건에 관련된 혐의를 받고 경찰서 유치장에서 변사한 이재중(28)의 몸에 20여 군데의 심한 상처가 있었다는 사실이 (1968년 9월) 26일 새로이 밝혀져 이의 고문치사사건에 대한 의혹이 더욱 짙어지고 있다. 광주지검 박태운 검사는 이날 오후 이의 변사체에서 가슴, 어깨, 손, 목, 팔, 다리 등 20여 군데나 되는 상처 가운데 왼쪽 어깨 뒷부분에 나타난 직경 7센티가량의 상처가 가장 의문점이 많은 것이었다고 말했다. 박 검사는 변사체 양쪽 다리에서 발견된 일곱 군데의 콩알만한 상처는 피살자 안병식 씨의 시체에 나타난 상처와 비슷한 것을 가리켜 "사건 당일 범행 현장에서 아카시아 나무 가시에 찔려 생긴 것으로 추정할 수 있으나 가슴과 어깨 등의 상처는 피하조직 검사결과 사건 당시 입은 것이 아닌 것으로 밝혀졌다"고 함축성 있게 말했다. 문제의 어깨 뒤쪽 상처는 정상적인 격투(안병식 등과의)에서 입은 것이 아니라 이가 부자유스러운 상태에서 입은 것으로 추정, 경찰의 고문을 당하다 입은 것이 아닌가 보여진다는 것이다.[43]

고문치사한 경찰관 구속 — 1968년 9월

:: (1968년 9월) 28일 강원도경은 영월경찰서 취조담당 김홍우 순경을 독직 및 상해치사 혐의로 구속하고 유치장 근무 신형무 순경을 같은 혐의로 수배했다. 김 순경은 존속살인 혐의로 구속된 엄일섭(54) 씨를 26일 밤 10시부터 11시 30분까지 취조하고 유치장에 수감했는데, 엄 씨가 27일 아침 7시쯤 변사체로 발견되고 영월도립병원에서 시체 해부결과 뇌진탕으로 사인이 밝혀진 것이다. 그런데 김 순경은 옆에서 취조 광경을 보고 있던 신 순경이 "피의자의 태도가 불순하다"고 뺨을 때리고 발로 찼을 뿐 자기는 고문한 사실이 없다고 부인하고 있다. 도경은 이날

---

43. 「'고문치사' 의혹 짙어 — 연쇄 실종사건 용의자 이재중 변사 가슴·어깨 등 20군데 상처」, 1968년 9월 27일자 『조선일보』 기사.

숙직 담당과장이며 수사계장인 최덕규 경위를 직위해제, 권기호 경찰서장도 감독 책임을 물어 징계위에 회부했다.[44]

한 달에 두 건이나 고문치사사건이 발생하고 있다. 그나마 다행인 것은 이 사건의 관련 경찰관들은 구속되고 감독자들도 징계책임을 졌다는 점이다. 그러나 이렇게 자주 발생하는 고문사건에 대해 어떠한 대책도 강구하지 못하고 있다.

어린이를 소매치기로 몰아 고문 — 1969년 6월

::   (1969년 6월) 2일 서울 종로구 혜화동 42의 1 진광연(37) 씨는 장남 병수 (12) 군을 소매치기로 몰아 고문한 경찰관을 처벌해달라고 동대문경찰서에 호소 해왔다. 진 군은 일요일인 지난 1일 동물 구경을 하고 싶어 아침 7시 10분쯤 집을 나와 창경원 정문 앞 소제를 해주고 무료입장을 했었다. 그리고 10시 30분쯤 동물 원에서 호랑이를 구경하고 있다가 현금 500원 열쇠꾸러미가 든 지갑을 훔친 소매 치기로 몰려, 피해자 이 모(35) 여인에게 붙잡혀 창경원 내 창덕궁파출소에 끌려 갔다. 파출소에서 진 군은 "절대로 훔치지 않았으며 옆에 선 15세가량의 넝마주이 가 친구들에게 '지갑을 주웠다'고 말하는 것을 들었다"고 자신의 결백을 주장했 으나, 신고받은 이진춘(29) 순경 등 2명의 경찰관은 진 군을 파출소 숙직실에 가두 고, 오전 10시 30분부터 오후 3시까지 4시간 30분 동안 10여 차례에 걸쳐 자백 않 는다고 경찰봉과 발로 마구 짓밟아 실신케 했다는 것이다. 점심도 못 먹고 뭇매에 견디다 못한 진 군은 꾀를 내어 소매치기했다고 자백, 훔친 지갑은 집에 있다고 속 여, 이 순경을 집에 데려와 사건 경위를 아버지 진 씨에게 털어놓았다. 아버지 진 씨는 진 군에게서 넝마주이의 인상 착의를 듣고 진 군과 이 순경과 함께 창경원에

---

44. 「고문경관을 구속 — 피의자가 취조받고 변사」, 1968년 9월 29일자 『조선일보』 기사.

되돌아가서, 범인을 수색 끝에 이날 오후 5시쯤 진범 박 모(16)를 검거, 박 군으로부터 잃어버린 물건을 모두 되찾았다. 진 군은 이 고문으로 온몸이 퍼렇게 멍들고 집에 누워 말도 제대로 못하고 있다.[45]

고문을 당한 당사자와 그 아버지가 나서서 금방 진범을 잡는 일을 경찰은 왜 못하는가. 함부로 단정하고 고문으로 문제를 해결하려는 자세 때문이다. 결국 경찰이 수사와 범인 검거의 기본을 제대로 체득하고 있지 못하기 때문에 이런 고문이 빈발할 수밖에 없었던 것이다. 이 사건으로 고문가해자인 이진춘 순경은 징계위에 회부되었다. 그러나 이 사건이 어찌 징계위에 회부되는 것으로 끝날 일인가.

형사에게 매 맞고 내장파열 등 중태에 — 1969년 8월

:: (1969년 8월) 18일 새벽 2시 50분쯤 야간 통행금지 위반으로 대구 역전파출소에 연행된 정태화(39) 씨는 파출소 안에서 대구경찰서 김인석, 임종도 형사 등 2명에게 배를 채이고 온몸을 짓밟히는 등 구타를 당해 내장이 파열, 중태에 빠져 있다. 정 씨는 이날 연행되어서 모 순경에게 잘 봐달라고 애원하자 옆에 있던 김 형사 등이 무조건 구타, 파출소 뒷마당에 버려두었다는 것이다. 이 같은 사실은 야간 통금 위반으로 연행됐다 훈방된 최 모(28) 여인이 정 씨의 매부 박정헌(56) 씨에게 연락, 밝혀졌다. 정 씨는 역전 평안외과에서 복부수술을 받고 가료 중이다.[46]

형사가 매질하곤 '미안하다' — 1969년 11월

:: 10일 서울 성북구 상계동 1통 4반 유종현(55) 씨는 지난 5일 오후 3시쯤 서울지검 18호 검사실에 위증 피의자로 소환되어 보근 중이던 윤 모(31) 형사로부터

---

45. 「"어린이 고문경관 처벌해주시오" — 소매치기로 몰아 감금 4시간 … 매질」, 1969년 6월 3일자 『조선일보』 기사.
46. 「통금 위반으로 연행됐다 형사에 매 맞고 중태」, 1969년 8월 19일자 『조선일보』 기사.

매를 맞아 전치 20일간의 상처를 입었다고 억울함을 관계기관에 진정했다. 윤 씨는 김 씨 종중묘 산림에 대한 대법원의 민사사건에서 증언한 것이 위증이라고 북부경찰서에 입건되어 검찰에 송치되었는데, 지난 5일 네 번째의 검찰 소환에서 윤 형사가 위증을 자백하라면서 검사 앞에서 주먹으로 얼굴 등을 때려 상계동 모 병원에 입원 중이라는 것이다. 유 씨는 윤 형사의 폭행이 민사재판에서 패소한 측의 장난이라고 주장하고 있다.[47]

가해 경찰관 윤 형사는 "조사를 받는 태도가 나빠 두어 번 손을 대었다. 상처를 입었다면 정말 미안하다"라고 말했다고 한다. "두어 번 손을 대었다"는 말이 참으로 야릇하다. '손을 댄다'는 것은 고문을 의미하는 경찰 은어(隱語)이다. 과연 고문이 '미안하다'는 말 한마디로 용서받을 수 있는가. 더구나 이 사건에서는 흔히 그렇듯이 이해관계가 있는 상대방의 청탁으로 수사 내지 가혹행위가 진행되었음이 추정된다. 게다가 고문이 검사실에서 이루어졌다는데, 검사실의 검사는 그동안 무엇을 했단 말인가.

엉뚱한 소년들에게 고문으로 절도 누명 씌워 ─ 1969년 11월

:: 　서울 성북경찰서가 죄 없는 소년 3명에게 절도 누명을 씌워 구속한 사실이 검찰 조사에서 밝혀졌다. 서울지검 문호철 검사는 27일 서울 성북경찰서 형사과 장진하, 김옥배 두 형사가 절도 혐의로 구속 송치한 허 모(17) 군 등 3명의 소년에게 절도 혐의가 없음을 밝혀내고 이들을 보호자에게 인계하도록 했다. 검찰 조사에 의하면 장·김 두 형사는 지난 16일 수감 중인 박 모(16) 군에게 "친구 중 수상한 점이 있는 사람을 대라"고 강요, 허 군의 이름을 듣고 연행해 "남의 물건을 훔

---

47. 「형사가 매질하곤 "미안하다" ─ 검사실서 위증 자백하라고」, 1969년 11월 11일자 『조선일보』 기사.

쳤던 사실을 자백하라"고 곤봉과 주먹으로 심한 고문을 했다. 고문에 못 이긴 허 군이 2년 전인 1967년 10월 중순께 친구 김 모(18) 군 등 2명과 함께 명륜동3가 1 의 25 앞길에서 1천6백 원을 주워 나눠가진 일이 있다고 자백하자 경찰은 김 군 등 2명을 연행, 명륜동 3가 25에 사는 맹석근 씨가 도둑맞은 일이 없다고 주장하 는데도 피해를 당한 것처럼 허위 피해자 진술조서를 꾸며 허 군 등 3명을 구속했 다는 것이다.[48]

절도 누명, 소년 고문 — 1970년 1월

:: 　서울 중부경찰서는 형사들이 지난 1월 초순 라이언즈호텔에서 있은 다액도 난사건을 수사할 때 무고한 호텔 종업원 조길환(17) 군을 감금, 옷을 발가벗기고 타월로 몸을 싼 뒤 전깃줄로 묶어 목욕탕 속에 거꾸로 집어넣는 등 모진 고문을 했 음이 26일 상오 뒤늦게 밝혀졌다. 이 사실은 라이언즈호텔에서 지난 1월 9일과 1 월 13일 두 차례에 걸쳐 일어난 롤렉스 시계, 현금, 보수 등 도합 76만 원 상당의 금품 도난사건을 수사하던 중부서 형사과 김경준(44), 이동규(36) 두 형사에게 고 문을 받은 조 군이 진범이 잡히자 풀려나와 폭로함으로써 밝혀진 것이다.[49]

서울시경은 1월 26일 고문에 가담한 김경준·이동규 형사를 파면 조치하고, 형사계장을 대기발령, 징계위에 회부했다.[50] 형사적으로 구속 기소해야 할 고문 경찰관을 이 정도의 행정처분으로 처리하는 것은 고문이 근절되지 않는 또 다른 이유를 제공한다.

---

48. 「고문으로 자백 … 구속 — 엉뚱한 소년 3명 절도 누명 씌워」, 1969년 11월 28일자 『중앙일보』 기사.
49. 「절도 누명 … 소년 고문 — 손발 묶고 탕 속에 거꾸로 넣어」, 1970년 1월 26일자 『중앙일보』 기사.
50. 「고문한 두 형사 파면 — 도둑 누명 씌워, 진범 잡히자 협박도」, 1970년 1월 27일자 『조선일보』 기사.

강변3로 살인사건 수사과정의 비인도적 행위 — 1970년 3월

::   청년변호사 모임인 청법회(회장 전정구)는 (1970년 3월) 27일 강변3로 사건 수사에서 수사 당국이 잠을 안 재우는 등 비인도적인 수사방법으로 정종욱(34) 씨에게 범행 자백을 강요했다고 주장, 민주적인 수사를 재개, 진범을 색출하라고 성명했다. 그리고 수사에서 신문 등 언론기관이 정인숙(26) 양에 대한 개인의 프라이버시를 침범했다고 지적했다.[51]

당시 청법회의 이런 지적은 대단히 용감한 일이었다. 정인숙 양의 의문의 죽음과 그녀의 생활을 둘러싼 시정의 소문은 이 사건을 더욱 미스터리로 몰아가고 있었다. 위의 내용은 당시 수사과정의 비인도성을 지적한 것이다.

자백 강요하고 고문한 경관 징계에 회부 — 1970년 8월

::   (1970년 8월) 8일 서울 영등포경찰서는 형사과 고 모 형사와 권 모 형사를 가혹행위를 한 혐의로 징계위원회에 올리고 자체 조사에 나섰다. 고·권 두 형사는 지난 5월 18일 주류판매협회 영등포지부장 박종화 씨를 '폭력행위등처벌에관한법률' 위반 혐의로 연행, 범행을 자백하라고 몹시 때려 머리와 눈에 상처를 입혔었다. 이러한 사실은 박 씨가 구속 18일 만에 검찰에서 무혐의로 풀려나온 후 서울시경 국장 앞으로 진정서를 냄으로써 밝혀졌다.[52]

죄 없는 소년 고문 — 1970년 11월

::   서울 서대문경찰서는 지난 2일 밤 구두닦이 오 모(16) 군을 전과자라는 이유로 경찰서로 연행, 트랜지스터 라디오를 훔쳤다고 자백하라면서 이를 부인한 오

---

51. 「강변3로 살인수사, 잠 안 재운 건 비인도」, 1970년 3월 28일자 『조선일보』 기사.
52. 「'색연필' — 자백 강요 고문경관 징계에」, 1970년 8월 9일자 『조선일보』 기사.

군에게 뭇매를 때린 후 다음 날 밤까지 형사실에 감금시켰다가, 경찰이 지목한 피해자가 "도난당한 사실이 없다"고 말하자 오 군을 주거 침입 및 절도미수 혐의로 입건했다. 오 군은 지난 2일 밤 8시쯤 서대문서 형사과 김기복 형사에 의해 경찰서 3층 옥상 구석에 있는 특수반 사무실로 연행되어 밤 10시까지 3, 4명의 형사에게 둘러싸여 현저3동 엄춘봉(29) 씨 집에서 트랜지스터 라디오를 훔쳤다는 자백을 받기 위해 수갑을 채워 책상 모서리에 매달고 코에 물을 붓는 고문을 가했다고 주장했다.[53]

피해자가 도난당한 사실조차 없는데도 어떻게 무고한 소년을 절도범으로 만들 수 있는지 한국의 경찰은 용한 재주를 지녔다. 결국 죄 없는 소년을 절도미수범으로 만들어버렸다. 더구나 그 집은 오 군이 자주 놀러갔던 집으로, 절도 의사가 없이 출입한 것이라면 주거침입이 될 수 없는 것이다.

절도 혐의 씌워 매질 사흘 — 1970년 11월

∷   19일 서울 동대문경찰서는 화물트럭 조수에게 절도 사실을 자백하라고 심한 고문을 하여 전치 1개월 이상의 중상을 입히고 증인조서까지 조작했다는 피해자의 진정에 따라 동서 김양묵(41) 경장과 김호영(45) 순경 등 두 형사에 대한 자체 조사에 나섰다. 대구 건영화물트럭 조수 최성남(19) 군의 진정에 의하면, 최 군은 지난 4월 7일 서울에서 화물을 싣고 부산으로 가다가 양복지 한 뭉치가 없어지자 한 달 후인 5월 5일 운전사 김한봉(42) 씨의 신고에 따라 동대문경찰서에 절도 용의자로 연행되었다. 최 군에 의하면, 두 형사는 밤 12시쯤 최 군을 형사과 구석진 방에 감금, 자백을 강요하다 최 군이 혐의 사실을 부인하자 길이 1미터의 몽둥이

---

53. 「죄 없는 소년 고문 — 서대문서 전과자라고 절도 자백 강요」, 1970년 11월 4일자 『조선일보』 기사.

제4장 l 박정희 정권과 고문   421

로 온몸을 때리고 바늘로 허벅지와 손가락 끝 등을 찌르는 등 5일부터 사흘 동안 고문당한 후 검찰에 구속, 송치되었다가, 지난 8월 22일 가정법원에서 부모에게 위탁, 석방됐었다. 최 군은 경찰에서 당한 고문으로 서대문구치소에서 2개월 동안 치료를 받았으며, 석방된 후에도 귀에서 피가 나오는 등 상처로 한 달 반 동안이나 치료를 계속했었다.[54]

고문 못 이겨 살인죄 거짓자백 —1971년 1월

:: 서울지검 문호철 검사는 (1971년 2월) 1일 경기도 고양경찰서에서 강도살인 혐의로 구속, 송치한 이영식(36) 씨가 경찰의 고문으로 범행을 거짓자백한 사실을 밝혀내고 이 씨를 무혐의 불기소 처분했다. 경찰은 범행 장소에 떨어져 있던 저고리 단추 2개와 신탄진 담배꽁초 3개가 이 씨의 것이라고 증거로 제시했으나, 꽁초는 검찰의 타액 감정결과 이 씨가 피운 것이 아니고 단추도 이 씨의 것이 아님이 밝혀졌다. 또 이 씨는 범행 후 대문 빗장을 열고 나갔다고 진술했으나 대문 빗장이 없다는 점 등이 드러나 자백이 허위임이 밝혀진 것이다.[55]

7개월 만에 누명 풀려 —1심서 유죄, 항소심서 무죄(1971년 7월)

:: 경찰과 검찰의 억지수사와 오판으로 도둑의 누명을 썼던 한 소년이 항소심의 무죄 판결로 14일 구속 217일 만에 풀려났다. 서울형사지법 항소2부는 이날 양남은(19) 피고인의 특수절도사건 항소심에서 실형을 선고했던 원심을 깨고 무죄를 선고했다. 양 군이 특수절도 혐의로 서울 영등포경찰서에 구속된 것은 작년 12월 10일. 작년 7월 2일 밤 11시쯤 서 모 군 등 4명과 함께 영등포구 등촌동의 나사렛교회 창고문을 부수고 제초기 1대, 양수기 1대 등(시가 8만 원어치)을 훔친 혐의였

54. 「자백 강요 고문 … 치상—경찰서 절도 혐의 씌워 매질 사흘」, 1970년 11월 20일자 『조선일보』 기사.
55. 「고문으로 살인죄 거짓자백한 피의자 불기소」, 1971년 2월 2일자 『조선일보』 기사.

다. 경찰은 처음 양 군에게 작년 10월에 있은 양서출장소 숙직원 살해사건의 범인을 대라고 연행했으나 양 군이 끝내 범행을 모른다고 고집하자 나사렛교회 절도사건의 범인으로 몰아 이틀 동안 모질게 고문, 엉터리로 자백받아 구속했다. 검찰 수사에서도 양 군은 결국 범행을 부인하다가 구속 기소된 뒤 "자백만 하면 초범이니 풀려나온다"는 브로커 박치억(41) 씨의 말을 믿고 그대로 자백, 법정에서 없는 사실을 자백했었다. 1심은 양 군의 자백만으로 지난 2월 22일 단기징역 6개월에 장기징역 8개월의 실형을 선고했었다. 양 군은 이에 항소했다. 지난 5월 7일부터 열린 항소심 첫 공판에서 "박 씨에게 속아 허위자백했다"고 다시 범행 사실을 부인했다. 그러던 중 문제의 양수기, 제초기가 훔쳤다는 7월 2일보다 한 달 뒤인 8월에야 미국에서 인천항에 입하됐다는 사실이 인천세관에서 확인되어 범행 일시에는 문제의 양수기, 제초기는 나사렛교회의 창고에 없었음이 밝혀졌다.[56]

경찰서장을 위해 엉뚱한 유조차 운전사를 뺑소니로 조작 — 1973년 5월

:: 경찰서장이 탄 짚차 역살(轢殺) 도주사건을 수사 중인 김인환 검사는 23일 낮 12시 30분 뺑소니차가 함양경찰서장 윤일식 총경이 탄 짚차가 아니고 유조차라고 조작하기 위해 유조차 운전사 등을 고문한 혐의로 구속된 산청경찰서 형사계장 주명달(42) 경사 등 경찰관 3명을 산청경찰서로 데리고 가 현장검증을 했다. 이 현장검증에서 주 경사는 서흥유류 소속 경남 영7-359호 유조차 조수 정은식(18) 군 등을 산청경찰서 뒤 경호강으로 끌고 가 옷을 벗기고 30초 간격으로 30초 동안씩 물속에 거꾸로 담그는 등 고문한 사실을 순순히 시인했다.[57]

---

56. 「브로커에 속아 허위자백 … 1심서 실형 — 절도죄로 옥살이한 소년 항소심서 무죄」, 1971년 7월 15일자 『조선일보』 기사.
57. 「역살 서장차 조작 세 경관 물고문 시인 — 어제 현장검증, "유조차 조수 등 강에 넣었다"」, 1973년 5월 24일자 『조선일보』 기사.

아무리 과잉 충성을 바치더라도 너무 지나친 경우이다. 무고한 운전사와 조수를 뺑소니차로 만드는 과정에서 고문까지 자행한 것이다. 이런 발상의 경찰관들이 그동안 얼마나 많은 사건을 조작하고, 얼마나 많은 무고한 시민들을 고문했을까.

끓는 물로 고문한 다방주인 — 1973년 11월

:: (1973년 11월) 24일 서울 용산경찰서는 용산구 청파동3가 109 라이언즈 다방 여주인 방이순(35) 씨와 주방장 이명식(20) 씨 등 2명을 '폭력행위등처벌에관한법률' 위반, 미성년자학대 혐의로 구속영장을 신청했다. 경찰에 의하면 이들은 지난 22일 심부름하는 김복돌(13) 양이 매상금을 빼돌린다고 옷을 벗겨 밤 11시부터 다음 날 아침 7시까지 다방 안에 가둔 뒤 주전자의 끓는 물을 머리와 다리 등에 부어 2주간의 화상을 입혔다는 것이다. …… 이 같은 사실은 김 양의 상처를 본 주민들이 경찰에 신고함으로써 드러난 것이다.[58]

고문으로 도둑 자백 — 1973년 11월

:: 도범 일제 단속기간을 맞아 실적 올리기에 급급한 경찰이 무고한 시민을 절도 혐의로 연행, 심한 고문 끝에 허위자백을 얻어낸 뒤 돈을 주면서 다른 절도범을 잡아오면 문제 삼지 않는다는 조건으로 석방했다. 경찰은 피해자의 진정에 따라 피해자를 고문경찰관과 대질심문 끝에 이 같은 사실을 밝혀내 자체 조사에 나섰다. 15일 상오 8시쯤 서울 동대문경찰서 명륜파출소 근무 유근배 순경은 김용안(21) 씨를 경차서로 데려다 "지난 4일 종로5가 한일다방에서 구두 한 켤레를 훔친 사실을 자백하라"면서 동 파출소 신세현 순경 등과 4명이 합세 곤봉으로 때리는

---

58. 「끓는 물 부어 고문—"돈 빼돌렸다" 다방마담 등 구속」, 1973년 11월 25일자 『조선일보』 기사.

등 고문을 시작했다.[59]

파출소에서 살인 고문 — 1973년 12월

::   16일 새벽 5시쯤 포항경찰서 역전파출소에서 폭행 혐의로 신문을 받던 진용수(30) 씨가 곤봉과 구둣발로 구타당하고 실신, 병원으로 옮기던 중 숨졌다. 진 씨는 15일 밤 11시쯤 이웃에 사는 위안부 황 모(24) 여인과 시비를 벌이다 주민들의 신고로 동 파출소 정태식(33) 순경에 연행되어 왔었다. 심문을 하던 정순경은 바른 말을 하지 않는다고 구둣발로 정강이와 국부를 차고 곤봉으로 때리는 등 폭행을 가했는데, 진 씨가 갑자기 졸도하자 16일 새벽 1시쯤 진 씨 집에 연락, 가족들이 집으로 데려갔으나 위독해서 시내 동광병원으로 옮기던 중 숨졌다.[60]

고문에 의한 강간치상 조작 주장 — 1974년 8월

::   서울지검 영등포지청은 (1974년 8월) 29일 영등포경찰서가 7월 중순 강간살인, 강간치상 등 혐의로 송치했던 임 모(19) 군에 대해 강간치상 혐의로만 기소하고 영등포경찰서에 재수사를 지시했다. 임 군은 6월 6일 영등포구 개봉동 189 철산리 입구 뚝 밑에서 접대부 이원산(35) 여인을 강간살해한 혐의로 6월 19일 검거돼 검찰에 송치됐었다. 임 군은 검찰과 지난 7월 안양구치소로 면회온 아버지 임재강(70) 씨에게 "경찰의 고문으로 살인을 허위자백했다"며, 김학룡(25) 씨가 사건 당일 밤 11시 30분쯤 가게에서 술을 먹고 있던 중 임 군을 보았다는 점 등을 들어 다시 알리바이를 주장했다.[61]

---

59. 「고문에 '도둑' 자백 — 돈 주며 "딴 도둑 잡아라" 조건부 석방」, 1973년 11월 17일자 『중앙일보』 기사.
60. 「파출소서 '살인 신문' — 시비 벌인 청년에 국부 걷어차고 곤봉 세례」, 1973년 12월 18일자 『조선일보』 기사.
61. 「"살인 자백 고문 때문" — 여공 추행 재수사」, 1974년 8월 30일자 『조선일보』 기사.

사형수 오휘웅 이야기—1974년 12월

::   …… 오후 7시가 되어서 피고인을 이끌고 경찰서로 가더니 이유 없이 옷을 다 벗긴 다음 무작정으로 살인범은 너라고 하면서 고문을 시작했던 것입니다. 사법경찰관에게 고문을 당하면서까지 사실이 그렇지 않다고 해도 무조건 인간을 거꾸로 매달아놓고 콧구멍 속으로 물을 부어가며, 경찰곤봉으로 발바닥을 때려가면서 자백을 하게 하기에 갑자기 당한 일이라 어떻게 할지를 몰랐습니다. 나만 어안이 벙벙하여 말을 못하고 있었을 뿐입니다. 살인이라는 글 자체도 모르는 선량한 소시민에 불과한 한 인간을 끌어다가 범죄 사실을 뒤집어씌워서야 되겠느냐고 반문을 하면, 너의 지문이 나왔는데 왜 자백을 하지 않느냐 하면서 4, 5회에 걸쳐서 심한 고문을 받기를 무려 40여 분 동안 반죽음을 당하면서까지 부인을 했으나 계속해서 고문으로 자백을 받으려 했던 것입니다. 그 당시 사법경찰관들이 사건에 대해서 이렇게 했지, 아닙니다 하고 부인을 하면 계속해서 거꾸로 달아놓고 고문을 하기 시작하였던 것입니다. 이렇게 잔인한 수법으로 허위자백을 받은 다음 다시 그것을 경찰관대로의 조서로 정리하여놓고 수사과장이 오면 이와 같이 얘기하라, 만일 이대로 하지 않을 경우, 너는 여기서 죽을 줄 알라고 위협을 하면서 녹음장치를 하였던 것입니다.[62]

1974년 12월 30일 인천시 중구 신흥동에서 발생한 살인사건의 혐의를 받아 구속 기소된 오휘웅의 상고이유서 중 일부이다. 이렇게 고문에 의한 조작을 주장했지만 대법원은 그의 유죄와 사형을 확정한다. 평소 정을 통해 오던 총각 오 씨가 정부의 남편과 아이들을 정부와 공모해 살해한 혐의였다. 그러나 사형집행장에서까지 자신은 무고하다고 주장한 사형수 오휘웅의 이야기는 그의 처형 후에

---

62. 조갑제, 『사형수 오휘웅 이야기』, 한길사, 1986, 56쪽.

426 일제시대에서 박정희 정권까지

도 많은 의문을 남겼다.

중학생에게도 서슴지 않고 물고문하는 경찰 — 1975년 3월

:: 서울 영등포구 공항동 61의 51 이상직(45) 씨는 25일 아들인 공항중학교 1
년 헌창(12) 군을 절도 용의자로 몰아 14시간 동안 파출소 숙직실에 감금, 입에 구
정물을 붓고 매질을 가한 폭력경관을 처벌해달라고 진정했다. 이 씨에 따르면, 서
울 영등포구 공항파출소 소속 김홍배(36) 순경은 지난 19일 하오 9시 30분쯤 이
씨의 바로 이웃인 권인학(42) 씨 집에 도둑이 들어 시계·금반지 등 12만 원 상당
의 금품을 훔쳐갔다는 신고에 따라, 현장에 남은 범인 발자국과 이 군의 신발 크기
가 비슷하다고 이 군을 연행, 14시간 동안 목을 비틀어 입에 구정물을 붓고 50cm
가량의 막대기로 이 군을 구타했다는 것. 이 군은 연행된 지 14시간 만인 20일 상
오 11시 30분쯤 무혐의로 밝혀져 집에 돌아간 뒤 밤잠을 못 자고 목·얼굴 등에 심
한 멍이 들어 집에서 몸져누워 치료 중이라는 것이다.[63]

구속됐다 풀려난 고문피해자, 경관 고소 — 1975년 4월

:: 강간치상 혐의로 구속됐다가 무혐의로 22일 만에 풀려난 김유선(30) 씨가 고
문으로 사건을 처리한 경찰관을 처벌해달라고 18일 검찰에 고소했다. 김 씨는 지
난 1월 18일 하오 6시 30분 경기도 성남시 복정동 논둑길에서 발생한 김 모(21)
양의 강간치상 용의자로 김 양의 가족에 의해 고소당했는데, 관할 서울 동부경찰
서는 김 씨의 인상이 범인의 "뒷모습과 닮았다"는 김 양의 진술만으로 진범으로
단정, 지난 1월 20일 김 씨를 구속했었다.

그런데 김 씨는 구속돼 있는 동안 김 양이 강간당했다고 주장하는 시간에 함께 있

---

63. 「중학생에 물고문, 경관이 절도 용의자로 몰아 매질」, 1975년 3월 25일자 『중앙일보』 기사.

었다는 동네 사람들의 진정과 증언으로 재수사 끝에 구속된 지 22일 만인 2월 10일 무혐의로 풀려났다. 김 씨는 검찰에 낸 고소장에서 담당 김 모 형사에게 자신의 알리바이를 주장하며 범행을 부인했으나 김 형사가 "치료비나 주고 합의하라"고 종용하다가 이를 거절하는 김 씨를 주먹과 발로 때리고 차며 자백을 강요, 범인을 만들었으며 폭행으로 김 씨는 얼굴과 온몸에 멍이 들었다고 주장했다.[64]

고부 일가족 살해방화사건 두 피고 무죄 판결 —1977년 4월

:: 대법원 형사부는 (1977년 4월) 27일 전북 정읍군 고부면 자동차 부속품 공장장 최홍락 씨 일가족 5명 살해방화범으로 1·2심에서 사형과 무기징역을 각각 선고받은 노진수(36), 서동열(23) 두 피고인들에 대한…… 상고심 공판에서…… 심한 고문을 받아 허위자백했음이 드러났고, 경찰의 담당수사관이 나뭇가지로 피고인의 발바닥을 때렸다는 사실을 경찰과 검찰 스스로 인정하고 있기 때문에 이를 토대로 이루어진 1·2심 판결은 잘못된 것이라고 밝혔다.[65]

서울고법, 고문으로 인한 자백 증거능력 부인 —1978년 10월

가뭄에 콩 나듯 사법부에서도 좋은 판결이 나왔다. 그동안 고문으로 인한 자백의 증거능력은 부정한다고 법률에 엄연히 규정되어 있음에도, 법원의 판결은 인색하기만 했다. 그러나 여기에 법의 규정을 명쾌히 선언한 판결이 있다.

:: 서울고법 제3형사부는 (1978년 9월) 31일 이○○(46) 피고인에 대한 살인·사체은익사건 항소심 선고공판에서 "고문에 의한 허위자백은 증거로 채택할 수

---

64. 「고문경관 고소 —구속됐다 무혐의로 풀려나자」, 1975년 4월 18일자 『중앙일보』 기사.
65. 「고부 일가족 살해방화 혐의 두 피고 —경찰 고문으로 허위자백, 원심 증거 채택에 불합리」, 1977년 4월 28일자 『조선일보』 기사.

없다"고 밝히고, 이 피고인에게 무기징역을 선고한 원심을 깨고 무죄를 선고했다.

이 피고인은 지난해 8월 7일 하오 10시 40분쯤 자기 집 건넌방에서 가정부 박승희(14) 양을 욕보이려다 반항하자 목을 졸라 숨지게 한 뒤 가마니에 싸서 자기 집 인분 저장탱크에 버린 혐의로 지난해 12월 2일 구속 기소되어 지난 5월 31일 청주지법에서 무기징역을 선고받고 항소했었다.

재판부는 "이 피고인이 경찰 조사과정에서 심한 고문을 당해 허위자백을 했고, 검찰에 송치된 뒤 부인하면 고문을 또 당할 것이라는 경찰관의 엄포 때문에 검찰에서도 그대로 시인했으며, 사건 정황으로 보아 이 피고인이 박 양을 살해했다는 증거가 없다"고 무죄 선고 이유를 밝혔다.[66]

살인강도사건 피의자가 법정에서 고문으로 인한 허위자백 주장─1979년 1월

::   서울 여의도 수정아파트 홍지희 양 살해강도사건 범인으로 구속 기소된 최석채(40) 피고인과 범인은익 등 혐의로 기소된 최 피고인의 동거인 김영희 피고인에 대한 첫 번째 공판이 19일 하오 서울지법 영등포지원 김용준 부장판사 심리로 이 지원 1호 법정에서 열렸다. 이날 공판에서 최 피고인은 자신이 지난해(1978년) 12월 14일 수정아파트 A동 1501호 홍성모(50) 씨 집에 들어가 홍 씨의 장녀 지희 양을 수석으로 때려 숨지게 했다는 경찰과 검찰에서의 자백은 고문 때문에 거짓으로 한 것이라고 범행을 부인했다.[67]

부산 동래 여인 토막살해범의 황당한 자백─1979년 6월

::   1979년 6월 부산 동래경찰서는 여인 토막살해범이라 하여 목욕탕 보일러공 정 모 씨를 기자들 앞에 내세웠다. 정 씨는 기자들에게 "자백하고 나니 속이 후련

---

66. 「고문에 의한 자백 증거가 될 수 없다」, 1978년 10월 31일자 「중앙일보」 기사.
67. 「고문으로 허위자백, 최석채 피고인 주장」, 1979년 1월 20일자 「중앙일보」 기사.

하다"고 했다. 기자들이 "고문에 의한 허위자백이 아닌가. 여기서 고문받았다는 말 한마디면 하면 당장 풀려난다"고 했더니 "양심의 명령에 따라 자백을 했는데 왜 오해를 하느냐"고 화를 벌컥 냈다. 그 다음 날 피살자의 신원이 밝혀졌고, 사흘 뒤 피살 여인의 애인이 범인으로 체포돼 정 씨는 풀려났다.[68]

참으로 어이없는 비극적 코미디다. 인간이 얼마나 유약한 존재이며, 수사기관의 고문이 사람을 어떻게 만들 수 있는지 잘 보여주는 사례이다. 이렇게 황당한 자백을 연출해낸 피의자의 사례는 진범이 잡히지 않았을 경우의 자백의 임의성을 잘 보여준다.

서울 구의동 공사장 피살사건과 고문 — 1980년 2월

:: 1980년 2월 서울 동부경찰서는 구의동의 공사장에서 피살체로 발견된 김부순 씨(25)의 남편 윤용국 씨(29)를 범인으로 구속했다. 그 7일 뒤 진짜 범인이 붙들려 윤 씨는 풀려났다. 윤 씨는 "경찰의 강력한 추궁에 못 이겨 자백했다"는 것이었다.[69]

고문과 가혹행위를 얼마나 당했으면 죽이지도 않은 자기 아내를 죽였다고 자백했겠는가. 부인이 죽은 것도 황당한데 자신이 살해범으로 몰려 구속까지 당했다가 풀려나온 그 억울함은 어떻게 보상받을 수 있는가.

자살로 마감한 억울한 옥살이 — 1997년 1월

:: "경찰관이 실적을 위해 못 배우고 어리숙한 사람들에게 죄를 씌워 그들의 인

---

68. 조갑제, 『기자 조갑제의 현대사 추적 2 — 고문과 조작의 기술자들』, 한길사, 1987, 250쪽.
69. 조갑제, 앞의 책, 250쪽.

생을 망치게 하지 않기를 부탁합니다."(1997년 1월) 1일 오후 1시 30분께 경기도 수원시 팔달구 남창동 화성성곽 서포루에서 김환(35) 씨가 자신의 억울한 옥살이와 사회적 냉대를 비관하는 유서를 남기고 숨진 채 발견됐다. 김 씨는 발견 당시 "앞으로 나 같은 사람이 없기를 바란다"는 내용으로 시작되는 편지지 8장 분량의 유서를 남겼으며, 주변에는 빈 소주병 2개와 먹다 남은 신경안정제 10알이 있었다. 그는 15살 나이에 허기진 배를 채우려고 남의 집 담장을 넘어 지하실에 숨어 있다 잠이 든 사이 가정부에게 들통나 강도살인 혐의로 구속된 뒤 77년부터 94년까지 대전교도소 등에서 15년을 산 것으로 확인됐다.

김 씨는 유서에서 "고춧가루물을 붓고 럭비공처럼 내던지며 처음 듣는 개봉동 살인사건을 추궁하는 경찰 요구에 맞춰 진술서와 현장검증을 하지 않을 수 없었다"며 "고문을 당해보지 않은 사람은 모를 것"이라고 적었다. 처음 몇 개월은 "배를 굶지 않아 교도소가 좋았다"고 적고 있는 김 씨는 출감해서 천신만고 끝에 찾은 친아버지한테서 "너는 내 자식이 아니다"는 외면을 받은 뒤 "더욱 살 의욕을 잃었다"고 기록했다. 경찰은 "19년 전 사건 기록도 없고 그때 근무자들도 퇴직한 후라 재수사는 힘들다"며, "사회적 냉대와 가족한테서 받은 소외감이 커서 자살한 것 같다"고 밝혔다. "설날 같은 명절 때 외로움이 더욱 컸다"고 쓴 김 씨는 그 설을 1주일 앞두고 더는 외로울 것이 없는 마지막 여행을 떠난 것이다.[70]

자살 직전의 유서는 그 신빙성이 높아 증명력이 높다고 흔히 말한다. 김환 씨가 남긴 유서의 내용은 진실로 보인다. 그는 강도살인을 저지르지도 않았는데 고문에 의해 강도살인범으로 조작되어 15년이나 옥살이를 한 것이다. 문제는 그가 자살로 자신의 억울함을 사회에 하소연했는데도 이 사회는 아무 반응이 없다

---

70. 「"15년 억울한 옥살이" 자살로 절규」, 1997년 2월 6일자 『한겨레신문』 기사.

는 점이다. 경찰은 사건 기록이 없어 재수사를 할 수 없다고 발뺌한다. 언론의 한 토막 기사 정도로 이 억울한 사건과 죽음이 마감되어도 좋다는 말인가.

참고문헌

| 단행본 |

곽임대, 『못 잊어 화려강산―재미독립투쟁 반세기 비사』, 대성문화사, 1973.
권대복 편, 『진보당―당의 활동과 사건관계 자료집』, 지양사, 1985.
그레고리 핸더슨 지음, 박행웅·이종삼 옮김, 『소용돌이의 한국정치』, 한울, 2000.
김대환 외, 『한국현대사를 어떻게 볼 것인가』, 열음사, 1987.
김진봉, 『민족운동총서 제2집, 3·1운동』, 사단법인 민족문화협회, 1980.
김태호, 『끝나지 않은 심판―재판 중심으로 본 정치적 사건』, 삼민사, 1982.
마크 게인, 『해방과 미군정』, 까치, 1986.
서병조, 『흑막의 25시』, 문예춘추사, 1985.
서승, 『서승의 옥중 19년』, 역사비평사, 1999.
이상우, 『비록 박정희시대(3)―반체제민권운동사』, 중원문화, 1985.
이영석, 『죽산 조봉암』, 원음출판사, 1983.
이용훈, 『사필귀정의 신념으로―법과 정치와 나의 인생』, 삼연, 1994.
이종전, 『법이 바로 서야 세상이 바로 선다』, 고려원, 1997.
정영진, 『폭풍의 10월』, 한길사, 1990.
조갑제, 『기자 조갑제의 현대사 추적 2―고문과 조작의 기술자들』, 한길사, 1987.
조갑제, 『사형수 오휘웅 이야기』, 한길사, 1986.
조일호 편, 『항일투쟁 비밀기』, 동립문, 1986.
천주교 인권위원회, 『사법살인―1975년 4월의 학살』, 학민사, 2001.
최주영 편, 『근대사의 증언』, 동광출판사, 1987.
한국기독교교회협의회 인권위원회, 『1970년대 민주화운동(I)』, 1987.
한국기독교교회협의회 인권위원회, 『1970년대 민주화운동(IV)』, 1987.

| 논문·자료집 |

국가보안법폐지국민연대, 『국가보안법, 고문·용공조작 피해자 증언대회 자료집』, 2004년 12월
    16일.
대구·경북지역민족민주열사명예회복을위한대책위원회, 『99-1차 시민토론회-(세칭)인혁당사
    건의 역사적 재조명과 현대사적 의미』, 1999.
민주화실천가족운동협의회 산하 장기수가족협의회 조작된간첩사건가족모임, 『간첩조작은 이제
    그만』, 1989, 64~65쪽.
제주4·3사건진상규명및희생자명예회복위원회, 『제주4·3사건 진상조사 보고서』, 2003.

천주교조작간첩진상규명대책위원회, 『분단조국의 희생양, 조작간첩』, 1994년 11월 1일.
한국기독교교회협의회 인권위원회, 『고문·용공조작 없는 세상을 위하여—보안사 김병진 사건을
　　　중심으로』, 1988.

｜ 신문·잡지 ｜

1950년 이전 신문 자료 : 『경향신문』(1948), 『국도신문』(1949), 『국제신문』(1948), 『군산신문』(1949), 『대
동신문』(1949), 『독립신문』(1949), 『독립신보』(1949), 『동광신문』(1949), 『동방신문』(1949), 『동
아일보』(1920~1949), 『민주중보』(1949), 『부산신문』(1948), 『부산일보』(1949), 『서울신문』
(1946~1949), 『세계일보』(1948), 『연합신문』(1949), 『영남일보』(1949), 『자유민보』(1949), 『자유신
문』(1949~1950), 『조선일보』(1932~1949), 『조선중앙일보』(1949), 『한성일보』(1949~1950), 『호남신
문』(1949) 참조.

1950년 이후 신문 자료 : 『국민일보』(2000), 『대한매일신문』(2002), 『동아일보』(1990~1994), 『일요신문』
(2005), 『조선일보』(1953~1977), 『중앙일보』(1967~1979), 『한겨레신문』(1997), 『한국일보』
(2003~2005) 참조.

인터넷 『오마이뉴스』(2002~2004) 참조.

「고문폭로에 관한 국회질의」, 『신동아』 1975년 5월호.
「긴조 9호 세대 비사 — 짓밟힌 야생화 억세게 피어나다(1)」, 『뉴스메이커』 557호, 2004년 1월 18일.
김창희, 「동백림사건요? 코미디였지요」, 『뉴스 플러스』, 1997년 7월 3일.
이경재, 「철저 취재—유신 쿠데타의 막후」, 『신동아』 1985년 10월호.
이희승, 「고문의 가지가지—조선어학회사건회상록 ④」, 『사상계』 1959년 9월호.
최성원, 「광주학생운동 옥중투쟁기」, 『신동아』 1980년 6월.
한홍구, 「한홍구의 역사이야기—이근안과 박처원, 그리고 노덕술」, 『한겨레 21』, 2001년 5월 22일.

｜ 외국자료 ｜

Amnesty International, Republic of Korea: Long-term prisoner Kim Tae-ryong, AI Index: ASA
　　　25/09/97, January 1997. (이하 Amnesty International 관련 자료는 http://www.amnesty.org
　　　참조)

Amnesty International, Republic of Korea: Hidden victims: the long-term political prisoners, AI
　　　Index: ASA 25/023/97, May 1997.

Amnesty International, Republic of Korea: Long-term prisoners still held under the National
　　　Security Law, AI Index: ASA 25/015/98, May 1998.

Brian Innes, *The History of Torture*, St. Martin's Press, New York, 1998.

Gil Loescher, *Human Rights—A Global Crisis*, E. P. Dutton, New York, 1978.

Jerome A. Cohen & Edward J. Baker, "U.S. Foreign Policy and Human Rights in South Korea",
　　　Human Rights in Korea—Historical and Policy Perspectives, 1991.

"Statement of Brian Wrobel, Amnesty International, London in Human Rights in South Korea and the Philippines: Implications for U.S. Policy", Hearings before the Subcommittee on International Organizations of the Committee on International Relations, House of Representatives, 94th Congress, 1st sess., 20 May-24 June 1975.

찾아보기